북한 세습정권의 이해

전지명

三 英 社

책을 내면서

급변하는 국제 정세 속에서 얼어붙은 한반도 안보 정세도 중대 전환점을 맞고 있으며 남북한 관계도 최악의 대립 국면에 처해 있다.

이러한 가운데 최근 북한 김정은 위원장은 미국 트럼프 2기 시대에 발맞춰, 대미 전략의 일환으로 북·미간 핵 군축 협상을 노린 '핵 무력 강화 노선' 입장을 재천명하면서 핵 포기 의사가 없음을 분명히 하고 있다. 북한의 이러한 메시지는 향후 대미 협상에서 미국의 대북 정책 변화를 유도하기 위한 것으로 보인다.

하지만 트럼프 2기 행정부가 북핵 보유를 사실상 인정하는 핵 군축 협상과 비핵화 협상 사이에서 과연 어떤 카드를 선택할지는 미지수이다. 다만 북한의 러시아-우크라이나 전쟁 참전으로 인해 북·미 간에 대립 구도가 형성되면서 미국이 새로운 외교적 해법을 모색할 수 있을 것이다. 물론 이 전쟁이 조기에 종전 되지 않으면 파병된 북한군의 피해가 커지면서 결국 김정은 정권의 불안정을 초래할 것이라는 주장도 있다.

거기에 더해 2019년 북·미간 '하노이 노딜' 이후 북한이 핵 개발 강화에 주력하면서 북·러 간 밀착은 더욱 심화되었고, 결국 2024년 군사 동맹국으로 28년 만에 복원되면서 북한군의 러시아 파병이 실제 이루어졌다. 더군다나 북·러 간의 이러한 전략적 군사 동맹은 글로벌 안보뿐 아니라 우리의 안보에도 심각한 위협이 되고 있다.

이처럼 한반도를 둘러싼 국제 정세가 요동치고 있는 가운데 세계 현대사에서 유일한 3대 세습 독재 정권이자 사실상 9번째 핵보유국인 북한과 우리는 마주하고 있는 형국이다.

이러한 북한의 세습 정권사를 단적으로 말하자면, 피로 점철된 잔혹한 숙청의 역사이자 핵 개발의 역사이기도 하다. 특히 북한 정권은 세습 독재체제 유지와 다른 나라들을 압박하는 강력한 대외정책 수단으로 핵무장을 목표로 삼았으며, 모든 국력을 핵 무력 증강에 온통 쏟아부었다. 그 결과 가공할 핵무기의 위력이 실존하는 상황을 만들었고, 이제 그 누구도 피할 수 없는 현실이 되고 말았다. 오늘날 자체 핵무장론이 대두되고 있는 큰 이유이다. 이에 대해 미·중 패권 경쟁 측면에서 한반도의 완충지대가 서로에게 필요하다는 인식이 북한의 핵 무력 증강을 적어도 방관 또는 묵인해준 게 아니냐는 색다른 주장도 있다.

이 같은 북한 정권 이해의 핵심어는 한마디로 '수령'과 '북핵'이다. 이러한 두 단어의 축 위에 있는 북한 정권의 최고 지도자에게 핵무기 개발 및 보유는 세습 체제 유지를 위해 필수적인 것이다. 따라서 신격화된 수령체제의 최고 지도자들이 왜 핵무기 개발에 몰두하였으며, 그 핵무력 능력이 어디까지 와 있는지를 알 필요가 있다.

그런 점에서 이 책에서는 김일성에 의한 북한 정권 수립부터 '북핵이란 금수저'를 물고 태어난 김정은 정권에 이르기까지, 세습 체제 전반적인 것에 대한 이해를 돕기 위해 다양한 측면에서 폭넓게 다루어 보았다.

해방 후 소련의 지원을 받은 김일성은 북한 정권 수립과 함께 초대 최고 지도자로서 자신의 권력 강화를 위한 대숙청 감행과 억압적인 통치술로 수령 중심 1인 독재체제를 구축하였다. 북한은 '국가는 당(노동당)이 영도하고 당은 수령이 영도한다'는 수령(최고 지도자) 중심의 유일적 영도 아래 통치되는 독재체제이다. 현대 정치학자들도 북한의 체제를 전형적인 전체주의 독재 체제로 분류하고 있다. 특히 김일성 정권은 맑스-레닌주의를 북한 현실에 맞게 수정한 '주체사상'이라는 독자적인 이데올로기를 제창하여 수령체제의 정당성과 자주성을 강화하였고, 그 통치 이념은 북한 정권의 독자적인 사회주의 건설 중심에 자리 잡고 있다.

1994년 북한 김일성 주석의 사망과 함께 북한 체제 붕괴론이 급속히 확산되었고, 탈냉전적 흐름에 따라 그 붕괴는 시간문제인 듯 보였으나 김정일 체제는 견고하게 작동됐다. 이는 후계자로서 20년 이상 후계 수업을 통한 국정운영 경험을 거쳤으며, 이미 실질적인 최고 권력을 행사하고 있었기 때문이다. 김정일 정권은 권력 공고화 과정에서 고난의 행군으로 흉흉해진 민심을 잠재우면서 자신의 정적을 제거하고 권력 장악을 위한 대대적인 숙청(심화조 사건 등)을 단행했다. 가장 주목받았던 숙청이 2만 5천 여명이 제거된 것으로 알려진 대형 간첩단 조작 사건인 '심화조 사건'이다. 특히 김정일 정권은 선대 지도자의 주체사상을 계승하고 군대를 최우선으로 하는 정책인 '선군정치'로 군사력에 의존한 독재체제 강화에 집중했다.

현재 북한 체제는 2011년 12월 김정일 사망으로 집권한 김정은에 의해 3대 세습 통치가 이어지고 있으며, 그 역시 무자비한 '폭압 통치'로 자신의 권력 기반을 강화해 오고 있다.

김정은 정권 초기에는 세습 체제로써 아버지 김정일의 통치 노선이었던 '선군정치'를 중심으로 '경제와 핵 무력 건설의 병진' 노선 정책을 펼쳐 나갔었다. 그러나 이후에는 아버지의 그림자를 지우고 자신의 권력구도 완성을 위해 김정일 전 정권의 실세들을 모조리 숙청하고 친정체제를 구축해 군부를 노동당 통제하에 두었다. 그리고 헌법이나 노동당 규약보다 상위 규범인 '당의 유일사상 체계 확립 10대 원칙'을 개정해 백두 혈통, 즉 김정은 일가의 정권 세습을 명문화했고 이는 세습 정권을 정당화, 규범화하는데 초점이 맞춰져 있다.

또한 2018년 4월 국가전략 노선을 경제 중심으로 변경하면서 김정일 정권의 군사 위주의 선군정치와는 차별화되는 정책을 추진하였다. 김정은 정권은 군사력 강화와 경제 발전을 동시에 이룩하려는 경제·핵 병진 노선을 2024년 현재도 고수하고 있지만, 국제사회의 반발과 여러 장애물이 존재한다.

특히 2019년 정책 방향을 보면 대내적으로는 사회주의 자력갱생 경제 정책을, 대외적으로는 남북 관계와 미·북 관계 개선에 중점을 두었다. 그해 신년사에서 '사회주의'를 유독 강조했다는 점은 김정은식 통치 체제 통제를 더 강화하면서 대미·대남 정책을 펴나가겠다는 것으로 보인다.

그러나 2023년 김정은 북한 국무위원장은 남북 관계를 '교전 중인 두 개의 적대 국가'로 선포하였고 최근에는 핵 무력 강화 노선을 천명하면서 전쟁 준비 완성을 강조하고 나섰다. 이처럼 도를 넘어서고 있는 독재 통치를 하고 있는 북한 정권이 사회주의 국가를 표방하면서도 모순된 권력 세습을 주체사상과 '당 유일사상 확립 10대 원칙'으로 정당화하고 있다. 향후 수령 중심의 독재체제와 백두 혈통에 의한 세습 통치는 상당 기간 지속될 것으로 보인다.

이러한 북한 정권과 국제 정세 변화는 우리의 대북 정책 방향 결정에 있어서 중요한 요인으로 작용하고 있기에 거기에 맞는 정책 수립이 요구되고 있다.

그래서 저자는 김일성 시대 북한 체제의 형성 과정에서부터 현재의 김정은 정권에 이르기까지 그 과거와 현재를 통해 3대 세습 통치를 하고 있는 북한의 세습 정권의 본질을 다뤄 보았다.

이 책은 모두 4부로 구성되어 있다.

제1부는 김일성 정권의 북한을 북한 체제의 성립, 유일 지배체제의 확립, 통치구조와 이데올로기, 김일성 시대의 통치 형태, 주체와 자주성에 기반을 둔 비동맹외교의 5가지로 구분하였다.

제2부는 김정일 정권의 북한을 승계체제의 구축 과정과 유일 지배체

제의 강화, 통치 이데올로기와 통치구조 및 형태, 통제경제 체제의 한계와 제한적 개혁·개방, 북·중, 북·러 관계의 변화와 대서방 관계의 모색 및 대남 관계 개선, 체제 위기와 핵·미사일 개발의 5가지로 다루었다.

제3부는 김정은 정권의 개막과 북한 체제의 향방을 김정일 사망과 김정은 3대 세습 체제 출범, 권력 기구와 엘리트 재편 과정, 체제 내적 생존 전략, 체제 외적 생존 전략의 4가지로 구성했다.

제4부는 북한 체제의 지속성과 변화를 체제의 지속성, 체제 변화의 2가지로 구성했다.

이 책은 필자의 저서《김정은 시대 북한 미래, 세습 통치 북한 정권》을 업데이트하고, 출간 이후 5~10여 년의 남북 관계와 국제 정세 변화에 따른 새로운 내용을 담고 있다.

한편 이 책이 나오기까지 어렵고 힘들었던 부분도 있었지만, 그만큼 많은 보람도 얻을 수 있게 되어 감사한 마음이다. 하지만 이 책은 아직 부족하고 모자라는 점이 많다고 생각하며, 차자 메꿔 나가도록 하겠다. 아무쪼록 이 책을 통해 북한 세습 정권의 본질과 북핵 위협을 알고 이해하는 데 조금이라도 보탬이 되었으면 하는 바람이다.

끝으로 북한 관련 서적을 찾는 수요가 그리 많지 않은 가운데 본서의 출간을 맡아준 도서출판 삼영사 고성익 사장님을 비롯하여 관계자분들께 감사를 드린다.

2025년 4월

전 지 명

차례

제1부 김일성 정권의 북한

차례

차례

차례

차례

1부

김일성 정권의 북한

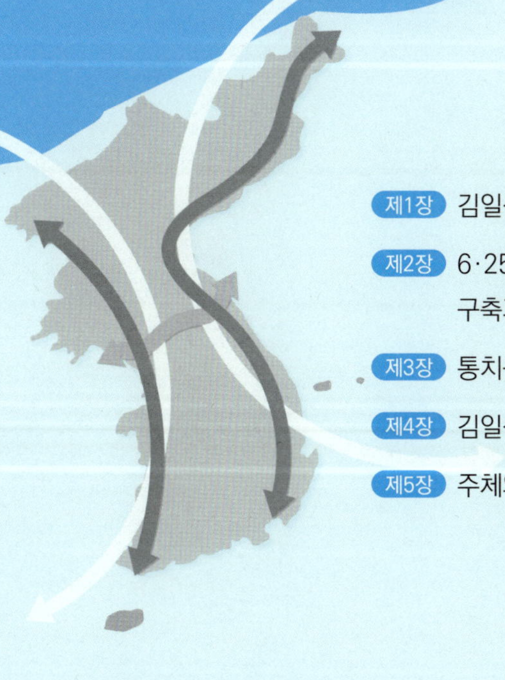

1 김일성의 등장과 북한 체제의 성립

제1절 제2차 세계대전의 종전과 한반도 독립

일본의 한반도 식민 통치 36년(1910년~1945년)이 남북한 분단의 원인이 되었으며, 민족의 분단이라는 비극을 낳았다. 제2차 세계대전이 끝나갈 즈음 전쟁의 원인을 제공했던 독일, 이탈리아, 일본에 대항한 소련과 미국 등 두 강대국의 출현과 단절되고 분산되었던 한국의 민족주의 및 공산주의 운동의 문제점들이 바로 그것이었다.

제2차 세계대전 말기인 1943년 11월 27일 연합국 측의 미국 대통령 루스벨트, 영국 수상 처칠, 중국 총통 장제스가 카이로에 모여 대일전의 기본방침과 종전 후 일본의 영토 기본방침을 처음으로 공식 천명하였다. 그해 12월 1일에 발표된 카이로 선언에서는 한국에 대해서 특별조항을 넣어 '현재 한국인들이 노예 상태에 놓여 있음을 유의하며, 앞으로 한국을 자유 독립국가로 할 결의를 가진다'라고 명시함으로써 한국의 독립 문제가 국제적으로 논의되었고, 독립을 보장받았다. 카이로 선언은 일본 식민 통치 후 한국이라는 신생 국가의 출현과 이에 대한 강대국들의 책임 있는 역할을 공식적으로 선언했다는 면에서 중요했다.

1945년 7월 26일 독일의 포츠담에서 열린 미·영·중 3개국 수뇌회담의 결과로 발표된 포츠담 선언은 이전의 카이로 선언을 재확인하면서 한국의 독립도 재확인하였다. 포츠담 선언에서는 일본이 세계 인류와 국민에 지은 죄를 뉘우치고 이 선언을 즉각 수락하고 무조건 항복할 것을 요구하였다. 일본은 이에 반발하고 즉각 거부하였다.

일본의 거부 의사에 따라 1945년 8월 6일 미국은 히로시마에 원자 폭탄을 투하하였고, 이어 8월 8일 소련은 일본과 가장 가까운 전쟁터인 북부 사할린, 만주 그리고 시베리아와 접경해 있는 한반도의 북한 지역에 대해서 전쟁을 선포하였다. 8월 9일 두 번째 원자 폭탄이 나가사키에 투하되었고 이후 일본은 10일 포츠담 선언을 수락, 항복에 대한 의사 표시를 하고 8월 14일 무조건적인 항복을 선언함으로써 제2차 세계대전은 끝나게 되었다.

일본의 급작스러운 항복은 두 강대국뿐만 아니라 일제 강점기하 한국인들에게도 준비할 시간이 충분하지 않았다. 급박하게 벌어진 일본의 항복 의사 표시는 해군 대령 딘 러스크와 소령 보네스틸로 하여금 8월 10일과 11일 한반도에서 소련과 미국의 일시적 점령 지역에 대한 경계를 그들의 이익에 맞게 설정하는 결과를 낳게 만들었다. 일본과 가장 가까운 전장에 접해 있던 지형적 원인에 의해 이미 한반도 북부지역에 진출해 있던 소련과 달리, 가장 가까운 미군의 전력은 오키나와 1,000km 밖에 있는 상황이었으며, 한반도 진주에 몇 주의 시간이 필요했다.

미국은 소련과 합의하여 한반도 해방과 관련해서 수복지역에 대한 합의를 이끌어 내는 것이 급선무였다. 이러한 현실적 조건

하에서 아태지역에서 일본군과 전면전을 벌인 미군의 입장에서는 수복지역에 대한 영향력을 확보할 수 있는 방법을 찾아내는 것 또한 중요했다. 미국은 한반도의 중심이면서 조선총독부가 있었던 서울을 포함한 남한 지역을 관할하기에 유리한 38도선을 경계로 한반도에서의 수복지역에 대한 영향력을 행사하기로 결정하였다. 당시 미 극동 아시아 사령부 한국 부서 과장이었던 조지 맥큔은 이것은 미소 사이에서 정치적인 고려 없이 군사적인 목적을 위해 임시적으로 합의된 선이었다고 증언했다.[1)]

당시 트루먼 미 대통령은 8월 13일 이에 대해 승인을 하고 이를 모스크바의 스탈린에게 보냈다. 소련군은 거의 38도선 근처에 머물고 있었으나 미국의 제안을 받아들였다. 이는 패전국인 일본과 유럽 국가들에 대해서 공동 군사점령을 통해 더 많은 실효적인 이익들을 얻어 내고 한반도에서 미국과 잠재적인 충돌을 피하기 위한 스탈린의 전략적 동의였다. 우리에게 중요한 것은 38선은 임시적이었으며 지정학적, 역사·문화적 고려가 없었으며, 한민족의 의사와 전혀 상관없이 획정되었다는 사실이다. 이러한 결정들은 한국인들의 자주적 독립 의지를 무시한 것이었으며, 두 강대국의 군사적 편의에 의해서 가볍게 결정된 사안이었다. 이는 현재까지 남북한의 분단이라는 비극을 가져온 시작이었지만, 당시의 상황을 감안하면 한반도 분단의 현실화는 필연적 수순이었다고 한다.

1) Michael J. Seth, *A Concise History of Modern Korea : From the Late Nineteenth Century to the Present*(Maryland : Rowman and Littlefield Publishers, Inc., 2010), p. 84.

소련군의 진주는 1945년 9월 9일 인천항에 입성한 미군에 비해 약 한 달가량 빨랐다. 이는 만주와 이북 지역 특설군인 관동대가 생각보다 쉽게 무너졌고, 미군의 원자 폭탄 투하로 인해 일본이 무조건적으로 항복한 것이 주요인이었다. 일본이 무조건적인 항복을 선언하던 날 소련군 제25군 사령관 치스차코프 대장은 '조선 인민에게'라는 포고문을 통해 '해방자'로서의 소련군과 새로운 사회의 '건설자'로서의 북한 주민들과 우호적인 관계를 강조하였다. 소련은 북한 주민들에게 진주의 정당성을 설파함으로써 사회에 친소적인 분위기를 조성하고자 하였다.

제2절 김일성과 소련군 제88여단

소련군 제88여단은 만주에서 항일무장투쟁을 하다가 일제의 소탕 작전으로 소련 극동 연해주 지역으로 피신하였던 김일성과 그의 항일 빨치산 세력들과 중국과 소련의 지원 하에 국경을 넘어 다니며 공작하던 주보중을 비롯한 항일 빨치산부대원들이 주 구성원이었다. 김일성과 그의 부대원들은 소련으로 넘어간 후 국경 수비대에서 체포되어 블라디보스토크 수용소에 감금되어 있다가 중국공산당 주보중의 보증으로 석방되었다.[2)]

2) 김일성 부대는 소련으로 넘어간 직후 블라디보스토크 주변 오께안쓰크에서 농사를 지으면서 지냈다고 주보중 부대원들은 증언하고 있다. 대대장 김일성은 간호장 김정숙과 결혼하여 부대 주변 군관 사택에 살았으며 김정숙은 왈랴라는 이름

여단은 계속적으로 전투 임무와 정찰을 목적으로 만주와 북한 지역에 정찰대원 한두 명씩을 지속적으로 파견하였는데, 이런 상황에서도 군사 정치학습과 중국어, 노어 학습은 지속되었다. 1945년 일제 식민지로부터 해방을 맞이하자 김일성을 비롯한 그의 빨치산 그룹은 1945년 9월 19일 소련군 수송함 푸가초프를 타고 원산항에 도착한 뒤 열차를 이용해 평양으로 이동하였다.

1945년과 1948년 사이 한반도 북쪽에 진주했던 소련은 3년의 군정 기간 동안 정치체제, 경제시스템, 문화, 세계관에서 북한에 많은 영향을 끼쳤다. 소련군은 8월 10일 웅기와 나진지역을 점령한 후, 8월 12~17일 청진 지역을 넘어 8월 20일 원산에 상륙했으며 8월 24일 첫 선발대가 평양에 도착했다. 소련군은 본대가 8월 26일 평양에 입성, 사령부를 설치했으며 8월 말까지 사실상 이북 지역을 장악했다. 8월 27일 소련 25군 사령부는 38도선을 봉쇄하라는 지시를 내림으로써 사실상 38도선 이북 지역에 대한 점령을 마무리 짓고, 북한 지역에서 소련의 배타적인 이해관계를 관철시킬 수 있는 조건을 구축했다.[3)]

소련군은 북한에 진주한 후 일본이 장악했던 행정권을 한국인에게 이양시키고 간접통치 방식으로 전환했다. 이 당시 북한 전역에서는 지난 36년간의 일제 강점시기 억눌려 있었던 정치참여 욕구가 발산되어, 지방인민위원회와 같은 민중정치조직들이 광범위하게 결성되어 있었으며, 이들 대부분은 친일파를 배제한 광범

으로 불리웠다. 장학봉 외, 『북조선을 만든 고려인 이야기』(서울 : 경인문화사, 2006), pp. 122-124.

3) 임영태 지음 · 고유환 감수, 『북한 50년사 1부』(서울 : 들녘, 1999), p. 25.

한 민족 애국 세력을 포괄하였다. 소련의 대북한정책은 조선의 자주적 민족운동을 인정하면서 정치적으로 공산당과 부르주아 민주주의 세력의 연합을 토대로 북한지역에서의 정치적 영향력을 고착화시키는 것이었다. 소련군은 8월 27일 평남 인민정치위원회 결성을 시작으로, 8월 31일 평북 임시인민위원회, 9월 1일 함남 인민위원회, 9월 2일 황해도 인민위원회, 9월 15일 강원도 인민위원회 그리고 10월 26일 함북 인민위원회 결성을 돕는 등 초기 군사적 점령 이후 민간 부분 정치영역에서 정책을 간접적으로 조율할 수 있는 위치에 도달했다.

제3절 조선노동당의 성립 과정과 김일성의 실권 장악

김일성이 평양에 입성하기 전 평양을 비롯한 이북 지역에서 인민들에게 가장 추앙을 받던 인물은 조만식이었다. '동양의 예루살렘'이라고 불리던 조만식은 평양에서 기독교의 평화운동으로 일제에 맞서며 대중적 지지도를 높였다. 해방이 되면서 바로 평남 건국준비위원회 위원장과 평남 인민정치위원회 위원장을 맡을 정도의 정치력을 발휘하던 인물이었다. 김일성은 보천보 전투를 통해 항일무장투쟁의 영웅으로 대중들에게 각인되었고, 평양에 입성하자 조만식과 더불어 북한지역에서 가장 명망 있는 대중적 정치 지도자로 떠올랐다. 북한의 정치 지형도 조만식의 민족주의 계열과 김일성의 공산주의 계열을 중심으로 분화되었다.

일제 강점기 하 서울에서 박헌영의 경성코뮤니즘그룹이 조선공산당의 주도권을 장악하자 북한지역에서는 지역조직을 결성하였다. 그러나 조직과 이념, 활동의 경직성으로 인해 김일성과 조만식과 비교해 대중적 지도자로 각인될 인물은 보이지 않았다.

김일성은 김동환이라는 가명으로 평양에 입성 후 당 조직 건설을 위한 작업에 매진했다.[4] 김일성을 비롯한 항일무장투쟁 세력들은 북한으로 들어오기 전 이미 독자적인 당 창건 방침을 계획했고, 해방 후 당 건설사업을 준비하기 위해 1945년 7월 말 하바롭스크에서 중국 공산당과 분리하여 '조선공작단'을 결성했다. 여기서는 만주 지역의 조선인 밀집 지역의 해방 사업을 위해 파견될 강건, 김광협 등 일부 조선인을 제외하고는 김일성, 최용건, 김책, 안길, 서철, 김일, 최현 등 항일무장투쟁 출신의 고위 지도자들로 부대원들이 구성되었다.[5]

이들은 해방과 동시에 귀국하는 순간부터 이를 위한 사업에 매진하였다. 9월 19일 원산에 도착한 다음 날인 9월 20일 김일성은 경무사령부의 협조를 얻어 동료들을 당 창건을 위한 준비, 지방정권 기관의 조직 강화, 대중을 조직·동원해 경제와 문화를 건설할 목적으로 각 지방에 파견하였다. 이들 활동은 도당과 지역정치단체를 정비, 강화하는 것으로 도당을 장악한 다음, 당 조직원을 선발하여 군당과 면당에서 시범을 보인 후 산하 당 단체에 파견하는 것이었다. 이런 방식으로 시·군·면·리 그리고 공장·기업소들의 당과 단체를 정비하거나 당 조직을 재정비 및 건설하

4) 임영태 지음·고유환 감수, 위의 책, p. 45.
5) 임영태 지음·고유환 감수, 위의 책, p. 60.

였다.[6)]

이것은 김일성이 북한에서 지도자로서 역할을 하기 위해 다른 파벌보다 더 체계적이고 조직적으로 준비해 왔음을 보여준다. 그러므로 김일성이 북한지역의 지도자로서 두각을 나타낼 때 일방적으로 소련의 영향력 측면에서 이해하는 것보다 김일성과 그의 세력들이 그들의 영향력 하에서 어떤 활동을 하였으며, 그 영향력의 범위를 어떻게 인식하고 그 안에서 자율성을 최대한으로 활용했는지에 대해서도 함께 고민할 필요가 있다.

해방 후 북한에는 확실히 구분할 수 있는 네 개의 정치 그룹이 서로 권력의 주도권을 잡기 위해 경쟁하고 있었다.[7)]

첫째, 고향이 북한인 국내 공산주의자들로서 평양에 조선공산당 북조선분국을 조직한 그룹이다. 이들은 서울에 재건된 조선공산당의 정통성을 인정하고 박헌영의 지도 전략을 추종했는데, 핵심 인물로는 함경도의 오기섭, 정달헌, 최용달, 이순근 등을 꼽을 수 있다. 당시 한국의 공산주의 운동은 일제의 탄압과 지역적 특성으로 인하여 이데올로기적으로 분화, 조직 면에서는 분파, 지정학적인 이점을 효율적으로 활용하지 못했다.

이들의 당 재건 움직임은 사상 및 조직 면에서 미숙함과 분화성을 보였으며, 활동 및 조직 수준도 일제하 한국 사회에 영향을 미칠 만한 대중적 기반을 가지지 못했다. 왜냐하면 그들은 구체적인 투쟁과 실천 속에서 생존하여 단련된 것이 아니라 이론적 폐쇄성

6) 임영태 지음 · 고유환 감수, 위의 책, p. 62.
7) 서대숙, 『현대 북한의 지도자 : 김일성과 김정일』(서울 : 을유문화사, 2000), pp. 62-63.

에 사로잡힌 관념주의자들이 대부분이었으며, 이로 인해서 체계적이지 못했으며 조선공산당의 영향을 받았다는 사실 하나로 안주하며 합법적인 정치활동 영역에서 이해와 실무능력이 부족했다.

둘째, 연안의 중국 공산당과 연계를 갖고 타이항산(太行山)을 본거지로 해서 조선 독립운동을 펼쳤던 사람들이다. 흔히 연안파라고 불리는 이 그룹은 중국에서 지도자 김두봉을 중심으로 화북조선독립동맹을 만들고 순전히 조선 사람들로 구성된 조선의용군을 조직했다. 이 무장투쟁의 총사령관은 김원봉이었으나, 중국 공산당과 함께 싸운 무정, 중국 공산당에 참여했던 박일우, 최창익 같은 항일 독립투사들도 조선의용군에서 활약했다.

1931년 9월 일본은 노구교사건을 통해 만주국을 설립하면서 중국대륙을 본격적으로 침탈하기 시작했다. 당시 이 지역에서 활동하던 좌익계 독립운동가들은 중국 공산당과의 지원과 연계 하에 1941년 조선청년동맹을 결성하고 이듬해 1942년에 조선독립동맹과 조선의용군을 조직해 활동하였다. 김일성과 항일 무장세력만큼이나 사상 및 조직적으로 탄탄한 기반을 자랑하였다. 해방과 더불어 북한으로 입국하는 과정에서 소련군과 김일성의 정치세력에 의해 1945년 10월 신의주지역에서 무장 해제되어 입국하거나 일부는 이에 반발해 중국으로 귀환하면서 일부 지도자들만이 입국하였다. 연안 지역에서 활동했던 이들은 지도부 구성과 구성원들의 이념적 성향에 있어서 김일성의 항일무장투쟁 세력들에 비해 지도체계가 복잡했다.

우선 연안파의 지도부 구성 자체가 상당히 복잡했다는 점을 지적할 수 있다. 최창익을 비롯한 ML파(제3차 공산당 재건운동의 주도세력)와 비 공산주의파가 혼재했고, 학자로서의 김두봉은 정치적 역량을 발휘하기에 유약했으며, 무정의 무장투쟁 경험에 대한 최창익과 한무의 적대감 등이 겹쳐 분열되어 있었다. 또한 조선독립동맹과 조선의용군 간의 횡적인 연대는 있었지만, 종적인 연대는 존재하지 않았다. 즉, 정치조직과 군사 조직 간의 유약한 연대는 조직 및 사상적 기반의 약화로 이어져 지도부는 귀국하고 무장 부대는 다시 만주에서 국공내전에 투입되는 기이한 현상마저 노출시켰다.[8] 이러한 면에서 연안파의 국내에 대한 조직적·사상적 영향은 당시 소련 군정의 도움을 받고 있던 김일성 및 항일무장투쟁 세력을 위협하기에는 미비했다.

셋째, 소련 거주 조선인들로서 소련군이 북한을 점령한 후 북한에 들어온 소련파이다. 이들의 지도자로 등장한 허가이를 비롯해서 방학세, 박창옥, 한일무, 김열, 남일 등 이 그룹은 이름조차 낯선 사람들로 이루어져 있었고, 북한에는 아무런 연고가 없었다. 그러나 이들은 러시아어를 할 줄 알았고, 소련군과 긴밀한 연대를 맺고 있어서 정치적으로 무시할 수 없는 존재들이었다.

소련파들은 북한 체제 초기 성립 과정에서 교육·언론·기술·당 행정 업무 등 실무적 차원에서 체제 기반을 다지는 가장 중요한 역할을 하였다. 이들은 스탈린의 한인 강제 이주 정책으로 인하여 시베리아에서 중앙아시아지역, 주로 우즈베키스탄지역에 거주하던 고려인들로, 낙후되었던 지역에서 학습과 기술 면에서 우수성을 소련 공산당으로부터 인정받아 지역당과 경제 분야에서

8) 김광용, “북한 ‘수령제’ 정치체제의 구조와 형성에 관한 연구”, 한양대학교 대학원 정치외교학과 박사학위논문(1995), p. 54.

근무하는 지역 일군들이었다. 그들은 자의 반 타의 반으로 제2차 세계대전이 막바지로 다다를 무렵 소련 공산당에 의해 조선의 경제·자연·지리·정치제도, 여러 국가들과의 외교관계, 일제의 침략 정책의 세계화, 특히 만주에서 중국·소련과의 관계, 조선어와 노어 등을 학습받았으며, 이들은 이후 해방과 더불어 소련군과 함께 북한지역에 들어와 주로 당과 군대의 조직 및 사상 분야, 경제, 기술, 군사 분야까지 다방면에서 핵심적 실무 요원으로 활동하였다.

주목할 부분은 그들의 대부분은 소련 비밀경찰 께제베(KGB)에 의해 선발과 교육되었으며, 북한에서의 직책과 활동 또한 이들에 의해서 결정되었다.[9] 하지만 그들은 활동 범위와 담당 업무 면에서 다양했기 때문에 공통된 이해와 정치적 목적을 갖는 하나의 집단을 형성할 수 없었고 항일경력이 없다는 것은 그들이 단순히 북한지역에서 주요 정치 세력화하는 데 치명적인 약점이었다. 그들은 철저하게 소련 공산당의 지도하에 활동함으로써 소련인과 한국인의 경계인이었다.

넷째, 김일성과 그의 항일무장투쟁 세력들이다. 1930년대 동만주 또는 한만 국경지대 등에서 중국 공산당의 지원 아래 무장 그룹을 조직하고, 항일무장투쟁을 전개해온 김일성과 그의 빨치산 부대원들은 오랜 항일무장투쟁의 경험을 통해 조직 및 사상적으로 결속되어 있었다. 이는 1941년 만주 일본군의 소탕 작전으로 소련으로 넘어가, 소련군 시베리아 제88여 단 시절부터 지도체제

9) 장학봉 외(2006), pp. 42-48.

를 유치하면서 국내외의 여타 조직보다 결속력과 조직기반이 탄탄했다. 또한 항일무장투쟁 시기 국내의 함경남·북도 지역에서 지역 공산주의자들과 연대를 통해 '무산지구전투' 및 '보천보전투' 등을 성공적으로 이끌면서 명성을 쌓았으며 북한지역에서 정통성을 쌓아갔다. 이 그룹은 동일항일연군 출신의 조선인들로서 비록 그 수는 적었으나 모두 강인한 생명력과 위기관리 능력을 바탕으로 한 소위 '살아남기'의 명수들이며 무장투쟁 경력의 소유자들이었다.

이 네 그룹은 각기 특색과 약점을 가지고 있었다.

우선 국내 공산주의자들은 그 주류가 남반부에 있어서 활동에 불편함이 있었으나 수적으로 가장 우월했고, 1925년부터 시작된 조선 공산주의 운동의 전통을 이어받은 그룹이었다.

연안파는 조선에 비교적 잘 알려진 독립운동단체였고, 중국 공산당과의 관계도 유지하고 있었다. 그러나 중국 공산당이 여전히 내전 중에 있었던 이유로 중국으로부터 어떤 도움을 기대하기 어려웠고, 받지도 못했다. 연안파에는 조선의용군으로 항일투쟁에 참가했던 군인들뿐 아니라 조선의 인텔리들도 제법 있었지만, 그들은 해방 후 북한에서 신민당을 조직하면서 서울에도 그 지부를 설립하는 등 얼마 되지 않는 힘을 분산시켰다.

소련파에는 북한을 점령한 소련군의 막강한 지지를 받았던 반면, 소련 군정이 제시하는 일들을 실행만 하는 한계도 가지고 있었다. 즉, 그들은 주로 선전·선동을 담당하는 신문 보도 분야 및 정치인들을 감시하는 정보 계통에 종사하면서 북한의 공산화에 전력했다. 그리고 소련군이 김일성을 지도자로 내세워 군정을 실시하고 있었으므로 계열은 다르지만, 김일성을 정치적으로 받아들이지 않을 수 없었다.

정권 수립에 참여한 정파와 세력들의 연합은 조직·사상적으로 아주 복잡하였으며, 당면문제와 상황, 과제에 대처하기 위해서는 내부에서 영도권과 정통성, 사상이론적·조직적 순결성을 확보하기 위한 투쟁이 불가피했다. 이러한 가운데 주체가 되어 주동적 역할을 한 것이 김일성을 중심으로 한 항일무장투쟁 세력이었다. 김일성은 자기 세력 내부에서 단결력을 확보하고 있었으며 그에 덧붙여 소련 군정의 전적인 지지와 후원을 받고 있었다. 김일성은 이를 바탕으로 공산주의에서 '당'의 역할에 주목하여 당 장악의 필요성과 항일무장투쟁의 경험으로 군대의 중요성 또한 인식하게 되었다. 즉, 김일성은 권력장악을 위해 당과 군대의 장악이 절대적이라는 진리를 잘 알고 있었다.

김일성은 소련 군정과의 협조 관계를 통해 북조선임시인민위원회 직속으로 보안대대 본부를 두고 빨치산 동료인 최용건을 초대 사령관으로 임명해 비밀리에 군사력 양성에 착수했다. 후에 인민군으로 성장한 이 군대는 김일성의 직계 내지는 소련이 보내준 전문 인력 외에는 그 어느 정파도 끼어들지 못 하게 함으로써, 김일성의 권력을 가장 확고하게 보장해주는 토대로서의 역할을 담당하였다.[10)]

1945년 9월 말, 김일성과 항일무장투쟁 세력들은 그동안의 각지 정치정세와 정치세력들의 주요활동 상황 및 실정을 살펴본 후, 북한지역에 독자적인 공산당 조직을 결성하기 위해 노력하였

10) 김광용(1995), p. 59.

다. 박헌영을 비롯한 국내 공산주의자들은 '1국 1당' 원칙을 내세워 북한지역에서의 중앙당 창립 움직임에 반기를 들었고, 김일성은 미군이 주둔하고 있는 현재 정세와 한계를 들어 북한지역에서 활동할 수 있는 공산당 조직을 결성하기에 이르렀다. 10월 초 김일성과 항일 빨치산 세력들은 북한지역에서 공산당 조직의 결성을 위해 10월 10일부터 13일까지 서북5도당 책임자 및 열성자 대회 개최를 통해 '중앙당에 속하되 북부지역 공산당 조직을 지도할 수 있는 중간기구로 북조선분국을 설치'하였다.[11)]

북조선분국[12)]이 창설됨으로써 김일성과 항일 빨치산 세력들은 북한 내 공산주의 계열의 조직과 사상 면에서 강한 결집력과 활동력을 보장할 수 있는 시스템을 구축하게 된 것이다. 또한 북조선분국 대신 의도적으로 '중앙지도부' 또는 '중앙위원회'라고 불러 서울의 중앙조직과 독자성을 갖춘 조직으로 탈바꿈하려는 시도를 하였다.

북조선분국이 창설된 다음 날인 10월 14일 평양공설운동장에서는 항일무장투쟁의 영웅으로 칭송받던 김일성을 환영하는 김일성 장군환영대회가 개최되어 공식적으로 김일성의 존재를 북한 전역에 알렸다. 이는 소련의 지원을 배경으로 급격히 북한 전역에서

11) 중앙일보 특별취재반, 『비록 조선민주주의 인민공화국 상』(서울 : 중앙일보사, 1993), pp. 105-111.

12) 책임자는 김용범, 집행위원에 김일성, 안길, 김용범, 박정애, 주영하, 장순명, 강진건, 오기섭, 최경덕, 김응기, 이순근, 김교영, 송봉욱, 장시우, 이동화, 김욱진, 박정호 등 17명이 선출되었다. 10월 20일에는 북조선분국 집행부가 출범했다. 조직국장 주영하, 노동국장 최경덕, 농민국장 이순근, 부녀국장 박정애, 문화국장 한설야, 총무국장 박정호, 교육국장 장종건, 산업국장 정준택, 군사국장 김책 등이 선출되었다.

영향력을 확대하고 있는 과정에 개최된 것으로 김일성을 북한의 지도자로 인식시키는 데 결정적인 역할을 하였다. 왜냐하면 항일운동의 경험은 정치지도자로 성장하는데 가장 큰 대중적 지지기반이었기 때문이다.

1945년 12월 17일~18일에 개최된 북조선분국 제3차 확대집행위원회에서 김일성은 기존의 분국 책임자의 직함을 책임 비서로 개정, 취임하였다. 이는 김일성과 항일 빨치산 세력들이 북한의 정치 중심에 등장하기 시작했음을 보여주며 또한 해방 후 중앙과 지방 당 및 정치조직의 건설에서의 조직적이며 체계적인 사업의 성과를 보여주는 것이었다. 다음 해 2월 북조선분국의 명칭을 북조선공산당으로 바꾸고, 자신이 원했던 대로 독자성을 확보했다. 김일성이 북조선공산당을 대표하여 연안파들이 만든 신민당과의 통합을 추진했다. 그가 북조선공산당의 위원장이 된 지 6개월 만인 1946년 8월, 양당이 합친 북조선노동당을 창립하는데 성공했고, 위원장에는 신민당의 당수 김두봉이 선출되었고, 김일성은 국내파 공산주의의 대부였던 주영하와 함께 부위원장에 선출되었다.

1946년 4월 분국의 선전부장 김창만은 전체 조선공산주의운동의 지도자로서 박헌영의 지위를 부정하고 북조선 공산당에서의 김일성의 배타적 지도권을 분명히 하였다.[13] 이는 박헌영을 비롯한 국내 공산주의 계열들 운동의 역사에 대한 김일성과 항일무장투쟁 세력들의 시각을 그대로 드러낸 것이었다. 미군의 이승만을 비롯한 남한 내 친 민족주의 계열에 대한 지지라는 남한점령 정

13) 이종석, 『조선노동당 연구』(서울 : 역사비평사, 1995), p. 179.

책이 강한 배경으로 작용하였고, 한반도 내에서 공산주의를 위해 이북 지역이 정치적으로 가장 유리한 환경에 놓여있다고 하는 강한 자신감의 표현이었으며, 이는 1946년 9월 박헌영의 월북으로 입증되었다.

한편 소련 군정은 일본이 패망한 직후 우후죽순 생겨난 건국준비위원회들을 지방인민위원회로 재편하거나 지방인민위원회를 결성하는 과정에서 좌익이 우세한 지역은 자율성을 보장하되, 민족주의 계열의 우익이 우세한 지역에서는 좌우가 정치적 균형을 맞추도록 조율함으로써 소련과 김일성 세력 그리고 북한지역 내 공산주의 세력에게 유리한 정치적 환경을 만들어갔다. 소련군의 진주와 함께 수립된 지방인민위원회 체계는 각 지역 간의 인민위원회 간의 연계가 부족했고 지방 분산적이었기 때문에 전국적으로 통일되고 일관된 정책을 시행할 수 없었다.[14] 소련은 10월 8일 '이북5도 인민위원회 연합회의'를 소집하고 이러한 한계를 극복하고 이북 지역의 정치 및 행정을 통일적으로 지도·관리할 수 있는 '5도 행정국'을 11월 19일 출범시켰다.

북한 최초의 국가 역할을 할 통일된 행정기구였던 이 기구는 1945년 12월 모스크바 3상회의에서 신탁과 반탁의 논쟁 속에서 중앙기관으로서 역할을 다하지 못했다. 1946년 2월 8일~9일까지 평양에서는 '북조선 각 정당·사회단체 각 행정국 및 각 도·시·군 인민위원회 대표 확대협의회'가 개최되어 북한 내 최초 국가성격을 지닌 북조선임시인민위원회를 수립하였다. 북조선임시인민

14) 정성장, "조선노동당의 위상과 역할", 세종연구소 북한연구센터 엮음, 『북한의 당·국가기구·군대』(파주 : 한울아카데미, 2007), p. 127.

위원회 위원장에는 북조선공산당 책임 비서인 김일성이 선출되었으며 조직·구성면에서도 공산당이 압도적 다수를 차지하고 5도 행정국에 참여하였던 조만식을 비롯한 기독교 사상을 바탕으로 한 조선민주당 및 민족주의 계열이 대거 탈락함으로써 공산당의 영도권이 확립되었다.[15)]

1945년 12월 30일에 열린 모스크바 3상회의는 김일성과 항일무장투쟁 세력들에게 친소와 반소 그리고 친 김일성과 반 김일성 세력들 간의 경계를 명확히 하게 만들었다. 반탁세력의 중심에 있었던 조만식을 감금하고 김일성의 동료이자 조만식의 제자였던 최용건을 조선민주당 위원장에 선출되도록 하여 사실상 당을 무력화시켰다. 이후 1946년 2월 연안파 계열들이 입북하여 창립한 조선신민당과 1946년 8월에 합당하여 북조선노동당이라는 새로운 정당을 만들었다. 당 위원장에는 신민당 측 김두봉이, 부위원장에는 김일성이 선출되었으나 남북으로 분리 설치되었던 조선신민당을 북조선공산당이 실질적으로 접수한 결과를 낳았다.

북조선노동당은 1948년 8월 조선민주주의인민공화국 출범을 앞두고 김일성과 박헌영의 합의에 의해 남북노동당 연합중앙위원회를 결성하여 1949년 6월 조선노동당이라는 이름으로 통합하였다. 형식상은 당 대 당의 통합이었지만, 실질적으로 북로당에 의한 남로당의 흡수였다. 남북노동당의 합당으로 탄생한 조선노동당의 당 중앙위원회 위원장은 김일성이 선출되었고, 남로당의 실질적인 지도자였던 박헌영과 북로당 내 소련파 핵심인 허가이가 부위

15) 김주환, “해방 후 북한의 인민민주주의 혁명과 사회주의 혁명”, 김남식 외 『해방 전후사의 인식 5』(서울 : 한길사, 1989), pp. 266-267.

원장으로 선출되었다. 남북한에 존재하던 두 좌파 정당의 통합으로 인해 조선노동당은 남북을 통틀어 공산주의 운동에서 가장 힘 있는 세력으로 등장하면서 남한의 공산주의자들에게까지 영향력을 행사하게 되었다.[16)]

이로써 북한지역 내 공산주의 운동에서 핵심은 박헌영이 아니라 김일성임을 증명하게 되었고, 공산주의 운동에서 김일성 세력의 정치 및 발전노선이 정당함을 입증하게 되었다. 북한의 지도자들과 인맥 관계가 거의 없던 박헌영에게는 월북 후 그의 처지를 적나라하게 보여준 정치적 패배였다. 이러한 일련의 정치과정에서 김일성이 소련군의 후원에 힘입어 국내 정치조직에 자신의 뿌리를 내리게 되었다. 김일성이 비록 부위원장에 선출되었지만, 위원장 김두봉이 그를 찬양하게 만들었으며, 국내파 공산주의자들뿐만 아니라 중국과 소련에서 들어온 사람들까지 김일성을 지도자로 인식하게 되었다.[17)] 북한 체제 초기 형성기 권력구조는 다분히 집단지도체제인 성격이 강했다. 정권 수립 이후 김일성은 '당의 통일과 단결'을 내세워 이들 세력들을 하나씩 포섭하거나 제거해 나갔다.[18)]

---

16) 정성장(2007), p. 123.
17) 서대숙(2000), p. 65.
18) 정창현, 『인물로 본 북한 현대사』(서울 : 민연, 2002), p. 92.

제4절 조선민주주의인민공화국의 수립과 김일성의 정적 제거

한편 남한에 대한민국이 수립(1948년 8월 15일)된 지 한 달이 채 안 되어 1948년 9월 9일 북한에서 공산주의 정부인 조선민주주의인민공화국이 수립되었다. 북한은 국회 격인 최고인민회의의 572명 대의원 가운데서 360명을 남한에서 선출했다고 주장함으로써 한반도 전역을 대표하는 유일한 민족적 합법 정부임을 주장하였다. 9월 2일부터 10일까지 개최된 최고인민회의에서 헌법을 채택하고 김일성을 수상으로 선출했으며, 내각을 승인했다. 하지만 여기서 눈여겨볼 것은 1948년 헌법에서 북한 또한 한반도의 수도는 서울로 표기했다는 것이다. 이것은 한반도의 혁명 중심이 서울이 되어야 한다는 것을 인정하는 동시에, 혁명을 위해 서울을 점령해야 한다는 당위성을 설파하기에 충분했다.

그러나 김일성에게 최고인민회의는 제 기능을 하는 입법기구는 아니었으며, 당과 김일성이 요청한 모든 사안을 무조건 만장일치로 승인하는 김일성을 정당화하는 조직에 불과했다. 많은 정치와 종교 및 사회조직들이 인민회의에 참가하였으나 21명으로 구성된 최고인민회의 상임위원회에는 단 한 사람의 항일무장투쟁 세력이나 소련파도 없었다. 대의원들은 4년 임기로 선출되었으나 8월 전원회의 사건으로 숙청의 회오리가 몰아치고 정리되던 1957년 9월까지 모두 재임하였다.[19] 이로 인해 김일성은 내각의 성원을

19) 서대숙 지음 · 서주석 옮김, 『북한의 지도자 김일성』(서울 : 청계연구소, 1990), p. 88.

자기에게 충성스러운 사람들로 충원하고 정치적 반대파는 숙청하는 기제로 사용하였다.

6·25전쟁 중 김일성과 항일무장투쟁 세력들에 직접 도전한 것은 '당 박사'로 불리던 허가이였다. 당시 허가이는 당 조직을 책임지고 있는 당 조직부장 겸 검열위원장이었으며, 인천상륙작전 후 패퇴하던 시기 당의 무질서와 당원들의 무책임함을 보면서 당원들의 당성을 재검토하고 새로운 당증을 교부하는 사업을 벌였다. 이는 당원 전체에 대한 당성을 재검토하는 작업으로 당중앙위원회에서 논의되었지만, 전쟁 중 대중정당을 표방했던 김일성에게는 일시적 위기로 다가왔다.

이 당증 교부사업으로 1951년 한 해 동안 약 60만 명의 당원 중에서 45만 명이 출당처분을 받았는데 이는 김일성의 지시와 정치노선에 대한 반발의 성격이 강했으며 지도권에 정면으로 도전하는 것과 다를 바 없었다. 허가이는 조선노동당을 공산주의 이론에 충실한 '대중을 기반으로 한 엘리트 당'으로 새롭게 만들고자 하였으나, 이는 당시 김일성의 전사로 대표되는 당원들과의 목적과 맞지 않았다. 김일성은 이 일로 허가이를 출당 조치시켰으며, 허가이가 출당 조치한 당원들을 재입당시켰다. 1952년에는 당원 100만 명의 대중정당으로 거듭났으며, 김일성과 지도부에 대한 이들의 당성과 충성은 자연스러운 결과였다.

전쟁이 끝난 직후 허가이는 모멸감을 이기지 못하고 자살했다. 그가 자살한 이유는 크게 3가지로 요약될 수 있다.[20] 첫째, 허가

20) 정창현(2002), pp. 205-206.

이는 1951년 당에서 비판당해 조직부장직에서 해임되었는데 이는 허가이를 정치적 궁지에 빠지게 하는 것으로서, 그는 의기소침할 수밖에 없었다. 둘째, 전쟁 중 폭격당했던 순안저수지 지역에 대한 복구공사를 등한시 해 재기의 발판을 상실했다. 셋째, 엎친 데 덮친 격으로 여자 문제가 불거져 당에 보고됨으로써 허가이는 진퇴양난의 정치적 위기에 빠지게 되었다.

6·25전쟁에서 소련은 미국과의 직접적인 교전을 피하고 공군 조종사와 무기만을 제공한 채 전쟁 책임에서 자유로울 수 있는 조건들을 만들어갔고, 소련파로서 당내 핵심 관료였던 허가이는 본인의 자살, 소련의 스탈린 사망 그리고 김일성을 지도했던 소련 군사고문관 이그나체프 대좌의 사망 등으로 소련파의 영향력은 급속도로 약해졌다.

허가이의 도전과 달리 박헌영을 비롯한 국내 공산주의자들의 김일성 제거 시도는 심각한 권력 투쟁이었다. 조선공산당 계열의 이승엽, 이강국, 임화 등은 전쟁이 지지부진하게 끝날 것으로 판단하고 김일성을 제거한 다음 박헌영을 북한의 지도자로 추대하고 당을 대신하여 조선공산당을 재건하려고 모의하였다.[21]

6·25전쟁 중반인 1951년 8월 박헌영과 국내 공산주의 세력들은 남한의 지하 공작과 빨치산 투쟁을 이유로 남한과 가까운 황해도 소흥군에 남한 출신들을 교육하는 '금강정치학원'을 설립했다. 학원의 지도그룹은 대부분 남한 출신의 인사들로 1952년 11월 초까지 약 4,000명의 지하 공작원을 확보하고 이들을 평양에 밀

21) 서대숙(2000), p. 83.

파하여 김일성과 그 일당을 축출하려는 계획을 세웠다. 더 나아가 그룹의 지도자인 박헌영에게 알리지 않고 사법상 이승엽의 단독결정으로 군사작전을 하기에 앞서 신정부의 각료 명단까지 미리 작성했던 것으로 알려졌다.[22)]

그리고는 1953년 초 그들은 금강정치학원 소속 대원들과 군대를 동원하여 평양으로 쳐들어갔으나 김일성의 빨치산 동료들에게 대부분 체포되었다. 그들은 휴전이 선포된 직후인 1953년 7월 30일 북한 최고재판소에 국가 전복죄로 기소되어 사형을 언도받았다. 각각 15년과 12년 징역형을 받았던 일부 간부들을 제외하고 전부 사형당했으며, 박헌영은 내란 조사 명목으로 2년 뒤인 1955년 12월 사형판결을 받고 처형당했다.

이와 같이 김일성은 정치적 경쟁자의 도전을 사상과 조직의 단결성으로 극복하였으며, 전쟁 중 가장 위협적인 세력인 박헌영과 그의 추종 세력들을 미제의 간첩이라는 명목으로 모두 제거하였다. 이로써 6·25전쟁이 끝난 직후 김일성의 권력 기반은 남한점령이라는 전쟁 목적 달성에 실패하였으나 정치적 반대파들을 제거하는 과정에서 더욱 공고화되었다. 즉, 전쟁의 목적을 달성하지 못했지만, 전쟁을 통한 권력 투쟁에는 성공했다고 볼 수 있다.

22) 서대숙, 위의 책, p. 84.

2 6·25전쟁 그리고 유일 지배체제의 구축과정과 확립

제1절 전쟁 기간 중의 전시동원체제의 개편과 인민군대 내 당 기구 개편

과거 항일무장투쟁의 경험을 통해 해방 이후 당과 군대를 장악한 김일성은 중국과 소련의 정치 · 군사적 지원을 바탕으로 남한을 상대로 전쟁을 일으켰다.

1950년 6월 25일 새벽, 전쟁을 개시한 북한은 모든 체제 역량을 모아 전쟁을 승리하기 위한 개편작업에 착수했다. 북한은 6 · 25전쟁의 성격을 "미제와 그 앞잡이들의 무력 침공을 반대하고 조국의 자유와 독립을 고수하기 위한 정의의 조국해방전쟁"이며, "조국 통일 위업을 완수하고 전국적 범위에서 민족의 자주권을 확립하기 위한 혁명전쟁과 전 인민적 전쟁[1)]"으로 정의하며, '모든 힘을 전쟁의 승리를 위하여' 바칠 것을 호소하였다.[2)]

김일성은 먼저 권력을 중앙 집중화하고 전시체제로의 개편과

1) '전인민적 전쟁'이란 당의 령도밑에 인민군대와 전체 인민이 사상의지적 · 도덕적 단합으로 일심동체되고 전선과 후방을 한전호로 연결시켜서 전체 인민이 전선에서의 승리를 보장하는데 모든 것을 복종시키는 전쟁으로 정의하고 있다. 『위대한 수령 김일성 동지의 불멸의 혁명업적 4-조국해방전쟁의 위대한 승리』(평양 : 조선로동당출판사, 1998). pp. 52-55.

2) 허정호, 『위대한 수령 김일성동지께서 령도하신 조선 인민의 정의의 조국 해방 전쟁사 1』(평양 : 과학백과사전종합출판사, 1993), p. 99.

질서를 지도하고 전체 인민들의 역량을 조직·지도하기 위해서 군사위원회를 조직하였다. 1950년 6월 26일 최고인민회의 상임위원회는 정령 「군사위원회 조직에 관하여」를 채택하였다. 김일성을 위원장으로, 박헌영, 홍명희, 김책, 최용건, 박일우, 정준택을 위원으로 구성하였으며, 국내의 전체 공민들과 정당·사회단체 및 군사 기관 등 기관들의 모든 주권을 군사위원회에 절대복종해야 한다는 것이 주 내용이었다.[3)]

북한이 전쟁을 수행하기 위해서는 자신들의 전시환경에 맞는 통일적 기구를 설립하는 것이 필요했다. 이는 기존의 군사 부문에 관한 통제가 내각 민족보위부를 통해 이루어지던 것을 김일성이 직접 지휘권 아래에 놓인다는 것을 의미하는 것이었다. 다음날인 6월 27일 김일성은 군사위원회 위원장 명의로 전체 당원들에게 전쟁 준비에 만전을 기할 것을 호소하는 편지를 하달하였다. 같은 날 최고인민회의 상임위원회 정령 「전시 상태에 대하여」를 채택하고 일부 지역의 전시동원령을 선포하였다. 전시 상태가 선포된 지역에서 국가 주권 기관의 일체 기능은 해당 '도' 혹은 '시', 지방군 정부에 속해 있으며 이 지역의 국가 및 사회협동단체 기관, 기업소들과 개별적 공민들에 이르기까지 모든 역량을 전쟁 수행에 총집중할 것을 명령하였다.[4)]

김일성은 전시체제로 개편하는 과정에서 주민들을 합법적으로 동원하고, 국가 권력을 자신에게 모두 집중시켰다. 북한은 1950년

3) 조선중앙년감 편집위원회, 『조선중앙년감 1951-1952년』(평양 : 조선중앙년감 편집위원회, 1952), p. 82.
4) 조선중앙년감 편집위원회(1952), p. 82.

7월 1일에는 「조선민주주의인민공화국 전 지역에 동원을 선포함에 대하여」를 발표하여 공화국 전 지역에 동원령을 선포하고 군사위원회 산하 군사동원 사업을 일괄적으로 지도하기 위하여 상설기구로서 군사동원부를 설치하였다.

7월 4일 「김일성 수상을 조선민주주의인민공화국 인민군 최고사령관으로 임명함에 대하여」를 발표하여, 최고사령부 산하에 민족 보위성과 전선사령부, 동서 양해안의 방어사령부를 비롯한 북한의 모든 군사 기관들을 소속시켰으며, 동시에 군사 지휘체계와 보급체계를 전쟁 수행에 맞게끔 조직해 나갔다. 군사위원회는 같은 날 군사위원회 결정 7호로 '전선사령부'와 '군집단지휘부'를 설치하였다. 전선사령부는 최고사령부의 지도 밑에 전선에서 활동하는 각 군 집단들과 부대들을 지휘·통솔하는 상설적인 작전지휘 기관으로 최고사령부의 작전방침에 따라 전선에서의 작전 및 전투들을 지휘하여 전선부대 군인들에 대한 당정치사업과 사상교양 사업, 훈련 및 부대 관리, 후방사업을 직접 수행하였다. 군집단지휘부는 전선사령부의 지도 밑에서 전선에 있는 인민군 연합부대 및 부대들의 군사행동을 수행, 통제하는 작전지휘 기관이었다.[5)]

더불어 김일성은 군사 지휘구조의 개편과 동시에 군사행동 구역에 있어서 엄격한 법 적용을 통해 사회 전반에 엄격한 군대 규율을 확립시켰다. 1950년 8월 22일 최고인민회의 상임위원회 정령으로 「군사행동에서의 군사재판소에 관한 규정 승인에 대하여」

5) 『위대한 수령 김일성동지의 불멸의 혁명업적 4-조국해방전쟁의 위대한 승리』(1998), pp. 91-92.

를 발표하고 군부대 및 전시 군정화 된 정부 기관들에 군사재판소를 설치하였다.6)

전쟁은 나라 전체가 전장을 의미하는 것이므로 전쟁 수행에 저촉되는 반국가행위에 대한 강력한 처벌을 바탕으로 사회 전반에 대한 엄격한 군대식 규율의 확립을 목적으로 한 것이었다. 이 정령에서는 국가 주권과 권리를 침해하는 죄를 가장 엄히 처벌한다는 것, 군사재판소의 판결에 대해서는 상소 및 항의할 수 없다는 것, 전선 사령관인 김책에게 사형의 판결집행을 정지시킬 수 있는 권한을 주는 것을 주 내용으로 하였다. 이것은 최고재판소와 검사총장에게는 법적 · 제도적 권한에 따른 행정 집행자의 임무를 부여하였고, 실질적으로 그들의 판결에 대해서 정치적 · 현실적 최후의 판단은 자신의 정치적 동지였던 김책에게 맡김으로써, 사실상 법과 제도 위에 군림할 수 있는 제도적 기반을 마련해 주었다.

1950년 9월 맥아더 장군의 인천상륙작전으로 북한은 압록강 부근 중국의 국경 지역까지 패퇴하였다. 후퇴 시기 당 단체의 파괴 현상과 무규율성의 만연, 특히 전쟁 수행에 일차 선봉에 서야 할 인민군대 내에서 이러한 현상은 체제의 기반을 흔드는 아주 심각한 현상이었다. 부대의 규율성은 무너졌고, 많은 부대장들과 지휘관들이 상부의 명령을 제때 실행하지 않았으며, 그 명령을 관철하기 위해 노력하지 않았고, 인민군대 내 정치교육이 제대로 실행되지 못했다.

실제 인민군의 후퇴 과정에서, 많은 군사간부가 당의 명령을

6) 『로동신문』, 1950년 8월 22일.

무시하고 계급장을 버리거나 사병복장으로 갈아입고 후퇴하는 사태까지 벌어졌다. 포병사령관 김무정, 후방사령부 군사위원 김열, 김한중, 제13사단장 최광 등이 군대 내 명령을 제대로 집행하지 않았다는 이유로 사단장직에서 철직당했으며, 그 외 북 강원도 도당위원장 임춘추와 남 강원도 조진성, 경기도당 박광희 등은 당의 명령위반으로 철직당했다.

특히 근위칭호를 받은 서울 제105 류경수 탱크사단의 사단장까지 사복으로 갈아입고 후퇴한 것을 보고받은 김일성은 인민군대 내 당의 지도를 강화하고 당과 군대에 강한 규율을 세우기 위해 인민군대 내 당 단체를 설치하고 기존 '문화훈련국'을 '총정치국'으로 개편하였다.[7] 군대 내 문화부를 정치부로 개편하며, 구분대와 부대들에 정치부 부대장, 구분대장 직제를 두는 조치를 취했다. 또 중대에 당 세포, 대대 및 연대에 대대 및 연대 당위원회를 구성하고, 사단과 군단, 총정치국에는 당 조직문제를 심의·의결하기 위한 비상설위원회인 '당 꼬미씨야'를 설치했다.[8]

후퇴시기 김일은 전선사령부 군사위원으로서 "비행기 없이는 적들과 싸울 수 없다는 패배주의적 경향"을 지적하며 민족보위성 문화부상 및 문화훈련국장직에서 철직당했다. 그 후임으로 당 부위원장인 박헌영이 초대 총정치국장으로 임명되었다. 총정치국의 임무 중 중요한 것은 군단장과 군사위원 등의 문제는 당 중앙위

7) 김일성, "인민군대내에 조선노동당 단체를 조직할데 대하여-조선노동당 중앙위원회 정치위원회에서 한 결론(1950년 10월 21일)", 『김일성 저작집 6』(평양 : 조선로동당출판사, 1980), p. 148.
8) 『로동신문』, 1952년 2월 7일.

원회에서 그리고 연대, 사단, 군단, 사령부 수준의 군 고위간부 문제는 총정치국장 승인 아래 '당 꼬미씨야'가 취급한다는 것이었다. 군사위원회에 의한 정치적 통제방식을 단절시키고 당 중앙위원회 아래로 바꾸는 방식이다.[9)]

이는 김일성이 중국과 소련의 정치군관 체제의 도움뿐만 아니라 박헌영을 총정치국장에 임명함으로써 남한 내 공산주의 세력과의 연대와 타협을 통해 자신의 정치적 위기상황을 모면하려 하였다는 것을 의미한다. 군대 내 당 단체의 설치와 총정치국으로의 개편에서 중요한 의미는 그동안 군대 내에서 할 수 없었던 당원의 당 대회 개최 등 당 조직사업과 군내 입당과 출당을 통한 당 장성사업에 총력을 기울일 수 있는 제도적 장치가 마련되었다는 것이며 당의 직접적인 통제 밖에 존재했던 인민군대를 당의 통제 영역으로 끌어들인다는 것을 의미했다.[10)] 인민군 내의 모든 군인 당원들이 당 조직에 소속되고 군대 안의 당 조직들에 대한 조직체계가 서게 되었다.

제2절 8월 종파사건과 반 김일성 세력들의 반 종파투쟁

정전협정이 조인된 후 김일성은 1953년 8월 당 중앙위원회 제6

9) 서동만, 『북조선 사회주의체제 성립사 : 1945-1961』(서울 : 선인, 2005), p. 417.
10) 김용현, "북한의 군사국가화에 관한 연구 : 1950-60년대를 중심으로," 동국대학교 대학원 정치학과 박사학위논문(2001), p. 55.

차 전원회의에서 기본적인 공업시설, 즉 제철, 기계, 조선, 전력, 화학 등 중공업을 우선 복구 및 발전시켜야 한다는 방침을 밝혔다. 김일성은 그 해 9월과 10월 소련과 중국을 각각 방문하고 전후복구를 위한 원조를 요청하였다. 스탈린 사후 소련의 정치변동은 북한에 큰 정치적 파장을 불러일으켰다.

당시 소련은 말렌코프가 인민경제향상을 위한 경공업의 우선적 발전을 표명한 상태여서 김일성은 전후 복구를 위한 중공업 우선 전략 방침을 수정하지 않을 수 없었다. 그 첫 번째 조치로 1954년 3월 당중앙위원회 전원회의에서 경제를 담당하는 관료들이 교체되었다. 국가계획위원회 위원장 박창옥과 경공업상 박의완은 소련파, 재정상 최창익과 상업상 윤공흠은 연안파로 경공업 우선의 인민경제생활 향상을 강조하던 그룹들이었다.

스탈린 사후 소련의 정치변동은 북한에 큰 정치적 파장을 불러일으켰다. 말렌코프가 인민생활 향상을 목표로 경공업 부분 중시 노선을 채택하였고, 김일성의 정치적 반대파인 소련파와 연안파 일부 세력들이 전후복구시기 인민생활향상을 위한 김일성의 중공업 중시노선에 대해 비판의 목소리를 내기 시작했다. 결정적인 계기는 1956년 2월 소련공산당 제20차 당 대회에서 흐루시초프가 스탈린을 당내 민주주의 상실과 개인숭배를 이유로 공개적으로 비난하고 자본주의 진영과의 전쟁을 피할 수 있다는 논리의 연장선상에서 평화공존론을 주장했던 것이었다.

소련파와 연안파들은 이를 계기로 북한 내에서도 전쟁 후 김일성의 개인숭배 경향을 비난하는 목소리를 높였다. 1956년 6월부터 1개월 이상 김일성은 전후 복구를 위해 사회주의 형제국가들에게 경제 및 무역에 관한 원조를 얻기 위해 소련과 동유럽을 순방 중이었으며, 소련파와 연안파는 김일성의 개인숭배 경향과 독재 경향에 대해서 비판함으로써 그를 제거하려고 준비하였다.

소련의 경제원조와 함께 시작된 경제정책을 둘러싼 대립과 갈등은 1956년 2월 소련공산당 제20차 당 대회에서 흐루쇼프의 비밀보고에 의해 스탈린의 당내 개인숭배경향을 비판하면서 정책간의 경쟁을 넘어서 다시 권력투쟁의 성격을 띠기 시작했다.

1956년 4월 23일부터 29일까지 열린 제3차 당 대회에 소련측 대표로 참가한 브레즈네프는 "집단적 지도원칙은 당의 지도를 위로부터 아래까지 개선하기 위한 단 하나의 올바른 길이며, 집단적 지도에 관한 레닌주의 원칙을 완전히 세우고 이것이 개인숭배로 이어지는 잘못을 범하지 않도록 해준다"[11]고 말하며 북한에서 일고 있는 당내 개인숭배사상 경향에 대해서 우려를 표명하였지만 김일성에게는 비판을 넘어서 경고로 받아들일 수밖에 없었다.

이러한 상황을 반영하여 채택된 규약에서는 집단적 지도에 대한 레닌주의의 엄격한 원칙에 입각하여 모든 활동을 전개한다는 내용이 삽입되었으며, 인사에서도 당중앙위원회 위원 71명 중 중국과 소련을 배경으로 한 연안파가 19명으로 다수를 차지하였다. 연안파와 소련파들은 이를 계기로 인민경제생활 향상과 당내 개인숭배 현상에 대한 비판과 견제로 자신들의 목소리를 높여나갔다.

정치적 반대파들의 김일성과 지도부에 대한 공개적인 비판과 도전은 1956년 8월 30일 열린 당 중앙위원회 전원회의에서 이루

11) 와다 하루끼 지음, 서동만·남기정 옮김, 『북조선-유격대국가에서 정규군 국가로』(서울 : 돌베개, 2002), p. 117.

어졌다. 원래 이 회의는 전후 복구시기 사회주의 형제국가들을 방문하고 돌아온 정부대표단의 성과를 보고받고 인민보건사업에 대한 개선방안을 토론하기 위한 자리였다. 첫날 회의에서 김일성의 사회주의 국가 방문에 대한 보고 후 토론 자리에서 당시 상업상 윤공흠은 첫 토론자로 나서 의제와는 상관없이 김일성의 개인숭배 현상, 김일성의 항일무장투쟁 동료인 최용건 당 부위원장과 경제노선에 대해 비판했고 그 자리에서 반당적 행위를 이유로 단상에서 끌어내려져 출당조치가 이루어졌다.

결국 8월 전원회의는 그동안의 반대파의 움직임을 '반 종파행위'로 규정하고 "당내에서 불순한 종파행동은 무조건적으로 금지되어야 하며 그것이 무슨 구실 밑에서 진행되든지 간에 또한 어떠한 사소한 것이라 할지라도 당의 단결을 와해하는 범죄적 행동으로 단호히 배격되어야 한다"는 요지의 결정서를 채택했다. 나아가 전원회의는 '최창익, 윤공흠, 서휘, 이필규, 박창옥 등 동무들의 종파적 음모에 대하여'라는 결정을 채택하고 그들 중 윤공흠과 서휘, 이필규를 출당시키고 최창익과 박창옥의 당직을 박탈하는 조치를 내렸다. 이 조치와 함께 최창익과 박창옥의 내각 부수상직을 비롯하여 관련자들의 정부직위도 박탈하였다.[12)]

이 사건은 단순히 북한 내부의 정치적 질서를 정리하는데 그치지 않았다. 소련의 미코얀 제1부수상과 중국의 팽덕회 국방부장은 북한을 방문하여 소련파와 연안파에 대한 제명처분 철회를 요구하였다. 김일성도 자신의 개인숭배 경향에 대해서 인정하면서

12) 이종석(1995), p. 278.

도 9월에 열린 전원회의에서 최창익, 박창옥 등은 중앙위원으로 복귀시켰다. 그러나 소련과 중국의 내정간섭에도 불구하고 김일성은 1956년 말부터 당원증 교환사업을 실시하였다. 1957년 2월부터는 집중지도를 실시하여 당내의 소련파와 연안파 그리고 박헌영을 따랐던 국내 공산주의세력들에게 김일성을 지지하지 않는 한 북한에서 생존할 수 없음을 보여주었고, 반대한 세력들을 완전히 괴멸시켜버렸다. 이 사건은 표면적으로 보면 경제정책을 두고 벌어진 논쟁이지만, 본질적으로 첫째, 유일지도체제냐 집단지도체제냐 하는 국가 영도체제 문제, 둘째, 당의 뿌리문제, 즉 혁명전통을 어디에 둘 것인가 하는 문제였다.[13] 즉, 정치적 헤게모니를 둘러싼 권력 투쟁이었다.

이때 가장 타격을 입은 세력은 소련파로 지난 10년 동안의 북한체제 형성과정에서 핵심적인 역할을 했던 이들은 김일성과 그의 지지자들로부터 누명과 철직, 제대, 투옥을 당하면서 북한 내 소련대사관을 찾아가 소련 공민권 회복에 대한 청원을 요청하고 귀국 요청을 하는 경우도 많았다. 선조들의 고향이었고 또 소련에 살고 있는 수십만 명의 한인들이 그리워하는 조국을 다시 등지게 된다는 사실은, 그들로 하여금 소련과 북한정부 모두를 원망하게끔 만들었다.

하지만 소련파 중에서도 국적이 완전히 북한으로 된 사람들은 떠날 수도 없는 형편이었다. 집안에서 가장이 철직되고 평양에서 축출된 소련파 소속 가족들은 농촌으로 강제 이주되어 가족이 사

13) 정창현(2002), p. 92.

라지는 비극을 경험해야 했다. 공산당 중앙 비밀문건 자료에 의하면 우즈베키스탄 공화국에서 북한으로 간 총 세대주는 262명, 그 중에서 다시 공화국으로 돌아온 가족 세대주는 62세대, 세대주와 함께 돌아온 가정은 42세대, 1997년 5월 19일 현재 남아있는 세대주는 6명, 독신 할머니들 29명이 생존하고 있으며, 그 나머지는 전부 북한의 농촌지방이나 탄광에서 사망했다.[14]

이 사건으로 김일성을 대표로 한 항일무장투쟁세력들은 북한에서 자신들이 영구적으로 집권하는 기반을 마련하였다. 김일성과 항일무장투쟁세력을 제외한 다른 정치적 반대파들은 대부분 철저히 제거되었다. 그들에게 동조하는 일부 인물들을 제외하고 1958년 3월에 개최된 제1차 당 대표자회의에서 이들 사건들을 총괄하고 심의할 때까지 이 사건의 마무리는 근 1년 6개월 동안 북한을 숙청의 광풍 속으로 몰아치게 만들었다. 1961년 9월 제4차 당 대회에서 선출된 중앙위원 85명, 제3차 당 대회 중앙위원 71명 중 28명만이 재선되었으며, 이 당시 선출된 당 지도부의 대부분은 항일무장투쟁그룹과 해방 전 김일성을 도와 조선 내에서 항일무장투쟁을 전개했던 갑산지역의 국내 공산주의자들(갑산파)이 일부 포함되었다.

8월 종파사건을 계기로 폭발한 '반 종파투쟁'은 북한사회에서 김일성 비판세력을 거의 일소시키면서 명실상부한 김일성 중심의 단일지도체계를 확립시켰다. 그러나 이를 다른 측면에서 보면 '반 종파투쟁'은 북한 정치과정에서 당내 활력이 될 수 있는 건전한

14) 장학봉 외(2006), pp. 361-362.

의미의 다원적 요소까지 완전히 소멸시켰다는 뜻이 된다. 따라서 '반 종파투쟁'의 귀결은 김일성과 항일무장투장세력들의 정치적 승리였지만 결과적으로 그것은 당내 정치과정에서 자율성과 역동성 탈각과 경직화를 낳는 결정적인 계기로 작용했다고 할 수 있다.[15)]

6.25전쟁과 8월 종파사건을 통해 조직과 사상의 중요성에 대해서 절실히 느낀 김일성은 당의 혁명전통 문제를 철저히 고수·유지·발전시키는 것이 자신이 원하는 데로 북한이라는 체제를 이끌어갈 수 있는 방법이라고 판단하게 된다. 8월 종파사건을 통해 체제성립 초기 존재했던 네 개의 큰 정치그룹 중 김일성과 항일무장투쟁세력들만이 생존했으며, 나머지 연안파, 소련파, 박헌영을 비롯한 국내 공산주의 세력들은 김일성 편에 서서 우호적이었던 몇몇 인물들은 제외하고 대부분 숙청되었다. 해방 후 끊임없는 정치투쟁과 6.25전쟁을 경험한 김일성과 그의 동료들은 자신들의 '생존'이 북한체제의 유지와 발전이라는 생각을 하게 되었다.

제3절 갑산파 숙청사건과 유일사상체계 확립

8월 전원회의 사건을 계기로 김일성과 항일무장투쟁세력들을

15) 이종석(1995), p. 284.

제외한 나머지 정치적 반대파들을 제거하는 작업이 1958년 3월 당 중앙위원회 전원회의를 시작으로 1961년 9월 제4차 당 대회 전후까지 약 3년 넘게 진행되었다. 이 과정에서 1959년 6월부터 '항일빨치산 참가자들의 회상기'가 간행되기 시작했고, 이와 비슷한 시기에 당 중앙위원회 직속으로 '당력사연구소'가 설치되었다. 1960년 한 해 동안 근로자에는 '조선노동당 력사 및 혁명전통'에 관한 일련의 논문들이 게재되어 '회상기'를 학술적, 이론적으로 뒷받침하는 작업이 진행되었다.[16] 더 이상 정치 · 사상 1면에서 김일성과 항일무장투쟁세력을 제외한 세력들이 대내외의 영향력을 바탕으로 자신들의 정치노선에 대한 합리성과 정통성을 내세우며 자신들에게 도전할 수 있는 정치적 배경을 철저히 제거하게 된 것이다.

1961년 9월 제4차 당 대회는 이러한 의미에서 김일성과 항일무장투쟁세력들의 정치적 투쟁과 승리를 자축하는 의미의 정치적 행사였다. 1961년 9월 11일자 로동신문에서는 "실로 우리나라 방방곡곡, 어느 지방, 어느 부문을 막론하고 당의 령도가 미치지 않는 곳이 없으며 우리가 달성한 모든 성과는 그 어느 하나도 김일성 동지의 이름과 연결되어 있지 않은 것이 없다"고 보도했다. 당 중앙위원 중에서 연안파는 19명에서 3명으로, 소련파도 10명에서 1명으로 줄었다.

이와는 반대로 김일성과 그의 동료들은 8명에서 30명으로 급증하였다. 또한 눈여겨 볼 것은 일제강점기 때 김일성과 함께 보천

16) 서동만(2005), pp. 781-782.

보 전투 및 국내 진공작전을 함께 했던 갑산파도 3명에서 6명으로 늘어났다. 이들이 김일성을 중심으로 한 당 중앙위원회를 중심으로 당·정·군 및 최고인민회의에 진출하게 되었다. 김일성을 정점으로 한 그의 직계 세력인 항일무장투쟁세력과 갑산파가 당·정·군을 통일적으로 관리하는 체제로 전환되었다. 이는 유일적 지도자로서의 김일성뿐만 아니라 항일무장투쟁세력 구성원들 전체가 주목을 받기 시작했으며, 기존에 김일성의 품안에만 있던 항일무장투쟁세력들이 개별적 정치주체로서 정치일선에 등장했다는 것을 의미했다.

이 시점에 국제 정세는 극에 달한 중소분쟁과 1962년 쿠바 미사일 위기사태, 남한의 군사정부 수립, 베트남 전쟁의 확전 등으로 김일성과 그의 지도부들로 하여금 안보불안과 더불어 공격적인 국방력의 강화로 나아가게 만들었다. 1962년 2월 북한은 '전인민의 무장화, 전국의 요새화, 전군의 현대화, 전군의 간부화'라는 '4대 군사노선'을 채택하였다. 북한 지도부들의 과거 항일무장투쟁 경험과 6.25전쟁의 경험을 토대로 만든 4대 군사노선의 채택은 북한을 군사화와 동원이 일상화된 군사국가로 변모시켰다. 이것은 김일성의 개인숭배 및 북한의 유일전통으로서의 항일혁명전통이 국가정체성 형성과 나아가 전 민족의 역사적 줄기로서의 폭넓은 항일운동으로 전환시키면서 발전해 나갈 필요성을 제기하는 것이었다.

이것은 '항일혁명전통'의 정의와 범위, 수행주체에 대해서 또 다시 논의가 전개되어야 함을 의미하는 것이기도 했다. 항일무장투쟁세력의 범위 내에는 김일성과 함께 싸운 남만의 제1로군계,

최용건의 제2로군계, 김책의 제3로군계, 박금철, 이효순을 중심으로 하는 갑산파들도 포함되어 있었다. 갑산파는 김일성의 항일무장투쟁 시절 1936년 가을 조국광복회 조직사업을 추진하기 위해서 압록강 상류의 조중 국경지방인 장백현으로 이동했을 때 이들과 연결하여 국내에 반일지하혁명조직망을 함께 건설했던 항일무장투쟁의 동료들이었다.

당시 당의 조직, 사상, 문화 분야의 갑산파들은 김일성과 연결되지 않은 독자적인 혁명역사를 주장하며 자신들의 혁명활동을 상대적으로 부각시키면서도 김일성을 정점으로 한 유일항일혁명전통 수립에 소극적이었다. 이들은 '갑산파 혁명전통'의 확립을 통해 혁명전통을 다원화시키면서 김일성의 유일지도 및 유일항일혁명전통을 중심으로 한 김일성의 절대권력 이미지를 훼손시키려 하였다. 예를 들어, 박금철은 자신이 항일무장투쟁을 한 자강도와 평안북도 출신들을 등용하며 자신의 지시를 '교시'라고 언급하며 학습시켰다.

또한 당 간부들에게 봉건서적인 목민심서를 필독하게 지시했으며, 일편단심이라는 연극을 통해 박금철의 부인의 수절을 정치적으로 미화시키려 하였다. 이효순은 대남공작원을 제대시켜 지방으로 내려 보낸 것과 이수근을 위장 귀순[17]시켜서 대남정책에 있

17) 이수근은 당시 북한관영통신인 조선중앙통신 부사장으로 1967년 3월 22일 판문점 군사정전위원회 제242차 본회의가 끝나자마자 회의 장소 앞에 대기 중이던 유엔군 측 영국군 대표 밴크러프 준장 승용차에 뛰어올라 귀순함으로써 판문점에서 가장 극적인 탈출에 성공한 인물이었다. 이후 귀순으로 전국 각지에 순회강연을 다니다가 1969년 1월에 위조여권을 이용해 홍콩으로 출국, 베트남에서 당시 중앙정보부(현 국가정보원)에 체포되어 본국으로 강제 압송되어, 재

어서 치명적 오류를 범하였다.[18] 이는 분명히 김일성과 김정숙의 정치적 지위와 역할에 대한 도전이었으며 유일지도체계 및 항일투쟁혁명사상 확립에 대한 정치·사상적 훼손이었다. 김일성이 자신의 유일사상체계 확립을 주장하며 갑산파와 대립한 것은 김일성과 항일혁명전통을 무시하고 혁명전통에 불순한 흐름을 잠입시켜 수령의 권위를 세우지 않은 당의 사상·문화정책[19]과 동시에 항일혁명전통의 단일성을 위한 것이었다. 당 유일사상의 핵심요지는 김일성의 혁명사상 이외에는 그 어떠한 사상적 요소도 허용하지 않고 이를 바탕으로 당의 정치·사상적 통일체를 만들어 수령의 영도 밑에 혁명과 건설을 진행한다는 것이었다.

1967년 3월 김일성은 이들을 지목하면서 "지금 우리 일군들 속에서 당의 유일사상체계가 똑똑히 서 있지 않기 때문에 당의 지시는 형식적으로 집행하면서도 개별적 사람들의 지시는 떠받들고 있으며 자강도와 평안북도 같은 데서는 어느 부수상의 지시를 학습하고 있다고 하며 또 어떤 데서는 중앙당 어느 부장의 〈교시〉라는 말까지 하고 있다"[20]며 당내 자신의 권위와 정통성을 인정하지 않으려는 세력들에게 강력히 경고하였다.

판에서 '위장귀순 간첩'혐의로 사형판결을 받고 1969년 7월 3일에 처형당했다. 이후 정부 '진실화해를위한과거사정리위원회'는 이를 중앙정보부의 조작으로 결론내리고, 정부에 '재심 등의 상응한 조치'를 취할 것을 권고하였다. 또한 그의 처조카인 배경옥의 담당 수사관 성명 공개청구 재판에서 법원은 당시 집을 압수수색한 중앙정보부 담당수사관의 이름을 유족들에게 공개하라는 판결을 내렸다. 『광주매일신문』, 2011년 8월 28일.

18) 김일성, "당 사업을 개선하며 당 대표자회 결정을 관철할 데 대하여(1976.03)", 『김일성 저작집 21』(평양 : 조선로동당출판사, 1983), p. 139.

19) 이종석(1995), p. 74.

20) 김일성, 위의 글, p. 139.

김일성 1인 지배체제의 극단주의적 경향으로 치닫고 있던 1960년대 중후반 또다시 김일성 개인숭배 및 항일무장투쟁세력들에 대항한 갑산파들의 당내 숙청이 이루어졌다. 1967년 5월 4-8일에 열렸던 당 중앙위원회 제4기 15차 전원회의는 '유일사상체계 확립 문제'가 가장 중요한 의제로 등장하고 권력 핵심부 내에 일부 퍼져 있는 '반 유일사상체계'의 움직임을 비판하고 이와 관련된 자들을 숙청하기 위해 개최되었다. 당의 유일사상의 핵심 요지는 수령의 혁명사상으로 당을 무장시켜 어떤 다른 사상도 용납하지 않으며 수령을 중심으로 하는 당의 사상의지 및 행동의 완전하고도 무조건적인 통일을 이루어 수령의 혁명사상을 유일한 지도적 지침으로 삼고 유일적 영도 밑에 혁명과 건설 사업을 진행한다는 것이었다.

> 부르죠아, 수정주의분자들은 당의 로선과 정책을 왜곡하고 우리 당의 빛나는 혁명전통을 헐뜯으면서 교묘한 방법으로 당 정책교양과 혁명전통교양을 방해했다. 그리고 당 안의 부르죠아사상, 수정주의사상, 봉건유교사상, 교조주의, 사대주의, 종파주의, 지방주의, 가족주의와 같은 온갖 반당 반혁명사상을 퍼트려 당과 인민을 사상적으로 무장 해제시키려고 책동했다.[21)]

당의 조직, 사상 및 사회문화, 대외 및 대남관련 당 핵심일꾼이었던 박금철(당 정치위원회 상무위원, 비서), 이효순(정치위원회 상무

21) 조선로동당 중앙위원회 당력사연구소 편, 『조선로동당략사』(평양 : 조선로동당출판사, 1991), p. 431.

위원, 비서), 김도만(당비서), 허석선(당 중앙위원회 과학교육부장) 등 갑산파와 함께 고혁(부수상), 하앙천(최고인민회의 상임위원회 위원), 박용국(당 국제부장)이 숙청되었다. 숙청의 가장 큰 이유는 갑산파 일부 세력들이 그들의 혁명 활동을 김일성과 동일시함으로써 그들의 권위와 정통성에 도전하면서 김일성과 당의 유일사상체계에 적극적이지 않았다는 것이었다.

또한 갑산파가 경제건설의 높은 속도를 상징하는 천리마운동을 반대하고 당 정책의 관철을 방해했기 때문이라는 것이다. 아울러 갑산파는 남한혁명과 통일문제에 대해서도 우경적 수정주의 입장을 취하고 경제 분야에서도 소련식의 실용주의 노선인 수정주의적 경제이론을 유포했다는 것이었다.[22] 여기서 눈여겨 볼 대목은 당의 혁명전통에 반하는 모든 사상적 오류를 언급했으며, 또한 사상적 문제를 집중적으로 비난했다는 사실이다. 당과 정부의 실무정책이나 방향이 아니라 오로지 사상적인 면에 집중적으로 비난함으로써 이것이 정책투쟁이 아닌 정치사상적 투쟁임을 확인케 하였다.

이들의 대부분은 김일성의 지도부 그룹에서 조직과 사상 면에서 핵심적인 역할을 수행했던 이들로 김일성의 항일무장투쟁에서 그들의 역할을 부각시키면서 그들과 김일성 그룹의 권위와 정통성을 공유하려 하였으나, 해방 이후 북한을 통치해왔던 김일성의 당과 행정부에서의 경험, 투쟁 그리고 전쟁 이후의 권력투쟁에서의 승리 등을 과소평가하면서 벌어진 비현실적 정치투쟁이었던

22) 사회과학원 력사연구소, 『조선전사 31』(평양 : 과학백과사전출판사, 1982), pp. 27-28.

것이다.

1967년부터 당의 유일사상체계가 본격적으로 제기되는 것과 동시에 수령의 유일영도체제 형성이 시작되었다. 북한에서 최초로 김일성을 수령으로 언급한 것은 6.25전쟁기 김일성의 40회 생일을 기념한 행사였지만 1967년부터 본격적으로 수령으로 지칭하면서 당 총비서로서 당·정·군의 유일적 영도체제가 확립되었다. 이때 이미 '유일사상체계확립 10대 원칙'이 1967년 말에 작성되어 1968년 초부터 당 간부생활의 기준으로 사용되기 시작했다. 김일성에 대한 호칭도 이전의 '수상', '동지', '총비서 동지' 등 여러 가지로 불리던 것이 이때부터 '위대한 수령 김일성 동지'로 통일되기 시작했다.[23] 당 조직부장 김영주가 작성, 공표한 유일사상체계확립 10대 원칙은 다음과 같다.

1) 수령의 혁명사상, 당의 유일사상으로 교양사업을 강화할 것 : 그 내용은 당 정책교양과 혁명전통교양을 강화하는 것이다.
2) 수령의 교시와 당 정책을 관철하기 위한 실천투쟁을 강화할 것 : 즉 수령의 교시와 당 정책을 무조건 접수하는 혁명적 기풍을 확립하며, 온갖 애로와 난관을 용감하게 극복하고 그것을 끝까지 관철하고 온갖 반당·반동적 사상을 반대하여 견결히 투쟁하면서 철저히 옹호하는 것이다.
3) 수령의 사상과 어긋나는 온갖 반당적·반동적 사상을 반대해 견결히 투쟁할 것 : 이것이 갖는 중요성은 유일사상체계는 적대적 사상조류와 불건전한 사상요소들을 반대하는 투쟁을 통해서만 공고화되고 발전될 수 있기 때문이다.

23) 정창현(2002), p. 96.

4) 전당 · 전국가가 수령의 유일적 영도 밑에 움직이는 강력한 조직규율을 확립할 것 : 전당과 전국가가 수령의 영도에 철저히 의거하고 수령의 영도 밑에 이탈하는 현성과 강한 투쟁을 벌려야 한다. 또한 수령의 교시와 당 및 국가결정을 제때에 정확히 전달, 침투시켜야 하며 그것을 철저히 관철하도록 해야 한다.
5) 수령을 튼튼히 보위하기 위한 투쟁을 강화할 것 : 수령을 사상리론적으로, 목숨으로 보위하며 그의 영향력과 위신을 백방으로 강화하며, 수령의 권위와 위신을 헐뜯으려는 사소한 경향에 대해서도 제 때에 비타협적인 투쟁을 벌려야 한다. 또한 수령의 교시와 개별적 간부들의 지시를 혼동하지 말고 개별적 간부들에게 환상을 가지거나 아부아첨하지 말고 오직 수령의 교시대로만 사고하고 행동해야 한다.
6) 이 사업을 끊임없이 심화, 발전시키며 대를 이어가면서 당의 유일사상체계를 확고히 세우도록 할 것[24]

결과적으로 분파를 극복한다는 것은 김일성을 대표로 한 빨치산그룹 이외의 다른 파벌의 존재를 인정하지 않고 철저하게 배제한다는 것으로 해석되기 시작했다. 동시에 그것은 김일성과 북한체제의 정통성 확립의 문제였기 때문에 이데올로기와 역사해석권의 독점을 초래하였다. 특히 북한의 경우 '주체'와 '사대'가 분파문제와는 떨어질 수 없는 것임을 보여주었다.[25] 따라서 빨치산그룹

24) 사회과학출판사, 『정치학 사전』(평양 : 사회과학출판사, 1973), pp. 269-271. 1973년 판 '정치학사전'에는 10대 원칙 가운데 6개만을 게재하고 있는데, 당시 10대 원칙 자체가 내부적으로 이루어졌기 때문에 현재 여타의 자료를 통해서도 당시의 10대 원칙 모두를 확인할 길이 없다. 그러나 6개의 원칙은 주요 핵심 내용 모두를 포함하고 있다고 볼 수 있어 1974년에 김정일에 의해 나온 10대원칙과 비교 가능하다고 본다. 여기서는 김광용 (1995), p. 108.

이 권력의 핵심부를 독점한 이래 이후의 이런 권력투쟁을 방지하기 위해 당의 영도를 거부하는 것은 김일성과 혁명을 거부하는 것으로 이해되기 시작하였다. 역사의 '창조'와 이데올로기의 '독자성'의 추구는 필연이었고, 그것은 김일성에 대한 개인숭배와 절대성, 나아가 신격화로 이어질 수밖에 없는 정치적 방향성을 내포하는 것이었다.

유일지도체계 형성과정에서 볼 때 과거 김일성 부대와 함께 항일무장투쟁의 경험을 공유했던 조국광복회 출신들에 대한 일대 숙청은 북한 정치사에서 제일 중요한 역사적 사건이었다. 이들은 해방 후 숙청 당시까지 일관되게 김일성의 편에 서서 그의 지도력을 지지해 온 인사들로 이제는 숙청의 대상이 단순한 정치적 노선의 반대파가 아니라 김일성 1인 독재를 반대한다면 이제껏 함께해온 가까운 정치적 동료들도 숙청의 대상이 될 수 있음을 보여주었다.

한편 1967년 5월에 열린 당 중앙위원회 제4기 15차 전원회의가 우리의 관심을 끄는 다른 이유는 김정일이 이 숙청을 주도했다는 사실이다.[26] 당시 김정일은 당 중앙위원회에 근무하면서 숙청 대상자들의 죄행을 조사하여 전원회의에서 폭로한 것으로 알려졌다. 그는 전원회의 뒤에도 반당·반종파 해독을 뿌리뽑는다는 이유로 직접 숙청작업에 참여하였으며 이때부터 유일사상체계 확립 운동을 주도한 것으로 알려졌다. 이렇게 볼 때 김정일은 이 회의

25) 스즈키 마사유키 지음·유영구 옮김, 『김일성과 수령제 사회주의』(서울 : 중앙일보사, 1994), p. 51.
26) 이종석(1995), p. 310.

를 계기로 당내 권력구조의 핵심으로 부상했다고 할 수 있으며 김일성과 그의 동료들의 입장에서 볼 때 당내 유일사상 및 지도체계의 본질과 역할에 대해서 가장 잘 이해하는 사람으로 인식되었을 가능성이 높다.

북한체제의 속성을 근본적으로 변화시켰던 1967년 갑산파 숙청사건 이후 김일성의 전통이 항일혁명전통으로 정치사회화되는 1968년을 즈음해서 항일무장투쟁 군인출신들이 정치일선에 나와서 국가정책을 펴는 것은 여러 가지 폐단을 낳게 되었다. 온 나라의 군사주의화의 결과는 국방 · 경제 병진계획의 연장선상으로, 과거 항일혁명전통의 교육을 통해 높아진 항일빨치산 군인들의 정치적 위상은 비군사적문제의 개입과 나아가 대외적인 군사 모험주의적 성향을 나타내며 유일지도 및 사상체계 확립에 위협적인 요소로 등장하게 되었다. 1968년 1.21 청와대 기습 사건, 울진 · 삼척 무장간첩 남파사건, 미 정보수집함 푸에블로호의 납치사건 등의 도발은 남한과 국제사회로 하여금 북한의 행위를 비난하게 만들었고, 남한사회는 '반공'을 국시로 정부와 국민이 하나가 되게 만들었으며, 남한 내 공산혁명의 열기를 꺾어버리는 결과를 초래했다.

항일빨치산 출신 장군들이 인민군의 용맹을 과시하기 위해 주도면밀하게 계획하여 시도한 군사 모험주의적 행태들은 김일성으로 하여금 엄청난 부담과 내부 갈등을 양산시켰다. 1965년 한일기본조약으로 인한 한 · 미 · 일의 동맹 강화, 중소분쟁으로 인한 북 · 중 · 러의 동맹 약화는 미국이라는 외부의 강대국을 북한이 혼자 감당해야 한다는 '전쟁 공포'를 느끼게 만들었다. 그리하여 이와 관련하여 김일성을 지근거리에서 보좌하던 영도 및 지도핵심 인물들이 대거 숙청되었다. 소위 '김창봉 · 허봉학 숙청 사건'으로 칭하는 군부강경파의 군사도발 사건으로 인해 1968년 말부터 1969년 초까지 항일무장투쟁세력 주요 군 간부들이 숙청되었다.

'당검열그루빠'가 1968년 10월부터 두 달 동안 집단군, 군단, 사단에 이르기까지 배치되어 철저한 검열을 실시하면서 '군부강경파 사건'이 파헤쳐지기 시작했다. 검열을 결산하여 1969년 1월 6-14일에 인민군 당위원회 제4차 전원회의가 개최되어 1967년 이후 또다시 정치적 숙청의 피바람이 몰아쳤다. 책임자인 연락국 총책 허봉학, 당비서 겸 정치위원이었던 부수상 김광협, 민족보위상 김창봉, 인민군 총참모장 최광, 당비서겸 사회안정상 석산, 정치위원인 이영호 등이 숙청되었다. 특히 김일성은 민족보위상 김창봉이 단지 현대화된 정교한 무기 체계만을 옹호했을 뿐 한국의 산악지형에 적합한 재래식 및 현대식 무기체계를 모두 갖추어 균형된 군사력을 이루어야 한다는 점을 경시했다고 비판했다.

그의 비판에 따르면 한국은 높은 산악지형으로 인해 저공저속의 비행기가 필요함에도 김창봉은 고공고속으로 비행하는 현대적 비행기에만 관심을 두었다. 또한 김창봉은 진지역의 요새화를 등한시하여 무기와 각종 군사 장비를 지하에 안전하게 배치하지 못했으며, 노농적위대의 중요성을 경시함과 아울러 전인민의 무장화 정책을 무시하고 산악지형에 이용한 독립 경 보병사단을 창설하지 못함으로써 결국 정규군과 민병대 사이의 협동작전을 경시했다는 비판을 받았다.

급속한 군현대화를 옹호한 빨치산 출신 장군들과 북한 실정에 맞는 적정한 수준을 옹호한 빨치산 출신 장군들 사이에 심각한 갈등이 일어났던 것으로 보인다. 빨치산 장군으로서 숙청당하지 않고 뒤에 인민무력부장이 된 오진우가 1969년 1월 13일 비판 회합을 주도하면서 김창봉과 그의 군부집단들이 저지른 약 13개 항의 과오를 제시했다고 한다. 이 비난에는 군 장교 내의 엽관주의, 당의 지시 불이행, 장병들에 대한 불공정한 평가, 군대의 비군사적 작업에의 이용, 군 보급물자의 낭비 등이 포함되었다.[27)]

이들을 정리하면 첫째, 빨치산 출신 장군들이 6.25전쟁에서의 인민군의 경험을 경시하고 한국에 맞지 않는 소련제 고가의 첨단무기 체계만을 강조했다는 것이다. 둘째, 전국의 요새화 정책을 수행하면서 지하터널을 파지도 못하고 때로는 안전하지 못한 지역에 군사기지를 건설하는 과오를 저질렀다는 것이다. 셋째, 일부 부문에서 물자를 낭비하고 다른 부문에서의 부품 및 장비의 적절한 준비를 소홀히 했다는 것이었으며, 마지막은 김창봉을 비롯한 빨치산 장군 출신들이 군부 안에 도당을 형성하려고 했고, 군 병력은 마치 가지의 사병인 것처럼 다루었다는 비난이었다.

김일성은 군 당위원회의 과업을 강조하면서 각 군부대에 당 간부를 증파할 것을 명령했다고 보도되었다. 또한 그는 북한의 장군들은 소련 군사전문가들의 충고를 맹목적으로 추종해서는 안 되고, 인민군에 필요한 전략전술을 채택해야 한다고 강조했다고 한다. 이 숙청에 몇 명이나 관련된지는 정확히 밝혀지지 않았으나 다수의 유력한 빨치산 출신 장군들이 직위 해제되었다.[28)]

27) 서대숙 지음 · 서주석 옮김(1988), pp. 208-209.
28) 서대숙 지음 · 서주석 옮김, 위의 책, p. 209.

북한 정치사에서 항일빨치산 장군들의 일부를 숙청한 것은 다음과 같은 의미가 있다.

첫째, 1960년대 이르러 이들의 지지가 필요하지 않을 정도로 확고한 정치·군사적 지위를 가지고 있었다는 것이다. 이는 단순히 몇 번의 정치적 숙청을 거쳐 정치적 반대파였던 소련파, 연안파 그리고 국내 공산주의 계열을 모두 제거하였다는 의미보다는 김일성과 당의 결정과 정책을 통해 '당성'이 우선되는 정치 풍토를 만들어 냈다는 것을 의미한다. 또한 김일성과 당의 정책과 노선에 대해서 꾸준한 검열과 평가를 통해 항일빨치산 세력들 또한 꾸준히 하나로 융합시키려는 노력을 해 왔다는 것을 의미한다. 즉, 군부가 당과 김일성에 가장 충성스러운 집단이 되어야 한다는 당위성을 제시해 주었다.

둘째, 4대 군사노선을 발표하고 경제성장에 치중한 북한으로서는 안정적인 정치와 경제, 곡절을 겪었던 1960년대 소련과 중국과의 관계에서 주체의 개념을 체계화하고 자주화하기 위해서는 내외의 우호적인 환경을 만들어낼 필요가 있었다. 모험주의로 인한 외부의 위협 증가는 사회주의 신생국가였던 북한에게는 체제의 안정을 위협할 수 있는 가장 큰 위협 요소였다. 김일성은 1960년대 말 소련과 중국과의 관계를 회복하고 경제와 군사의 발전에 더더욱 치중할 필요성을 느끼고 있었다.

이 사건은 당내 권력 구조상 중대변동이었을 뿐만 아니라 북한 사회에서 극좌적 군사모험주의의 예봉이 꺾이는 중요한 계기가 되었다. 숙청을 계기로 당의 군 장악 조치가 강력하게 진행되면서 사회보다 더 강력하고 충직한 당 조직 건설이 요구되었다. 또한 이 사건은 역설적으로 수령의 군대로서의 군의 정치적 색채를 강하게 하는 분기점이 되었다. 좌편향과 강화일로에 있는 군부에 대한 사전 정지작업과 동시에 후계체제와 맞물려 이에 대항할 수 있는 군부의 세력화 가능성의 싹을 없애는 측면도 고려된 조치였다.[29] '김창봉 · 허봉학'사건으로 인한 숙청과 재교육으로 인하여 군의 위상이 수령의 군대로 격상되어 군이 김일성을 정점으로 한 북한체제를 지탱하는 가장 강력한 무기가 되었다.

29) 유광진 · 김무곤 · 김용현, "정치 · 군사부문 변화", 고유환 엮음, 『로동신문을 통해 본 북한 변화』(서울 : 선인, 2006), p. 102.

3 통치구조와 통치이데올로기

제1절 6.25전쟁의 경험과 '주체'의식의 필요성 대두

주체사상은 김일성에 의해 창시되고 김정일에 의해 심화·발전되어 오면서 북한체제를 규정하는 이데올로기로 자리매김하였다. 지금 북한이 세계를 상대로 전파하고 있는 주체사상은 창안 당시의 내용과는 많은 차이가 있고, 그 실천 목적에도 커다란 차이가 있다. 주체사상은 1950년대 북한의 정책이 1960년대에 사상적 체계를 갖추게 된 것인데, 북한의 자주성 확립에 크게 기여한 정책노선이다.

북한에서는 레닌이나 마오쩌뚱처럼 김일성이 이론적 독창성을 발휘해 자신의 사상을 입안, 창안하고 김일성의 사상으로 북한의 사회와 인민을 통치 및 지도하는데 유용한 도구로 사용한 것이 바로 주체사상이다. 주체사상은 북한체제와 인민들에게 조선혁명의 중요성과 이를 위한 당의 역할과 인민의 태도 및 자세들을 사상 면에서 체계화한 것으로 요약할 수 있다.

조선노동당은 그의 전신이라고 주장하는 조선공산당 북조선분국 결성 이래 1960년대 중반까지 맑스-레닌주의를 당의 유일적 지도 사상으로 받아들였다. 조선공산당과 조선신민당이 합당해

건설된 북조선노동당의 강령과 규약에도 남북분단과 소련군정의 역할 등 특수한 시대적 상황에 맞는 정치노선에 대해 진보적 대중정당이라는 제한된 틀 속에서 북한에서의 체제 완성 과정을 거쳤다. 조선노동당에 있어 6.25전쟁은 소련의 경험을 수용하고 지도받는 과정에서 이데올로기의 단일성을 확보하는 차원에서 맑스-레닌주의의 기치를 공개적으로 내세울 수 있는 중요한 계기가 되었다.[1)]

조선노동당이 공산당으로서의 자신의 성격을 더욱 분명히 하기 시작한 것은 1951년 11월에 열린 당 중앙위원회 제4차 전원회의에서 김일성이 '맑스-레닌주의 새 형의 당'이라는 표현을 사용함으로써 당을 '선진적 로동계급을 핵심으로 하는 근로인민의 선봉대로서 전투적 혁명적인 맑스-레닌주의의 새 형의 당'으로 규정하기 시작하면서부터였다.[2)] 통일전선 구축을 통한 통일과 투쟁 때문에 자제해왔던 맑스-레닌주의의 기치를 전쟁 기간 내 전쟁 승리와 정치적 반대파를 제거하는 데 이용하면서 전쟁 후에는 공개적으로 전면에 내세웠다.

6.25전쟁은 주체사상 형성에 결정적인 배경이 되었다. 전쟁 전 김일성은 소련을 전 세계 인민들이 사모하는 지구상 유일의 사회주의 국가이며 이들과 우호적인 협정을 맺고 관계를 유지하는 것이 체제의 평화와 안정을 보장하는 길이라 믿었다.[3)] 하지만 1950년 9월 맥아더에 의한 인천상륙작전과 이후 압록강까지 후퇴를

1) 이종석(1995), pp. 68-69.
2) 이종석, 위의 책, p. 69
3) 백남운 지음·방기중 해제, 『쏘련인상』(서울 : 선인, 2005), pp. 9-12.

거듭하던 시기 소련의 대북한 지원은 북한의 예상과는 달리 소극적으로 바뀌었다. 이와 반대로 아시아 사회주의로 대표되던 중국은 6.25전쟁 참전을 결정하면서 미국과 남한에 의해 점령된 북한 지역을 다시 회복하는데 결정적인 역할을 하였다.

북한이 전쟁 중 가장 어려운 상황에서 손을 내민 건 스탈린이 아니라 모택동이었으며, 전쟁 중과 전후복구시기 중국이 1958년까지 주둔시키는 과정에서 내정에는 간섭하지 않았다는 점 등은 이후 북소 및 북중 관계의 변화 가능성을 의미하는 것이었다. 이는 이후 권력투쟁과 주체의 형성이라는 과정에서 북한의 독자적인 사상을 발전시키는 기반이 되었다. 즉, 사회주의 모국으로서의 소련의 역할에 대한 한계를 인식하였으며, 중국과는 사회주의 우방국으로서의 관계 설정이 가능해졌다. 동서냉전의 주도세력 중 북한체제의 가장 큰 버팀목인 소련은 김일성의 추가지원을 외면했고 이와 함께 동구 사회주의 국가들의 지원까지도 소원하게 만들었다. 김일성의 대소 감정에 불신과 아쉬움이 동시에 교차할 수밖에 없었다.

전쟁기간은 물론 휴전 직후 북한 재건에 대한 중국과 소련의 태도 역시 확실한 차이가 있었다. 1953년 9월에 모스크바를 방문하고 경제 원조를 요청했을 때 소련의 새 지도자들은 10억 루블을 빌려주면서 1954-55년에 걸쳐 갚을 것을 요구했으나, 중국은 그해 11월 김일성이 베이징을 방문하여 똑같은 경제지원을 요구했을 때 8억 원의 차관을 제공했을 뿐만 아니라 1950-53년까지의 차관을 모두 면제시켜 주었다. 중국은 그 차관까지도 후에 무상으로 전환해주었던 것에 비해, 소련은 이자만 면제해 주고 원

금 전액을 회수해갔다.[4)]

따라서 김일성이 소련 및 중국과의 관계를 재평가하는 것은 통치자로서 자연스러운 일이었다. 이런 상황에서 소련을 등에 업고 소련의 당 제도를 북한의 현실을 고려하지 않은 채 무리하게 적용하면서 허가이가 김일성의 정치적 기반을 흔들려고 시도하자 김일성은 주저하지 않고 숙청해 버렸다. 김일성의 주체사상은 이렇게 6.25전쟁 중과 휴전 후 소련과 중국의 대북한 지원과 인식의 차이에서 싹트기 시작했다.

제2절 대내적 차원의 주체사상의 태동

북한에서 '주체'가 거론되기 시작한 것은 1950년대 중반 혁명세력들(항일 빨치산세력, 소련파, 연안파 등) 간의 사회주의 건설과 관련한 노선투쟁에서 '소련식', '중국식'이 아닌 '우리 식'이 강조되면서부터이다.[5)] 이런 분위기에서 김일성은 1955년부터 본격적으로 민족주의 정서를 앞세워 주체의 확립에 나서기 시작했다.

전후 복구 건설 과정에서 경제노선을 둘러싼 당내 갈등은 조금씩 수면위로 떠오르기 시작했으며, 주류와 반대파 간의 중공업 우선과 농업협동화 등을 두고 정책대결을 하게 되었다. 반대파들

4) 서대숙(2000), p. 129.
5) 고유환, "중소 분쟁과 북한의 유일사상체계 형성", 『북한연구』, 제6권 3호(대륙연구소, 1995년 가을호), p. 48.

의 주장은 외부의 영향력 특히 소련의 영향을 많이 받은 주장들이었기 때문에 북한정치 전반에 퍼져있었던 소련식 혹은 중국식 분위기를 일신하고 김일성의 정치 및 경제 노선을 반대하려는 움직임을 사전에 차단하려는 의미도 내재하고 있었다.[6]

김일성의 이와 관련한 움직임은 1955년 4월 전원회의에서 시작되었다. 이 회의에서 김일성은 당원들에 대한 계급교양사업이 타율적으로 되고 있다고 지적하면서 맑스-레닌주의를 학습하며 다른 나라 당들의 투쟁경험을 연구하는 것은 결코 단순히 지식을 얻기 위한 것이 아니라 북한 자신의 혁명문제를 정확히 분석하고 투쟁에서 행동의 지침을 삼기 위해서 연구하는 것이라 강조하였다.[7] 이는 체제의 형성과 발전을 규정하는 혁명의 개념에서 외국의 제도와 사상에 대한 일방적인 수용이 아니라 조선 방식으로의 '적용과 창조'의 중요성을 처음으로 제기한 것이었다. 일반적이고 원칙적인 차원에서 주체를 강조한 것으로 소련과 중국에 대한 일방적인 따라 배우기가 아닌 북한의 현실을 고려하겠다는 내용의 정치적 메시지였다.

조선노동당에서 주체 확립의 문제가 표면화된 것은 전후 복구시기인 1955년 12월 28일 김일성이 당 선전선동 일군들 앞에서 한 연설 '사상 사업에서 교조주의와 형식주의를 퇴치하고 주체를 확립할 데 대하여'라는 연설을 통해서이다. 이 연설에서 김일성은

6) 김근식, "북한 발전전략의 형성과 변화에 관한 연구 : 1950년대와 1990년대를 중심으로", 서울대학교 대학원 정치학과 박사학위논문(1999), p. 130.
7) 한천일, "당중앙위원회 4월 전원회의 문헌을 더욱 깊이 연구하자", 『근로자』, 5월호(1955) 참조.

'우리 식' 진리의 창조를 강조하면서 최초로 사상 사업에 '주체'를 도입할 것을 다음과 같이 주장하였다.

> "우리 당 사상 사업에서 주체는 무엇인가? 우리는 무엇을 하고 있는가? 우리는 어떤 나라의 혁명도 아닌 조선 혁명을 하고 있는 것이다. 이 조선 혁명이야 말로 우리 당 사상 사업의 주체이다. 그러므로 모든 사상 사업을 반드시 조선 혁명의 리익에 복종시켜야 한다. 우리가 쏘련 공산당의 력사를 연구하는 것이나, 중국혁명 력사를 연구하는 것이나, 맑스-레닌주의의 일반적 원리를 연구하는 것은 다 우리 혁명을 옳게 수행하기 위해서 하는 것이다."[8]

> "혁명은 매개 나라의 내부 모순에 기초하여 일어나며 혁명의 직접적 당사자는 그 나라 인민들 자신이다. 주체를 확립한다는 것은 혁명에서 주인다운 태도를 가진다는 것을 말하며, 조선혁명의 주인은 조선노동당이며, 조선인민이다. 조선혁명을 옳게 수행함으로써 민족적 임무를 다할 수 있을 뿐만 아니라 국제적임무도 훌륭히 수행하게 되며 국제 공산주의 운동에 이바지할 수 있다. 그리고 현실을 모르면서 주체를 세우지 못할 때에는 교조주의에 빠져 혁명을 실정에 맞게 전전시킬 수 없으며 더 나아가서 남만 쳐다보다가 수정주의까지 끌여 들일 수 있다."[9]

김일성은 이 연설에서 소련과 북한의 현실을 분리시키면서 소련과 중국의 지원과 영향력을 등에 업고 정치세력화하려는 세력

8) 조선로동당출판사, 『조선로동당 력사교재』(평양 : 조선로동당출판사, 1964), p. 343.
9) 조선로동당출판사, 위의 책, pp. 344-347.

들을 견제하려는 의도에서 주체의 상실을 강력하게 문제제기하였다. 그는 맑스-레닌주의 원칙을 고수하면서 그것을 북한의 구체적 조건과 민족적 특성에 맞게 창조적으로 적용할 것을 주장하였으며 '맑스-레닌주의는 교조가 아니라 행동의 지침이며 창조적 학설'이기 때문에 맑스-레닌주의는 각 나라의 구체적 조건에 맞게 창조적으로 적용될 때에 비로소 '불패의 위력'을 발휘할 수 있다고 주장했다.[10)]

당 일부 일군들이 조선의 것은 연구하지 않고 모든 사업에서 기계적으로 소련과 중국의 우수성만을 이론적으로 인식한 채 현실성 없는 사업 작풍을 이어간다고 비판하면서 당 사업의 기본은 맑스-레닌주의를 우리나라의 구체적 조건, 우리의 민족적 특성에 맞게 창조적으로 적용하는데 있음을 강조하였다. 이는 당시 국가발전전략에서 경제적 노선을 놓고 대립했던 반대파들의 외부연계성향을 비판함과 동시에 사상적으로 대중을 동원하는 데서 이제 맑스-레닌주의 그 자체만을 맹목적으로 적용하는 것이 아니라 이를 조선의 현실에 맞춰 창조적으로 적용함으로써 이른바 '사상에서의 주체'를 확립하겠다는 이중적 의미를 담고 있다.

우리가 눈여겨봐야 할 대목은 바로 '교조'와 '창조'의 의미이다. '교조'는 소련식의 무오류성과 조선식의 열등성을 의미하는 것으로 특정 정치세력에게 정당성을 제공해 주며 외세와 결합하여 파벌화 될 수 있는 가능성을 제공하는 것이었다. 반대로 '창조'는 교조주의와 절대적으로 반대되는 개념이 아니라 전후 사회주의권의

10) 고유환(1995), p. 51.

절대적 지원이 필요한 특수한 상황에서 정치세력과 노선에 맞게 융통성 있게 적용할 수 있는 창조적 모방을 의미하는 것이었다.

이 당시 표면화된 주체 확립의 문제는 단순히 체제 내 정치노선을 둘러싼 갈등을 해결한다는 정치적 의미를 넘어서 사회로까지 일반화되었다. 주체의 강조는 김일성과 빨치산세력들의 정당성을 부여하는 의미로, 연안파, 소련파 및 정치적 반대세력들에게는 자신들의 정치적 영향력을 견제하기 위한 김일성의 정치투쟁을 알려주는 신호탄이었다.

그 다음해에 2월에 열렸던 소련공산당 제20차 당 대회는 김일성으로 하여금 맑스-레닌주의의 창조적 적용을 통한 '주체' 확립이 정당한 것임을 확신하게 만들었다. 소련국민들은 두 차례의 대규모 전쟁을 승리하고 국제 사회의 초강대국으로 부상하자 풍요롭고 안정된 생활을 기대했다. 하지만 중공업 중심의 경제정책 때문에 대중들의 생활은 빠르게 개선될 수 없었고, 그에 따라 현실에 대한 대중의 불만도 점차 표출되기 시작했다.

흐루쇼프는 소련체제의 역사적 정당성, 진보성을 강조하면서 지난 20년 이상 소련을 지배했던 지도자에 대한 어떤 명확한 평가도 없이 스탈린의 정책에 대한 지지, 수정하는 모습을 보일 수는 없었다. 이에 따라 소련 지도부는 스탈린 시대의 중공업 경제정책에서 벗어나 농업 및 소비재 산업의 발전에 많은 관심을 기울였으며, 엄격한 사상통제에서 벗어나 문화예술 분야에서의 해빙을 허용하고, 외교적으로는 자본주의 세계와의 계급전쟁 노선에서 벗어나 자본주의와의 평화공존 및 체제경쟁 노선을 추구했다. 이렇듯 소련 지도부는 공식적으로는 여전히 스탈린을 찬양하

면서도, 사실상 스탈린 시대와 다른 새로운 정책을 실시하였다.[11)]

소련체제의 극단적인 병폐인 개인숭배를 제거함으로써 소련 사회주의 체제를 강화하려 하였고, 이런 맥락에서 스탈린의 비판은 현존 사회주의 체제에 대한 비판이라기보다는 오히려 사회주의 체제의 우월성에 대한 자신의 표현이었다.[12)]

하지만 현실 사회주의에서 스탈린은 중국을 비롯한 신생 사회주의 국가들에게 이념의 정당성과 체제의 우월성을 담보하는 정치적 상징이자 지지자였다. 그리고 중국과 북한 등 혁명투쟁의 승리라는 최고지도자의 정통성을 바탕으로 성립된 신생 사회주의 국가에서는 스탈린의 개인숭배에 대한 비판이 모택동과 김일성에 대한 비판이 될 수 있었기 때문에 소련과 자국의 상황을 동시에 고려하지 않을 수 없었다. 이것으로 사회주의 진영의 이데올로기 대립의 발단이 되었고 사회주의 진영의 구조전환을 낳았으며 더 나아가 국제공산주의운동의 심각한 분열을 초래하였다.

한편 김일성 연설에서 제기되었던 주체 확립에 관한 문제는 1958년 4월에 있을 제3차 당 대회 준비를 위한 각급 당 대표회의 토론에서 사상 사업 부분의 핵심주제로 논의되면서 당의 유일적 이데올로기 필요성에 대한 전 사회적 공감대가 형성되었다. 소련의 스탈린 찬양과 동시에 비판적 평가를 통한 새로운 정책에 대한 실시는 북한에서 김일성의 정치노선과 혁명전통에 반대하는

11) 니키타 세르게예비치 흐루쇼프 지음 · 박상철 옮김, 『개인숭배와 그 결과들에 대하여 : 소련 사회주의 체제 최초의 균열, 흐루시초프의 비밀 연설』(서울 : 책세상, 2006), p. 133.
12) 니키타 세르게예비치 흐루쇼프 지음 · 박상철 옮김(2006), p. 6.

소련파 및 연안파들을 고무시켰다.

김일성은 1956년 6월과 7월 전후복구건설 과정에서 필요한 원조를 위해 소련과 동구 사회주의 국가들을 방문하였다. 그리고 귀국 후에 방문 결과를 보고하는 8월 전원회의에서 김일성 반대파들은 김일성의 개인숭배 현상을 비판하고, 인민경제향상을 주장하며 김일성을 제거하려고 시도하였다. 하지만 김일성과 항일무장투쟁세력들의 조직과 사상적 단결의 힘으로 당내 반종파투쟁은 승리하였다. 반대파들은 대결과정에서 소련과 중국이라는 외부세력을 이용해 도전하였기 때문에, 북한 내에서 주체 확립을 공식화하는 중요한 기폭제가 되었다. 물론 주체란 김일성과 항일무장투쟁세력들 그리고 혁명전통 모두를 말하는 것이었다.

비록 북한 내에서 주체 확립을 공식화할 수밖에 없었지만 여기서 눈여겨봐야 할 것은 김일성과 항일무장투쟁세력들의 사상과 조직 면에서의 단결 그리고 북한지역에서의 확고한 정치적 헤게모니 장악은 중소의 간섭을 사실상 무력화시켰다는 점이다. 심지어 중국과 소련은 김일성이 관련자들을 처벌 및 탄압하지 않겠다는 약속이행조차 강요하지 못했다. 이를 계기로 김일성은 일정한 신중함만 있으면 소련과 중국의 지시를 무시하면서 자신의 영향력을 행사할 수 있다고 생각하게 되었다.

또한 모택동과 팽덕회가 1957년 9월 모스크바에서 개최된 전세계 공산당 및 로동당 회의에서 김일성을 만나 북한의 내정에 이유 없이 간섭했던 일에 공식 사과했는데, 이 또한 김일성과 그의 생각을 굳혀지게 만들었다.[13] 이 위기에서서 대내외적 승리를 쟁취한 김일성은 신중하지만 끈기 있게 그를 짓누르고 있던 중소의 간섭에서 벗어나기 시작했다. 1956년은 향후 주체사상의 본질과 방향성(반중 · 반소)이 정립되기 시작하던 해였다.

제3절 대외적 차원의 주체사상의 태동 : 북한과 중소 관계의 재설정

1950년대 말과 1960년대에 들어서는 북한의 '주체'가 대외적 차원으로 확대되었고 이는 당시 치열하게 전개된 중소분쟁에서 북한이 중국과 소련이라는 사회주의 모국들을 상대로 자주성을 획득하기 위한 갈등을 겪으면서 이루어 낸 것이었다. 즉 이 시기는 중소분쟁의 와중에서 북한은 대외적으로 탈 소련과 탈 중국의 입장을 명확히 하게 된 것이다. 소련과 중국의 이론이나 주장에 대해 이제 분명한 반론을 제기하고 또 그들의 입장에 대해 그릇된 것이라는 비판을 분명히 하였던 것이다. 이는 1950년대의 주체 확립이 대내적 차원에서 진행된 것이라면 1960년대의 자주노선의 강조는 대외적 차원으로 발전된 것이라서 이 과정을 통해 북한의 주체강조가 하나의 독창적인 사상적 담론으로 발전하게 됨을 뜻하는 것이다.[14)]

소련의 스탈린에 대한 이중적 평가는 북한이 대외적으로 주체 확립을 공식화하지 못하게 만드는 결정적인 요소였다. 그러므로 북한은 중소분쟁의 과정에서 소련과 중국의 영향력과 필요성에

13) 박길용 · 김국후, 『김일성 외교비사』(서울 : 중앙일보사, 1994), p. 91.
14) 김근식(1999), p. 136.

따라 중립을 나타내면서 끊임없이 사회주의권의 단결을 모색하였다. 예를 들어, 1958년 2월 19일 북한 최고인민회의는 흐루쇼프의 평화공존론 정책을 '전적으로 지지 · 찬동한다'고 결정했다. 1959년 제21차 소련공산당대회에서 돌아온 김일성은 흐루쇼프에게 지지 의사를 밝혔고, 소련의 대미 화해정책을 반영하는 미소 정상간 상호 방문 계획도 지지했다. 또한 1959년 9월 7일 양국 간에는 '원자력 평화이용에 관한 협정'이 조인되었고, 1961년 7월 '조소 우호협력 및 상호원조조약'을 시작으로 1962년 '조소 문화 및 과학협력 협정'이 체결되었다. 또한 1961-1965년 간 상호물자공급에 관한 장기협약 등 경제적 지원과 동년 6월 북한의 군사대표단의 방소로 이어졌다.[15]

중국은 북한에게 1960년 10월 차관협정에서 1961년부터 64년까지 7개년계획 전반기에 1억 4천만 달러의 원조를 약속했으며, 1961년 7월 '조중 우호협조 및 상호원조 조약'이 체결되었다. 6개 조항으로 구성되어 10년 간 효력을 가지게 되었으나 기한이 1년 전에 어느 일방이 조약 폐기를 제기하지 않는 이상 5년 간 계속 효력을 가지게 되었던 '조소 조약'과는 달리 7개 조항으로 구성되어 조약 기한이 제한되어 있지 않았던 '조중 조약'은 당시 북중 관계가 좀 더 탄탄한 신뢰 속에 미래지향적인 관계였음을 말해준다.

그러나 외향적으로는 건설적이고 미래지향적인 관계로 보였던 북한과 중소의 관계는 실질적으로는 두 나라의 원조가 약속대로

15) 정성임, "북러관계", 세종연구소 북한연구센터 엮음, 『북한의 대외관계』(파주 : 한울아카데미, 2007), p. 322.

잘 이행되지 않으면서 신뢰에 균열을 초래하기 시작했다. 중국은 이 시기 대약진 운동의 문제점으로 인하여 사후처리에 매달리면서 북한을 적극적으로 도와줄 상황이 아니었고, 소련 또한 북한이 중국에 기울어짐에 따라 협정 이행을 보류하기 시작했다.

김일성은 이러한 상황에서 수정주의와 교조주의를 동시에 비판하면서 자주적 정책, 즉 주체에 대한 필요성은 꾸준히 강조했다. 북한은 1962년 10월 쿠바사태와 소련이 북한과 중국이 국제공산주의운동의 배반자이며 미 제국주의의 충실한 추종자라고 비난한 유고의 티토와 화해하려하자 결정적으로 소련에게 등을 돌리며 소련에 대해서 자신의 목소리를 내기 시작했다. 1961년 제4차 당대회에서 김일성은 수정주의와 교조주의에 대해서 동시에 비판했지만 현대 수정주의에 대해서 더 단호한 입장을 표명함으로써 소련에 대해 직접적인 비판을 하기 시작했다.

수정주의와 교조주의를 동시에 격렬하게 비판하던 시기인 1962년부터 북한의 공식문헌에서는 주체사상이라는 단어가 출현하기 시작했다. 1962년 12월 19일자 로동신문 논설에서 '주체에 대한 사상은 우리 당이 자기행동에서 확고하게 견지하고 있는 근본원칙'이며 '주체를 확립한다는 것은 조선혁명의 주인이 조선노동당과 조선인민이라는 주견을 가지는 것이며 맑스-레닌주의의 일반적 원칙을 우리나라의 구체적 현실에 창조적으로 적용하며 모든 것을 조선혁명의 성과적 수행에 복무케 한다는 것을 의미'한다고 규정하였고, 당시 정립되기 시작한 자립적 민족경제노선을 '우리 당의 주체사상을 반영한 가장 현명한 방침'이라고 강조하였다. 이때 주체사상이라는 말이 등장하긴 했지만 이는 여전히 1950년대의 '사상에서의 주체 확립'이라는 차원에서 사용되었으며 사상체계라기보다는 노선이나 정책의 실제원칙으로 설명되었다. 다만 이즈음 자립적 민족경제건설노선을 주체사상의 방침이라고 주장한 것은 1950년대에 이루어진 '사상에서의 주체'가 이 시기에 와서 그 포괄하는 범위를 '경제에서의 자립'으로 넓혀나가고 있음을 의미한다.[16)]

북한은 1963년 10월 28일 '사회주의 진영을 옹호하자'라는 로동신문 사설을 통해 기존의 대내적 차원에 머물러 있던 주체 확립의 움직임을 대외적으로 공식 선언하면서 소련으로부터 정치적 자주성을 얻기 위한 본격적인 투쟁에 나섰다. 이 사설을 통해 북한은 소련의 현대 수정주의적 경향과 노선은 소련의 북한에 대한 부당한 간섭이자 대국주의의 발로이며 그것이 북한체제에 어떻게 악영향을 미쳐왔는지를 설명하였다.

소련은 사회주의를 대신할 수 없으며, 중국을 고립시킨다는 것은 사실상 사회주의 진영을 분열시키는 것이라 비난하면서 사회주의 진영 전체가 세계혁명의 기지라는 것을 강조하면서 이러한 행동은 국제주의 원칙에도 합당한 것이라 주장하였다. 마지막으로 북한은 고유의 사회주의 체제를 형성할 자격이 있다는 것으로 마무리하였다. 이는 스스로 북한식 사회주의의 정당성을 주장함과 동시에 사회주의 완성과 세계혁명은 사회주의 국가 간의 상호작용으로 인해 가능하다는 북한식의 주장을 설명하기 위한 것이었다. 이것은 분명 '사회주의 체제'에 대한 구조조정[17)]을 의미하

16) 김근식(1999), pp. 143-144.
17) 1962년부터 1964년 가을까지 소련과 북한 간 정부대표단 방문은 한 번도 없었

는 것이었으며, 사회주의는 그 나라 상황에 맞게 '재창조, 재정의' 될 수 있음을 보여주었다.

1960년대 초중반 남한의 군사정부 수립, 쿠바 미사일 위기로 인한 미소간의 대립, 미국의 베트남전 확전과 한국군의 참전, 베트남 전쟁에 대한 정의와 대응하는 과정에서 중소간의 이견차이로 인한 사회주의권의 분열, 1965년 한일협정으로 인한 한·미·일 남방 삼각관계의 복원움직임은 북한으로 하여금 심각한 생존위기를 느끼게 하였다. 왜냐하면 북한은 한일기본조약을 미국과의 군사동맹의 연장선상에서 이해하였고, 사회주의권의 분열로 인해 동맹의 '정도와 수준'을 확신할 수 없었기 때문이었다.

1962년 중국과 인도 간 국경 분쟁, 쿠바 미사일 위기, 베트남 전쟁을 거치면서 북한은 중국 측에 돌아섰고 직접적으로 소련을 비난하기에 이른다. 동년 10월 23일 최고인민회의 제3기 제1차 회의에서 사회주의 국가들 간 관계의 원칙으로 '평등, 자주, 상호존중, 내정불간섭'이 제시되었다.[18] 또한 1962년 12월 10일 당 중앙위원회 제4기 5차 전원회의에서 '국방에서의 자위'정책을 결의하고, 이 회의에서 '4대군사노선'을 채택하여 국방력강화를 다짐하였다. 그 이유는 다음과 같은 소련의 태도 때문으로 요약된다.

하나는 소련의 다른 사회주의권 국가들에 대한 지지가 불명확한 것과 또 하나는 미국에 대한 단호한 태도가 부족했기 때문이

다. 1964년 흐루쇼프의 실각 이후 1965년 2월 코시킨 수상이 북한을 방문하여 공동성명을 발표하며 조소간의 갈등은 해결된 것으로 보였지만, 1965년 3월 초에 열린 소련 공산당 회의에 북한은 불참하였다.

18) 정성임(2007), p. 322.

었다. 사회주의 연대성 강화가 자신들의 혁명역량 강화와 밀접하게 연관된 상황에서 사회주의 진영의 분열은 북한을 실망시켰다. 그리고 1966년 10월 제2차 당대표자회의에서 김일성은 외교관계에 관한 이제까지의 침묵을 깨고 국제공산주의에서의 북한인민의 자주적 위치에 대해 이야기했다.

김일성은 베트남에 대한 자신의 입장을 밝히면서 베트남 인민들의 투쟁을 자신들의 운명을 창조한 사람들이라고 칭찬하면서 사회주의 국가들의 지원은 의무임을 강조했다. 눈여겨 볼 것은 국제공산주의운동에서 한 나라의 역할에 대해서 존중받고, 그 기여를 인정받아야 한다는 것을 강조한 것이다. 사실상 중국과 소련을 사회주의 모국의 위치에서 형제 사회주의 일반 국가들로 강등시키고 자신들의 위치는 상승시키면서 주체성을 인정받게 되었다. 당시 중소분쟁의 과정에서 중국과 소련이 연합하여 북한의 이러한 움직임을 견제하고 응징할만한 움직임을 한다는 것은 사실상 불가능하였다.

1964년 흐루쇼프의 실각 이후 1965년 2월 소련 내각수상 코시킨이 방북함으로써 소련과 북한은 사회주의 진영의 통일단결, 제국주의와 식민주의 반대 등 국제정세에 대한 공통된 의견을 바탕으로 관계를 정상화시켰다. 소련은 1965년 미국에 의해서 확산된 월남전에 대처하기 위해 소련, 중국, 북부 월남 지도자들이 회합을 가지고 사회주의 진영의 공동대응을 모색하자고 제의했다. 하지만 중국은 북소 간의 이러한 움직임을 '수정주의적 자세'를 구실로 거부했다. 이러한 거부는 결국 월남지원에 깊은 관심을 가지고 있던 북한과 중국 사이를 벌어지게 하는 중요한 계기가 되

었다.[19)]

남북으로 분단되어 미국과의 전쟁을 경험했고 미국의 위협으로부터 안전할 수 없었던 북한으로서는 베트남 전쟁과 자신들의 안보위기상황을 사회주의권의 단결을 통해 극복해야 한다는 분명한 입장을 가지고 있었다. 이러한 위기상황에서 중국의 대 소련 입장과 정책을 북한으로서는 받아들일 수 없었다. 즉, 김일성에게 수정주의란 월남인민의 투쟁에 대해서 어떠한 태도를 취하느냐였기 때문에 사회주의권의 분열과 통일전선의 약화를 초래하는 중국을 비난하는 것은 자연스러운 것이었다.

1950년대 북한의 주체 확립은 주로 대내적 차원에서의 필요성에 기인하였다. 따라서 그 실제적 모습 또한 주로 사대주의와 교조주의의 행태를 보이는 당내 반대파를 비판하고, 아울러 외국에 무조건 의존하려는 사회적 분위기를 극복하며, 대중에게 자신의 힘을 믿는다는 주체적 자신감을 높여주기 위한 방식으로 진행되었다. 그 배경이나 내용이 주로 대내적 차원에 한정되었던 것이다. 그러나 1960년대에 들어서서 중국과 소련 간의 갈등과 분쟁이 격렬하게 진행되었다. 그러한 국제적 환경 하에서 북한은 중국과 소련으로부터 자신의 자주성을 옹호하고 실현하기 위한 노력을 기울이게 되었고, 그 결과 북한의 '주체'는 대외적 수준으로 되었던 것이다.

즉, 1960년대에 중소분쟁의 와중에서 북한은 대외적으로 탈 소련과 탈 중국의 입장을 명확히 하게 된 것이다. 소련과 중국의

19) 이종석, 『북한-중국관계 1945-2000』(서울 : 중심, 2000), p. 240.

이론이나 주장에 대해 이제 분명한 반론을 제기하고 또 그들의 입장에 대해 그릇된 것이라며 비판을 분명히 하였던 것이다. 이는 1950년대의 주체 확립이 대내적 차원에서 진행된 것이라면 1960년대의 자주노선의 강조는 대외적 차원으로 발전된 것이라서 이 과정을 통해 북한의 주체 강조가 하나의 독창적인 사상적 담론으로 발전하게 됨을 뜻하는 것이다.[20]

하지만 미국의 베트남전 참전과 이에 대응하는 과정에서 중국과 소련간의 불협화음, 이로 인한 사회주의권의 분열 그리고 1965년 한일협정의 체결은 북한으로 하여금 심각한 생존위기를 느끼게 하였다. 1965년 코시킨의 북한 방문 이후 소련과 북한은 국제정세에 대한 공통 입장과 사회주의 진영의 통일단결 그리고 제국주의와 식민주의의 반대 등을 공동성명을 통해 확인하면서 관계를 정상화한다. 하지만 중국은 흐루쇼프의 실각 이후 소련과의 정상화 움직임을 수정주의로 거부하는 태도를 보였는데 이는 북한으로 하여금 중국을 비판하게 만들었다.

북한의 입장에서는 중국과 소련의 분열과 동시에 남한의 군사정권 등장과 남한군대의 베트남 파병으로 인한 군사기술의 습득과 현대화는 체제 위기로 받아들이기 충분했다. 왜냐하면 남북으로 갈라지고 중국과 국경을 맞이하고 항시 미국의 위협으로 자유로울 수 없었던 베트남과 북한은 서로 유사한 점이 너무 많았기 때문이었다. 사회주의권의 단결을 통한 체제 위기 극복을 모색하려는 북한에게 중국의 대 소련에 대한 태도는 분명 못마땅한 것이

20) 김근식(1999), p. 136.

었다. 김일성은 중국이 소련의 수정주의를 문제 삼은 것에 대해 "미제의 월남침략과 그것을 반대하는 월남인민의 투쟁에 대해서 어떤 태도를 취하는가?"가 정확한 기준이라며 반제투쟁의 공동행동과 통일전선의 약화를 초래하는 중국을 비난하기 시작했다.

북한과 중국의 대립은 문화혁명이 최고조에 달하던 1967년에 더욱 심각해졌다. 홍위병들은 김일성에 대해 '살찐 수정주의자'라고 인신공격을 하였으며 중국과 북한과의 국경지역에서 김일성을 비난하고 대자보를 써 붙이고 북한에 정변이 일어났다는 허위선전을 유포시켰다. 양국 간의 극한 갈등은 1969년 10월에 최용건 상임위원장이 중국 정부 창건 20주년 행사에 참가하고, 1970년 4월 주은래가 평양을 방문함으로써 해결의 실마리를 찾게 되었다. 이는 중국과 북한의 관계회복이 단순한 과거로의 회기가 아니라 북한의 자주성과 주체의 존재를 인정하며 관계를 재정립하였다는 것을 의미하였다. 북한은 이제 어느 한 나라에 치우친, 편들기의 차원이 아니라 독자적인 내부 사상의 정립을 통해 자주적 원칙에 근거한 대외원칙을 인정받게 된 것이다.

제4절 주체사상의 완성

중소분쟁이 격화되자 1965년 북한은 대내외적인 주체 확립을 통해 중소관계를 재설정해 나가는 과정에서 주체사상을 공식화하기 시작했다. 1965년 4월 14일 김일성은 인도네시아의 알리아르

함 사회과학원에서 '조선민주주의인민공화국에서의 사회주의건설과 남조선혁명에 대하여'라는 강의를 통하여 "우리 당은 수정주의를 반대하고 맑스-레닌주의의 순결성을 지키기 위하여 견결히 투쟁하는 것과 함께 교조주의와 사대주의를 반대하고 주체를 세우기 위하여 모든 힘을 다하여 왔다"고 주장하고 "사상에서 주체, 정치에서의 자주, 경제에서의 자립, 국방에서의 자위, 이것이 우리 당이 일관하게 견지하고 있는 립장"이라고 말하고 이것이 주체사상이라고 처음으로 공식 표명하였다.[21]

특히 북한은 이 시기를 기준으로 하여 그 동안의 중소 일변도의 대외정책 노선을 수정하여 아시아, 아프리카, 라틴 아메리카의 신생 독립국들과의 친선협조를 위한 '혁명의 국제적 연대성 강화'와 '반제 공동투쟁 노선의 구축' 등을 위한 제3세계 외교 강화로의 대외활동 방침의 전환을 시도하였다.[22]

이어 북한은 1966년 8월에 '자주성을 옹호하자'라는 장문의 글[23]을 발표하였다. 내용을 보면 첫째, 사대주의를 반대하고 스스로를 생각한다. 둘째, 자기의 힘에 의존한다. 셋째, 맑스-레닌주의의 일반원칙 아래에서 자국의 당을 이끌어 나갈 독자적인 이론을 개발한다. 넷째, 다른 나라의 경험을 기계적으로 자기나라에 적용하는 것을 거부한다. 다섯째, 민족허무주의를 청산하고 자신감을 북돋운다. 여섯째, 자기가 선택한 외부의 원조만을 받

21) 스즈키 마사유키 지음·유영구 옮김(1994), pp. 56-57.
22) 박태호, 『조선민주주의인민공화국 대외관계사 2』(평양 : 사회과학출판사, 1987), pp. 1-26.
23) 무기명으로 게재된 이 사설은 실제로 김일성이 직접 작성한 것으로 알려졌다.

아들이면서 자국의 경제를 건설한다. 일곱째, 자국의 자주성을 존중한다. 여덟째, 다른 사회주의 국가와의 반제 연대투쟁을 강화하면서 동시에 스스로 자주성을 지킨다.

이 장문의 글을 통해 북한은 중소분쟁에서 중립적인 태도를 취하고 북한의 현실에 맞고 자신들의 체제를 스스로 규정할 수 있는 독자적인 사상체계를 구축함으로써 '자주'국가를 만들어 갈 것임을 대외적으로 선포하였다. 북한은 아래와 같이 여덟 가지를 강조하였는데 대부분 '주체'를 위한 '사상'의 내용, 구조 및 본질에 대해서 언급하였다. 다시 말해 세 번째 항에서 주장하고 있는 '독자적인 이론'으로서 '주체사상'을 지배이데올로기로 개념화시키고 격상시켰다.

1966년 10월 5일부터 12일까지 당 대회에 준하는 제2차 당대표자회의가 개최되었는데, 김일성은 '현 정세와 우리 당의 과업'이라는 보고를 통해 북한의 혁명사상에 대해서 언급하면서 소련의 수정주의와 중국의 교조주의를 공식으로 비판하고 내외에 사상적 자주성을 선언하였다. 이는 중소분쟁의 과정에서 중국과 소련이 연합하여 북한의 이러한 움직임을 견제하고 응징할만한 움직임을 한다는 것은 불가능하다는 것을 김일성이 잘 알고 있었기 때문에 가능한 것이었다.

> "매개 당들은 맑스-레닌주의를 자기 나라의 현실에 창조적으로 적용하여 자기 나라의 혁명과 건설에 대한 자체의 지도리론을 작성하며 그것을 실천하여 나가야 할 것입니다. 다른 당의 지도리론을 가지고서는 혁명과 건설을 령도할 수 없습니다. 조선공산주의자

> 들에게 있어서 유일한 지도적 지침은 맑스-레닌주의이며 그것을 우리나라의 현실에 창조적으로 적용한 우리 당의 로선과 정책입니다. 우리에게는 이 밖에 다른 지도 사상이 있을 수 없습니다."[24)]
>
> "공산당 및 로동당들을 완전한 평등과 자주성, 상호존중과 내정불간섭 및 동지적 협조의 원칙에 기초하여 상호관계를 맺어야 합니다. 당들 사이에서 높은 당과 낮은 당, 지도하는 당과 지도받는 당이란 있을 수 없습니다."[25)]

특히 주목할 부분은 맑스-레닌주의를 창조적으로 적용한 우리 당의 노선과 정책에 대해서 언급하면서 주어진 대내외적 조건에 맞게 북한에 적합한 새로운 사상을 창안했음을 공식화하였다는 점이다.

이즈음 주체사상이라고 명시된 하나의 책자를 볼 수 있는데, 여기서 '우리 당의 주체사상은 한마디로 말해서 조선혁명을 수행하는 주인의 립장에 확고히 서는 것'으로 규정하고 주체사상의 혁명적 진수로서 '자주자립의 사상과 창조적 정신'을 들면서 자주·자립의 사상은 '혁명과 건설에서 제기되는 모든 문제를 자체의 사고와 자체의 판단에 의거하여 독자적으로 해결해 나가는 사상이며 자체의 힘으로 사회주의, 공산주의 사회를 건설하며 혁명을 끝까지 책임지고 수행해 나가는 공산주의자들의 고유한 사상'으로 정의하였다.

24) 김일성, "현정세와 우리당의 과업"(1966.10), 조선로동당중앙위원회 직속 당력사연구소, 『김일성 저작선집 4(1964.1-1967.12)』(평양 : 인민출판사, 1971), pp. 180-226.

25) 김일성, 위의 글, pp. 180-226

그리고 창조적 정신은 '맑스-레닌주의의 일반적 원칙을 견지하면서 자주적으로 자기 나라의 구체적 현실에 맞게 적용하고 그것을 부단히 심화·발전시켜나가며 다른 나라들의 경험을 항상 비판적으로 대하는 것'으로 정의하였다. 주체사상의 내용은 '자주성을 옹호하자'에서 제기한 8가지 항목을 종합하였다. 이는 1950년대 이후 북한이 사회주의 건설과 경제발전 과정에서 내외적으로 형성하였던 제반의 노선과 정책들이 자주와 주체의 관점에서 일목요연하게 재정리 및 재창조되었음을 의미한다.[26]

주체사상이 국가지배이데올로기로 개념화되던 시기에 1967년 제4기 15차 전원회의에서의 갑산파 숙청은 대내적으로 김일성의 지도력에 반발하던 정치적 반대파들을 제거하고 대외적으로는 중소분쟁에서 발생한 외교적 어려움을 극복하면서 당내 유일지배체제를 확립하는데 결정적인 역할을 하였다.

당내 유일사상체계 형성을 계기로 김일성은 당의 주체사상을 정부의 정책과 활동의 지침으로 하기 위한 정부정강을 발표하였다. 1967년 12월 16일 최고인민회의 제4기 1차 회의에서 김일성은 '국가 활동의 모든 분야에서 자주, 자립, 자위의 혁명정신을 더욱 철저히 구현하자'라는 연설에서 "당의 주체사상은 혁명과 건설을 수행하기 위한 맑스-레닌주의적 지도사상이고 국가 활동의 지도지침"[27]이라고 정의하고, 정부정강 1항에 '우리 당의 주체사상을

26) 최성욱, 『우리 당의 주체사상과 사회주의적 애국주의』(평양 : 조선로동당출판사, 1966), pp. 3-10. 여기서는 김근식(1999), pp. 145-146.

27) 김일성, "국가활동의 모든 분야에서 자주, 자립, 자위의 혁명정신을 더욱 철저히 구현하자", 조선로동당중앙위원회 직속 당력사연구소, 『김일성 저작선집 4 (1964.1-1967.12)』(평양 : 인민출판사, 1971), pp. 295-300.

모든 부분에 걸쳐 훌륭히 구현함'[28]을 명시하였다. 이 단계에서는 '맑스-레닌주의적'이라는 수식과 동시에, '김일성의 주체사상'이 아닌 '우리 당의 주체사상'으로 표현하였지만 사실상 주체사상은 당시 맑스-레닌주의의 창조적 적용을 넘은 김일성의 고유한 사상으로 발전하고 있었다. 맑스-레닌주의에 대한 고수는 단지 중국과 소련과의 관계를 유지·발전시키기 위한 수단으로 보일 정도였다.

이러한 과정을 거쳐 1970년 제5차 당 대회에서는 개정된 규약을 통해 조선노동당의 지도이념이 맑스-레닌주의와 이를 창조적으로 적용한 주체사상으로 규정되면서 주체사상은 북한에서 맑스-레닌주의와 동등한 사상적 수준을 가지는 독자적인 사상으로 발전하게 되었다. 북한은 이후 1972년 12월 사회주의 헌법 제정을 통해 조선민주주의인민공화국의 지도사상을 맑스-레닌주의를 창조적으로 적용한 주체사상으로 공식화함으로써 당과 국가 사회 전반에서 북한체제를 규정하는 원리로 자리 잡게 되었다.

북한과 김일성에게 주체사상은 사회주의 체제를 유지·발전시킨다는 측면에서 대외적으로는 동맹국인 중국과 소련의 관계를 재설정한다는 것을 의미하였다. 대내적으로는 독자적인 내부 사상 정립을 통해 정권생성과 당시까지 권력투쟁 승리의 역사를 정치·사상적으로 합리화시킴으로써 '김일성의 북한, 김일성을 위한 북한'으로 탈바꿈시켜 버렸다.

---

28) 김일성, 위의 글, pp. 295-300.

4 김일성 정권의 통치구조와 통치형태

제1절 당 중심체제와 중앙인민위원회 주석 체제

사회주의 국가의 정치체제는 '당-국가체제(party-state system)'로서 정부, 군대 혹은 근로단체와 같은 다른 정치기구에 우선한다. 이 같은 체제에서 당은 정치적 영도권을 지니는 혁명의 참모부로서 정부와 군대에 대한 우위를 점하고, 정책결정과정과 인사문제에 있어서도 절대성을 지니고 있다. 예를 들어 정부와 군대의 모든 정책은 당에서 미리 결정되어 정부 및 군대에 하달된다.[1)]

이를 반영하듯 북한 헌법 제11조는 "조선민주주의인민공화국은 조선노동당의 령도 밑에 모든 활동을 진행한다"며 국가기관에 대한 당의 영도를 주장하고 있고, 당 규약 제46조에는 "조선인민군은 모든 정치활동을 당의 령도 밑에 진행한다"며 당의 인민군대에 대한 지도를 명문화하고 있다. 이 같은 당 우위를 명확히 하는 것 외에 북한은 1967년 유일사상체계를 구축하는 과정을 통해 당·정·군 위에 수령을 올려놓은 '수령의 유일적 영도체계'를 구축하였다. 이는 여타 사회주의 국가와는 다른 '수령 중심의 당-

1) 김갑식, "김정은 정권의 수령제와 당·정·군 관계", 『한국과 국제정치』, 제30권 1호(2014), p. 33.

국가체제'를 구축한 것을 의미하며 이는 1980년대 중반 '사회정치적 생명체론'에 의해 발전되었다.[2)]

다시 말해 북한의 수령 중심의 당-국가체제는 사회정치적 생명체를 이루고 있는 유기체적 체제로서, 혁명과 건설의 최고영도자인 수령과 혁명의 참모부로서의 당, 당과 인민대중을 연결시키는 인전대(노동당의 외곽 단체를 이루는 각급 조직들을 일컫는 북한어) 역할을 하는 국가기관 그리고 당의 혁명적 무장력으로서의 인민군대로 이루어진 전일적 조직체이다.[3)]

수령은 본질적으로 '노동계급의 당'의 수령이기 때문에 당에서 수령의 위치는 가장 중요한 의미를 가진다. 총비서는 수령으로서 그의 지위를 나타내는 최종 심급에 해당한다.[4)] 1966년 10월에 열린 당 중앙위원회 제4기 14차 전원회의에서는 당 및 국가사업에서 제기되는 문제들을 협의하기 위해 김일성을 수반으로 하는 당 중앙위원회 정치위원회, 상무위원회를 구성했다. 또한 당 중앙위원회 위원장, 부위원장 직계를 총비서, 비서 직제로 개편하고 비서국을 설치하기로 결정했다.[5)]

이전에 중앙위원회라는 집체적 지도기관을 정점으로 하고 정치위원회, 상무위원회, 조직위원회 등 여러 지도기관이 권력을 분점하는 방식이었는데, 이제는 정치위원회로 권력이 모아졌고 실

2) 김정일, "주체사상교양에서 제기되는 몇 가지 문제에 대하여(당중앙위원회 책임일꾼들과 한 담화, 1986년 7월 15일)", 『김정일 선집 8』(평양 : 조선로동당출판사, 1996).
3) 김갑식, "권력구조와 엘리트", 장달중 편, 『현대 북한학 강의』(서울 : 사회평론, 2013), pp. 58-65.
4) 이종석(1995), p. 125.
5) 사회과학출판사(1973), p. 830.

질적인 당사업은 비서국이 하게 되었다. 즉, 집단적 의사결정 대신 총비서(비서국)가 당을 실질적으로 장악한 것이다. 당시 비서국의 역할은 “당의 노선과 정책, 결정들을 집행하기 위한 사업과 일상적인 당사업을 조직”하는 것이었는데, 1970년 제5차 당 대회에서는 기존의 정책집행 기능에 더해 “간부문제, 대내문제 및 그 밖의 당면문제를 정기적으로 토의 결정”하는 것으로 확대되었다. 이는 제도적으로 총비서의 유일지도성이 강화된 것으로 해석할 수 있다.[6)]

또한 북한은 1972년 ‘조선민주주의인민공화국 사회주의헌법’을 채택했는데 여기서 국가주석과 중앙인민위원회 중심의 국가영도체계를 명문화했다. 본 헌법을 제정하게 된 것은 북한에서 그 동안 인민민주주의를 원리로 하는 1948년 헌법이 사회주의 사회로 변한 북한의 실정과 권력 구조면에서 김일성 1인 지배체제를 충분히 반영하지 못한 데에 있다. 이에 따라서 새로운 헌법에 주체사상 규정을 삽입하고 권력이 집중된 주석제를 신설하는 반면, 최고인민회의 상임위원회는 상설회의로 명칭을 바꾸어 권한을 축소시켰다.[7)]

권력구조 면에서 과거 최고인민회의 상임위원장과 수상이 나누어 가졌던 권력을 신설된 국가주석에게 집중시켰다. 헌법 제89조를 보면 “조선민주주의인민공화국 주석은 국가의 수반이며 조선민주주의인민공화국 국가 주권을 대표한다”고 규정하고 주석의

6) 김갑식(2014), p. 40.
7) 김수민, “북한의 권력구조 변화와 정치적 함의 : 헌법개정의 변화를 중심으로”, 『통일전략』, 제4권 1호(2004), p. 16.

권한으로 조약의 비준과 폐기, 다른 나라 사신의 신임장 및 소환장 접수, 특사권, 중앙인민위원회의 지도, 정무원회의 소집과 지도, 일체 무력의 지휘 통솔권을 부여하였다. 국가 주석은 전반적 무력의 최고사령관, 국방위원회 위원장 그리고 국가주권의 최고 지도기관인 중앙인민위원회의 수위까지 겸임하도록 하였다.[8)]

제98조에서는 주석은 "자기 사업에 대하여 최고인민회의 앞에 책임을 진다"고 규정하고 있어 최고인민회의를 제외한 모든 국가 기관에 대한 통치권을 갖는다. 그러나 주석은 최고인민회의에 의해 선출되지만 소환되지는 않으며, 최고인민회의가 국가 부주석, 중앙인민위원회 서기장, 위원들, 정무원 총리, 국방위원회 부위원장을 선출하거나 소환할 때는 반드시 국가주석의 제의에 의해서만 가능하도록 규정하고 있는데, 이는 국가주석이 국가 권력의 핵심이며 최고인민회의는 형식적 기구에 지나지 않음을 보여주고 있다.[9)]

한편 1972년 헌법의 또 하나의 특징은 중앙인민위원회의 신설이다. 중앙인민위원회는 국가의 대내외 정책 수립, 국방 및 국가 정치 보위사업지도, 정무원 성원의 임명과 해임, 대사와 공사의 임명 및 소환, 중요 군사간부의 임명 및 해임, 대사의 실시 등 과거 최고인민회의 상임위원회와 내각이 갖고 있던 권한을 행사하도록 하였다. 특히 중앙인민위원회가 사법, 검찰기관의 사업까지 지도할 수 있게 하였다는 것을 보았을 때 그 위상과 권한을 짐작할 수 있다. 중앙인민위원회는 주석, 부주석, 서기장, 위원들로

8) 김수민, 위의 글, pp. 18-19.
9) 김수민(2004), p. 19.

구성되는데 이들 대부분이 당과 정무원의 고위 간부를 겸하고 있어 중앙인민위원회가 당정협의체의 성격을 갖고 있었다고 볼 수 있다.[10)]

1972년 당시 헌법 제정을 두고 북한은 "사회주의국가기구에 관한 김일성의 독창적 리론이 구현되어 주석제를 기본으로 하는 강력한 국가기구체계가 마련됨으로써 인민은 국가사업과 국가활동 전반에 대한 수령님의 유일적 령도를 가장 철저히 보장하는 기구적 담보를 가질 수 있게 되었다"[11)]고 주장했다.

제2절 통치행태 : 유일사상체계[12)]

김일성을 중심으로 하는 북한의 수령제는 1974년 '당의 유일사상체계 확립의 10대 원칙'에서 완성되었다. 이 원칙은 수령에 대한 충실성의 대헌장으로서 김일성의 교시가 당 규약 및 헌법보다 우위에 있음을 확인해주고 있다.[13)]

김일성 정권의 북한이 유일사상체계를 강화한 데에는 김일성 개인의 혁명투쟁 과정에서 얻은 경험이 큰 작용을 한 것으로 보

10) 김수민, 위의 글, p. 19.
11) 홍극표 · 박원필, 『사회주의국가기구에 관한 위대한 수령 김일성동지의 리론』(평양 : 사회과학출판사, 1976), p. 116.
12) 백학순, 『북한 권력의 역사 : 사상 · 정체성 · 구조』(파주 : 한울아카데미, 2010), pp. 615-622.
13) 김갑식(2014), p. 41.

인다. 김일성은 1970년 7월에 개최된 당 중앙위 제4기 21차 전원회의에서 내린 결론 “간부들 속에서 당의 유일사상체계를 세우며 혁명화하기 위한 사업을 강화할데 대하여”[14]에서 다음과 같이 설명하고 있다.

김일성은 오랜 혁명투쟁과정에서 얻은 결론은 “한 당 안에는 오직 하나의 사상, 하나의 노선과 정책만이 있을 수 있으며 결코 두 가지 사상, 두 가지 노선과 정책이 있을 수 없다”고 말했다. 또한 “맑스-레닌주의당은 반드시 하나의 사상을 가지고 그것을 실현하기 위하여 투쟁하여야 하며 오직 그렇게 하여야만 혁명투쟁과 건설 사업에서 승리할 수 있다”고 했다.[15]

한편 김일성은 “하나의 혁명사상, 우리 당의 주체사상에 기초한 통일단결만이 참다운 통일단결이며 통일단결이 보장되어야 조선노동당이 강한 전투력을 가진 참다운 맑스-레닌주의당으로, 백전백승하는 혁명적 당으로 될 수 있고, 여기에 우리가 전당에 유일사상체계를 세우기 위하여 계속 투쟁하는 이유가 있다”고 했다. 또한 당의 유일사상체계를 세우는 목적은 “모든 당원들을 우리 당의 혁명사상으로 튼튼히 무장시켜 당 대열의 참다운 통일단결을 이룩하며 혁명투쟁과 건설사업을 성과적으로 수행하려는 데 있다”고 했다.[16]

유일사상체계가 확립됨으로써 이제는 권력경쟁이 아니라 지도

14) 김일성, “간부들속에서 당의 유일사상체계를 세우며 혁명화하기 위한 사업을 강화할데 대하여,” 『김일성 저작집 21』(평양 : 조선로동당출판사, 1983), pp. 144-185.

15) 백학순(2010), p. 616.

16) 김일성(1983), p. 152.

자가 지닌 권력을 어떻게 확대 · 강화하느냐에 초점이 맞춰지게 되었고, 이는 '계속혁명'을 의미하는 것이었다. 그런데 이 계속혁명은 그 과정에서 인간과 사회의 '공산주의화'라는 질적 변화를 목표로 설정하였는데, 이 질적 변화를 달성하기 위해 정치 · 경제 · 문화 부문에서 사상혁명 · 기술혁명 · 문화혁명의 '3대혁명'을 추진하였다. 다른 하나는 '온 사회의 혁명화, 노동계급화', '온 사회의 인테리화', '온 사회의 주체사상화'를 제시하고 이를 달성하기 위해 노력하였다.[17)]

먼저 3대혁명을 살펴보면 다음과 같다. 북한은 사상 · 기술 · 문화의 3대혁명을 "사회주의 사회에서 수행하여야 할 혁명의 기본내용으로, 공산주의를 건설할 때까지 수행하여야 할 계속혁명의 과업"으로 규정하였다.[18)] 자세히 살펴보면, 첫째, 사상혁명은 "근로자들을 혁명화, 로동계급화하여 공산주의 혁명가로 만들기 위한 인간개조사업이며 근로자들의 혁명적 열의와 창발성을 높이기 위한 정치사업"[19)]으로서 3대혁명에서 가장 중요한 요소이다. 김일성은 "사회주의 사회에서 사상혁명을 계속 강화하지 않으면 사람들의 머리 속에 낡은 사상이 되살아날 수 있으며 밖으로부터 제국주의자들이 퍼뜨리는 자본주의 사상이 침습해 들어올 수 있다"고 경고하고, "사상혁명을 계속하지 않으면 생활이 높아져 먹고 입고 쓰고 살 걱정이 없어짐에 따라 사람들의 혁명적 열의가

17) 백학순, 위의 책, pp. 617–618.
18) 김일성, "조선로동당 제6차대회에서 한 중앙위원회 사업총화보고," 『김일성 저작집 35』(평양 : 조선로동당출판사, 1987), p. 293.
19) 김일성, "주체사상의 기치를 높이 들고 사회주의건설을 더욱 다그치자," 『김일성 저작집 33』(평양 : 조선로동당출판사, 1987), p. 409.

점차 떨어질 수 있다"고 했다. 또한 "사상혁명을 계속 강화하여야 사람들을 공산주적으로 교양 개조하는 어렵고도 중요한 사업을 성과적으로 수행할 수 있으며 혁명과 건설을 끊임없이 앙양시킬 수 있다"고 했다.[20)]

둘째, 기술혁명은 "생산력을 발전시켜 인민들의 물질적 복리를 끊임없이 증진시키며 근로자들을 힘든 노동에서 해방하기 위한 성스러운 혁명과업"이라고 말하고 있다. 따라서 기술혁명은 노동조건에서의 본질적 차이를 없애고 사람들을 힘든 노동에서 영원히 해방하며, 생산력을 고도로 발전시킴으로써 사람들을 자연의 구속으로부터 완전히 해방시킨다는 것이다. 따라서 기술혁명을 해야 사회주의 자립적 민족경제를 건설할 수 있으며 근로자들을 힘든 노동에서 해방하고 그들에게 자주적이며 창조적인 노동생활을 보장한다는 것이다.[21)]

셋째, 문화혁명은 "낡은 사회가 남겨놓은 문화적 락후성을 없애고 사회주의, 공산주의 문화를 창조하며, 사회의 모든 성원들을 전면적으로 발전된 공산주의적 인간으로 만드는 사업"이다.[22)] 따라서 문화혁명은 근로자들이 공산주의 사회에 상응한 인간으로서 갖추어야 할 높은 문화기술 수준을 가지도록 하며 생산문화, 생활문화를 높이도록 함으로써 그들을 자연과 사회의 참된 주인으로 보다 자주적 · 창조적 존재가 될 수 있게 한다는 것이다.[23)]

20) 김일성, 위의 글(1987), p. 410.
21) 김일성, 위의 글(1987), p. 411; 백학순(2010), p. 619.
22) 김일성, 위의 글(1987), p. 414.
23) 백학순(2010), p. 620.

한편, '온 사회의 혁명화, 로동계급화'는 노동계급이 아닌 농민과 인텔리의 "의식 속에 남아 있는 낡은 사상 잔재를 완전히 없애고 그들을 로동계급의 혁명정신으로, 공산주의 사상으로 무장시켜 진정한 로동계급의 인텔리로, 열렬한 공산주의자로 육성한다는 것"을 의미한다.[24] '온 사회의 인텔리화'는 "사회의 모든 성원들을 로동계급화한 기초 위에서 그들을 대학졸업 정도의 문화기술 수준을 가진 전면적으로 발전된 공산주의적 인간으로 만든다는 것"을 의미한다.[25]

마지막으로 '온 사회의 주체사상화'는 "혁명과 건설에서 주체사상을 확고한 지도적 지침으로 삼고 주체사상을 철저히 구현하여 공산주의 사회를 건설한다는 것"을 말하는데, 이는 "사회의 모든 성원들을 주체형의 공산주의적 인간으로 만들고 사회생활의 모든 분야를 주체사상의 요구대로 개조함으로써 근로인민대중의 자주성을 완전히 실현한다는 것"을 의미한다.[26] '온 사회의 주체사상화'를 달성하기 위해서는 사회 모든 성원들을 '혁명화, 노동계급화, 인테리화'하기 위한 투쟁을 해야 한다고 강조했다.[27]

24) 김일성, "현정세와 우리당의 과업", 『김일성 저작집 20』(평양 : 조선로동당출판사, 1982), pp. 433-435.
25) 김일성, "조선로동당 창건 30돐에 즈음하여", 『김일성 저작집 30』(평양 : 조선로동당출판사, 1985), p. 542.
26) 김일성(1987), pp. 312-313.
27) 김일성, 위의 글, p. 315.

제3절 중앙통제경제체제

일반적으로 사회주의 국가들은 명목적으로 헌법상에서 구성된 의회와 정부에 의해 지배된다. 그러나 의회나 정부는 당에 의해 통제를 받으며 당의 정책을 승인하거나 집행하는 기관에 불과하다. 당내에서 국가기구에 필적하는 조직들이 존재하며, 각 조직들이 부문별 정책을 결정하고 국가기구의 정책수행을 관리·통제하고 있다.

해방직후 북한 각지에서는 소련군의 진주와 함께 자율적인 인민위원회가 구성되었다. 이들 지방인민위원회는 1945년 11월 말까지 정비되었고, 11월 19일에 중앙행정기관 창설의 시초가 되는 '북조선 5도 행정국'이 조직되었다. 당시 5도 행정국에는 산업, 교통, 농림, 상업, 재정, 체신, 보안, 사법, 교육, 보건의 10개국이 설치되었다. 북한은 해방직후부터 식민지 잔재를 청산하고 동시에 소련의 사회주의 경제체제를 수용하는 반제반봉건민주주의혁명과 사회주의로의 이행을 준비함으로써 사회주의 중앙집권적 경제체제의 기반을 마련하였다.

이후 북한은 1947년 최초로 경제발전을 위한 계획을 수립하고 집행하였는데 1948년은 파괴된 산업시설의 복구, 농업 부문에서의 식량증산에 집중하면서 식량자급체제를 형성시키고자 노력하였다. 1948년 9월에 채택한 북한의 헌법 및 이와 관련한 국가기구에서 경제 관련 부서를 국가계획위원회와 재정성, 교통성, 노동성, 농림성, 상업성, 산업성으로 조직하였다. 6.25전쟁 기간에는 인민경제의 회복과 전시 산업물자의 효과적인 생산과 보급을 위해서 산업성을 중공업성, 경공업성, 화학건재공업성으로 분할하였다. 또한 국가계획위원회의 권한을 강화시켜 기존 인민경제계획의 입안뿐만 아니라 각 경제부문과 부서를 조정하여 전후 파괴된 인민경제를 복구하고, 건설상황 및 각 부처별 경제계획 실행 상황을 감독·검열하는 권한을 갖게 되었다.[28)]

이후 수많은 개각과 헌법을 수정해 많은 변화가 있었다. 내각 혹은 정무원의 여타 부서에서는 큰 변화가 없었으나 주로 경제 관련 부서의 변화가 심하였다. 이 중 산업성은 출범 당시 농림 분야와 건설 분야를 제외한 모든 산업 분야를 총괄한 것으로 보이는데, 전쟁 기간에 여타 산업 관련 부서로 분할됨으로써 곧 경제기구에서 사라졌다. 그리고 최초 내각 설립 시 없었던 건설 관련 부서와 채취공업 관련 부서, 경공업 관련 부서, 무역성과 대내외상업이 1차 내각 중에 신설됨으로써 1950년대 초반 대체적으로 현재와 같은 경제관련 시스템의 윤곽을 완성하였다.[29)]

북한의 1950년대는 '사회주의로의 이행기'에 해당하는 시기로 북한식 중앙집권경제체제는 이 시기에 형성된 경제성장정책의 결과로 볼 수 있다. 북한의 산업화는 생산과정에서 물질적 동기보다 정치사상적 동기를 우선하는 인센티브 체계, 관료적 관리보다는 당에 의한 정치우위형 관리를 통해 추진되었다. 북한의 중앙통제경제계획체계의 핵심은 경제주체가 바로 계획당국(당-내각-

28) 서동만(2005), p. 451.
29) 이무철, "북한의 국가경제기관", 세종연구소 북한연구센터 엮음, 『북한의 당·국가기구·군대』(파주 : 한울아카데미, 2007), p. 297.

국가계획위원회)이라는 것이다.[30] 사회주의에서 기업은 파산하지 않고 국가의 보조금으로 계속 생존하며 기업의 생존과 확장이 국가로부터의 자재와 노동력, 재정적 보조금의 확보에만 주력하면서 생산과 분배를 통한 경제발전보다는 생산 집단의 이익에 우선하는 기이한 경제체제를 형성시켰던 것이다. 계획경제에서 당국은 정보부족과 하부단위의 정보왜곡으로 모든 것을 계획할 수 없고, 지배인은 자신의 지위를 유지하는데 급급하며, 노동자는 보상이 제한된 상황에서 노동 부담을 줄이고자 한다.

북한은 사회주의 계획경제체제 수립 이후 자립적 민족경제를 전면적으로 구현하기 위한 수단으로 중공업 우선주의에 기초한 불균형 성장전략을 채택해 왔다. 즉, "사회주의 공업화의 중심은 중공업의 선차적 발전에 있다. 기계제작 공업을 핵심으로 하는 강력한 중공업을 창설하여야 자립적 공업체계를 확립하며 인민경제의 전면적 기술개건도 실현할 수 있다"[31]라고 주장하면서 중공업 우선주의를 이른바 자립적 민족경제 구축의 핵심으로 삼았던 것이다. 그리고 중공업 우선주의는 군사·경제 병진 노선을 뒷받침하기 위해서 더욱 강조하였다.

1960년대 중반 경부터 추진된 경제국방병진노선은 북한경제에 많은 문제점을 발생시켰다. 첫째, 북한의 산업을 '군산복합형'으로 정착시키고 말았다. 즉, 중화학공업이 기계·화학 공업을 중심으로 군수산업에 계열화됨으로써 군수산업과 민수산업 간의 구별을 어렵게 만들었다. 민수산업은 제1경제위원회에서 관리하고 군

30) 김연철, 『북한의 산업화와 경제정책』(서울 : 역사비평사, 2001), p. 401.
31) 사회과학출판사, 『경제사전 2』(평양 : 사회과학출판사, 1985), pp. 715-716.

수산업은 제2경제위원회에서 관리하게 함으로써, 북한경제 구조는 1경제(민간경제)와 2경제(군수경제)로 이원화되었다. 둘째, 군수산업으로 투자재원이 집중되어 민수산업의 성장이 제약되고 소비생활 부문의 발전이 저해되어 오늘날까지 민생경제부문을 악화시키고 있다는 것이다. 셋째, 군수산업이 단순히 국방경제로만 한정되지 않고 점차 민수산업의 일부도 전용하고 경제적 잉여를 얻기 위한 독자적 경제적 공간의 성격으로도 발전하면서 북한경제 내에 '군 경제'라는 특권 경제영역을 확대시켜 나갔다는 점이다. 1990년대 이후 경제난 속에서 군 경제부문은 전체 북한경제 내에서 차지하는 비중이 오히려 증대되고 있는 것으로 알려져 있다.[32]

32) 통일부, 『북한 이해 2011』(서울 : 통일부, 2011), p. 139.

5 주체와 자주성에 기반을 둔 비동맹 외교

1960년대 중후반 북한은 대내적으로는 유일사상체계 확립에 대한 숙청과 처벌, 경제와 군사력 강화방침이 제기되고 대외적으로 특히 중소 이념분쟁이 심화되는 시기를 맞이하였다. 북한은 주체사상, 김일성을 중심으로 전당과 전체 인민을 하나의 대 가정으로 일치단결시키기 위한 유일사상체계 확립에 집중하였다.

더불어 중소분쟁의 틈 속에서 북한의 자주외교를 주창하고 이를 정당화시키기 위해 비동맹 국가들의 운동에 깊이 관여하고 지지하는 정책을 추진한다. 특히 중국과 소련이라는 체제의 특성과 정치 사상적 노선의 차이가 컸던 두 사회주의 강대국들 사이에서 끊임없는 내정간섭의 여건 속에서 어려움을 겪었던 김일성은 제3세계와의 자주외교를 통해서 이를 극복하고자 하였다.

또한 국가를 규정하는 '주체'라는 개념을 외교활동을 통해 더욱 개념화시키려고 노력하였다. 이러한 외교활동은 '주체'를 더욱 강화시켜 김일성과 북한체제에 대한 정당성을 국제사회로부터 인정받는데 핵심적인 역할을 하였다. 또한 미국과 직접 전쟁을 경험한 김일성과 북한은 제3세계의 반미전선과 행동에서 강한 '주체'를 내세워 미국뿐만 아니라 소련과 중국과의 일정한 관계유지를 통한 외교정상화를 추구하는 국가들에게도 일정한 영향을 미쳤다. 이를 통해 국제무대에서 남한을 외교적으로 압박하고 고립시킴으로써 김일성은 제3세계 국가들 속에서 지도자로서의 역할이 자연스럽게 부각되었다.

제1절 중소 대립과 북한의 대 중소 외교

중국과 소련은 1950년대 말부터 갈등의 조짐을 보였다. 1956년 2월에 있었던 소련공산당 20차 대회에서 소련공산당은 평화공존론을 주장하고 스탈린 개인숭배를 비판했다. 이러한 소련의 태도에 대해 모택동은 심각한 정치적 위기로 받아들였다. 또한 중국은 1962년에 소련이 쿠바사태에서 미국의 요구를 수용한 것을 맹렬히 비난하는 한편, 같은 해 발생한 중국과 인도 국경분쟁에서 소련이 사실상 인도정부를 두둔한 것에 대해 큰 배신감을 느꼈다.

북한은 중소 대립 사이에서 중립적 입장을 취했지만 1962년부터 중국의 입장을 지지하였다. 1962년 가을부터 1964년 10월까지 양국 간 단 한 차례의 정부대표단 방문도 없을 정도로 북소 관계는 극도로 악화되었다. 반면에 북중은 더욱 가까워지면서 1962년 10월 중국의 주은래가 평양을 방문하였고, 김일성이 1963년 5월에 북경을 비공식 방문하였다. 이후 1964년 10월 흐루쇼프가 실각하면서 북소 관계는 복원되기 시작했다. 1964년 11월에 내각 제1부수상 김일을 단장으로 하는 북한 대표단이 소련을 방문하였으며, 이듬해 2월에는 코시킨이 군사경제 분야 고위관계자들을 대동하여 북한을 방문하였다. 이 당시 관계가 개선된 양국관계는 1950년

대의 불평등한 관계가 아닌 대등한 관계로 발전한 것이었다.[1)]

반면 북중 관계는 악화되었는데 북한이 소련의 수정주의를 받아들이자 중국은 북한을 '기회주의', '중간주의', '절충주의'로 규정·비판하였다. 양국관계는 1966년 중국에서 시작된 문화대혁명으로 더욱 악화되었는데, 중국은 김일성을 수정주의자로 몰아붙였으며 북한은 중국을 교조주의자, 종파주의자라고 비판하였다. 결국 양국은 현지대사를 소환할 정도로 악화되었다.

하지만 문화대혁명의 열기가 점차 가라앉고 있었던 1969년 10월에 최용건 최고인민회의 상임위원장이 중화인민공화국 창건 20주년 기념행사에 참여하고, 이듬해 4월 주은래가 북한을 방문함으로써 관계개선의 물꼬가 트이게 되었다. 북소 관계와 마찬가지로 이 당시의 북중 관계도 과거 중국의 일방적 우위가 아닌 평등한 파트너십 관계로 바뀌어 있었다. 이렇듯 1960년대 긴박했던 국제정세는 북한에 시련도 안겨다 주었지만 결과적으로 당과 국가의 자주성과 주체를 확립하게 하는 중요한 요소가 되었다.[2)]

제2절 남북한 외교전

남한과 북한은 보통 쌍방 간 혹은 다자간의 외교적 공세를 통해 국제사회에서 치열한 경쟁을 벌이고 있었다. 남북한 모두 어

1) 이종석, 『새로 쓴 현대북한의 이해』(서울 : 역사비평사, 2000), pp. 150-152.
2) 이종석, 위의 책, p. 158.

떤 국가와의 외교관계 개설을 자국에 대한 국제적 승인 또한 한반도에서의 정통성 및 자국의 우월성을 증명하는 증거로 선전하곤 했다. 그들은 또한 이러한 외교적 공세를 상대방의 국제적 지위를 깎아내릴 수 있는 하나의 전략으로 계산하고 철저하게 이용하였다. 한반도의 두 체제는 모두 외국의 정치지도자와 유명 인사를 초청하는 이른바 '초청외교'를 통해 이루어졌다. 이는 전후 피폐했던 자본주의와 공산주의 두 개의 체제 중 어떤 쪽이 좋은지 나쁜지에 대한 평가를 요구하기도 했다.

남북한은 각기 외교관계 개선과 통상 문화관계 설립을 위한 수많은 외교 사절단 및 방문단을 해외로 내보내고 초청하는데 집중했다. 중국과 타이완처럼 공산주의와 자본주의로 분단된 나라의 경우와 소련과 중국 그리고 미국 등 세계의 슈퍼파워 그룹과 동맹을 맺은 나라와는 통일문제에 대해 더욱 첨예하게 대립하였다. 때론 이러한 상호경쟁은 유엔총회나 여러 유엔기구 혹은 기타 국제기구 등에서 벌어지기도 했다. 하지만 가장 첨예한 외교 전쟁의 무대는 바로 비동맹 국제회의였다. 1976년 페루 리마에서 개최된 비동맹국가회의에서 남북한 모두 회원가입을 신청했는데 북한의 가입만이 허용되었다.[3)]

쌍방 간의 외교적 경쟁이라는 측면에서 본다면 남한은 1970년대 초반에 북한을 압도하고 있었다. 그러나 북한은 중소분쟁을 통해 자주의 기치를 내걸고 비동맹 외교전선에서 남한을 추월하기 시작했고, 1980년대에 들어서서 양국의 외교관계 수립 국가는

3) 길영환 지음 · 이원웅 옮김, 『남북한 비교정치론』(서울 : 문맥사, 1988), p. 216.

비슷해졌다. 6.25전쟁 종전 후 약 20년 만에 개최되었던 1972년의 남북대화는 1973년 돌연 연기되었고, 이러한 사실은 외교적으로 북한에게 유리하게 작용하여 북한의 대외 이미지 개선과 외교관계를 확장시킬 기회를 제공했다. 1982년 5월 당시 남한과 외교관계를 맺고 있는 국가 수는 117개국이며, 북한의 경우는 104개국이다. 여기서 남북한 모두를 승인한 국가는 67개국이며, 오직 남한과 외교관계를 맺고 있는 국가 수는 50개국, 오직 북한과 외교관계를 설정하고 있는 나라는 37개국으로 나타났다.[4)]

특히 주목해야 할 것은 북한이 1970년대 들어 외교관계를 비동맹 국가뿐만 아니라 서방 자본주의 국가들과도 본격적으로 가지려고 노력했다는 것이다. 1974년부터 76년까지 북한과 외교관계를 개설한 국가는 32%나 증가하였으나 남한과 외교관계를 새로 개설한 국가는 단지 11% 증가에 불과했다. 남한의 관심은 제3세계나 중국, 소련과 일정한 관계를 유지하고 있는 사회주의 국가들과 외교관계를 넓히려고 노력했고, 반면에 북한은 서구 자본주의 국가들이나 라틴 아메리카 국가들과의 관계 개선을 위한 외교적 노력에 매진하였다.

그 이유는 첫째, 중소분쟁으로 인한 왜곡된 중앙계획경제 체제의 모순을 극복하고 서방 자본주의 국가들의 기술과 자본을 도입함으로써 경제의 정상화를 추구하려 하였다. 중국과 소련으로부터의 안정적인 기술 및 자본의 유입이 현실적으로 어렵게 됨으로써, 자본주의 국가들과의 관계 정상화를 통해 경제의 돌파구를

4) 길영환 지음 · 이원웅 옮김, 위의 책, p. 217.

마련하고자 하였다. 북한이 1971년경부터 서구 자본주의 국가들과 특히 일본과 무역을 확대하려는 조치를 취한 것은 좋은 예이다. 둘째, 서구 자본주의 국가들에게는 남한보다 나은 경제적 발전상황과 여건, 비동맹 라틴아메리카와 아프리카 국가들에게는 경제, 군사적 지원을 바탕으로 한 김일성과 북한의 국제사회의 지지도를 향상시킴으로써 끊임없는 체제 정당성과 남한과의 체제 우위대결을 바탕으로 내부의 단결을 모색하였던 것이다.

남한과 북한은 체제 생존을 위한 힘겨운 투쟁과 치열한 경쟁을 바탕으로 이데올로기와 정책면에서 상대방을 압도함으로써 각각의 체제 형성초기의 한반도 내 대표성의 정당성 근거를 보여주기 위해 노력했다. 남북한은 각각 체제의 정당성에 대한 지지를 갈구했으며, 아이러니컬하게도 외부세계의 변화와 요구하는 조건들을 성공적으로 수용하며 내재화해 온 것 또한 사실이다. 그들의 외국의 제도와 사상을 빌려와 자국 내의 수요와 요구에 맞추어 효과적으로 적용시키는데 상당한 성공을 하였다.[5)]

북한은 사회주의적 중앙통제경제체제를, 남한은 시장 자본주의 제도를 수용해 급속한 경제발전과 근대화를 달성하였다. 당시 북한은 그들과 유사한 경제체제를 가지고 있는 중국이나 몇몇 동구 사회주의 국가들보다 높은 경제성장률을 보이며 성과 면에서 앞서 나갔다. 남한 또한 미국을 등에 업고 급속한 경제발전과 산업화의 관점에서 여타 제3세계 신흥국가들을 압도해 나가고 있었다.

남북한이 외교와 경제 부분에서 효율적이고 효과적인 성과를

5) 길영환 지음·이원웅 옮김, 위의 책, p. 224.

거둘 수 있었던 것은 체제 및 정통성 경쟁에서 비롯된 압력 때문이었다. 성과는 곧 승리를 의미했으며 승리는 곧 국제 사회의 지지를 얻어내는 데 효과적이었기 때문이었다. 이는 경쟁에 대한 추가적인 동기를 제공했고 앞만 보고 질주하는 기관차와 같은 체제 운영에 매달릴 수밖에 없었던 것이다.

제3절 북한의 제3세계 및 UN 외교

북한은 1960년대 제3세계 국가들이 국제사회로 대거 등장하게 되자, 예멘아랍공화국(1963.3.9), 인도네시아(1964.4.16), 모리타니공화국(1964.11.12), 콩고(1964.12.24), 가나공화국(1964.12.28.), 탄자니아공화국(1965.1.13.), 시리아공화국(1966.7.25), 잠비아공화국(1969.4.12) 등 국가들과 외교관계를 수립함으로써 제3세계 국가들과 친선·우호 관계를 확대하려고 노력하였으며, "이들 인민들이 반제반식민주의 기치 밑에 제국주의 식민지통치의 후과를 가지고 새 사회를 건설하는 투쟁에서 달성한 모든 성과들을 높이 평가하였으며 아프리카, 중근동 지역에 대한 미제를 두목으로 하는 제국주의자들의 침략과 전쟁책동을 규탄하고 세계평화를 위한 이 나라 인민들과 정부들의 정당한 투쟁에 전적인 지지와 련대성"을 표명하면서 반제반미투쟁과 민족해방투쟁의 공동전선을 공고히 하고 확대하려고 하였다. 이것은 북한의 외교활동 범위가 사회주의 진영에서 아시아·아프리카·라틴아메리카 지역의 국가들을 주축으로

하는 제3세계 지역으로 확대되었다는 것을 의미하는 것이다.[6)]

북한의 제3세계 및 UN외교는 1970년대를 맞이하여 절정을 이루게 된다. 1960년대까지 공산권 진영외교에 치중했던 북한이 이 시기 들어서 제3세계 외교 및 UN외교를 강화한 데에는 남한과의 경쟁심리가 크게 작용한 것으로 판단된다. 실제로 1960년대에는 남한이 북한에 비해 보다 많은 제3세계 국가들과 외교관계를 맺고 있었다. 또한 북한은 1970년대 들어서 자신들이 주창한 주체사상이 제3세계의 발전모델이라고 선전하는 한편, 김일성은 자신을 제3세계의 지도자로 자평하였다.

북한의 제3세계 외교는 북한이 주장하는 통일정책에 대한 국제적인 지지확보와 아울러 남한을 고립시키기 위한 정책의 일환으로 추진되었다. 북한의 이 같은 노력은 민족해방 완수를 위해 제시한 3대 혁명역량 강화에서 국제적 혁명역량 강화차원에서 이루어진 것이다. 특히 김일성은 민족적 과업을 달성하기 위해 제국주의자들의 침략을 반대하는 신생독립국가들, 제국주의 예속에서 벗어나려고 하는 아시아, 아프리카, 라틴아메리카 국가들과의 단결강화에 힘을 쏟았다. 이는 제3세계 국가들과의 외교관계 강화를 통해 남한을 국제사회에서 고립시키고자 하는 전략에 따른 것이다.

북한은 제3세계 혁명역량과의 통일전선전략의 세부전략으로 정당성 확보 및 국제여론조성 전략수단을 활용했다. 북한이 고려한 정당성의 두 가지 핵심지표는 국제공동체 국가들에 의해 외교적으로 인정을 받는 것과 국제기구에 대표로 참여하는 것이었다.

6) 백성호, “북한 외교의 형성과 전개”, 고유환 엮음, 『로동신문을 통해 본 북한의 변화』(서울 : 선인, 2006), pp. 160-161.

국제여론조성을 위해서는 비동맹회의와 유엔에 결의안을 제출하고 제3세계 개별국가들과 공동보도 및 코뮤니케를 발표하였다.

북한은 1970년대 제3세계 및 유엔외교는 크게 1970-1973년 8월까지의 '제3세계 관계증진 및 공조 본격화시기, 1973년 8월-1976년 8월까지의 '제3세계 관계 확대 및 공조 강화시기', 그리고 1976년 8월-1979년까지의 '제3세계 관계유지 및 공조 약화시기'로 나눌 수 있다.

이 중 먼저 첫 번째인 '제3세계 관계증진 및 공조 본격화시기'를 살펴보면 다음과 같다. 북한은 1973년 5월 20일에 열린 세계보건기구(World Health Organization : WHO) 제26차 총회를 통해 세계보건기구 가입이 확정되었다. 이 과정에서 북한은 제3세계 국가들의 전폭적인 지지를 받았다. 한편 북한은 이 기간 동안 스리랑카, 파키스탄, 이란 등 17개국과 수교를 맺었다. 강화된 비동맹외교관계를 바탕으로 북한은 제3세계 국가들과 협력하여 주한미군 철수, 평화협정체결, 남한의 국제적 고립과 관련된 내용이 포함된 유엔결의안을 제출하고, 비동맹회의 외무장관회담 선언 발표 및 제3세계 개별국가들과 공동보도 및 코뮤니케를 발표하기도 했다.

두 번째 시기인 제3세계 관계확대 및 공조 강화시기를 살펴보면 다음과 같다. 본 시기에 북한은 비동맹회의 가입을 둘러싸고 남한과 경쟁을 통해 승리하였으며 인도, 싱가포르, 라오스 등 25개국과 외교관계를 맺었다. 특히 비동맹회의의 가입은 북한의 대남 외교적 승리라고 할 수 있다.

비동맹회의에 가입하기 위해서는 다섯 가지 조건을 갖추어야 한다. 첫째, 어떤 블록에도 속하지 않은 상태에서 평화공존에 근거한 독자적인 정책을 수행해야 하고, 둘째, 민족해방운동을 지원해야 하며, 셋째, 동서 강대국과 관련된 다자 군사동맹에 가입하지 않아야 하고, 넷째, 동서 강대국과 관련된 양자 또는 지역 군사동맹에 가입하지 않아야 하고, 마지막으로 동서 강대국에게 군사기지를 제공하지 않아야 한다.

비동맹회의는 신규회원국 가입에 관해 만장일치제를 채택하고 있는데 쿠바, 알제리 등 친북한 국가들은 리마 외무장관회담에서 북한의 대소, 대중 동맹을 숨긴 채 박수로 만장일치를 유도했다. 반면 남한의 가입신청은 남한의 미군기지 제공과 한미동맹을 이유로 부결되었다.

한편 이 시기는 UN을 둘러싼 남북 간 외교전이 치열하게 전개되었다. 특히 유엔군사령부 해체가 UN의 중심의제로 대두되었는데, 북한을 비롯한 공산권 국가들은 유엔군사령부 해체 및 외국군의 철수, "휴전협정의 진정한 당사자들(the real parties to the armistice agreement)의 협상으로 휴전협정을 평화협정으로 대체할 것"을 주장하였다.

반면 남한 등 서방권은 "휴전협정에 직접 관련된 모든 당사국들(all parties directly concerned)이 협의하여 휴전협정의 유지를 위한 대안적 조치를 마련한다면 1976년 1월 1일까지 유엔군사령부가 해체되기를 희망한다"는 결의안을 내놓았는데, 이는 유엔군사령부가 해체되더라도 휴전체제를 유지하고자 하는 한미정부의 입장이 반영돼 있는 것이었다. 결국 유엔군사령부 해체문제를 둘러싼 공산권과 서방권, 두 가지 안 모두 UN에서 채택되는 이변이 발생하였다. 이는 북한의 입장을 지지하는 결의안이 사상 최초로 UN에서 통과된 것을 의미하는 것으로서, 북한의 외교적 승리라고 볼 수 있었다.[7] 하지만 유엔군사령부 해체문제는 1976년 8월 18일에 발생한 '판문점 도끼만행사건'을 계기로 국제여론이 악화되면서 흐지부지되었다.

세 번째 시기인 '제3세계 관계유지 및 공조 약화시기'를 살펴보면 다음과 같다. '판문점 도끼만행사건' 이후로 북한과 제3세계의 외교공조는 상당히 악화되었다. 이 시기에 비동맹국들 사이에서도 균열의 조짐이 나타났는데, 이는 다음과 같은 이유 때문이었다. 첫째, ASEAN 국가들을 중심으로 비동맹회의에 대한 반감이 증대되었다. 싱가포르, 말레이시아 등의 국가들은 동아시아 지역의 독립운동에 대한 찬사를 달가워하지 않았으며 '진정한 독립', '신 식민주의'와 같은 용어사용에 반대했다. 둘째, 쿠바의 아프리카 군사 개입을 두고 회원국들 사이에 갈등이 발생했다. 셋째, 이스라엘 등 서방국가와 우호적인 관계를 맺고자 하는 이집트의 외교적 입장에 대한 논쟁이 가열되었다.

한편 북한은 이 시기에 국제사회의 대북여론이 악화되는 것을 만회하기 위해 국제기구의 가입을 적극 모색하였다. 북한은 1977년 9월에 국제민간항공기구(International Civil Aviation Organization : ICAO), 1977년 11월에 유엔식량농업기구(Food and Agriculture Organization : FAO), 1979년 6월에 유엔개발계획(Unite Nations Development Programme : UNDP)에 각각 가입하였다. 북한은 특히

7) 홍석률, 『분단의 히스테리 : 공개문서로 보는 미중관계와 한반도』(파주 : 창비, 2012), p. 379.

UNDP로부터 8백 85만 달러의 원조를 받기도 하였다.[8)]

북한은 1979년 9월 쿠바 하바나에서 열린 제6차 비동맹회의 정상회담에서 36개국으로 확대된 조정국의 위원국가로 선출되었다. 북한은 이 시기에 가나, 니카라과 등 4개국의 제3세계 국가들과 국교를 정상화했다. 제3세계 관계유지 및 공조 약화시기 때 북한은 주한미군철수, 평화협정체결, 남한의 국제적 고립에 대해 우호적 여론을 조성하기 위해서 제3세계와의 공조를 통해 유엔에 결의안을 제출하였고, 비동맹회의 정상회담에서 친북한 결의를 유도하였다. 그리고 제3세계 개별국가들과 공동보도 및 커뮤니케를 발표하였다. 하지만 판문점 사건으로 인해 제3세계와 약화된 공조로 인해 유엔결의안은 철회되었고, 공동보도 및 코뮤니케 발표 횟수는 줄어들었으며 그 내용도 이전에 비해 강도가 떨어졌다.

1980년대 들어서도 북한은 제3세계 비동맹운동에 적극적으로 가담하면서 이들 국가들의 정부 지도자와 정당지도자 등을 계속 초청해 왔으며, 마찬가지로 제3세계 각국에 사절단을 보냈다. 북한은 라틴아메리카와 아프리카 지역 국가들에 대한 무기지원 및 군사고문단 파견을 확장해 왔다. 이란과 같은 산유국에 대한 무기판매는 북한의 주요한 외화 획득원이다. 1982년 11월 리비아와 '상호 우호와 협력에 관한 조약'을 맺은 뒤, 1983년 10월에는 에티오피아와 협정을 체결하였고, 1983년 4월 14일에는 그라나다에 미화 1천 2백만 달러에 상당하는 무기를 제공하기로 합의한 것으로 전해진다. 북한은 외국지도자들을 자국에 초청하고 자국 관리

8) 북한연구소, 『북한총람』(서울 : 북한연구소, 1983), p. 459.

들을 해외에 파견하는 등 활발한 외교활동을 전개하였다.

1982년 11월에서 1983년 11월에 이르는 1년 동안 북한에 초대된 외국정부 지도자들은 리비아, 중앙아프리카공화국, 콩고인민공화국, 니카라과, 이집트, 그라나다, 르완다, 기니, 이란, 에티오피아 등이다. 북한은 자신을 비동맹운동의 주도자라고 호언장담하였으며, 김일성은 제국주의에 대한 세계적인 투쟁을 지도하는 것을 자신의 임무로 간주하였다. 북한은 1976년 페루의 수도 리마에서 개최된 비동맹회의에 최초로 참가하였다. 이어서 북한은 1980년 하바나 비동맹정상회담과 1983년 뉴델리회의에 참가하였으며 1981년에는 평양에서 비동맹 식량회의를 주재하였다.[9]

하지만 북한 외교에서 비동맹외교의 비중은 1980년대 초반을 기점으로 점차 약화되었다. 물론 제3세계는 북한에게 정치 · 경제적으로 중요하였고 "남남 협력"에 대한 대중적 열정도 여전했으나, 김일성은 사회주의 국가의 '동지'들에게 제3세계와의 연대에 대한 회의적인 반응을 보였다. 이 같은 입장은 김일성이 1984년 6월 1일, 동독의 호네커 수상과 가진 정상회담에 잘 나타나 있다. 김일성은 호네커에게 "우리는 더 이상 비동맹운동에 속하지 않는다"고 언급하면서, "비동맹운동이 좋은 대안이기는 하나 기본적인 문제들을 해결할 수는 없다.

무엇보다도 비동맹운동은 새로운 경제질서를 위한 요구를 충족시켜주지 못한다. 비동맹운동에 가담한 국가들은 정치적으로는 독립적이지만 독립적인 국가경제를 가지고 있지 못하다 … (중략)

9) 길영환 지음 · 이원웅 옮김(1988), pp. 279-281.

… 개도국들의 문제는 단순히 그들끼리 협력한다고 풀리는 것은 아니다 …(중략)… 가장 좋은 방법은 사회주의 및 개도국 시장 사이를 밀접하게 연계시키는 것이다"[10]라고 언급하였다.

10) "Memorandum of Conversation between Erich Honecker and Kim Il Sung, 1 June 1984." SAPMO-BA, DY 30, 2460. Translated by Grace Leonard for the North Korea International Documentation Project, Washington D.C. : Woodrow Wilson Center(http://digitalarchive.wilsoncenter.org/document/113199, 검색일 : 2014년 12월 29일).

2부

김정일 정권의 북한

1 김정일 승계체제의 구축 과정과 유일지배체제의 강화

제1절 후계자 문제의 대두와 북한의 대내외적 정세

북한 내부의 권력투쟁으로 박금철과 이효순 등의 갑산파가 제거된 이후, 1967년 10월 제4기 15차 전원회의가 개최되었다. 이 회의에서 김정일을 중심으로 한 유일지배체제가 실질적으로 확립되었다. 그리고 김정일의 유일지배제체는 1970년 10월의 제4차 당 대회로부터 1972년 12월의 제5기 1차 최고인민회의를 거치면서 법제화 및 공식화되었다.

그런데 북한에서 김일성 이후 권력승계의 본격적인 논의는 1960년대 말부터 1970년대 초반 무렵까지 전개되었다. 당시 북한의 권력은 김일성에 의해 완전히 장악되었고, 그의 측근 세력인 빨치산 출신 인사들이 북한사회의 권력 핵심으로 확실하게 자리잡아 갔다. 그럼에도 불구하고, 그 당시 국내외적 환경은 김정일의 후계체제 구축작업에 유리하지 않았다.

우선 6.25전쟁 이후 남북한 간 군사적 갈등과 대치가 갈수록 악화되어 가는 가운데, 한국의 국가역량이 급속도로 증대되었다는 점이다. 1961년 정권을 장악한 박정희 정부는 경제적 민족주의와 자립경제의 실현을 위한 개발계획을 적극적으로 모색하였다.

그 결과 1962년부터 1970년대 중반에 이르기까지 정부주도에 의해 3차례에 걸친 이른바 '경제개발 5개년계획'이 수립되었다.

일련에 걸친 초기 계획단계에 있어서의 정책의 기본 목표는 외형적 경제성장과 공업화의 달성에 두었다. 이는 경제적 자립을 조기에 실현하고자 하는 정부의 의지가 강하게 작용된 것으로, 주된 개발전략은 정부가 주도적으로 수출을 확대하고 외형적 성장을 추구함으로써 부족한 부존자원을 효율적으로 활용하여 경제활동을 촉진하고 산업구조를 고도화하는 데 있었다. 이처럼 1960, 1970년대 초반에 걸쳐 정부주도에 의한 이른바 '수출드라이브 정책'이 강력하게 추진되자, 교역규모가 확대되어 고도경제성장을 위한 기반을 마련할 수 있었다.[1)]

이와 더불어 1960년 베트남전쟁이 발발하자, 한국은 미국으로부터 한국군의 베트남 파병을 제의받고 1964년 베트남전쟁에 참전하여 자유수호정신이라는 전략문화와 함께 전력증강의 효과도 얻었다. 하지만 미국 닉슨 대통령의 일방적인 철군 발표로 1970년대에 들어서면서 불안해진 안보환경에 대비하여 한국의 박정희 대통령은 본격적인 자주국방계획을 입안하였다.

박정희 대통령은 평화통일의 뒷받침으로 국방력 정비와 적정 군사력 유지 그리고 군의 정예화 달성 및 방위산업 육성을 통한 자주국방체제의 확립 등을 3대 국방목표로 설정하여 추진하였다. 박정희 대통령은 '율곡사업'을 구체화하면서 22조 2554억 원을 투입하여 무기체계의 질적 향상은 물론, 모방개발에서 국내 연구개

1) 신장철, "해방 이후의 한국경제와 초기 경제개발 5개년계획 : 원조경제의 탈피와 수출드라이버 정책의 채택을 중심으로", 『한일경상논집』 제66권 (2015), p. 4.

발과 기술도입 생산형태로 발전하는 성과를 이루었다.[2] 이러한 한국의 경제성장과 국방력 증대 움직임으로 말미암아 북한은 남북한 간 체제경쟁에서 열세의 지위로 전락할 수 있다는 위기의식을 갖게 된 것이었다.

또한 1965년 한국과 일본 간에 한일협정이 체결되었는데, 이것은 북한의 안보 위기의식을 가중시켰다. 1950년 전쟁이라는 방식을 통하여 북한-소련-중국의 한반도 독점 지배의 의도는 미국이 유엔을 통하여 주도한 서방동맹에 의하여 봉쇄되었다. 미국과 유엔군이 다시 한반도의 서방주도 통일을 시도하였고, 이번에는 소련의 지원을 받는 중국이 개입하여 이를 저지하였다. 결국 1953년 휴전협정을 체결함으로써 한반도는 재분단되었고, 1945년의 형태와 같은 세력균형이 이루어졌다. 한국전 이후 한반도를 중심으로 한 북한-중국-소련의 북방 삼각관계와 한국-미국-일본의 남방 삼각관계는 공식적인 동맹체를 결성하지는 않았지만, 직·간접적인 유대관계를 통하여 세력균형이 이루어졌다.[3]

1965년 한일협정 체결은 남방 3각동맹관계의 제도화를 한층 강화시키는 것으로, 동북아에서 미국을 정점으로 한국-미국-일본으로 이어지는 안보협력체제의 완성을 의미하는 것이었다.[4] 이에 대해 북한은 당시 '로동신문'사설에서 다음과 같이 비판하였다.

---

2) 최종영, "베트남전쟁과 군사정책결정자의 협상역량에 관한 연구", 『협상연구』 제18권 1호(2015), p. 87.
3) 김계동, "6.25전쟁과 21세기 한반도 평화의 모색 : 한반도의 분단전쟁과 주변국의 세력균형정책", 『한국정치학회 학술발표대회 자료집』(2000), p. 361.
4) 한국-미국-일본의 안보협력체제의 기원에 대해서는 서보혁, "미국의 동북아 세력균형정책의 기원", 『세계지역연구논총』 제22권 2호(2004)를 참고.

> “미제는 자기의 침략 및 전쟁계획을 실행함에 있어 일본군국주의자들을 적극 끌어들이고 있다. 남조선의 박정희 도당과 일본군국주의자들을 결탁시켜 〈한일조약〉을 맺게 한 미제는 이를 발판으로 하여 〈동북아아세아군사동맹〉을 조작하며 나아가서 아세아에 단일한 반공군사동맹을 형성하려고 획책하고 있다. 이러한 목적 밑에서 소집된 〈동남아세아경제개발각료회의〉, 〈아세아 및 태평양지역 각료회의〉, 〈동남아세아농업개발회의〉 등에서 일본은 미제의 대리인으로서 워싱톤에 〈충성〉을 표시하였다.”5)

이처럼 북한은 한국과 일본 간 협정체결을 정치·군사적으로 압박하기 위한 대북 포위망으로 인식하였고, 이에 대한 경계심을 높일 수밖에 없었다.

반면에 북한의 후견세력인 소련과 중국은 중소분쟁으로 서로 갈등하면서 군사적 분쟁까지도 주저하지 않았다. 1956년 2월 소련공산당 제20차 대회를 계기로 중소분쟁이 발발하였고, 1957년 과도기를 거쳐 1958년부터 중소논쟁이 본격화되었다. 특히 중소갈등은 1958년 흐루쇼프의 중소 연합함대와 장파(longwave)관리소 설치 제안이라는 안전보장문제를 둘러싸고 첨예화되었다. 국가이익과 안보문제로 시작된 중소갈등은 1950년대 후반 영토문제를 둘러싼 민족주의적 대결, 국제공산주의 운동의 이데올로기적 대립, 소련공산당과 중국공산당의 역사적 관계 그리고 국가이익 문제로까지 전면적으로 확대되었다. 중소분쟁은 1960년 81개국 공산당노동당대회에서 일단락되는 듯 했으나, 1961년 소련공산당

5) 『로동신문』, 1967년 1월 3일.

제22차 당 대회를 계기로 서로 간의 입장 차이를 좁히지 못한 채 1970년대까지 지속되었다.[6)]

게다가 스탈린 사후 집권한 소련의 흐루쇼프는 자본주의 국가들과 "호혜롭고 평화로운 상호공존을 해야 한다"는 평화공존론을 주장하였다. 스탈린 사후 집권한 흐루쇼프는 현대 국제관계관의 변화, 즉 사회주의 체제와 자본주의 체제간의 대립 구조를 평화구조로 전환할 것을 제기하였는데, 그것은 현대 세계체제의 절반이 자본주의 체제, 즉 제국주의 국가들이 존재한다는 점에서 기인한 것이었다.[7)] 즉, 소련은 제국주의를 전쟁 발발의 유일한 원천이며, 자본주의 체제가 존재하는 한, 즉 전 세계적 차원에서 사회주의 혁명이 완수되지 않는 한, 전 인류가 항상 직면하는 문제는 전쟁으로 인한 인류의 파멸인가 아니면 전쟁을 방지하기 위한 평화적 공존인가 양비론으로 보았다.[8)]

이것은 전쟁 위험이 항상 존재하고 있기 때문에 자본주의 진영과의 전쟁은 필연적이라는 기존의 전쟁불가피 테제로부터 평화적인 조건과 방법을 통하여 전쟁을 예방할 수 있다는 전쟁가피 테제로의 전환을 의미하는 것이었다. 결국 상이한 사회체제를 가진 자본주의 체제와 사회주의 체제간의 평화공존은 객관적으로, 필연적으로 적대적일 수밖에 없는 두 체제가 폭력적인 상호간의 내

---

6) 박종철, "중소분쟁과 북중관계(1961–1964년)에 대한 고찰", 『한국사회과학연구』 제20권(2011), p. 47.

7) Leo Greliow and CDSP staffs(ed.), *Current Soviet Policies Ⅳ : The Documentary Record of the 22nd Congress of the Communist Party of the Soviet Union*, p. 13.

8) N.S.Khrushchev, "On Peace Coexistence", Philip E. Mosely(ed.), *Soviet Union 1922–62*(New York : Frederick A. Praeger, 1963), p. 399.

정간섭을 철저히 배제시킨 평화적인 환경 하에서 평화적이고 자유로운 상호경쟁을 말한다. 이러한 점은 기존의 대결적 국제 관계에서 평화적인 공생의 관계로 전환됨을 의미하는 것이었다.

이러한 평화공존론에 입각하여 미국과의 관계개선을 시도하는 소련의 외교행태는 북한에게는 소련에 대한 새로운 불신의 요인으로 작용했던 것이다. 따라서 북한은 중소분쟁 과정에서 표출된 후견세력들의 반목과 대립으로 말미암아 자신의 안보를 스스로 지킬 수 있는 장치 및 전략을 모색하기 시작하였던 것이다.

두 번째는 소련과 중국에서 벌어진 후계자 사태의 교훈이었다. 1953년 스탈린이 사망하자, 그의 뒤를 이은 흐루쇼프는 1956년 2월 소련공산당 제20차 당 대회에서 스탈린을 격하하고, 스탈린의 유산 청산을 시도하였다. 이것은 제20차 당대회에 행하였던 흐루쇼프의 비밀연설로 촉발되었는데, 그의 비밀연설은 스탈린의 후계자들이 자신들의 출세 기반이자 두려움의 대상이었던 '스탈린 체제'를 청산하려고 시도하였던 '위로부터의 청산'이자 '체제 내의 청산'이었다.[9] 스탈린 사후 벌어진 스탈린 격하운동은 김일성과 북한지도부에게 후계자 문제의 중요성을 일깨워 주었다고 할 수 있다.

또한 1970년대에 들어서면서 중국에서도 모택동을 몰아내려는 권력투쟁이 발생하였고, 이와 맞물리면서 문화대혁명이 전개되었다. 특히 문화대혁명 시기 강청, 장춘교, 왕홍문, 요문원 등 소위 4인방이 홍위병[10]을 내세워서 혁명원로들뿐만 아니라 자신들의

9) 박상철, "흐루시초프의 '비밀연설' : 동기와 배경을 중심으로", 『러시아연구』 제14권 1호(2004), p. 214.

정치적 경쟁세력들을 제거하고 탄압하였는데, 북한 권력층은 이에 큰 충격을 받았다. 그리고 북한은 홍위병을 앞세운 중국의 권력투쟁 사태를 보면서 후계자문제의 중요성을 더욱 절감하게 되었다.

끝으로 국내적으로 당시 당 중앙위 조직지도부장 겸 조직비서직을 겸하고 있던 삼촌 김영주의 건강악화와 김성애의 권력 남용의 문제는 심각했다. 체제 전체에서 조직담당부서의 책임자는 김일성과 북한지도부의 지도력을 안정적으로 보장한다는 중요한 역할을 담당하지만 김영주의 경우 건강악화로 인해 지도력의 동요를 가져왔고 설상가상으로 선전선동부장인 김국태도 병으로 드러눕는 사태마저 일어났다.

또한 김일성의 후처인 김성애의 권력남용은 당의 원로들로 하여금 중국의 강청을 연상시키게 할 만큼 심각했다. 당시 김성애가 지도하던 여맹조직은 당위에 올라 당을 좌지우지하였으며, 현상과 빨치산 1세대 노간부들에 대한 특권을 없애며 당과 북한지도부 모두를 위협하는 일들이 발생하였다. 김일성과 항일빨치산 세력들은 이런 일련의 사태들을 모두 후계체제가 명확하지 않아 생기는 현상으로 인식했을 가능성이 크다. 사회주의 모국들에서 벌어진 상황이 북한에게 더욱 쉽게 발생할 수 있다는 가능성을 토대로, 후계자의 선발과 육성이 체제유지에 가장 큰 관심사로 대두되었다.

10) 홍위병의 태동과 모택동과의 관계에 대해서는 김기효, "홍위병 조직의 태동에 있어서 모택동의 여향", 『중국사연구』 제72권(2011)를 참고.

제2절 후계자론의 정립과 후계체제 구축과정 : 1970-80년대를 중심으로

후계자론의 정립에 대하여 살펴보기 위해서는 우선 수령제에 대한 이해가 전제되어야 한다. 왜냐하면 후계자론은 수령제를 이론적 기반으로 삼고 있기 때문이다. 수령제는 북한사회를 이해하는데 핵심 열쇠이며, 북한 사회주의 건설의 전 기간을 한마디로 정의할 수 있는 결과물이다. 그것은 수령제의 확립이 북조선 사회주의 성립과 함께 지금까지 일관되게 추진해 온 사회주의 발전 전략의 정치적 산물이기 때문이다. 이러한 수령제는 북한의 최대 정치현상인 후계체제의 형성과 함께 공고화되었다. 즉, 수령제의 공고화는 후계체제의 공고화를 의미한다. 이것은 후계자 문제의 완전한 해결을 통해 이루어지게 되는 것이다.[11] 따라서 후계자론의 정립과 후계체제 구축과정은 곧 수령제의 완성과정과 맥을 같이 하는 것이다.

수령제란 수령의 유일적 영도체계를 의미한다. 북한 연구자들 사이에도 '수령제' 혹은 '수령제 정치체제' 등에 대한 개념 규정들이 다양하게 제시되고 있다. 와다 하루키(和田春樹)의 '가족국가관과 사회정치적 생명론에 의해 보강되는 유격대 국가', 이종석의 '최고 지도자(수령)를 중심으로 전체사회가 전일적인 하나의 틀로 편재되어 있는 유일 지도체계, '신정체제', '김일성 1인 권력체제' 등이 그것이다. 그 중에서도 스즈키 마사유키(鐸木昌之)는 수령제

11) 이승열, "북한 '수령체제'와 '후계체제'의 상호연관성", 『글로벌정치연구』 제2권 1호(2009), p. 14.

를 '소련형의 당국가 시스템 위에 수령을 올려놓은 체계', '수령의 영도를 대를 이어 계속적으로 실현하는 것을 목적으로 하는 체계'[12]라고 규정하였다. 전자는 최고지도자에로의 권력 집중을 주목한 것이고, 후자는 후계자론과 연결시킨 것이다.[13]

북한에서 수령제가 대두된 배경은 크게 정치적으로 1956년 8월의 종파사건이었고, 경제적으로 1961년 9월 제4차 당 대회에 제기된 경제적 문제였다. 전자는 정치적 위기로서 위로부터의 엘리트 개편으로 이어졌고, 후자는 축적의 위기로서 급격한 대중동원운동이라는 내부 축적의 강화로 나타났다.

특히 8월 종파사건은 전후 중공업우선 발전노선과 농업집단화 정책을 둘러싼 당내 논쟁을 배경으로, 개인숭배 비판이 전개된 소련공산당 제20차 대회가 촉진 변수로 작용하여 발생했다. 그리고 정치적 내부 투쟁과 함께 경제영역에서도 위기상황이 조성되었다. 전후복구 3개년 계획 기간 동안 축적자금의 상당 부분을 차지했던 대외원조가 급격히 감소되었기 때문이다.

북한은 결손된 축적 자금의 보존을 위하여 1957년부터 증산과 절약이라는 구호 아래에 천리마운동 형태로 대대적으로 대중을 동원하기 시작하였다. 이 과정에서 최고지도자가 직접 나서서 모든 것을 지휘하고 책임질 필요성이 제기되었는데, 이때 등장한 것이 바로 수령이었고, 수령의 직할관리체제이었다.[14]

---

12) 鐸木昌之 지음, 유영구 옮김, 『김정일과 수령제사회주의』(서울 : 중앙일보사, 1994), pp. 20, 79.
13) 김연철, "북한의 '수령제' 정치체제의 사회경제적 기원", 『한국정치학회 학술대회발표 논문집』(1997), pp. 1-2.
14) 김연철, 위의 글, pp. 5-9.

북한사회가 수령체제로 전환되는 데 있어서 가장 중요한 역할을 한 장본인은 바로 김정일이다. 1967년 5월 당 중앙위원회 제4기 제15차 전원회의에서 김정일은 당의 유일사상체계에 도전하는 '갑산파 반당사건'을 적발하고 이들에 대한 비판과 숙청을 주도하면서 당내 권력기반을 확실하게 다지게 되었다. 이 사건을 계기로 1967년 이후 북한정치에서는 김일성 중심의 빨치산 집단을 제외하고, 다른 정치 파벌의 존재가 완전히 사라지게 되었다. 이러한 정치적 환경은 김일성에 대한 개인숭배와 신격화를 위한 당의 유일사상체계 확립문제로 이어졌으며, 북한정치체제가 수령체제로 전환되는 계기가 되었다.[15)]

수령제는 정치적으로 중간 관료층의 기능 약화를 가져오면서, 최고지도자와 대중의 직접적 관계를 맺는 방식으로 나타났다. 이는 이후 최고지도자와 인민 사이의 '관계'적 성격으로 발전하기도 했는데, 이른바 충성과 은혜의 교환관계가 그것이다. 지도자와 인민사이에 '후견-피후견 관계'(patron-client relationship)가 성립하고 있는 것이다.

'후견-피후견 관계'란 다음과 같은 두 가지 특성을 나타낸다. 하나는 인격적 관계를 기반으로 한다는 점이고, 다른 하나는 관계의 성격이 비대칭적이고 불평등하다는 점이다. 이 과정에서 지도자의 가부장적 성격 -예를 들어 어버이 수령, 어머니 당- 들이 이데올로기화되면서 최고지도자를 정점으로 한 혈연적 특성의 관계가 북한사회 전반에 구조적으로 뿌리내리게 되었다.[16)]

15) 이승열(2009), pp. 8-9.
16) 김연철(1997), p. 13.

북한에서 '당위의 당'으로서 수령제의 탄생 이후, 수령의 승계 문제가 중요한 문제였고, 이에 따라 수령론에 이어지는 후계자론은 필연적으로 요청되는 사항이었다. 그것은 당을 통한 권력 교체에도 불구하고 당이 '수령의 사상과 의지'를 실현하는 하나의 참모부로서 규정되면서, 당을 지도하는 지도자의 존재가 더욱 중요한 위치를 점하게 되었기 때문이다. 따라서 1967년 수령제의 탄생 이후, 북한은 '혁명에서 절대적 지위와 결정적 역할'을 하는 수령에 대한 이론과 동시에 수령의 후계를 이론적으로 정립할 것을 요청받았다. 그 결과물로서 후계자론이 공식적으로 제출되게 된 것이다.[17)]

북한의 후계자론에 의하면, "후계자는 수령의 사상과 업적으로부터 수령의 사업방법, 작풍, 품격에 이르는 모든 것을 그대로 받아 안고 수령의 대를 이어가는 당과 인민의 지도자이며 수령이 개척한 혁명위업을 계승하고 끝까지 완성해 나가는 미래의 수령"이라고 정의된다. 즉, 후계자 역시 '노동계급의 수령'인 것이다. 또한 후계자는 "수령의 혁명위업을 계승하고 완성해 나가는 투쟁에서 유일지도자로서의 절대적인 지위를 차지하며, 이 절대적 지위는 수령의 후계자가 등장하여 수령의 사업을 보좌할 때부터 시작되며 수령의 혁명위업이 완성될 때까지 계속 된다"고 한다.[18)]

후계자론은 북한의 계속혁명과 관계가 있다. 계속혁명이란 "인민대중의 자주성을 완전히 실현할 때까지 혁명투쟁을 조금도 지

17) 정영철, "북한의 '후계자'론과 현실 : 이론의 형해화와 현실의 계승", 『북한연구학회보』 제13권 1호(2009), p. 282.
18) 김유민, 『후계자론』(동경 : 구월서방, 1984), p. 61.

체하거나 중단하지 않고 그것을 련속적으로 끊임없이 계속해 나가는 것"을 말한다. 혁명을 계속해 나가기 위해서는 첫째, 혁명주체의 끊임없는 강화와 그 역할을 제고해야 하고, 둘째, 주체적 입장의 견지로서 남의 간섭을 허용하지 않고, 남의 방식을 모방하지 않으며 독자성과 자력갱생의 원칙을 지키는 것이다. 마지막으로 혁명전통의 계승발전이다.[19]

그러므로 북한에서 후계자는 수령의 혁명전통, 사업방법, 작풍, 품성 등 수령이 지니고 있는 모든 것 그 자체를 그대로 이어받고, 앞으로 수령처럼 실천해 나가는 최고지도자의 존재를 의미하는 것이다. 후계자론은 후계자의 징표로 첫째, 수령에 대한 충실성, 둘째, 예지력과 탁월한 영도력, 셋째, 인민적 품성과 고매한 덕성, 끝으로 다음 세대의 대표인물 등으로 규정하고 있다.[20]

이처럼 북한에서 후계자의 문제는 혁명계승과 체제 안위와 직결된 중요 문제이다. 그렇기 때문에 후계자는 수령의 반열에 버금가는 정치적 실체로서 최소한 수령만큼의 자질과 능력을 갖추어야 하며, 이에 대해 북한주민들로부터 자발적인 존경심을 불러일으켜 북한주민으로부터 절대적인 충성심을 이끌어낼 수 있어야 하는 것이다.

김정일은 김일성종합대학을 졸업한 직후인 1964년 6월경 입당을 통하여 후계자수업을 시작하였다. 김정일은 비서국 조직지도

19) 이수석, "김정일 후계구도와 북한체제 전망", 『통일연구』 제14권 1호(2010), p. 37.
20) 이 외에도 후계자론의 전반적 내용에 대해서는 김재천, 『후계자 문제의 이론과 실천』(서울 : 1989), pp. 38-52.

부를 시작으로 당의 요직을 두루 경험하였다. 특히 김정일은 당 중앙위 선전선동부 문화예술지도과에서 근무할 때, 당의 유일사상체계를 세우고 김일성의 유일지도 형태를 체계화하기 위해서 김일성의 모든 저작들을 편집, 재출판하였으며, 전인민의 정치사상적 통일을 강화했다고 한다. 즉, 그는 당과 인민을 김일성 사상으로 무장시키고, 그들을 수령의 지도하에 단결하여 북한건설에 이바지하도록 세 가지 기본문제를 해결하려고 했다는 것이다.

김정일은 이런 사상적 기본문제를 해결하기 위해 당의 혁명 역사 연구 조직들을 일신하고, 또 문화 예술부문을 지도하기 위해 영화, 가극, 연극, 미술 등의 창조기관을 마련했다고 한다. 특히 그는 여러 가지 영화제작을 지도하였는데, 대표적인 작품으로는 1969년에 발표된 '피바다', 1970년의 '어느 자위단원의 운명', 1972년에 나온 '꽃파는 처녀' 등이 있다.[21] 이것은 김일성과 빨치산 세대들로부터 김정일의 능력을 인정하게 되는 계기가 되었고, 김정일의 당내 입지도 굳건해졌다.

한편으로는 1973년에 구성되어 파견된 3대혁명소조가 새로운 세대에 의한 계속혁명의 논리를 확산시킴으로써 김정일의 권력승계를 정당화하는 데 기여하였다. 중앙과 지방, 협동농장과 공장·기업소에 파견된 3대혁명소조는 새로이 등장하는 김일성·김정일의 승계구도를 정당화하는 논거를 포함하는 주체사상을 전파하는 동원조직이었다. 여기에는 대학 졸업생 및 재학생 등의 청년 지식인을 약 90% 정도까지 참여시키고 그 외에 당 간부, 기술

21) 서대숙(2000), pp. 186-187.

자, 과학자, 대학교원 등을 동원시켰다.[22)]

3대혁명소조운동은 당과 국가 기관의 일군과 기술자, 청년 인텔리 등으로 소조를 구성하고, 그들이 당이나 국가의 높은 자리에서 지시 내지는 명령만 할 것이 아니라 직접 현지에 내려가 사업함으로써 사상, 기술, 문화의 3대 혁명에 청년들의 새 기운을 동원해서 북한경제를 재생하려는 것이다. 이것은 중국의 하방운동(下放運動)이나 문화대혁명 같은 운동이 아니고 일종의 경제발전운동과 비슷한 것이다. 즉, 기존의 경제발전 방법을 개조하여 젊은이들이 새로운 기술로 생산을 늘리도록 중앙에서 지방으로 정부와 당의 간부, 과학자, 기술자, 인텔리들을 보내서 경제발전을 촉발하려는 것이다. 이 운동은 점점 확대되어 3대혁명붉은기쟁취운동으로 발전하였다.[23)]

김일성의 유일적 영도체제는 1972년 12월에 개정된 헌법에서 국가 주석제를 신설하여 국가 수반의 기능과 정치권력의 실질적인 행사를 결합시킴으로서 제도적으로 뒷받침되었다. 여기서 주목해야 할 점은 바로 1972년 헌법 개정 이후 김정일 후계체제 구축 작업이 시작된 점이다.[24)]

3대혁명소조운동으로 사회 전반에서 혁명의 새로운 세대가 혁명의 주체로 부상하는 것과 때를 같이해서 북한 권력구조 내부에서도 김정일 후계체제가 가시화되기 시작하였다. 김정일은 1973

22) 김성철 외, 『북한이해의 길잡이 : 전환기의 북한사회』(서울 : 박영사, 1999), pp. 48-49.
23) 서대숙(2000), p. 192.
24) 정규섭, "김정일 정권의 권력재편과 안정성 분석", 『통일경제』 4월호(현대경제사회연구원, 1997), pp. 40-41.

년 9월 당 중앙위 제5기 제7차 전원회의에서 비서국 조직, 선전 담당 비서로 선임되었다. 곧이어 1974년 2월에 열린 제5기 8차 전원회의에서는 당내 핵심 권력기구인 당 중앙위 정치위원이 되면서 후계자로 공인되었다. 이때부터 언론은 그를 '당중앙'으로 호칭하기 시작하였다.[25] 김정일은 당 정치위원에 취임하자마자 곧 명실상부하게 당내 실권을 장악해 나가기 시작하였다. 따라서 김정일의 정치위원 취임은 당내 권력구조에 실질적으로 중요한 영향을 미쳤다.

무엇보다도 김정일의 부상은 혁명 1세대들의 퇴진을 암시하는 것이었다. 김정일이 당 비서가 되어 당권 장악에 나선 1973년 가을 이후 혁명 원로인 최용건(국가 부주석)과 김일(정무원 총리)의 활동이 급격히 둔화되었다. 반면에 이후로 혁명2세대나 실무형 지도자들의 발탁이 두드러지기 시작하였다.[26]

김정일은 1980년 10월 제6차 당 대회를 통해서 김일성의 공식적인 후계자로서 전면에 등장하였다. 북한은 이 대회를 통하여 김정일 승계구도를 공개적으로 보여주기 위하여 조직 개편을 단행하였다. 당 중앙위원회 정치위원회가 폐지됨과 동시에 신설되는 정치국으로 대체되었고, 정치국 예하 조직으로 상무위원회가 새로 조직되었다. 상무위원회는 당의 모든 사업을 조직하고 지도하는 정치국 내 '정치국'과 같은 막강한 조직이었다.

그리고 북한은 김정일 후계체제의 인적 토대를 구축하기 위하여 김정일의 측근 인사를 대거 발탁, 기용하였다. 또한 이 대회를

25) 이종석, 『현대 북한의 이해』(서울 : 역사비평사, 1995), pp. 291-292.
26) 이종석(1995), p. 293.

통하여 당 중앙위 총비서에는 김일성이 선출되었고, 김정일은 김일성, 김일, 오진우, 이종옥 등과 함께 정치국 상무위원회 위원이 되었다. 뿐만 아니라 김정일은 비서국 비서와 군사위원회 군사위원으로 선출되는 등 북한의 실질적인 2인자로서의 입지를 굳건히 다졌다.[27)]

1983년 4월 최고인민회의 제7기 2차 회의 이후 명실상부한 북한 권력의 2인자로 발돋움한 김정일은 실제 1984년 5월에 정치국 상무위원회와 비서국 그리고 군사위원회의 서열 2위로 격상되었다. 김정일은 후계자로서 당 · 군에 대한 감독 및 통제력이 강화되었고, 정치 · 경제 · 군사 등 북한 사회의 전분야로 그의 통치영역이 확대되었다. 게다가 당을 중심으로 활동하던 1970년대와는 달리 공식적인 후계자로서 전체 사회를 지도해야 하는 입장에 서게 된 김정일은 1980년대에 들어서서 국가기관에 대해서도 직접적인 지도를 행사하기 시작하였다. 그는 1982년의 최고인민회의 제7기 대의원 선거 때는 송림에서, 1986년 제8기 선거에서는 함경남도 함흥시 용성에서, 1990년 제9기 선거에서는 함경북도 무산에서 주민들의 대대적인 후보 추대 행사를 거쳐서 대의원에 선출되었다.[28)]

한편 김일성은 김정일로의 후계체제를 구축하는 과정에서 군을 승계체제의 보루로 인식하고 활용하였다.[29)] 인민군은 체제의 수립 초부터 현재에 이르기까지 중요한 위치를 차지하고 있다. 당이 북

27) 국토통일원 편(1988), pp. 97-100.
28) 이종석, 위의 책, p. 304.
29) 김구섭 · 고성윤 · 서주석, 『북한 군부의 위상과 대내외 정책 전망』(서울 : 국방연구원, 1997), pp. 71-77.

한 최고지도자가 가진 통치권력의 원천이라면, 이를 뒷받침하는 가장 강력한 자원은 군대이기 때문이다. 인민군은 창군 초기 표면상 '국가의 군대'로 시작하여 '당의 군대'를 거쳐 1960년대 후반부터 김일성 개인의 통치수단인 '수령의 군대'로 변질되었다.[30)]

'수령의 군대'는 곧 김일성의 군대를 말한다. 이것은 북한의 지도이념이 김일성이 '유일사상'이요, 정치체제가 프롤레타리아 독재를 능가한 김일성 1인 독재체제인 만큼 인민이 '김일성의 군대'라고 하는 것은 명백한 사실에 대한 일종의 수사학이다. 그러나 주석제를 신설한 1972년에 북한 헌법 제93조에 "조선민주주의인민공화국 주석은 조선민주주의인민공화국의 전반적 무력의 최고사령관, 국방위원회 위원장이 되며, 국가 일체의 무력을 지휘 · 통솔한다"고 규정함으로써, '당의 무장력'인 인민군은 이에 실질적으로 '주석의 군대화'가 된 것이었다.

주석으로서 인민군 최고사령관 및 국방위원장을 당연직으로 겸임하고 있을 뿐만 아니라 당 비서국 총비서, 당 군사위원회 위원장 또한 김일성이라는 일개 자연인에 의해 겸직되고 있는 바, 최고 군사정책의 수립, 집행으로부터 세부 군사 활동에 관한 지시에 이르기까지 인민군은 글자 그대로 김일성 개인의 의사와 지시에 따라 움직여지고 있는 군대인 것이다. "위대한 수령 김일성동지 외는 그 누구도 모른다는 철석같은 신념을 가지고 수령님의 교시 집행을 위해 생명의 마지막 순간까지 충성을 다 할 것을 맹세한다"는 식의 반복적이며 지속적인 세뇌는 실제 인민군으로 하

30) 김동엽, "북한의 군사지도 · 지휘체계 : 당 · 국가 · 군 관계를 중심으로", 『북한연구학회보』 제17권 2호(2013), p. 100.

여금 김일성에 대한 충성을 신앙화시켜, 대를 이어 북한정권을 세습화하기 위하여 인민군을 김일성의 군대로 우상화 일체감을 갖게 하였다.[31)]

김정일의 입장에서 인민군이 당의 군대에서 '김일성의 군대'로 변질되었다는 것은 자신의 후계체제 구축을 위해서 유리한 조건이었다. 김정일은 군부의 인사권을 활용하여 군부 내 자신의 세력기반을 공고히 하기 시작하였다. 1985년 4월에 김정일은 자신을 지지하는 오진우 대장을 차수로, 오극렬 상장을 대장으로 하는 등 장성 8명을 승진시켰다.

1988년 2월 인민무력부와 국가보위부의 소속 개편 이후, 1990년 최고인민회의 제9기 1차 회의에서 김정일은 인민무력부를 국방위원회 내로 편입시켰으며, 국방위원회를 독립 조직으로 개편하고, 자신이 국방위원회 제1부위원장을 맡았다. 이어서 1991년 12월 당 중앙위원회 제6기 19차 전원회의에서 김정일은 인민군 최고사령관의 직위에 오름으로써 군에 대한 전시와 평시의 지휘권을 보유하게 되었다. 그리고 1992년 4월 김정일은 공화국 원수에 임명되었으며, 1993년 4월 국방위원장에 추대되었다. 따라서 김정일은 당 조직을 통하지 않고서도 군 직책을 통해 자신의 리더십과 영향력을 직접 행사할 수 있었다.[32)]

---

31) 강신창, "북한군의 통수 · 방위결정체제의 변화와 특징", 『북한연구학회보』 제2권 2호(1998), p. 103.

32) 김동엽(2013), pp. 103-104.

제3절 당의 유일사상체계 확립

북한의 권력세습은 김일성이 북한에서 정치적 반대파를 제거하는 과정에서 통치이념으로 주체사상을 내세우면서 출발하였다. 스탈린의 정치적 도움에 의하여 권좌에 오른 김일성은 흐르쇼프의 스탈린 격하운동을 거치면서 본격화된 중소분쟁과 국제공산주의 운동의 분열이라는 대외환경의 변화와 소련의 심한 내정간섭 그리고 이에 편승한 당내 파벌투쟁에서 자기의 입장을 정당화하고 합리화하는 사상적 무기로써 '주체'를 내세웠다.[33)]

1960년대에 들어서면서 주체사상이 체계화되자 본격적으로 권력세습을 위한 이념적 토대를 만들기 시작하였다. 이것이 바로 유일사상체계이다. 유일사상체계란 "북한이 전당을 김일성 혁명사상, 주체사상으로 무장시키고 모든 당원들을 김일성과 김정일의 주위에 굳게 묶어 세워 혁명사업을 해 나가도록 하기 위한 당건설의 기본원칙"을 말한다. 이에 입각한 북한식 통치체제가 김일성 유일지배체제이다.[34)]

김일성·김정일 부자의 권력세습은 김일성의 유일사상체계 확립의 일환으로 이루어졌다. 북한에서 김일성의 위상은 사회·정치적으로 수령에 해당한다. 북한사회에서 수령은 당과 국가의 수위에 서서 사회주의 정치체계를 총체적으로 지휘하는 최고영도자

33) 김영수, "북한의 주체사상", 『북한의 정치와 사회』(서울 : 서울프레스, 1994), p. 186.

34) 북한연구소, 『북한대사전』(서울 : 동명사, 1999), p. 740.

인 것이다. 그러므로 수령은 인민대중의 자주적이며 창조적인 활동을 유일적으로 영도하는 중심에 서 있고, 인민대중을 하나의 유기적인 사회·정치적 생명체로 만드는 것은 오직 수령뿐이다.[35)]

김정일이 김일성의 후계자가 된다라는 것은 북한의 두 번째로 수령의 지위에 오르는 것이기 때문에, 김정일의 후계 작업은 김일성의 사상적 후계자라는 상징화 작업을 통해 이루어질 수밖에 없었다.

1970년 11월 제5차 당 대회에서 김일성은 "당을 강화하는데 무엇보다도 중요한 것은 전당에 유일사상체계를 세우며 그에 기초하여 당대열의 통일과 단결"을 강조하였다. 그리고 여기에서 마르크스·레닌주의와 함께 주체사상을 당의 공식이데올로기로 내세웠다. 1972년 헌법 제4조에도 "조선민주주의인민공화국은 맑스·레닌주의를 우리나라의 현실에 창조적으로 적용한 조선노동당의 주체사상을 자기활동의 지도적 지침으로 삼는다"로 규정하여 주체사상이 북한의 지도이념으로 전면화되었다. 당의 유일사상체계는 김정일이 권력의 전면에 등장하면서, 〈당의 유일사상확립의 10대원칙〉을 제시함으로써 행동강령으로 발전하였다.[36)]

조선노동당의 주장에 따르면, 김정일은 이미 1966-1969년 사이에 사회과학자들과 함께 맑스-레닌주의 고전 30여 편을 선정해 읽으며 '선행한 로동계급의 혁명사상사'를 총화했다고 한다. 그가

35) 리진규, 『주체의 정치론』(동경 : 구월서방, 1988), pp. 457-458.
36) 김창희, "북한의 통치이념 '김일성-김정일주의' 분석", 『한국정치연구』 제22권 3호(2013), p. 191.

내린 결론은 맑스-레닌주의가 "오늘에 와서는 인민대중의 혁명전통과 사회주의, 공산주의 건설에서 나서는 리론실천적 문제들에 해답을 줄 수 없게 되었다"는 것이었고, 오직 수령의 혁명사상만이 혁명과 건설을 올바로 이끌 수 있다는 것이었다. 김정일은 후계자로 결정된 직후 바로 위와 같은 작업을 기반으로 해서 '온 사회의 김일성주의화'를 당 사상사업의 기본임무로 천명하였다.[37)]

김정일은 1974년 2월 25일 실시된 '당 선전선동 부문 일꾼들의 회의와 강습'에서 '당 사상사업에서 제기되는 몇 가지 기본문제에 대해서'라는 제목의 강연을 통해 김일성의 주체사상을 더욱 심화·발전시켜 나갈 유일한 계승자라고 선언했다. 특히 이 자리에서 김정일은 '김일성주의'를 최초로 공표하면서 김일성은 맑스주의나 레닌주의, 모택동주의처럼 공산주의 운동 역사에서 이전의 공산주의 사상가들처럼 하나의 사상적 조류를 형성한 '위대한 혁명가'로 추대시켰다. 김일성에 대한 신격화, 신념화, 절대적 충성을 강조한 것으로 이를 실천할 방안으로 유일지도체제론을 처음으로 제창하였다.

김정일은 당의 유일사상체계 확립의 기본수단으로 1967년 김영주가 만든 '당의 유일사상체계확립 10대원칙(이하 10대원칙)'에 유일지도체제 확립문제를 포함시켜 1974년 4월 4일 당 중앙위 정치국회의에서 토의·결정해 공식 발표했다. 그 후에 열린 제5기 9차 회의는 비밀회의로 일체의 공식적인 보도가 없었으나 여기서 공식적으로 채택되었다.[38)]

37) 김진환, "김정일 시대 지배이데올로기의 특징과 전망 : '김일성주의'에서 '김일성-김정일주의'로", 『북한연구학회보』 제17권 제2호(2013), p. 34.

1) 위대한 수령 김일성 동지의 혁명사상으로 온 사회를 일체화하기 위하여 몸 바쳐 투쟁해야 한다.
2) 위대한 수령 김일성 동지를 충성으로 높이 우러러 모셔야 한다.
3) 위대한 수령 김일성 동지의 권위를 절대화하여야 한다.
4) 위대한 수령 김일성 동지의 혁명사상을 신념으로 삼고 수령의 교시를 신조화하여야 한다.
5) 위대한 수령 김일성 동지의 교시 집행에서 무조건성의 원칙을 철저히 지켜야 한다.
6) 위대한 수령 김일성 동지를 중심으로 하는 전당의 사상의 지적 통일과 혁명적 단결을 강화하여야 한다.
7) 위대한 수령 김일성 동지를 따라 배워 공산주의적 풍모와 혁명적 사업방법, 인민적 사업 작풍을 소유하여야 한다.
8) 위대한 수령 김일성 동지자 안겨 준 정치적 생명을 귀중히 간직하며, 수령의 크나큰 정치적 신임과 배려에 높은 정치적 자각과 기술로써 충성으로 보답하여야 한다.
9) 위대한 수령 김일성 동지의 유일적 지도 밑에 전당 · 전국 · 전군이 한결같이 움직이는 강한 조직규율을 세워야 한다.
10) 위대한 수령 김일성 동지가 개척한 혁명위업을 대를 이어 끝까지 계승하며 완성해 나가야 한다.

10대 원칙은 사상적으로 김일성의 혁명사상을 김일성주의라는 하나의 독창적인 이념으로 격상시켰을 뿐만 아니라 김일성주의의 창시자로서 김일성에 대한 우상화를 강조함으로써 김일성에 대해 절대적으로 충성하고 헌신적으로 복종하자는 것이 핵심내용이다.

김정일은 10대 원칙을 북한주민들에게 주입하여 일상생활의 핵

38) 정창현(2002), p. 313.

심적인 지침으로 만들기 위해 노력하였다. 김정일은 1973년 8월 '새로운 당 생활체계를 전당으로 일반화할 데 대하여,' 1974년 2월 '온 사회가 김일성주의를 계승할 데 대하여,' 같은 해 4월, '주체철학의 리해에서 제기되는 몇 가지 문제를 대하여'와 '당내 유일사상체계를 확립할 데 대한 몇 가지 문제에 대하여' 그리고 8월 '당 사업을 근본적으로 개선하고 온 사회의 김일성주의화를 더욱 다그칠 데 대하여' 등을 잇따라 발표하면서 김일성주의를 체계적으로 정립하고 이를 전파하는데 온 힘을 다하였다.

'온 사회의 김일성주의화' 주창 이후 김정일은 자신이 김일성주의의 진수로 규정한 주체사상의 정식화·체계화에 집중해 마침내 1982년 3월 김일성 탄생 70돌 기념 '전국주체사상토론회'에서 10년 넘게 진행해 온 주체사상 연구를 총결산하는 논문 「주체사상에 대하여」를 발표했다. 이를 이어서 김정일은 주체의 혁명이론과 주체의 영도방법을 정식화·체계화하는데 주력하였고, 그와 북한 사상이론가들의 노력은 당 창건 40돌을 기념해 1985년 7월에 나온 『위대한 주체사상 총서』(총 10권)로 결실을 맺었다.

이 총서를 「주체사상에 대하여」와 더불어 김정일의 1단계 지배이데올로기 행보의 중요한 결과물 중 하나로 평가할 수 있는 이유는 김일성주의의 정식화·체계화 문제로 일단락지었기 때문이다. 김일성주의가 주체사상을 포괄하고, 유일사상이 곧 김일성주의라는 점에서 김일성주의의 정식화·체계화의 일단락은 유일사상체계의 확립을 의미하는 것이다.

제4절 김정일 후계체제 구축을 위한 당 · 군 · 정 개편작업

북한에서 유일지도체제는 시기별로 다양한 영역에서 순차적으로 수립되었다. 당내 유일지도체제는 1973년 9월부터 1974년 중반까지 확립되었고, 뒤이어서 군대 내부에서는 1975년 중반까지 그것을 구축하였으며, 마지막으로 행정부 및 외교 · 대남 영역에서는 1975년 후반부터 1976년 중반까지 유일지도체제가 형성되었다.

유일지도체제는 김일성-김정일 권력세습과 밀접한 연관성을 가지고 있다. 유일지도체제는 곧 김일성주의에 입각한 통치를 의미한다. 김일성주의는 주체사상을 포괄한 김일성의 혁명사상에 근거한다. 김일성의 후계자는 반드시 계속혁명논리에 따라 김일성주의를 그대로 계승할 수 있는 존재이다. 더욱이 북한사회에서 김일성의 지위는 수령이기 때문에, 김일성의 후계자는 혈연적으로도 분명한 연관성을 가지고 있어야 한다. 이러한 논리들이 하나의 지배이념으로 체계화된 것이 유일지도체제이다.

이러한 맥락에서 볼 때, 김정일의 후계체제 구축을 위한 당 · 군 · 정의 개편작업은 1972년 헌법 제정에서부터 찾아볼 수 있다. 1972년 사회주의 헌법 제정은 두 가지 목표를 위한 조처였다. 하나는 김정일의 권력승계를 위한 것이고, 또 다른 하나는 체제개편을 통한 국가의 효율성 제고였다. 전자가 정치적인 의미를 띤다면, 후자는 경제적인 의미를 띤다고 하겠다. 그 근본적인 의도는 국가의 정체성을 유지하면서 정치적 안정과 효율적인 국가운영을 위한 것이었다고 할 수 있다.[39)]

유일지도체제 확립문제가 본격적으로 다루어진 것은 1974년 10월의 당 제5기 9차 전원회의이었다. 김정일은 이 회의를 통하여 유일지도체제의 핵심에 대해 강하게 설파하였다. 김정일은 국가 전반에 걸친 다양한 국가통치 문제들을 자신에게 집중시키고, 자신을 중심으로 한 모든 정책의 결정과 지시의 일사불란한 지도체계를 세우며, 자신에 대해 절대적이고 무조건적으로 복종하는 조직규율의 확립을 주문하였다.[40)]

김정일은 이를 위해서 조직지도부와 선전선동부를 중심으로 당의 조직을 개편 · 정비하였다. 그리고 김정일은 당 · 정 · 군을 망라하여 간부의 선발기준 및 간부의 교육과 훈련 절차 등을 비롯하여 조직지도부의 간부문제 전담화 등 간부사업체계를 자신의 정치적 이해에 부합되도록 개선하려고 힘썼다. 이런 가운데에 김정일은 조직지도부장 겸 조직비서를 맡음으로써 간부사업에 대한 자신의 직접적 지도 · 통제력을 장악하였다.

이와 같은 조직개편의 후속작업으로 김정일은 사상적 지도 및 검열을 강화하였다. 이것은 개편 내 조직에 유일지도체제 확립을 위한 사상적이고 이념적인 내용을 담보하기 위한 것이었다.[41)]

지도 및 검열의 강화는 '검열의 이원화'를 통해서 이루어졌다. 이것은 당과 국가기관의 교차 검열을 실시함으로써 검열의 중복

39) 류길재, "북한의 정치체제 변화와 국가변용", 『북한정치학회보』 제3권 1호(1999), pp. 15-16.

40) 『로동신문』, 1974년 10월 1일.

41) 이와 관련해서는 『로동신문』 1974년 8월 10일자 사설 "당원들과 근로자들은 혁명화하기 위한 투쟁을 강화하여 주체형의 참다운 공산주의혁명가로 더욱 튼튼히 준비하자", 같은 해 10월 10일자 사설 "주체시대의 혁명위업을 선두에서 이끌어나가는 영광스러운 전위부대, 조선노동당"을 참고.

성과 반복성을 제도화하는 것이었다. 그리고 검열은 일상검열·집중검열·특수검열 등 세 가지의 방식으로 다양하였다. 특히 김정일은 효율적인 집중검열을 위하여 '집중검열그룹'을 만들었다. 집중검열은 김일성이나 김정일의 현지지도 이전에 해당지역에 대한 사전조사를 말한다. 당과 국가의 간부들에게 있어서 집중검열은 생사기로의 순간만큼 공포의 대상이었다. 왜냐하면 그것은 어떠한 쟁점 또는 어느 시점의 정치적 여건의 변화에 따라서 매우 강하게 집중적으로 검열을 실시하는 것이기 때문이었다.

김정일은 여기에 그치지 않았다. 김정일은 당과 국가의 간부들에게 일상생활에서도 유일지배체제의 확립과 강화를 위해 헌신하도록 강요하였다. 북한에서 생활체계란 모든 간부·당원·근로자들 자신이 속한 당과 근로단체에서 어떻게 조직생활과 사상생활을 할 것인가에 관련된 체계이다. 북한의 생활체계는 기본적으로 주민들 상호 간에 무차별적이고 가혹한 감시 및 비판과 사상적 검증을 포함하고, 이를 정례화하여 실시하는 것이다.

김정일이 심혈을 기울여 추진하였던 유일지도체제의 확립은 중앙조직을 발판으로 아래의 하부조직으로 확대되었다. 하부조직에서 유일지도체제는 중앙조직과 마찬가지로 조직지도부를 중심으로 수립되어 갔다. 당위원회의 조직지도부가 사업집행의 주체이자 검열 및 통제의 구심점이 되었던 것이다. 이를 위해서 김정일은 하부지도사업의 계획·비준 절차·방법 등을 세밀하게 명시하여 규정함으로써 업무의 표준화와 제도화를 이룩하였고, 이에 근거하여 철저한 지도, 검열을 진행하였다.

한편 김정일은 북한 전역에서 일어나고 있는 상황들을 신속하고도 정확하게 파악하기 위하여 보고체계를 개편하였다. 김정일을 정점으로 한 보고체계의 개편은 통치조직 및 기관의 계통에 따라, 즉 당조직 · 행정 · 국가보위부 계통에 따라 당 중앙위 조직지도부에 보고하는 3선 · 3일보고 · 통보체계와 김정일에게 직접 보고하는 직보체계로 이루어졌다. 국가안위 또는 체제동요에 심각한 영향을 미칠 수 있는 사건, 대량의 인명피해가 발생한 사건, 유일사상 · 유일지도체계 비판 · 위반 · 저항 등과 관련된 문제 등이 직보체계에 해당하는 사항들이다. 이처럼 보고체계의 개편으로 김정일은 북한 전역에서 일어나고 있는 사건 · 사고들을 신속하고 정확하게 파악할 수 있었으며, 이를 통해 북한 전체 주민들의 동향 및 통치 관련 정보들을 독점할 수 있게 됨으로써 자신의 통치력을 한층 강화할 수 있었다.[42)]

김정일은 1973년부터 추진하였던 3대혁명소조운동의 실질적인 지도자의 역할을 담당하면서 후계자 승계의 대중적 토대를 구축하였다. 김정일은 1974년 2월 공업과 농업부분의 3대혁명소조를 별도로 지휘하던 기존의 체계를 폐기하고, 당 중앙위가 이를 통일적으로 장악 · 지도하도록 하였다. 1975년 3월에는 중앙과 도 · 시 · 군에 존재하던 3대혁명소조 종합실을 3대혁명소조 지휘부로 개편하였다. 이 과정에서 김정일은 만경대혁명자유자녀학원 출신들을 대거 등용하고, 당과 정무원 내부에 자신의 지지세력을 젊은 테크노크라트 중심으로 포진시켜 조직적 기반을 강화하였다. 이와 같이 3대혁명소조운동에는 김정일 후계체제에 반대할 가능

42) 이에 관련해서는 김정일, “당 사업에서 낡은 틀을 깨고 새로운 전환을 일으킬데 대하여”, 『김정일선집 4』(평양 : 조선로동당출판사, 1994)를 참고.

성이 있는 기존 간부들을 김정일을 지지하는 젊은 세대들로 대체하려는 정치적 의도가 내포되어 있었다. 결과적으로 이들 소조원들은 김정일의 권력기반을 구축하는 전위대가 되었던 것이다. 이를 통해서 김정일은 당을 실질적으로 지배할 수 있는 근간뿐만 아니라 당 내의 유일영도체제의 근간을 마련하였다고 할 수 있다. 즉, 당의 유일지도체제가 구축된 조건 하에서 김정일이 당의 지배를 실질적으로 행사할 수 있었다는 것은 바로 북한 전체에 대한 지배를 의미하는 것이었다.[43)]

당내 유일지도체제 확립이 마무리되어 가기 시작하자, 김정일은 본격적으로 군대 내 유일지도체제를 확립해 나가기 시작하였다. 그 첫 조치는 군대 내 당 조직에 대한 전면적인 검열지도를 통해서 군대 내 당 조직을 재정비하는 것이었다. 김정일이 무엇보다도 군부 내 검열과 통제를 먼저 실시하였던 것은 1969년에 발생하였던 김창봉·허봉학 사건의 교훈 때문이었다.

당시 인민무력부장 김창봉과 대남사업비서 허봉학은 울진·삼척 무장침투사건 및 청와대 기습사건 등 대남무력도발을 자행하였었다. 특수훈련 도중에 공공기관을 습격하여 간부들을 납치하거나 민가에 침투해 주민들을 불편하게 하였고, 도처에서 토지를 압수하여 부업 농장을 확대하였다. 이를 당시 총정치국 부국장이었던 리용무가 김일성에게 밀고하였다. 그 결과, 1969년 1월 인민군 대대장급 이상이 참가하는 인민군 당 제4차 전원회의가 개최

43) 유광진·김무곤·김용현, "북한 정치 변화 : 김정일체제의 구축을 중심으로", 고유환 엮음, 『로동신문을 통해 본 북한의 변화』(서울 : 선인, 2006), pp. 533-534.

되었고, 김일성은 이들을 '좌경모험주의자', '반당 반혁명분자'로 낙인찍어 숙청하였다. 그 여파는 하위 군관에게까지도 미쳐 1/5 이상이 농장, 탄광, 정치범 수용소에 감금되었다. 이 사건은 결과적으로 김일성이 김정일의 후계체제에 걸림돌로 작용할 수 있는 강경 군부세력을 비록 자신과 같은 빨치산 출신이라 하더라도 일거에 제거한 것이었다.[44]

인민군에서 최고 권력조직은 인민군 당위원회이었다. 인민군 당위원회는 군대 내에서 군사·정치적 지도의 최고기관으로서 해당 단위의 군사, 정치, 후방, 문화생활의 모든 문제들을 다루는 토의의 장이었다. 그리고 토의를 거쳐 결정된 사항들은 각 부문의 책임간부들에게 하달되어 집행되었다.[45]

그런데 김일성은 1969년 인민군 당 제4차 전원회의를 계기로 군부에 대한 당의 직접적인 통제를 강화할 필요성을 느끼고, 정치위원을 군내에 파견하도록 조치하였다. 이것은 김일성이 구상하고 있던 후계체제 구축작업을 차질 없이 추진하기 위한 것이었다. 군부의 정치적 영향력이 커가거나 이를 방조할 경우 김일성-김정일로 이어지는 후계체제 구축이 일사불란하게 진행되지 못할 것을 예견하고, 사전에 군부의 정치적 영향력을 제어하기 위한 것이었다. 그래서 김일성은 사단과 연대에 당에 의해 지도 및 통제를 받는 '정치위원'을 파견하기 시작하였던 것이다.[46] 이것은

44) 김태구, "북한정권의 군부 통제 방식 연구", 동국대학교 대학원 북한학과 박사학위논문(2015), p. 89.

45) 김일성, "조선로동당 중앙위원회 1958년 3월 전원회의에 대하여", 『병사, 하사관 학습반 참고 자료』(평양 : 조선인민군출판사, 1961), pp. 81-82.

46) 김일성, "인민군대의 당조직사업을 개선할데 대하여", 『김일성 저작집 24』(평

인민군에서 '정치장교제'의 도입으로 이어졌다.

김정일에 따르면, "정치장교는 부대에 파견된 당의 대표이다. 정치장교는 해당 부대의 당 및 정치책임자로서 지휘관의 사업을 당적·정치적으로 보장할 의무가 있다. 이와 함께 정치장교는 군사지휘관이 당의 노선과 정책에 어긋나는 결론을 하거나 명령을 내릴 때에는 그것을 거부하고 저지시킬 수 있는 권한"을 갖는[47] 존재인 것이다.

이에 따라 군대 내 전 작전, 교육, 훈련 등 각종 계획서와 명령 지시서 등이 효력을 발생하기 위해서는 최종적으로 정치장교의 서명이 필요하였다. 이것은 군사 관련 모든 업무에 대한 군 지휘관의 독자적인 지휘를 차단하기 위한 조치였다. 결국 '정치장교제'의 도입으로 인민군은 당의 지시와 통제에 순응할 수밖에 없는 집단으로 전환된 것이었다. 즉, 김정일은 이를 통하여 군대를 자신의 확고한 권력승계 기반으로 활용할 수 있게 되었던 것이다.

김정일은 1974년 11월 7일 '중대 군인들을 정치사상적·군사기술적으로 튼튼히 준비시키자'라는 담화를 통해서, 군대 내에서도 3대혁명소조운동을 적극적으로 추진하고자 하였다. 그리고 이러한 움직임은 1975년 11월에 3대혁명붉은기쟁취운동[48]과 오중흡따라배우기운동으로 이어져 계속혁명론을 계승하고, 이에 근거하여

양 : 조선로동당출판사, 1983), p. 306.

47) 김정일, "인민군대 당조직과 정치기관들의 역할을 높일데 대하여", 『김정일 선집 1』(평양 : 조선로동당출판사, 1992), pp. 420-421.

48) 이것은 1994년 김일성 사후 김정일에 의해 다시 부각되었는데, 그것이 바로 '붉은기사상'이다. 이에 대해서는 배성인, "김정일체제의 지배담론 : 붉은기 사상과 강성대국을 중심으로", 『북한연구학회보』 제5권 1호(2001)를 참고.

군대 내 인적 쇄신을 단행함으로써 군부에 대한 김정일의 영향력을 증대시켰다.

한편 군대 내에서 유일지도체제의 사상적 토대를 마련하기 위한 조치가 진행되었는데, 그것은 김정일에 의해 주도되었던 '전군 김일성주의화'이었다. 김정일은 1975년을 맞이하는 신년 초에 총정치국 책임일군들과의 담화를 통하여 다음과 같이 '전군 김일성주의화'를 천명하였다.

> "우리는 지난 해에 위대한 수령님의 혁명사상을 김일성주의로 정식화하고 온 사회의 김일성주의화를 우리 당의 최고강령으로 선포하였습니다. …(중략)… 전군을 김일성주의화한다는 것은 모든 군인들을 당과 수령에게 끝없이 충실한 참다운 김일성주의자로 만들어 군건설과 군사활동을 철저히 김일성주의에 기초하여 진행해 나간다는 것을 말합니다. 전군을 김일성주의화하여 우리 인민군대를 완전무결한 수령의 군대, 당의 군대로 만드는 것은 군 건설의 총적 임무입니다. …(중략)… 모든 군인들을 김일성주의자로 키우면 인민군대를 당과 수령에게 충실한 혁명무력으로 강화할 수 있을 뿐 아니라 우리 인민 군대를 명실공히 수령의 군대, 당의 군대로 만드는 사업입니다. …(중략)… 인민군대에 대한 당중앙의 유일적 령도는 전군 김일성주의화를 실현하기 위한 기본 담보입니다."[49]

이 논리를 분석해 보면 김일성주의는 유일사상에 기초한다. 유일사상은 수령의 사상이다. 북한은 유일사상에 입각하여 수령을

49) 김정일, "전군을 김일성주의화하자", 『김정일 선집 5』(평양 : 조선로동당출판사, 1995), pp. 1-9.

정점으로 위계적으로 조직화된 체제이다. 그리고 북한은 수령에 의해서만 지배되고 통치되는 유일지배체제이다. 북한에서 수령은 혈연적 관계에 기초하여 계승된다고 한다. 이러한 이유로 '전군 김일성주의화'는 곧 수령에 의한 전일적 지배를 의미하는 유일지도체제의 구축을 의미하는 것이며, 이는 김정일의 권력승계에 대한 물리적 토대로서 군대를 탈바꿈시키기 위한 것이다.

김정일은 '전군 김일성주의화'의 기치 아래 인민군에 대한 주체사상 교육을 더욱 강화시켜 나갔다. 김정일은 1979년 2월 14일 인민군 군단 정치부 선전선동부장회의 및 강습참가자들에게 보낸 서한에서 다음과 같이 강조하였다.

> " …(중략)… 인민군대를 강화하기 위하여서는 군대안에서 정치사상사업을 힘있게 벌려야 합니다. 무엇들보다도 군인들속에서 정치사상사업을 강화하여 그들을 정치사상적으로 튼튼히 준비시키며 전군을 철저히 김일성주의화하여야 합니다. …(중략)… 그러므로 군대안에서의 모든 선전선동사업은 철저히 전군을 김일성주의화하는데 복종시켜야 합니다."[50]

이처럼 군에 대한 주체사상을 강조한 것은 인민군대 전체 장병들을 주체사상으로 무장시켜 김일성주의의 정수분자로 키우는 동시에 모든 군사활동에서 주체적인 건군 방침과 주체적 전법의 요구를 관철하는 것을 의미하는 것이다. 또한 김정일은 1975년부터

50) 김정일, "인민군대안의 선전선동사업을 개선 강화할 데 대하여", 『김정일 선집 6』(평양 : 조선로동당출판사, 1995), pp. 237-255.

군대 내에서 김일성과 자신의 우상화 교육을 실시하였다. 군대 내 병영과 사무실에는 김정일의 초상화가 김일성의 초상화와 똑같은 크기로 걸리도록 하였다.[51)]

1974년 6월 김정일은 '정무원 위원회, 부 당 조직의 사업을 개선 강화할 데 대하여'라는 내용의 담화를 발표하고, 이를 통해서 국가행정의 대표기관인 정무원에 대한 당의 유일적 지도를 전개해 나갔다. 김정일은 정무원 내 당위원회, 각 위원회, 부 당위원회의 병렬적 조직을 정무원 당위원회를 정점으로 한 위계적 조직을 정비하였다. 그리고 정무원 당 위원회의 책임비서에 대한 정무원 총리의 겸직화와 전임 제2비서의 신설, 사무국과 참사실 조직의 기획업무와 업무조정권 부여 등 조직개편을 실시하였다. 이것은 정무원 내에서 김정일의 유일지도체제를 확립하기 위한 것이었다.

뿐만 아니라 김정일은 자신의 권력승계 과정에 반대하거나 저항하는 세력을 사전에 색출하며, 이에 준하는 세력의 확장을 차단하고, 이를 통해 후계체제에 대한 주민들의 동요를 예방하기 위하여 국가보위부를 신설하였다. 국가보위부는 중앙을 비롯해서 말단 하급 지방단위까지 조직을 갖춤으로써 북한 전체를 감시하고 통제하였다.

1980년 10월 제6차 당 대회에서 김정일은 당 정치국 상무위원 겸 당 비서의 자리에 올랐을 뿐만 아니라 당 중앙위 군사위원회의 군사위원 직위까지 맡기기에 이르렀다. 1982년부터 김정일은

51) 김태구(2015), pp. 112-113.

군에 대한 지도와 대회에 김일성과 함께 참석하여 1990년대 들어 군사부문의 직위를 더욱 확실히 잡아갔다

김일성은 마지막으로 1990년 5월 24일 최고인민회의 제9기 1차 회의에서 국가 주석에 재선되었으며 동시에 김정일을 국방위원회 제1부위원장으로 임명하였다. 그리고 인민무력부장 오진우와 인민군 총참모장 최광이 각각 국방위원회 부위원장에 임명되었다.[52] 이후 1992년 헌법에서는 김정일 후계체제 강화의 일환으로 과거 국가주석이 인민군 최고사령관직을 당연히 겸직하도록 했던 조항(제107조)을 삭제, 김정일이 1991년 12월 인민군 최고사령관에 취임 관련 법적 문제를 제거하였다. 이와 함께 종래 중앙인민위원회 산하의 부문위원회에 불과했던 국방위원회의를 국가주석 다음의 국가기관으로 격상시켜 국방위원회 제1부위원장인 김정일에게 보다 확고한 입지를 마련해 주었다. 1992년 4월 9일에 개최된 최고인민회의 제9기 3차 회의에서 채택된 헌법은 주석 바로 다음에 국방위원회 규정을 새로이 신설하면서 "일체의 무력을 지휘통솔"하도록 규정하였다. 곧이어 1993년 4월 최고인민회의 제9기 5차 회의에서는 김정일을 국방위원장으로 선출하여 국가기구 수장의 직위를 부여하였다.[53] 이로써 김정일은 북한 최고의 물리력인 인민군에 대한 통수권을 완벽하게 보유하게 된 것이다.

52) 『로동신문』, 1990년 5월 24일.
53) 서유석, "국방위원장체제와 권력엘리트", 강성윤 엮음, 『김정일과 북한의 정치 : 어제, 오늘 그리고 내일』(서울 : 선인, 2010), p. 319.

제5절 심화조 사건과 숙청 : 1990년대 후반을 중심으로[54)]

김일성 주석이 사망한 후 1990년대 중후반부터 2000년대 초반까지 김정일 위원장은 당과 군, 관료조직에 대한 절대적인 장악력을 확보해 갔다. 그 과정에서 김일성 생전 김정일의 정치노선과 정책에 비판적이었던 친 김일성 성향으로 분류된 적잖은 수의 북한 주요 인사들이 숙청되거나 제거되었다. 소위 '심화조'사건으로 불리는 이 과정은 김정일이 김일성 사후 어떻게 북한의 권력을 장악해 나갔는지를 보여준다. 심화조 사건은 북한에서의 후계체제 구축과 출범, 권력전환기의 상황과 분위기를 들여다 볼 수 있는 점에서 중요하다.

심화조 사건이란 1997-2000년까지 김정일의 권력 공고화 과정에서 빚어진 대규모 정치적 숙청작업으로 북한 고위급 인사 2만 5천여 명이 처형, 유배된 정치적 숙청작업이었다. 심화조는 간첩색출 명목으로 사회안전성 내 설치된 기관으로 요원 8,000명을 중앙과 지방에 배정해 3년 간 활동하면서 김정일에게 비판적이면서 친 김일성계로 분류되던 인물들을 미국과 남한의 간첩으로 몰아 숙청하였다. 평양 각 구역을 비롯한 전국 수백 개 지방단위에 각각 수십 명의 고급인력으로 구성된 심화조를 총지휘하기 위해

54) 여기서는 "전 북한 핵심관료가 육필로 쓴 김정일 권력장악 비화 : 숙청 2만 5천 명, 무자비한 고문과 처형으로 얼룩진 친 김일성 세력 제거작업 '심화조'의 진상 : 황일도 정리", 『신동아』, 제48권 10호(2005년 10월) 및 NK지식인연대 계간지인 『북녘마을』 2010년호를 주로 인용, 정리하였다.

서 사회안전성에는 심화조 총지휘부가 설치되었다. 책임자는 사회안전성 정치국장 채문덕, 지휘부 총참모장은 사회안전성 참모장 황진택 상장이었다.

김정일의 지시에 의해 간부 개개인의 과거 경력을 샅샅이 뒤지는 작업을 하면서 경력의 공백이 있고 친 김일성계로 분류된 인사들을 숙청시킨 사건이었다. 심화조 사건은 북한판 메카시 사건으로 김일성 사후 북한 권력지도부에 피바람을 불러 온 사건이었다. 북한은 심화조 활동이 감찰과 사정이라는 본래의 의도를 넘고 사회적 부작용이 심화되자 2000년 초 국가안전보위부와 인민무력부, 보위사령부 등과 함께 김정일 위원장이 임명했던 심화조 간부들을 처형하고 해산시킴으로서 일단락시켰다.

사회 전체에 김일성 유일지도체제 확립을 위한 지도적 명목을 내세워 놓고, 당 내부적으로는 사실상 당의 유일지도체제를 구축한 김정일이었지만, 중요 직위 요소요소에 박혀 있으면서 김정일에게 비판적이었던 김일성 측근들을 자기 마음대로 할 수 없었다. 따라서 김정일은 그들을 제거하기 위해 김일성에게 "국가 일은 잘되니 안심하고 말년에 휴식과 독서 그리고 친지들과 개인적인 시간을 가지시라"며 사실상 중요 내부사건 및 외교관련 사건만을 제외하고 김일성에게 보고되는 거의 모든 정보를 차단했다.

그리고 이를 보장하기 위해 김일성의 빨치산 동지들인 혁명1세대들을 따로 관리하여 주석부와 연결시키는 담당부서를 만들었다. 해외도 마찬가지였다. 중앙당 통일전선부에 해외조직을 관리하는 조직을 신설하고 김일성과 연고가 있는 해외동포들을 찾는 연고자과를 신설하면서 김일성과 그 동료세대들의 말년 생활을 보장해주기 위해 노력하였다.

김일성과 김정일은 정책과 이를 담당하는 관료들을 대하는 면에서 차이가 많았는데 이러한 부분은 김정일과 친 김일성계로 분류되는 인물들 사이의 대립을 유발시켰다. 김일성은 아무리 하찮은 말이라도 아랫사람들의 말을 끝까지 들어줄 줄 아는 인내심과 아량이 있었던 반면, 김정일은 자기의 의사와 반대되는 의견은 묵살하기 일쑤였으며, 중요한 국가 안보 및 외교정책도 예외는 아니었다.

이러한 스타일 차이로 인해 김일성의 정책 측근들은 김정일의 반대에도 불구하고 김일성에게 국가 정사와 관련해 잘못된 이러한 행태들에 대해서 보고하기 시작했다. 그것이 축적되어 김일성은 국가원로들과 당·군 고위급 인사들에게 당 조직지도부를 거치지 않고, 중요한 현안들은 자신에게 직접 보고할 것을 지시하였다. 이는 김일성과 김정일의 갈등을 유발시키며 김정일의 권위를 손상시키는 주요인이었다.

중국과 갈등을 빚을 수 있는 북한과 대만과의 군사과학자 상호교환문제를 토의하는 협의회에서 당시 강성산 정무원 총리가 중요한 외교현안에 대해서 김일성에게 보고할 것을 제안하자 김정일은 우리가 스스로 해결하는 모습들을 보이는 것이 중요하다며 의견을 일축했다. 이러한 마찰들 후에 김정일은 자신이 특별 관리하는 당 조직부 검열과 중의 하나인 4과를 동원하여 중앙당과 정무원 고위 관리들의 비행을 색출해 처벌하기 시작했다. 검열 4과는 김정일의 지령으로 움직이는 부서의 권한으로 인하여 정치적으로 편향적이었고, 조사방법과 이후 처벌과정이 다양하고 은밀하여 특히 친 김일성계로 분류되는 인물들에게는 공포의 대명사였다.

결국 김정일은 강성산의 사소한 가정문제를 가정혁명으로 크게 부각시켜 해임했다.[55] 나중에 이 사실을 안 김일성은 격노하여 당 총비서로서 당 조직비서에게 경고를 공개적으로 하였으며, 김정일의 사업방식에 대해서 강한 불만을 표시한 적이 여러 번 있었다. 이러한 상황에서 김일성 사후 김정일이 가장 먼저 착수한 사업이 바로 권력기반 강화, 즉 자신의 정치노선과 정책에 반대 움직임을 보였던 친 김일성계의 숙청이었다.

그러나 중앙과 각 시·도에 광범위하게 펴져있던 친 김일성계 인사들을 단번에 제거하기에는 당 조직부 4과의 힘만으로는 시간 및 공간적으로 제약이 있었다. 더욱이 김일성이 사망하고 식량난까지 겹쳐 북한체제의 불안이 사회전체에 광범위하게 펴져있었다. 대량의 아사자가 발생하고 황해제철소 노동자들의 농성투쟁과 같은 거대 반란이 속출하자 김정일은 일대 사상전쟁을 결심하였다.

먼저 당 선전선동부에 지시하여 미 제국주의와 남조선 괴뢰들이 침략전쟁의 기회를 노린다며 전쟁분위기를 조성하였다. 동시에 혁명의 수뇌부를 암살하려고 테러분자까지 침투시킨다는 내용의 강연회를 통한 대대적인 정치공세를 펼침으로써, 온 나라의 주민들에게 혁명적 경각성과 강력한 조직통제의 당위성을 강요하였다. 이러한 과정에서 당 조직부 행정담당 제1부부장을 지내고 있던 김정일의 매제 장성택은 극비리에 사회안전성을 시켜 간부

55) 북한의 당 간부원칙에는 본인뿐 아니라 가정도 문제가 제기되면 연루죄로 처벌받거나 심지어 해임당하기까지 한다.

들의 뒷조사를 담당하였다.

이를 두고 처음에는 북한 사람들 모두 김일성의 사망과 동시에 전국에 내려진 군 동원명령의 연속으로만 생각해 대수롭지 않게 여겼다. 그러나 몇 주 후 당 선전선동부의 주장을 증명하기라도 하듯 간첩사건이 발생하였다.

1994년 김일성 사후 김정일은 후계구도와 관련해서 끊임없는 군 시찰로 체제 안정화를 모색했으며, 1995-1996년까지의 유례없는 자연재해로 인해 주민 300만 명 이상이 사망하였다. 김일성 사후 북한의 자연재해 및 정치·사회적 혼란 상황에 대해 모든 책임을 질 사람이 필요했던 김정일은 친인척들에게 비료 30톤을 빼돌렸다는 혐의로 사회안전성 산하 보통강구역 안전부 제7교화소에 수감되었던 서관히 당 농업비서를 이용했다. 서관히는 미국과 남조선의 국정원 첩자로 임무를 받고 인민들을 굶어죽이기 위해 계획적으로 농사를 망치게 했다는 죄목을 받아 평양시민들 앞에서 인민재판 도중 재갈이 물린 채 돌에 맞아 사망하였다. 그 자리에는 김일성으로부터 당성이 훌륭한 관리위원장이라는 평가를 받아온 황금숙도 포함되어 있었다. 황금숙은 국가재산약취죄로 사회안전성 예심국에 수감됐었다.

북한이 과오를 범한 당 간부를 보통 사회안전성 증산노동단련대나 교화소에 보내 '혁명화'를 통해 복직시키는 전례가 많았던 점과 비교했을 때, 북한의 이와 같은 처벌은 이례적인 일이었다. 더 나아가 김정일은 북한의 다부작 예술영화 '민족과 운명'의 속편인 '어제와 오늘 그리고 내일'을 제작해 서관히를 진짜 간첩으로 만들기 위한 작업도 시행했다. 영화에서 서관히가 당의 주체농법을 위해 헌신한 과학자의 논문을 말살해 인민의 준엄한 심판을 받는 내용을 담고 있다.

인민대중들은 미국과 남한이 북한 주민들을 전멸시키기 위해 체계적으로 농사를 망치게 한 결과 자기의 가족들과 친인척이 그동안 굶어죽었다며 숨이 막힐 정도로 분통해하며 서관히에게 돌을 던지기 시작했다. 그렇게 김일성의 주체농법화가 빚은 참혹한 실패에 대해 서관히는 혼자 경제범과 동시에 정치범으로 누명을 쓰고 사망했다. 그의 죽음은 북한 전 주민들에게 미국과 남한에 대한 증오를 극대화시키는 사회적 효과를 가져왔다. 간부들이라면 무조건 당의 충신일 것이라고 존경하던 주민들이 그 사건 이후 소위 혁명적 경각성과 정치적 안목이 높아지게 된 것이다.

심화조라는 명칭은 주민등록의 요해를 심화한다는 뜻이다. 북한주민에게는 각각 세 개의 두꺼운 경력카드가 있다. 인사사업을 위한 당위원회 보관용 간부문건으로 불리는 주민등록 요해 문건, 또 하나는 국가보위부에서 그 사람의 정치적 동향이며 발언까지 일일이 기록한 사상검토 차원의 주민등록 요해 문건, 끝으로 사회안전성에서 사돈의 12촌까지 기록한 족보집 같은 주민등록 요해 문건이 바로 그것이다.

이 세 문건은 북한주민을 일생동안 감시하고 구속한다. 집을 이사하거나 직장을 옮길 때마다 이 문건들은 본인의 그림자처럼 해당기관을 통해 따라다니므로, 문건의 평가에 따라 출세할 수도 있고 못할 수도 있다. 그러므로 주민등록 요해 문건만 봐도 특정인의 수 십년 동안의 구체적인 행적과 정치적 성향을 쉽게 파악할 수 있다.

당시 사회안전성 수사발표에 따르면, 서관히의 경우 6.25전쟁 시기 한 달 간의 경력 공백이 있었으며, 그것을 추적한 결과 문제의 그는 남한에서 공작임무와 훈련을 받았다. 장성택을 수뇌부로 하는 사회안전성은 자신들의 수사를 정당화하기 위해 '용성사건'을 추가적으로 제기하였다. 심화조는 '6.25전쟁 때부터 현재까지 잠복해 있던 간첩들을 적발했다'는 이른바 용성간첩사건을 다시 제기하였다. 용성간첩사건이란 서관히 사건의 제2막에 해당한다. 6.25전쟁 당시 남조선 특수기지에서 훈련을 받은 최고사령부 타격대가 평양 용성에 침투했다는 주민의 옛이야기가 토대였다.

평양시 용성구역 안전원들은 서관히의 수사방법대로 그곳 주민들의 경력을 요해한 결과 경력을 기만한 흔적과 이상이 있는 사람들을 발견하고, 그때부터 이들을 지금까지 잠복해 있는 간첩으로 몰아갔다. 사회안전성은 사건의 사실감을 더하기 위해서 "그 간첩들이 오늘날까지도 그때의 야망을 버리지 못하고 무기를 숨기고 때를 기다리고 있었다"며 조선중앙TV 카메라 앞에서 땅에서 파헤친 무기를 공개했다. 뿐만 아니라 '계급적 원수들은 아직도 변하지 않았다'는 기록영화를 만들어 방송하였다.

사실 6.25전쟁 시기 그 무기들은 용성구역 안전부가 구역 내 주민들에게 계급교양을 하는 반 간첩투쟁전람관 전시품들로서, 역사성을 부여하기 위해 소금물에 담가 녹슬게 한 다음에 땅 속에 파묻은 것이었다. 사회안전성이 이런 사건들을 연발할 수 있었던 것은 김정일의 특혜와 당 조직부 제1행정부부장 장성택의 권력야심이 사회안전성에 고스란히 힘을 실어줬기 때문이었다.

김일성 사망 이후 선군정치가 개념화되던 시기 국가안전보위부나 인민무력부, 보위사령부의 기능과 역할의 비대화로 인해 사법기관은 사실상 명목상의 기관으로 전락했고, 특히 사회안전성은 내부적으로 북한 내 최고의 권력기관이라는 평가를 받게 되었다.

용성간첩사건의 대상도 대부분 이미 죽었거나 나이가 들어 집에서 쉬고 있는 친 김일성계열 당 간부들이었다. 또 다시 온 나라가 세찬 숙청의 회오리로 술렁거렸고, 노 당원들에 대한 사형이 연이어 집행됐다. 죽은 사람도 예외가 될 수 없었다. 1984년에 사망하여 평양 애국열사릉에 안장되었던 김만금 전 당 중앙위 농업부장은 주민문건요해과정과 용의선상에 선 사람들의 증언으로 간첩으로 몰려 시체가 파헤쳐져 공개재판 후 총탄세례를 받았다. 북한은 훗날 심화조가 거짓으로 판명되자 총살한 자리의 흙을 가져가 애국열사릉에 재안치했다.

중앙당 고위간부로 김일성의 두터운 신임을 받았던 피창엽은 끌려가서 심문 중 고문을 이기지 못해 자살했고, 그 가족들은 3대까지 정치범 수용소로 끌려갔다. 간첩을 잡은 용성구역 안전부 부장과 담당 수사관은 영웅 칭호를 받아, 순식간에 용성구역 안전부는 영웅 안전부로 명성을 얻게 되었다.

이후 김정일은 사회안전성에 북한주민 전체의 주민등록 문건을 요해하라는 지시를 내렸다. 이어 김정일은 자신의 주민등록 문건을 요해하라고 사회안전성에 지시를 내려서 검열 작업의 정치적 정당화를 시도하고 열흘 만에 각 시·도·군에 이르기까지 수사과, 감찰과의 유능한 안전원을 총망라해 조직을 결성하여 북한사회 전체 인민에 대한 주민등록 요해사업을 빠르게 진행시켰다.

심화조사업이 시작된 첫 날 피해자가 된 본부 당 책임비서는 문성술이었다. 당 중앙 책임비서라면 당 총비서인 김일성도 원칙상 조직적으로 구속을 받게 되어 있는 당 세포 책임자이다. 때문에 중앙당 내 각 부서의 당위원회를 종합적으로 관리, 감시하는 중앙당 책임비서는 북한에서 김일성, 김정일 다음가는 권력이었다. 국가안전보위부나 인민무력부 및 보위사령부 권력 위에 존재하는 중앙당 책임 비서를 체포하려면 김정일의 허락을 받아야 한다는 것을 보았을 때 중앙당 간부들은 김정일의 권력으로 움직이는 심화조의 실체를 피부로 느끼게 되었다.

문성술 체포를 직접 발기한 사람은 다름 아닌 장성택이었다. 전 중앙당 책임비서 문성술은 장성택의 철저한 정치적 반대파였다. 문성술은 중앙당 책임비서로서 김일성 유일지도체제와 김정일 계승문제를 책임져야 할 위치에 있었기 때문에 김정일의 친인척들 중에서 권력 지향 가능성이 가장 높은 장성택을 곁가지 분류, 철저히 감시, 견제하였다.

김일성 유일사상체계와 김정일 계승문제를 책임졌던 문성술은 김정일의 친인척을 감시해 여자와 돈을 좋아하는 장성택의 비행을 김일성에게 보고했다. 김정일은 물론 김경희로부터도 온갖 욕설과 모욕을 받은 적도 있다. 장성택의 지시로 채문덕이 직접 작성한 문성술 체포와 관련한 제의서가 올라오자, 김정일은 김일성 측근 인물들과 관련된 사업의 중요성을 감안하여 문건 보충을 명할 정도로 심각한 사안이었다.

심화조는 문성술에 이어 평안남도 책임비서 서윤석까지 체포하였다. 채문덕은 사회안전성으로 자리를 옮기기 전 평양시 안전국 국장을 지냈는데 그 당시 평양시 당 책임비서가 서윤석이었다.

서윤석은 한때 평양시 안전국장이었던 채문덕이 학습을 게을리 한다는 내용의 보고서를 작성하여 김정일이 채문덕을 강직시켜 함흥 분주소장으로 내려 보내게 만들었다. 이 문제가 제기되었을 때 김정일은 당적 권한으로 그를 혁명화 교육에 보냄으로써 채문덕은 정치적 위기에 몰렸었다.

채문덕은 장성택과 김정일 모두의 허락을 받아 의심이 간다는 몇 가지 문건을 바탕으로 서윤석을 체포했다. 평남도당 책임비서는 평양을 포함하고 있는 북한의 핵심 행정구역으로서 남한사회에서 경기도지사에 버금가는 권력을 가지고 있는 핵심 요직 중의 하나였다. 심화조 총지휘부의 책임자들보다 더 심각한 것은 지방 시·도·군 안전부 심화조 성원들의 수사방법과 태도였다. 북한 사회 전체는 복수전과 피바다가 되었다.

6.25전쟁 시기 구월산 유격대, 지리산 유격대원으로 활동했던 도당 책임비서들과 인민위원장들은 거의 대부분 수감되었다. 박사, 교수, 노동자, 농민 등 일반 주민들까지 직종과 사회적 지위에 관계없이 전쟁을 경험했던 사람들 가운데 의심이 가는 이들은 심화조에 불려가 조사를 받아야 했으며, 대부분 고문으로 사망하거나 간첩 누명을 피하기 어려웠다.

심화조 사건은 북한의 고위 당국자는 물론 그 가족들까지 공포에 떨게 했다. 당시 상황에 대해서 전 사회안전성 간부 박모씨는 "안전성에 끌려간 할아버지가 잘못된 경우 요덕수용소로 가야하는 가족과 주민등록문건상 공백이 있다는 이유로 어린 안전원의 고문에 허위 자백하는 노인 등 그야말로 생지옥이었다"고 당시를 회고했다. 그는 "1단계 총화로 3,000여 명이 희생됐고, 1만 여명의 연고자와 가족들은 요덕으로 보내졌다"고 증언했다.

간부 비중이 높은 평양시에서는 하루에도 몇 대씩 간부들과 그의 가족들을 실은 트럭들이 어디론가 향해 가곤 했다. 모두 침통한 얼굴로 심각한 사회분위를 대변했으며, 직장에 누군가가 지각을 해도 숙청 가능성을 배제하지 못할 정도로 매카시적 광풍은 북한 전역을 휩쓸었다.

김정일의 요리사 후지모토 겐지는 자신의 책에서 김정일의 금고지기라 불리던 최봉만(전 당 중앙위 39호실 실장), 중앙당 조사 부장이었던 권희경, 당 제1부부장 문성술 등이 스파이 혐의, 이중장부 작성용의 등으로 체포당한 사실을 증언하였다. 1998년 6월 북한에 재입국한 뒤 고위간부들에게 듣고 확인한 것을 전제로 심화조 사건 관련한 일들을 증언하였다. 최봉만은 "김정일 자금의 경리 장부에 문제가 생겨 체포조가 자택을 급습하자 자살하려고 4층 아파트에서 뛰어 내렸는데 다리만 부러져 잡혔다"[56]고 증언하였다.

또한 "김정일의 측근 중에 권희경이 남한의 안기부와 접촉한 물증이 나와서 스파이 혐의로 체포되었고, 서관히 당 농업담당 비서가 1997년 9월 평양 시내에서 수만 명의 시민이 지켜보는 가운데 총살됐는데, 그 무렵 인민군 총정치국 위원이었던 이봉원 대장과 김일성사회주의청년동맹 간부 7명이 남한 정보 당국에 매수되어 반역행위를 했다는 혐의로 함께 처형된 사건에 대해서 언급하면서, 총살 장면을 보지는 못했지만 자신이 일본에 있을 때 많은 사람들이 총살당한 사실을 알 수 있었다"[57]라고 증언함으로

56) 후지모토 겐지 지음 · 신현호 옮김, 『김정일의 요리사』(서울 : 월간조선사, 2003), pp. 239-240.

써 김정일 측근들의 숙청에 대해서 최초로 언급하였다.

김정일은 심화조 사건에서 공적을 세운 채문덕, 윤계수, 최덕성에게 '조선민주주의인민공화국 영웅' 칭호를 수여했다. 사실 주민등록 요해 사업은 6.25전쟁을 경험한 사람치고 경력이 단 한 달의 공백도 없이 순조롭게 이어진 사람은 북한을 통틀어 드물었다. 더욱이 그 당시는 지금처럼 사법기관의 조직적 기능이나 임무가 구체화 되지도 않았을 뿐만 아니라 전쟁 중 기록을 남긴다는 것 자체가 어려웠다는 것을 감안한다면 문건 요해 사업은 정치적 목적을 달성하기 위한 수단에 불과했다.

심화조 사건 과정에서 북한에서는 흔히 '신 해방지역'으로 불리는 즉 6.25전쟁 이전에는 남한 땅이었지만 전쟁 후 북한에 귀속된 옹진 및 개성지역 사람들에 대한 고문과 처벌은 다른 지역보다 더 강도 높게 진행되었다. 심화조의 사법처리 방법은 다른 기관들과 큰 차이가 있었다. 감옥 수감자수를 줄이고 성과를 올리기 위해 일단 자백 문건을 받아내 죄명이 인정되면 상부의 사인을 받아 감옥 내에서 총살시키는 것이 일반적이었다. 중앙당 간부들 처리는 김정일의 비준을 받아야 하는데, 김정일의 친필서명이 떨어지면 그대로 사회안전부 간부들이 직접 나가 처리하는 방식을 취했다. 지방에서는 지방안전국 자체 결정으로 재판도 없이 처형되는 경우가 많았다.

김정일은 사회안전부의 심화조 사건처리에 있어서 공로를 높이 평가하였으며 국가안전보위부와 인민무력부, 보위사령부 그리고

57) 후지모토 겐지 지음 · 신현호 옮김(2003), pp. 240-241.

사회안전부는 조직의 질적 향상을 높여 반혁명분자들을 철저히 소멸하기 위한 협의회를 가졌다. 대외명분은 간첩소탕이었지만 사실은 사회안전성의 권력횡포가 북한체제 내부의 균열을 초래할 수 있다는 의견들에 대한 대책을 마련하기 위한 자리였다. 이 회의를 통해 김정일은 또 다시 심화조 활동에 대해서 의문을 제기하고 활동에 부정적 시선을 가지고 있는 현직 당과 군 간부들에 대한 처벌에 들어갔다.

사회안전성의 과도한 권력남용과 허위과장 사업실태를 보고받은 계응태는 장성택에게 이런 점을 이야기하면서 사회적으로 혼동과 불안이 증폭되고 있음에 대해서 사견을 피력하였다. 장성택은 이를 김정일에게 보고하여 계응태는 1999년 당 조직부 행정부 부장직에서 철직되어 김일성고급당학교에 위탁생으로 좌천되었다. 김정일의 최측근으로서 가장 인정받던 계응태까지 처벌을 받자 그때부터는 그 누구도 심화조 활동에 대해서 평가하려들지 않았으며 북한 내 최고 권력으로 성장하게 되었다.

하지만 심화조 사건에 대한 보고를 받고 있는 김정일은 국가안전부와 인민무력부, 보위사령부 등 각 기관의 심복들을 이용하여 전국의 심화조 예심실에 비밀리에 도청장치를 설치하고 매 건을 기록하기 시작했다. 김정일에게 보고된 내용은 하나 같이 사회안전성의 비인간적인 학대와 허위과장으로 일관된 사업실태 등 권력남용을 명백하게 폭로하고 있었다.

국가안전보위부와 인민무력부, 보위사령부는 공동문건 형식으로 심화조 사건으로 인한 민심변화와 부정적 사회현상들을 골자로 하는 정세보고서를 작성하고, 방증자료인 녹음테이프를 김정일에게 직접 제출하였다. 김정일은 이 문건을 통해 김일성 사후 당·군·정의 권력기반 강화를 목적으로 시작했던 심화조 활동이 본래의 의도를 넘어 전 사회적인 불안과 불신으로 전파되고 있음을 지적하고 자신에게 사회적 책임이 돌아오는 것을 경계하기 시작했다.

김정일은 사회안전성의 권력전횡과 고문행위를 조사하기 위해 당 중앙에 검열과를 조직하고 심화조를 해산하며 그 지휘성원 모두를 체포하라고 지시하였다. 사회안전원들에 대한 원한과 증오가 사무칠 대로 사무쳤던 북한주민들은 그 소식을 듣고 안전원 복장을 한 사람들에게 돌을 던지고 침을 뱉는 등 김정일에게 돌아가야 할 원망과 증오를 그들에게 돌리기 시작했다. 전국 각 시·도·군 안전부는 대문을 닫고 중앙에서 파견된 지도성원에 의해 검열총화에 들어갔다.

중앙당과 국가안전보위부, 인민무력부 보위사령부, 중앙검찰소 공동으로 조직된 검열단 성원들은 전국 각 지역에 급파하여 일주일이라는 짧은 검열과정을 거치고 그 결과 보고서를 김정일에게 보고하였다. 특히 문성술의 자살로 인해 채문덕은 곤경에 빠질 수밖에 없었고 심화조 사건을 종결시키게 하는 데 역할을 하였다. 고문으로 인해 얼굴이 문드러진 문성술은 구류장 벽에 머리를 받아 자살했고, 서윤석은 정신이상자가 되었다.

김정일은 이러한 심화조 사건을 북한 항일역사 교과서에 나오는 민생단 사건을 들어 '현대판 민생단 사건'으로 규정하고 스스로를 시대의 구원자로 포장했다. 권력 야심에 눈이 먼 사회안전성의 몇몇 간부들이 자신들의 출세를 위해서 수많은 당 간부들을 제거하고 그 공로를 인정받아 사법기관의 수뇌부에 오르려 했는데, 자신이 제때에 사태를 수습하여 사회의 안정을 도모할 수 있었다는 식으로 사건을 넘기려 하였다.

김정일은 전국의 강연회에서 사회안전성 심화조의 죄행을 폭로하는 당 중앙 검열 총화보고서를 낭독하게 하고, 당 중앙 간부강연회에서 국가안전보위부와 인민무력부, 보위사령부가 녹음한 테이프 자료를 기초로 고문행위까지 구체적으로 소개하도록 하였다. 간부들에 한해서만 공개되었던 테이프가 사회로 유출되면서 그것을 들은 많은 이가 경악하지 않을 수 없었다. 김정일은 민심을 달래고 격앙되는 정국 분위기를 바로잡기 위해 대대적인 사회안전성 심화조 소탕작전을 벌이도록 지시했다.

채문덕, 윤계수, 최덕성의 공화국 영웅칭호를 박탈한 김정일은 황윤모 사회안전성 참모장과 당 책임지도원 리철, 주민등록국장, 룡성구역 수사과장 등을 반혁명적 권력야심가로 판결해 15명의 심화조 책임자들을 모조리 총살시켜버렸다. 또한 몇몇 간부는 징역 15-20년의 중형, 심화조 세포조직을 책임졌던 각 시·도·군 안전부장과 정치부장은 10년형, 심화조 사업에 앞장서서 악독한 고문방법으로 예심조사 했던 평양시 심화조 여성 예심원들을 비롯한 전국의 고문전문가 수백 명에게는 무기징역형 등 전국의 안전원 약 6,000여명에게 무거운 형벌을 주거나 당에서 철직 및 추방했다.

그 후 김정일은 사회질서 유지를 위해 사회안전성의 존재 필요성을 언급한 뒤, 인민들의 원한을 수습하기 위해 사회안전성을 '인민보안성'으로 개칭시켜 버렸다. 조직 개편 후 김정일은 정치범 수용소에 갇혀 있던 심화조 피해자들을 최고사령관 명령으로 석방시켰다. 그들이 인생을 다시 찾는 격정의 순간을 주민들에게 실화로 보여주어 김정일의 인덕 및 광폭정치의 감동을 극대화하기 위해 전국 곳곳에 강연회를 조직하고 많은 사람들이 지켜보는 가운데 정치범 수용소 석방선언과 가족 상봉모임을 조직하였다. 특히 수도인 평양 4.25 문화회관에서 희생자와 가족들을 위로하는 행사를 벌였지만 당시 북한 사회의 공포분위기를 전환시키지는 못했다.

심화조 피해자들은 정치범 수용소 생활로 인해 정신장애와 중병을 얻게 된 경우가 대부분이었다. 그들에게 있어 석방은 또 다른 고통과 울분의 연속이었다. 정치적 문제로 가족이 해체되었고, 다시 만난 가족들은 그 책임을 서로에게 전가하며 또 다른 비참한 분열을 경험했다. 가족의 해체를 경험하고 숙청당했던 당 간부들에게는 임시로 집단 거처를 마련해주고 쌀과 기름을 공급해주는 등 국가차원에서 특혜를 베풀었다.

심화조 사건의 25,000여 명의 피해자 중에 죽거나 자살한 사람이 무려 40%나 되니 당시 북한사회 분위기를 엿볼 수 있게 한다. 북한체제의 정치 · 경제적 열악함은 심화조 사건의 사회적 배경이었으며, 사상전쟁은 북한체제를 유지시키는 필수도구라는 것을 증명해주었다. 그 중에서도 체제의 속성상 최고 지도자의 변화는 피의 숙청의 바람을 예고하는 것이며, 그것은 최고지도자에 대한 맹목적 충성만을 강요하는 억압적 기제로서 역할을 하였다. 심화조 사건을 통해 김정일은 김일성 생전 자신의 정치적 노선과 정책에 반대하는 움직임을 보인 친 김일성계 인물들을 모두 제거함으로써 김정일에게 복종해야 하는 이유를 보여주었다.

2 김정일 정권의 통치이데올로기와 통치구조 및 행태

제1절 대내외적 환경에 따른 주체사상의 진화

북한의 권력구조는 수령중심의 영도체계이다. 김정일의 정치활동과 지도력 역시 당을 중심으로 유일지도체계를 확립하는데 주력해 왔다. 김정일은 1974년 2월 '온 사회의 김일성주의화' 발표에 이어 1982년 3월 21일에는 전국주체사상토론회에서 '주체사상에 대하여'를 발표함으로써 주체사상을 체계화 및 집대성하였다.

주체사상은 김일성이 1960년대 소련과 중국의 대국주의를 벗어나 수정주의나 교조주의를 퇴치하고 자주노선을 확립하는데 결정적인 역할을 하였다. 이런 실용적인 사상을 또 다른 목적, 즉 김정일의 후계 사업이나 그의 권력 승계를 정당화하는데 이용한다는 것이 쉬운 일이 아니었다.

김정일은 주체사상에 대해서 열심히 연구했다. 그는 1974년부터 20여 년 동안 주체사상을 연구하고 10여 편의 논문을 발표하였다. 주체사상을 외친 1960년대를 지나 1972년 새로운 헌법을 채택할 때 맑스-레닌주의의 보편적 원칙을 북한의 현실에 맞게 창조적으로 적용하며 당은 주체사상을 자기 활동의 지도적 지침으로 삼는다고 밝혔다. 하지만 김정일 세대에 와서는 맑스-레닌주의에 대한 언급을 삭제했다. 즉, 주체사상은 기존의 맑스-레닌주의를 흡수·통합하였으며 북한체제에 대한 연구를 바탕으로 발전시켰다.

김정일은 1982년 김일성의 70세 생일에 즈음하여 개최된 전국주체사상토론회에서 "주체사상에 대하여"라는 논문을 발표했다. 이 논문은 주체사상의 창시, 철학과 역사적 원리, 지도적 원칙에 대한 것이었다. 1985년에는 '위대한 주체사상총서 10권'을 발행하면서 김정일 정권 주체사상에 대해서 정리하였다. 그 뒤 '혁명적 수령관', '주체의 수령관', '사회정치적 생명론' 등 주체사상의 하부담론들을 연계시키며 후대 수령인 자신의 권위와 정당성을 이론화하고 체계화하였다. 이를 통해 사상에서의 독점적 해석권을 바탕으로 후대 수령으로 인정받았을 뿐 아니라 수령의 영도를 계승하게 되었다. 1980년 제6차 당 대회에서 공식적인 후계자로 등장한 김정일은 전반적인 사업에 대해 정책의 큰 윤곽은 김일성이 제시하고 자신은 구체적인 정책과 방침을 제시하였다.

김일성의 사상은 김정일의 사상이 되었으며, 이로 인해 김일성의 권위는 김정일의 권위가 되었다. 김정일은 1980년 후반 동구사회주의 및 1990년 초반 소련의 붕괴 시기, 주체사상에서 민족의 문제를 부각, 재구성함으써 사상의 강화를 통해 위기를 극복하고자 노력하였다. 특히 1990년 한소 수교 및 1992년 한중 수교는 기존의 북한과 사회주의 두 강대국과의 관계를 이념적 우방에서 현실적 우방으로 바꾸어 놓았다.

탈냉전시기 동구 사회주의 국가들과 소련, 중국은 북한체제 유지와 발전에 도움이 되지 못했다. 이 과정에서 북한은 이들 사회주의 국가들과 차별화시키는 방편으로 '조선민족제일주의'라는 새로운 담론을 제시하였다. 이 담론은 1986년에 '주체사상교양에서 제기되는 몇 가지 문제에 대하여(1986년 7월 15일)'에서 처음으로 제기되었고, 1989년 12월 28일 당 중앙위원회 책임일군들 앞에서 한 연설 '조선민족 제일주의정신을 더욱 높이 발양시키자'에서 보다 체계화되었다.

조선민족제일주의는 오늘날 단군왕의 발굴 등 민족의 정신과 문화를 숭상하는 작업에 힘을 쏟는 근거가 되었다. 이 개념들은 더욱 체계화, 발전되어 1994년 김일성의 사망과 1995-1996년 자연재해로 이어진 북한체제의 위기과정에서 인민대중 중심의 '우리식 사회주의'와 '붉은기 사상'으로 이어졌다.

제2절 김정일 정권의 출범과 강성대국론

김일성 사후 김정일 체제의 본격 개막과 함께 북한이 내세운 첫 선전구호는 '사회주의 강성대국건설'이다. 북한에서 강성대국의 의미는 나라는 작아도 사상과 총대가 강하면 세계적인 강대한 나라가 될 수 있다는 뜻으로 풀이하고 강성대국을 건설하는 것이 김정일의 사상과 영도를 구현하는 길이라고 강조했다.[1] 당과 군을 두 축으로 국가를 운영해 나가겠다는 의도를 보인 것이다.

1) 『로동신문』, 1998년 9월 8일.

북한은 1998년 1월 29-30일에 열린 '전국 자력갱생모범일군 대회'에서 주체의 강성대국이 혁명과 건설에서 당면한 목표라고 선언하면서 그 존재를 알렸다.[2] 본격적으로는 1998년 8월 22일 로동신문 정론 「강성대국」을 통해 제기되었다. 강성대국론은 "자주, 자립, 자위가 실현되어 그 어떤 지배와 예속도 허용하지 않는 강대한 국가, 정치와 군사, 경제와 문화의 모든 분야에서 세계적인 봉우리에 우뚝 솟은 나라"[3]로 정의할 수 있다.

그리고 1998년 9월 9일 정권수립 50주년을 기념해 로동신문에 게재된 사설 「위대한 당의 령도에 따라 사회주의 강성대국을 건설해 나가자」를 통해 "강성대국 건설을 사상과 군대를 틀어쥐면 주체의 강성대국건설에서 근본을 틀어쥔 것으로 된다"고 주장함으로써 강성대국 건설의 근본이 사상과 군대임을 밝혔다.

정치적 슬로건으로써 「강성대국」은 김정일의 제도적 권력승계를 앞두고 새로운 발전전략과 방향성을 제시했다는 측면에서 정치적 의의가 크다. 「강성대국」은 김일성 사망과 이후 자연재해, 고난의 행군시기 등 4년 간의 체제위기를 성공적으로 극복하고 이제는 안정화 단계에 들어섰음을 공개적으로 선언하는 것과 같았다.

강성대국이 제기된 배경[4]은 첫째, 주체사상이 실질적으로 북한 사회 내 통합력이 떨어진 상황에서 김정일 정권 출범과 맞물려 다

2) 『로동신문』, 1998년 2월 3일.
3) 『로동신문』, 1998년 8월 22일.
4) 김근식 · 이무철, "북한의 선군 정치와 강성대국론 : 자료 해제와 연구 동향", 『통일문제연구』, 제19권 2호(2007년), p. 82.

시 새로운 미래 비전이 필요했다. 둘째, 고난의 행군 이후 김정일 정권의 본격적 개막에 맞춰 김정일의 통치이념이 필요해서이다. 셋째, 대외적으로 어려운 조건에서 통제와 선군정치를 뒷받침할 새로운 이론적 토대가 필요해서였다. 강성대국론은 1996년 공동사설에서 제시된 '우리식 사회주의 3대 진지론'이 1998년 김정일에 의해 정식화된 '주체의 강성대국 건설론'으로 발전된 것이다.

> "혁명의 붉은기를 높이 들고 전진하는 우리 당과 인민의 투쟁은 우리 식 사회주의의 3대 진지인 사회주의정치사상진지와 경제적·군사적 진지를 불패의 보루로 다지기 위한 투쟁이다. 사상, 경제, 군사의 세 가지 분야에서 사회주의 진지를 튼튼히 틀어쥐면 승리하고 사상을 놓치면 망한다는 것은 력사에 의해 확증된 진리이다."

> "사회주의정치사상진지는 사회주의 불패성의 원천이다. 사회주의 사상을 틀어쥐면 승리하고 사상을 놓치면 망한다는 것은 력사에 의하여 확증된 진리다. 우리의 정치사상진지의 위력은 위대한 령도자를 중심으로 하는 일심단결에 있다."

> "사회주의적경제적 토대를 튼튼히 다지는 것은 사회주의를 지키고 내 나라, 내 조국을 더욱 하기 위한 성스러운 투쟁이다. 우리 당의 혁명적 경제전략을 철저히 관철하는 것은 위대한 수령 김일성동지의 숭고한 유훈이다."

> "사회주의군사적진지를 튼튼히 다지는 것은 우리식 사회주의를 견결히 옹호고수하기 위한 책임적인 사업이다. 인민군대는 전군 주체사상화작업을 계속 힘 있게 밀고 나가며 모든 장병들을 경애하

는 최고사령관 김정일 동지를 결사 옹위하는 총폭탄으로 준비시키고 전국에 최고사령관명령에 절대복종하고 무조건 집행하는 령군체계와 군풍을 세워야 한다."5)

이러한 강성대국을 강조하는 과정에서 당의 기능과 역할을 강조하는 것은 이채롭다. 1996년 신년사설에서는 "시대와 력사 앞에 지닌 숭고한 사명을 다하기 위하여서는 전당, 전군, 전민이 붉은 기를 높이 추켜들고 김정일동지를 수반으로 하는 우리 당 중앙위원회의 두리에 굳게 뭉쳐 억세게 싸워 나가야 한다"라고 강조하였다. 우리 식 사회주의 3대진지론에서는 정치사상적 진지 · 군사적 진지 · 경제적 진지 등 3대 진지를, 주체의 강성대국 건설론에서는 정치사상 강국 · 군사 강국 · 경제 강국 등 3대 강국을 내세웠다.

당연히 정치사상적 진지의 강화를 통해서 정치사상 강국을, 군사적 진지의 강화를 통해 군사 강국을, 경제적 진지의 강화를 통해서 경제 강국을 건설할 수 있다고 주장한다. 이러한 강성대국론은 경제난으로 절망과 실의에 빠져있는 북한주민들에게 미래의 일이기는 하지만 우리가 열심히 하면 반드시 '부강한 국가'를 건설할 수 있는 희망을 주는데 많이 이용되었다. 이 과정에서 김정일은 강성대국을 건설하고 있는 최고 지도자로 부각되었다.

주체사상이 정치사상적 측면을 강조했다면, 강성대국론은 경제와 과학기술을 통한 강한 나라의 건설에 초점을 맞추고 있다. 1997년 신년사설에는 "당 조직들의 전투력에 사회주의건설의 성패가 달려 있다. 군대와 인민의 혈연적 련계는 우리 혁명무력의

5) 『로동신문』, 1996년 1월 1일.

불패의 힘의 원천이며 우리 식 사회주의의 공고성의 담보이다. 올해 총 진군을 힘 있게 다그쳐 우리의 정치 · 경제 · 군사적 위력을 백방으로 다지기 위한 근본방도는 당을 강화하고 그 령도적 역할을 백방으로 높이는 것이다. 우리 당은 혁명과 건설을 승리에로 이끄는 전투적 참모부이며 우리 사회의 심장이다"로 당의 기능과 역할에 대해서 명확히 강조하고 있다.

1998년 신년사설에서는 "당과 군대를 틀어쥐고 사상의 위력으로 사회주의를 옹호고수하려는 것은 경애하는 김정일 동지의 확고부동한 의지이다. 김정일 동지께서 이끈 시기에 지난해 전투에서 각급 당 조직들의 전투적 기능이 백방으로 강화되고 온 사회에 혁명적 군인정신으로 살며 투쟁하는 기풍이 차 넘치게 되었다 …(중략)… 당, 군대, 인민은 수령결사옹위의 3대 기둥이다. 위대한 김정일 동지의 두리에 전당이 단결하고 전군이 단결하며 전체 인민들이 단결해야 한다 …(중략)… 인민군대는 올해에도 조국의 수호자, 인민의 행복의 창조자로서 사회주의 건설에 적극 참여하여 불가능을 모르는 혁명군대의 불패의 위용을 힘 있게 과시하여야 한다. 정신 도덕적 풍모와 투쟁기풍, 문화정서생활 등 모든 면에서 인민군대가 사회의 본보기가 되어야 한다."라고 하였다.

강성대국의 본질은 김정일을 중심으로 당의 기능과 역할을 높이는 과정에서 인민군대가 사회의 모범이 되라는 것을 주문하는 것이다. 여기서 눈여겨 볼 것은 김정일이 군대와 인민이 결합하는 방식에 대해서 언급한 부분이다. 사회의 본보기라는 것은 당과 수령에 제일 충실하다는 의미로, 체제보위를 의미한다. 선군정치의 사전적 의미에만 충실해서 의미를 파악하려 한다면 군의 역할에만 주목하여 인민의 역할 및 군과 인민의 관계 및 상호작용에 대해서는 간과하기 쉽다.

기존의 혁명 주력군이 노동 계급에서 인민군대로 바뀌었다면 인민군대는 노동 계급의 어떤 면을 보고 배워야 하며, 보충해야 하는지 이와 반대로 현 시점에서는 노동 계급이 인민군대로부터 어떤 면을 보고 배워야 하며, 보충해야 하는지에 대한 고민, 즉 어떠한 역할을 강조하고 있는지 반드시 살펴보아야 한다. 이것은 인민군대가 당에게 더욱 충실하게 만들기 위한 역할 주문 및 사회적 분위기 형성이 필요하다는 의미인 것이다.

선군정치를 통해 짚어봐야 하는 부분은 군의 정치과정상의 역할이다. 김정일이 언급했듯이 정치와 군은 불가분의 관계이며 군력이 담보되어야 사회주의를 수호할 수 있다는 것, 즉 군의 정치사상적 자산을 이용하여 체제를 유지·발전하겠다는 것이다. 논쟁의 핵심은 "오늘 우리나라에서는 당이자 군대이고 군대이자 당이라고 말할 수 있습니다"라고 정의한 부분이다. 이는 피상적으로는 기능과 역할 면에서 당과 군대의 구분이 없어지고 군대가 당을 지도하는 현상까지도 예측할 수 있다는 의미로 일부학자들에게 받아들여지고 있다. 이는 당의 북한 사회에서의 '영도적 역할'에 대한 이해가 부족한 것으로 북한이 당-국가체제라는 것을 부정하는 것과 같은 오류를 범할 수 있다.

여기서 우리가 눈여겨보아야 할 것은 당과 군의 역할에 대한 정의와 역할분담 그리고 당, 군, 민의 관계설정이다. 북한은 "당과 군대는 분리될 수 없으며 군대를 틀어쥐지 못한 당은 위력을 발휘할 수 없으며 당의 령도를 받지 못하는 군대는 힘 있는 전투

부대로 될 수 없습니다. 군사명령지휘체계로 군대는 움직일 수 있어도 수백만 대중은 움직일 수 없습니다. 광범한 군중을 조직 동원하는 것은 당입니다. 혁명적 당은 군대가 총대로 보위해 주어야 그 불패성이 담보되며 혁명군대를 혁명적 당의 령도를 받고 당이 군중을 조직 동원해 주어야 무적의 힘을 발휘할 수 있습니다. 군민관계를 잘 가지도록 하여야 합니다. 군민관계를 잘 가지는 것은 싸움 준비의 한 고리입니다. 우리는 군민일치의 전통적 미풍을 높이 발양하며 유사시에 군대와 인민이 한마음 한뜻이 되어 침략자들을 쳐 부시고 사회주의조국을 굳건히 수호하도록 하여야 합니다"[6]라고 설명하고 있다.

이 담화는 김일성 사후 북한체제의 대내외 위기의식이 최고조로 달하던 시기에 발표되었다. 이 시기의 담화를 보면 김정일이 위기 상황을 어떻게 인식하고 있으며 어떻게 극복해야만 하는지에 대해서 알 수 있다. 군대는 당을 보위하고 정치적으로 지도를 받으면서, 당의 사회적 조직 동원능력을 이용하여 체제보위의 핵심적 역할을 할 수 있다는 것이 주요내용이다. 당과 군의 역할관계에서 당적지도를 핵심으로 한 상호보완적 관계가 당과 민, 민과 군의 관계에서도 명확히 적용되고 있음을 말해주는 것이다. 즉, 선군정치를 이해하는데 핵심은 군대가 당과 인민을 조직하고 지도하지 못한다는 명확한 한계, 혁명적 참모부로서 영도적 기능을 하지 못한다는 것을 인식하는 것이다.

6) "위대한 수령님을 영원히 높이 모시고 수령님의 위업을 끝까지 완성하자",(1994년 10월 16일 조선로동당 중앙위원회 책임일꾼들과 한 담화), 『김정일 선집 13』(평양 : 조선로동당출판사, 1998), p. 428.

제3절 선군사상과 선군정치 그리고 주체사상과의 관계

김일성 사망 이후 1997년까지 지속되었던 북한의 유훈통치는 1997년 김정일의 당 총비서직 추대로 또 다른 조정의 국면을 맞이하였다. 김정일은 1998년 10월 8일 당 중앙위원회와 중앙군사위원회의 공동 추대 형식으로 당 총비서직에 올랐다. 김정일이 1994년 7월 김일성 사후 국가 주석직을 승계하지 않고 국방위원장 및 군 최고사령관 직위로 북한을 통치하면서 선군정치는 실질적으로 시작되었다고 보는 시각들이 다수 존재하나 선군정치를 개념화·제도화한 것은 1998년 헌법 개정을 통해서였다. 즉, 실질적인 선군정치를 설명할 수 있는 정치 제도적 기반은 유훈통치 기간 북한의 체제 정비과정에서 형성되었다고 볼 수 있다.

북한은 1997년 12월 12일자 로동신문 '우리는 백배로 강해졌다'라는 정론을 통해 고난의 행군을 극복하기 위한 내용을 언급하면서 처음으로 선군정치라는 용어를 사용하였다. 북한은 김정일이 당 중앙위원회와 당 중앙군사위원회의 추대에 따라 당 총비서직에 취임한 그 다음 해인 1999년 6월에는 근로자와 로동신문의 공동논설을 통해 선군정치에 대한 개념화를 시도하였다.

선군정치란 ① 인민대중 중심의 인민적인 정치, ② 군대이자 당이고 인민이자 국가라는 혁명철학에 기초하여 주체적인 힘으로 앞길을 개척해 나가는 자주적 정치, ③ 혁명의 미래를 담보하는 선견지명 있는 정치, ④ 제국주의와의 사상적 대결, 군사 외교적 대결, 정치 외교적 대결을 승리에로 이끄는 필승의 담보, ⑤ 사회주의사회의 튼튼한 밑뿌리를 마련하는 위력한 무기, ⑥ 사회주의 건설의 원동력으로 요약·설명하고 있으며 선군정치의 생명력은 영도자의 특출한 자질에 있다는 전제를 포함시켰다.

선군정치의 기원에 대해서는 김일성 전 주석의 사망 직후인 1995년 1월 1일 다박솔 초소의 방문이었다고 설명하고 있으나, 2001년 하반기에 이르러서야 이념화, 체계화하여 국가전반에 통치방법으로 제시되기 시작했다. 북한의 통치이념과 방법들이 북한 문헌에 등장하는 것과 체계화 되어 통치를 위해 이용되는 것에 대한 간극은 역사적 유례를 통해서도 쉽게 알 수 있다.

북한 문헌과 일부 학자들이 주장하는 것과 같이 북한측 또한 선군정치의 사상적 기반이 김일성으로부터 유래한다는 점을 지적하기도 하지만 이는 주체사상에 입각해 김정일 체제에 적용하는 과정에서 생겨난 개념으로 김정일이 자신의 시대에 맞는 주체사상의 변용을 시도한 것으로 보는 것이 옳다고 보여진다. 왜냐하면 북한의 모든 정치 사상적 변화들은 북한체제를 규정하는 주체사상에서 변용되어 왔음을 부정할 수 없기 때문이다. 북한 문헌은 김정일의 선군정치를 아래와 같이 정의하고 있다.

> "정치방식이란 정치리념을 구현하기 위한 수단과 방법, 체계를 통틀어 이르는 말이다. 정치방식문제를 어떻게 해결하는가에 따라 정치의 위력과 정치제도의 공고성에서 근본적인 차이를 가져 오게 된다. 백 수십년에 달하는 사회주의정치사는 사회주의의 본성에 맞는 완성된 정치방식을 모색해온 과정이었다고 말할 수 있다 …(중략)… 선군정치방식은 바로 군사선행의 원칙에서 혁명과 건설에서

나서는 모든 문제를 해결하고 군대를 혁명의 기둥으로 내세워 사회주의위업전반을 밀고 나가는 령도 방식이다. 그것은 본질에 있어서 혁명군대의 강화를 통해서 인민대중의 자주적 지위를 보장하고 인민대중의 창조적 역할을 최대한으로 높이는 정치방식이다."[7)]

"우리 당의 선군정치는 군대이자 당이고 인민이자 국가라는 혁명철학에 기초하고 있다. 혁명군대와 인민대중의 근본리익과 리해관계, 지향과 념원은 완전히 일치한다. 군대를 중시한다는 것은 인민을 중시한다는 것이며 군대를 혁명의 기둥으로 내세운다는 것은 인민대중을 혁명의 주인으로 내세운다는 것이다. 이것은 지배와 폭압의 수단이 아니라 인민 속에서 나왔으며 인민에게 복무하는 우리 군대에 의해서만 가능한 것이다. 인민대중의 창조적 위력은 무한대이다. 그 무궁한 힘이 최대한으로 발동되게 하지만 인민들이 혁명군대를 본보기로 내세워 따라 배우며 온 사회에 혁명군대의 투쟁 정신과 기풍이 차 넘치게 해야 한다. 이것을 해결하는 것이 선군정치이다. 진정으로 인민을 위하고 인민에 의거하는 정치는 마땅히 선군정치로 되어야 한다."[8)]

위에서 언급한 바와 같이 북한은 선군정치를 "군사를 제일 국사로 내세우고 인민군대를 핵심, 주력으로 하여 조국과 혁명, 사회주의를 보위하고 전반적 사회주의 건설을 힘 있게 다그쳐나가는 정치방식"[9)]으로 설명하고 있다.

선군정치는 군대가 북한사회 전체의 혁명의 주력군으로 정치적

7) 『로동신문』, 『근로자』 공동론설, 1999년 6월 16일.
8) 『로동신문』, 『근로자』 공동론설, 1999년 6월 16일.
9) 김봉호, 『위대한 선군시대』(평양 : 평양출판사, 2004), p. 20.

모범이 되어야 한다는 의미로 군대를 군사적 임무 이외 경제건설 및 이데올로기의 유지·발전의 최전방에 세우겠다는 의미이다. 특히 당 중앙위와 중앙군사위가 공동으로 김정일을 당 총비서로 추대하는 방식은 당과 군대의 수장임을 명확히 한 것이다. 김정일은 선군정치를 통해 혁명의 주력군을 인민대중의 노동계급에서 인민군대로 바꾸고, 혁명의 주체도 수령을 뇌수로 하는 당과 대중의 사회정치적 생명체에서 혁명의 수뇌부를 중심으로 한 당, 군대, 대중의 선군단결체로 변화시켰던 것이다.[10] 이와 같은 선군정치로의 정치노선의 변화는 이전보다 군의 정치참여를 보장하고 확대해야 하는 구조 속으로 변해야 했다.

혁명의 주력군 문제는 혁명의 주체적 역량을 꾸리는 데에서 매우 중요하다. 노동계급은 착취와 억압을 반대하여 끝까지 싸울 수 있는 가장 혁명적인 계급이다. 노동계급을 각성시키고 그들 속에서 당 조직을 늘리며 그에 기초하여 점차 광범한 군중 속에서 혁명대오를 확대해 나가야 한다. 혁명의 주력군을 꾸리는 데에서 노동자, 농민을 각성시켜 혁명에 일어서게 하는 것과 함께 당을 꾸리는 것이 특별히 중요한 문제로 나선다. 노동자, 농민들 속에 깊이 뿌리박은 당은 튼튼히 꾸려졌을 때에 비로소 혁명의 주력군이 되었다고 말할 수 있다.[11]

여기서 우리가 눈여겨 볼 것은 두 가지이다. 첫째는 당 조직 관련 문제이고, 둘째는 노동자, 농민들 속의 당의 견고성이다. 1997

10) 박형중 외, 『김정일 시대의 북한의 정치체제』(서울 : 통일연구원, 2004), p. 42.
11) 북한 사회과학원 철학연구소 지음, 『북한 주체철학 철학사전』(서울 : 도서출판 힘, 1988), p. 789.

년 이후 발표된 주석단 서열에서는 군 참모장이나 정치국장, 국방위원들이 이례적으로 정치국 후보위원들보다 상위의 서열로 발표되는 경우도 나타났다. 이와 함께 군의 충성심 확보와 사기 양양을 위한 대폭적 승진 인사가 단행되어 1997년 4월 14일 '최고사령관 명령 제0088호'를 통해 국방위원인 리을설이 원수로 승진한 것을 비롯하여 총 123명의 장성급 승진이 이루어졌다. 김정일의 군 관련 행사 참여나 군 현지지도의 빈도가 부쩍 증가했다는 사실 또한 군의 중요성 및 위상 증대를 나타내는 지표라고 할 수 있다. 특히 선군정치가 제시된 직후인 1998년과 1999년 김정일의 공개 활동에서의 군 관련 행사 비중은 무려 60% 이상에 달하였다.[12] 헌법 개정 이후 개최된 9월 5일의 제10기 최고인민회의 제1차 회의에서 국방위원회 위원 전원은 주석단 상위에 자리매김하였으며, 9.9절 기념행사에도 9명이 주석단 상위에 포함되었다.

역사적으로 주석단 서열은 정치국 정위원, 후보위원, 비서국 비서 등의 순서로 배열되었는데 헌법 개정 이후에는 이러한 원칙이 수정되었다. 이러한 선군정치의 전제는 조선인민군은 당의 군대라는 사실이었다. 북한 문헌에서는 "우리 당은 그 어떤 기성 리론이나 기존공식에도 구애되지 않고 선행 리론에 대한 온갖 교조적 태도와 수정주의적 외곡을 철저히 배격하고, 정세의 변화와 혁명발전의 요구에 맞게 군대를 강화하고, 그 역할을 높여 혁명과 건설을 승리의 한길로 이끌어 왔습니다. 우리 당의 인민군대를 혁명의 주력군으로 내세우는 것은 현 시기 우리 혁명에서 인

12) 차두현, "북한 당 · 군 관계의 변화과정 : 변화의 동인과 그 의미", 연세대학교 대학원 정치학과 박사학위논문(2006), p. 114.

민군대가 차지하는 지위와 역할을 보나 군대의 혁명적 기질과 전투력으로 보나 주체혁명위업수행의 필수적 요구입니다"[13]라고 설명하고 있다.

그럼에도 불구하고 1998년 헌법 개정을 통한 선군정치의 제도화는 북한 당군 관계에 있어 김일성 사망 이후 진행되어 온 변화를 반영한 것이며, 군부의 새로운 정치적 위상을 암시하는 계기가 되었다고 할 수 있다. 이러한 점에서 선군정치가 제도화된 이후 북한의 당군 관계는 군부가 당과 거의 동등한 위치에서 정치적 영향력을 지니고 있다는 것이 명실상부하게 재확인되었다고 볼 수 있다.

이러한 관계 하에서는 중국의 사례와 같이 혁명적 직업 군부가 공산당의 이념을 내면화함으로써 공생이 이루어지는 것이 아니라, 당과 군부 그리고 지도자가 일종의 공동운명체로 통합되면서 상호간의 가치를 내면화함으로써 공생이 실현된다. 당과 군이 서로 구분되거나 역할상 혼합된 단계를 넘은 당군 합일체제가 형성된 것이다.[14] 북한은 2001년 12월 21일 로동신문과 근로자의 공동논설 "선군의 기치를 높이 들고 주체의 사회주의 위업을 힘 있게 다그치자"를 통해 선군정치가 김정일 정권에 완성된 사회주의 정치방식임을 천명하였다.

> 선군정치는 주체사상에 기초하고 있는 완성된 사회주의정치방식이다. 주체사상은 인민대중이 자기 운명의 주인이 되어 자기 운명

13) 김철우, 『김정일 장군의 선군정치』(평양 : 평양출판사, 2000), p. 24.
14) 차두현(2006), p. 124.

> 을 개척해 나가야 한다는 위대한 진리를 밝혔다. 이 세상에 제국주의가 남아 있는 한 인민대중의 운명은 저절로 지켜질 수 없다. 인민대중의 운명은 총대와 하나로 잇닿아 있다. 자기 운명을 자기 손에 틀어쥐고 력사의 온갖 도전을 물리치면 자기 운명을 빛나게 개척해 나가는 인민이란 결국 총대를 틀어쥔 인민이다 …(중략)… 이것이 당의 선군정치가 주체사상으로부터 출발하고 있으며 철두철미 주체사상에 뿌리를 두고 있는 독창적인 정치방식이라는 것을 말해 준다.
>
> 우리 당의 선군정치는 총대중시사상을 오늘의 시대적 환경에 맞게 전면적으로 구현하고 있다. 선군정치는 혁명군대를 중심으로 하여 전반적인 혁명대오를 강화하는 정치이고 혁명군대에 의거하여 사회주의를 보위하고 사회주의 건설의 돌파구를 열어 나가는 정치이며 군대를 본보기로 하여 온 사회를 혁명적으로 개조해 나가는 정치이다 …(중략)… 우리 식 사회주의의 명맥을 지키는 결사전의 선두에는 〈조국보위도 사회건설도 우리가 다 맡는다!〉는 구호를 높이든 우리 인민군대가 서 있었다. 우리 인민이 강성대국 건설에서 도약대를 마련하는 투쟁에서 커다란 변혁적 역할을 놓은 것은 인민군군인들이 창조한 혁명적군인정신이였다 …(중략)… 혁명군대는 그 어느 집단보다 당과 수령에 대한 충실성이 높고 조직성과 규율성이 강한 부대이다. 혁명군대의 핵심적 역할을 더욱 높여 나갈 때 군대를 본보기로 하여 혁명대오의 정예화, 강군화를 확고히 실현할 수 있다.

선군정치는 혁명적 군인정신을 바탕으로 수령의 영도를 받아가는 대내외적 환경을 만들어 인민의 자주성을 지켜나갈 수 있는 우리식 사회주의를 만들어가자는 것이 핵심이다. 선군정치는 제국주의자들이 북한식 사회주의를 위협하는 책동을 지속적으로 강화하고 있다는 현실을 설명하는 과정에서 사회주의 강성대국이라는 목표를 제시함으로써 선군정치의 필요성을 설파하였다.

> 사회주의 정치의 성공 비결은 강력한 군력에 있다. 군사와 정치의 분리는 사회주의위업수행에서 실패의 출발범이다 …(중략)… 선군정치와 같은 위대한 정치방식은 오직 군사에 정통하고 군력의 진가를 아는 령장형의 정치가만이 내놓을 수 있다. 우리 당의 선군정치는 위대한 령장이신 장군미의 존함과만 결부시켜 부를 수 있는 김정일 정치방식이며 새 시대 불패의 정치방식이다. 인민군대를 강화하여 조국을 보위하고 사회주의건설의 평화적 환경을 마련하여 인민군대를 핵심으로 하여 혁명의 주체를 튼튼히 꾸리며 인민군대를 기둥으로 하여 사회주의건설의 돌파구를 열고 조국의 부강번영을 이룩해 나가는데 선군정치의 혁명적 본질이 있다.[15)]

2003년 3월 21일자 로동신문에서는 "선군사상은 우리 시대 자주위업의 필승불패의 기치이다"라는 편집국논설을 통해 "선군사상은 한마디로 말하여 군사를 모든 것을 앞세울 데 대한 군사선행의 사상이며 군대를 혁명의 기둥, 주력군으로 내세우고 그에 의거할 데 대한 선군후로의 로선과 전략전술이다"며 개념을 포괄적으로 설명하였다. 이어 "김정일 동지의 선군사상은 자주와 사회주의를 위한 투쟁의 앞길을 밝히는 우리 시대 혁명의 지도적 지침이다"로 정의하였고, "주체사상은 선군사상의 뿌리이고 세계관적 기초이며 선군사상과 선군정치가 새 세기의 요구에 맞게 전면적으로 정립될 수 있게 한 방법론적 지침이다"[16)]라고 설명하고

15) 『로동신문』, 『근로자』 공동논설, 2002년 4월 22일.

있다. 선군사상은 군사선행 사상이며 선군후로(先軍後勞)의 노선과 전략전술로 요약할 수 있다.

1998년 헌법은 여전히 주체사상을 국가 활동의 지침으로 삼는다는 것을 명시하고 있지만 2009년 헌법은 "조선민주주의인민공화국은 주체사상, 선군사상을 자기활동의 지침으로 삼는다"라고 명시하며 선군사상을 공식 이데올로기 반열에 올려놓았다. 선군사상은 북한에서 현재진행형이다. 선군사상이라는 용어가 로동신문을 통해 처음으로 확인되는 것은 2001년 4월 25일자 기사이며, 동년 6월 19일자 사설을 통해 '김정일의 선군사상'이라는 용어를 통해 본격적으로 알려지기 시작했다. 2003년 12월 북한은 로동신문 편집국 논설을 통해 김정일이 선군사상의 창시자임을 밝히고 기존의 '김일성 동지의 선군사상' 및 '수령님의 선군사상' 등으로 혼재되어 왔던 사상을 개념화하기 시작했다.

하지만 이러한 김정일 창시론은 2004년 12월에 와서 김일성 전 주석이 창시자로 재 정의되었고, 그 후 김정일 창시론에 대한 언급이 사라졌다. 북한은 2005년 1월 1일 신년공동사설을 통해 "위대한 수령 김일성동지는 선군사상의 창시자이고 우리 당 ≪선군≫정치의 기초를 마련하신 불세출의 령장이시다"라고 소개함으로써 선군사상의 기원에 대해 개념정의하였다. 북한의 최고 지도자가 사상을 통해 정통성을 인정받고 체제를 유지한다는 기본명제를 볼 때 사상의 창시자에 대한 혼란은 아주 드문 일이었다.

로동신문의 논설과 공동사설에서 1년여의 시간차를 두고 전혀

16) 『로동신문』, 2003년 3월 21일.

다른 언급이 나온 이유는 크게 두 가지로 볼 수 있다.

첫째, 선군사상의 이론화를 담당하고 있는 이데올로그들의 대폭적인 교체 및 변동을 예측케 한다. 1970년대 주체사상의 체계화 단계에서 후계자였던 김정일이 이 사업을 책임지고 주도해왔던 전례로 비추어 볼 때, 선군사상의 체계화 단계에는 김정일 위원장 이후에 권력을 장악할 수 있는 세력의 존재와 이에 대한 미래세대 지도자에 대한 정치적 배려로 볼 수 있다.

둘째, 이와는 달리 단순하게도 김정일 위원장이 지시에 따라 다시 과거의 논리로 복귀되었을 가능성이 있다.[17) 이는 체제의 유지와 발전 측면에서 주체사상과의 연관성을 강조함으로써 사상의 정당성과 합리성을 추구하려는 김정일 위원장의 의도로 보여진다.

이는 앞전과 같이 선군사상에 대한 기원과 내용적 발전을 후계세대에게 넘겨줌으로써 이들이 자리매김할 수 있는 정치사상적 공간을 마련해준다는 의미가 크다. 즉, 선군사상이 김정일에 의해 심화·발전 중에 있음을 밝히며 아직까지 체계적으로 완성된 사상이 아니라는 점을 보여주고 있다. 그러므로 선군사상에 대한 기원과 창시자에 대한 정의는 선군사상의 본질, 주체사상과의 관계를 이해하는데 방향성을 제시해준다.

선군사상의 출현과 창시자에 대한 언급, 김정일에 의해 심화·발전과정 중에 있다는 것을 고려해 볼 때 선군사상과 주체사상과의 관계 설정은 김정일과 김정은 시대 지속성과 변화의 관점에서

17) 진희관(2008), pp. 389-390.

정치노선과 정책을 연구할 때 아주 중요한 기준을 제공해 준다. 주체사상은 지도사상이며 선군사상은 지도적 지침이다.

사상은 사고나 생각 및 체계를 의미하며 지침은 생활이나 행동 따위의 지도적 방법이나 방향을 인도해주는 준칙을 말한다. 즉, 지도사상은 지도적 지침이자 상위 개념이다. 선군사상은 '주체사상에서 출발, 주체사상에 기초하여, 주체사상의 기치 밑에, 주체사상에 뿌리를 둔' 등의 수식어와 주체사상은 선군사상의 뿌리'라는 개념정의는 단순히 북한의 논리라는 편향성에서 탈피하여 북한체제를 규정하는 주체사상이라는 큰 틀에서 봐야 한다. 그러므로 선군사상은 주체사상을 대체하거나 이론적 긴장관계에 놓여 있다고 보는 것으로는 북한의 체제를 설명하지 못하는 부분들이 많다.

양무진은 "선군사상이 주체사상을 심화·발전시키는 과정에서 내용적 충돌과 이론적 긴장관계가 곳곳에서 노출된다. 주체사상에서는 노동자와 농민을 함께 묶어서 노동계급을 혁명의 주력군으로, 선군사상은 군대를 주력군으로 설정하고 있다. 그는 군과 노동계급의 선후관계를 주체사상의 본질과의 문제에 어떻게 해석하느냐에 따라 이론적 긴장관계가 형성될 수 있다"고 보았다.[18)]

이상근은 "근로인민대중을 혁명의 주력군으로 인정하지 않는 것은 사회주의를 부정하는 것이며 이러한 변화는 주체사상의 순수이데올로기 부분에 있어서도 일정한 변화가 일어난 것으로 봐야 한다. 군대가 혁명의 주력군이 되어도 그 혜택이 인민대중들

18) 양무진, "주체사상과 선군사상 : 지배이데올로기의 변화 가능성", 『한국과 국제정치』, 제24권 3호(2008), pp. 86-87.

에게 돌아가므로 주체사상이 유지되고 있다고 하는 북한의 주장은 논리적 타당성도 없고 주체사상을 왜곡하는 것"이라고 주장하였다.[19)]

북한체제를 규정하는 것이 주체사상이라고 본다면, 선군사상이 북한체제를 설명하고 작동하는 원리와 기제를 제공할 수는 없다. 또한 북한에서 정치 · 사상적 긴장관계라고 하는 것은 존재할 수 없고 설명할 수 없는 유일한 부분이다. 이러한 이유로 북한 또한 선군사상은 자신들의 현실에 맞게 주체사상을 계승 · 발전시킨 것이라는 주장을 하고 있다.

2002년 10월 5일 로동신문 논설에서는 "위대한 김정일 동지께서는 정력적인 사상리론 활동으로 선군사상을 끊임없이 심화발전시키고 계신다. 이 과정에 지난날에 절대적 진리로 간주되어 오던 혁명리론과 전략전술의 약점과 제한성이 밝혀지고 선군시대에 맞는 새로운 혁명이론이 완성되고 있다"고 선군사상이 김정일에 의해 진행 중인 사상이라는 점을 강조하고 있다.

주체사상 역시 김정일의 "온 사회의 김일성주의화" 테제 발표(1974년 2월 19일) 이후, 1980년 제6차 당 대회에서 공식적인 후계자로 지명된 2년 뒤 "주체사상에 대하여"라는 논문을 통해서 주체사상에 대해서 집대성 한 뒤, 몇 가지 문제점과 지적을 통해 1985년 총서를 발간시켰다. 하지만 선군정치와 선군사상이 제기된 후 10년이 지나온 현재까지 선군사상에 대한 개념서 수준에서 일정한 간격을 두고 10여권 정도만이 출판되었을 뿐 북한체제를

19) 이상근, "북한체제의 지속과 변화 : 김정일시대 '조정체제'형성에 관한 연구", 연세대학교 대학원 정치학과 박사학위논문(2010), pp. 81-83.

규정한다는 의미에서 주체사상과의 비교 시도 및 대체 가능성을 언급하는 것은 해석상의 무리가 있다.

선군사상이 주체사상을 대체하는 이론인가에 대해서는 북한 문헌뿐만 아니라 국내의 연구자들 역시 부정적이다. 북한의 구국전선 홈페이지에서 최성원은 “얼마 전 우리 사회 일각에서는 주체사상을 알지 못하는 사람들이 선군사상이 주체사상을 대체하는 것이 아니냐하는 의문을 제기한 적이 있다. 그러나 선군사상의 모체가 주체사상이라는 사실이 밝혀짐으로써 선군사상의 지위에 관한 인식의 혼란은 더 이상 발생하지 않게 되었다”라고 강조하고 있다. 즉, 선군사상과 주체사상은 불가분의 관계에 있으며 선군사상이 주체사상에서 자라난 하나의 줄기로서 대체할 수 있는 것도 아니고 동일한 것도 아니라고 설명하고 있다.[20]

이러한 맥락에서 볼 때, 선군사상은 주체사상을 변화시키거나 대체하는 새로운 사상으로 제기된 것이 아니라 주체사상의 근본원리를 변화된 북한의 현실에 맞게 변용한 이론인 것이다.

그렇다면 선군사상은 주체사상을 북한의 현실에 맞게 어떻게 적용 및 변용시켰는가? 첫째, 혁명주체의 변용이다. 과거의 노동계급이론은 “로동계급이 혁명성, 조직성, 규율성이 제일 높으며 그로 하여 혁명에서 영도적 역할을 하게 된다”[21]라고 보았으나 선군사상에서는 군대가 혁명의 주력군, 기둥으로 되었다는 점이다. 그러나 『세계를 매혹시키는 김정일 정치』에서 군대가 혁명의

20) 진희관, “북한에서 ‘선군’의 등장과 선군사상이 갖는 함의에 관한 연구”, 『국제정치논총』, 제48집 1호(2008), p. 395.

21) 『로동신문』, 2002년 11월 11일.

주력군이라는 것은 "군대가 자연을 개조하고 사회를 변혁시키며 국가를 보위하고 국력을 다져가는 데서 기본역량, 핵심역량이라는 것을 말하며 군사가 건전하고 군대가 강해야 나라가 굳건히 지켜진다는 것"[22]을 뜻한다고 설명하고 있다. 여기서 말하는 '혁명의 주력군'이라는 표현은 군대를 정치체제의 중심에 위치시킨다는 의미는 아닌 것이다.[23]

주체사상의 변화여부를 가늠하기 위해서는 혁명주체의 문제보다는 혁명주체와 수령의 '지도와 대중의 결합'문제를 어떻게 설정하고 있는가를 살펴보는 것이 더 중요하다. 주체사상에서 핵심원리는 수령 지도의 절대화이다. 즉, 주체사상에서는 '인민대중이 역사발전의 주인'이라고 밝히고 있지만, 궁극적으로는 수령의 옳은 지도하에서만 주인으로서의 역할을 할 수 있다고 보았다. 그렇기 때문에 혁명의 주체로 내세워진 인민대중은 주체로서의 역할을 하기보다는 진짜 주체인 수령의 영도를 받아 이를 실천해 나가는 실천의 주체로서의 역할을 수행할 수밖에 없다. 따라서 실천의 주체가 바뀐다고 해서 주체사상의 근본원칙이 바뀌었다고 보는 것은 무리한 해석이다.[24]

선군사상에서는 기존의 '수령-당-대중'의 관계에서 '최고사령관-당-군대-대중'의 관계로 바뀌었을 뿐 수령과 인민대중의 관계

22) 조성박, 『세계를 매혹시키는 김정일 정치』(평양 : 평양출판사, 1999), pp. 94-95.

23) 정성장, "김정일의 선군정치 : 논리와 정책적 함의", 『현대북한연구』, 제4권 2호 (2001), p. 90.

24) 방정배, "북한 선군정치하의 당군 관계", 영남대학교 대학원 정치외교학과 박사학위논문(2004), pp. 102-103.

에서는 변함이 없다. 바뀐 것이 있다면 기존의 수령을 최고사령관으로 사용하고 있다는 것과 혁명의 주체로서의 인민대중을 군대로 바뀌었다는 점이다. 실질적으로 최고사령관은 수령의 지위를 차지하고 있으며, 이러한 최고사령관의 선군혁명령도를 통해서만 군대가 혁명의 주체로서의 역할을 다할 수 있다는 점에서 주체사상의 기본원칙을 벗어나지 않았다고 볼 수 있다.[25] 더욱이 우리가 변용의 관점에서 하나 더 살펴보아야 할 것은 당과 군의 역할에 대한 정의와 역할분담 그리고 당·군·민의 관계설정이다.

선군사상이 주체사상을 대체했다는 주장과 논리를 펴기 위해서는 혁명의 수뇌부로서의 '군'과 군대의 대중 조직 및 동원의 기능을 설명해야 한다. 또한 군대의 기능과 역할에서 당을 영도하는 부분에 대해서도 반드시 추가적인 설명이 필요하다. 즉, 선군사상을 이해하는데 핵심은 군대가 당과 인민을 조직하고 지도하지 못한다는 명확한 한계, 혁명적 참모부로서 영도적 기능을 하지 못한다는 것을 인식하는 것을 바탕으로 시작하는 것이 중요하다.

현재로서는 선군사상은 이론화 단계에 있다고 할 수 있으며, 주체사상을 대체하기에는 무리가 있다. 왜냐하면 첫째, 주체사상은 사상, 이론, 방법으로 구성된 전일적인 체계이지만, 선군사상은 아직 체계가 완성되지도 않았다. 또한 수령론을 핵심으로 하는 영도체계와 영도방법을 거부하는 것 역시 불가능한 것이며, 선군사상이 체계화·이론화된다고 해도 혁명이론의 현실적용의 틀을 벗어나기에는 어려울 것으로 사료된다. 둘째, 주체사상이

25) 방정배, 위의 글, p. 103.

김일성의 사상이라고 하지만 사실상 김정일이 심화·발전시켜 후계자로서의 지위를 얻었다고 본다면 이를 선군사상으로 대체한다는 것은 자신의 후계자 승계에 대한 스스로의 부정을 의미하는 것이며 더 나아가 현재 김정은 정권의 정당성에도 도움이 될 수 없다. 요컨대 선군사상은 주체사상을 기본으로 이론화 단계에서 수정·보충 중인 김정일 시대의 이론으로, 주체사상 중에서 김정일 정권을 설명하지 못하는 부분들을 수정·보완하며 김정일과 그 후대의 정치노선 및 정책을 정당화하는 기제로 사용된 것으로 보인다. 위와 같은 선군정치의 등장 배경은 다음과 같다.[26)]

우선 대외적 요인으로 북한의 1차 핵 위기사태와 외교적 고립을 들 수 있다. 1993년 김일성의 신년사에서는 약 30년 만에 4대 군사노선을 강조하는 의외의 문장이 등장한 바 있다. 1993년 신년사에서 김일성은 "우리는 적들의 침략도발책동에 대처하여 나라의 방위력을 강화하는 데 힘을 넣어야 합니다. 우리는 전군의 간부화, 전군의 현대화, 전인민의 무장화, 전국의 요새화 방침을 철저히 관철하여 혁명무력을 강화하고 전 인민적 방위체계를 더욱 튼튼히 해야 합니다"라고 강조하였다. 이와 같이 4대 군사노선이 느닷없이 등장하게 된 것은 핵문제가 국제사회에 붉어지면서 미국과의 군사적 대결 가능성, 북일 수교 협상에서의 난항과 이에 대한 미국의 간섭, 동구 사회주의와 구소련의 몰락, 1990년 한소 수교, 1992년 한중 수교 등 체제 외적의 비우호적인 환경에 기인한다.

이러한 흐름은 1994년 신년사에서 "우리는 올해에도 적들의 전

26) 진희관(2008), pp. 380-382.

쟁도발책동에 대처하여 나라의 방위력을 강화하는데 응당한 힘을 넣어야 합니다. 우리는 어떠한 불의의 사태에도 주동적으로 대처할 수 있는 정치 사상적 준비와 군사적 준비, 물질적 준비를 튼튼히 갖추며 온 사회에 군사를 중시하고 인민군대를 적극 원호하는 기풍을 철저히 세워야 하겠습니다"라고 다시 한 번 강조한 데에서도 나타난다. 이처럼 선군정치가 등장하게 된 배경으로는 사후의 문헌에도 주변 국가들의 위협에 가장 큰 비중을 두고 있음을 알 수 있다. 1995년 신년공동사설을 비롯하여 오늘날까지 지속적으로 군사중시, 국방중시기풍의 강조로 이어지고 있다.

두 번째로 정치적 요인을 들자면 김정일 1인에 집중된 정치권력의 장악 및 강화를 들 수가 있다. 군사중시정책에서 선군정치로 구체화 또는 강화되는 과정은 김일성 주석의 사망과 이로 인한 권력위기를 극복하기 위한 과정에서 비롯된 것이다. 김일성 주석 사망과 동시에 대규모의 자연재해를 맞이한 북한은 심각한 정치 · 경제 · 사회적 위기를 맞이하였다.

당시 공식 승계절차를 진행하지 않았던 김정일 총비서는 당 총비서를 제외한 조선인민군 최고사령관 및 국방위원회 위원장을 맡고 있었다. 김정일로서는 군 직책을 활용하는 전략을 구사할 수밖에 없었을 것이다. 따라서 군 관련 직책을 활용하면서 국가 위기 상황에서 군을 중심으로 한 국가 비상체계의 강화를 시도했던 것으로 평가된다. 그리고 1990년대 중반의 위기로 군 중시 정책을 전개하였지만 체제가 안정화 단계로 접어들면서 오히려 선군정치의 개념을 확고히 해나갔다는 점은 주목할 필요가 있다. 이는 선군정치가 국가 비상시 위기관리체계가 아니라, 일상적인 통치담론으로 체계화되는 과정을 거치고 있다는 점을 보여주는 것으로 봐야 한다.

세 번째로 경제적 요인을 들자면 인민군을 경제건설 현장에 투입시키는데 명분을 만들기 위함이다. 기술과 자본이 극빈한 상태에서 북한이 유일하게 의존할 수 있었던 내부 자원은 가장 충직한 수령의 전사인 조선인민군이었다. 북한은 전후 복구시기부터 현재까지 대규모 건축물 건설과 도로, 철도, 발전소 등 사회간접시설에 일상적으로 투입되었으며, 특히 1990년대 후반 국가위기 이후 군대의 동원은 급격히 증가하였다.

예를 들어, 평양-남포 간 고속도로 공사, 안변청년발전소 및 임남댐 건설공사, 4.25여관 건설공사, 개천-태성호 간 물길공사 및 1990년대 후반부터 시작된 대규모 토지정리 사업에 군대가 동원되었다. 또한 북한은 생산력 제고를 위해 군관과 하전사 10만 여명을 제대시켜 생산현장에 투입하는 조치를 취한 것으로 알려지고 있으며 이들은 김책제철연합기업소, 성진제강연합기업소, 대홍단군 종합농장, 포태 종합농장 등 농장 및 기업소에 배치되어 북한경제를 이끌어 가는 주력군으로서의 역할을 하고 있다.

종합해 보면, 선군정치가 제기된 가장 직접적인 배경은 김일성 사후 지속되는 경제난 속에서 김정일 정권이 생존을 위해 권력의 근간을 당보다는 군에 의존하게 된 대내적 상황이다. 북한의 극심한 경제난은 당이 주민들의 기본적인 삶의 조건을 제공하고 주민은 정권에 대한 지지 및 정통성을 부여해 왔던 사회주의 체제를 와해시켰다. 선군정치는 군이 가진 자원과 역량을 활용함으로써 인민경제의 회복을 꾀하려는 한편, 당의 저하된 사회통제 기능을 군 조직을 통해 보완하려는 시도라고 할 수 있다. 즉, 사회주의의 내적 정통성을 제공하려는 당의 기능 약화에 직면하면서 군의 위상과 역할의 재정립을 통해 체제 위기를 극복하고 정권의 정통성을 만회하려는 노력으로 보인다.[27)]

제4절 당 중심체제의 변질과 국방위원장 중심 지배체제

북한의 정치사회화 과정에서 가장 중요하고 힘든 문제가 바로 후계체제에 관한 내용이다. 김정일을 후계자로 지목할 때 오진우의 전폭지지가 큰 역할을 하였다는 것을 감안할 때 김정일 다음 후계체제 역시 군의 지지가 필수적 요건이다. 중국의 경우도 군이 후계체제 결정에 아주 중요한 역할을 하였다. 중국 인민해방군은 문화혁명기 모택동의 개인숭배와 좌파지원을 위한 물리력으로 위치하면서, 정치를 결정적으로 좌우하는 집단으로 부상했다. 이 시기 혁명위원회 주임 대부분이 군인으로 채워지고, 당 중앙에도 군이 대거 진출하여 당의 군부 장악 현상이 발생하였다. 1969년 당 중앙위원 중 군인이 65%, 정치국 위원 25명 중 12명이 군인일 정도로 군의 정치개입 및 모택동의 정치적 후원그룹으로서의 역할은 중요했다. 또한 1971년 7월 임표 쿠데타 사건이나, 1976년 10월 사인방 체포과정에서도 군은 매우 중요한 역할을 하

27) 통일부(2011), p. 34.

였다. 문화혁명 종결 이후에도 이러한 질서는 상당기간 유지됐으며, 등소평 부상 이후에야 약화되었다.[28)]

김정일은 군 경험이 취약한 가운데도 국방위원장 직책으로 통치를 시작했다. 이후 군 부대방문 등 많은 군 관련 활동을 한 바 있다. 따라서 다음 후계체제에서는 군의 지지가 필요한 것이며 군은 그의 결정에 따라 후계자 지지기반이 되어야 할 것이다. 1991년 12월 24일 김정일은 조선인민군 최고사령관에 올랐고 실질적으로 군 관련 정치활동에 적극적으로 개입하였다. 이때 김정일은 후계문제는 "당의 영도의 계승성을 보장하는 문제"라면서 "혁명을 개척한 수령의 위업을 대를 이어 나가는 당의 영도의 계승문제가 우리나라에서 빛나게 해결됐다"고 주장, 당의 영도문제가 후계체제 구축과 직결되는 것임을 분명히 했다.

1980년대 후반 동구 사회주의 국가들의 몰락과 소련의 붕괴 그리고 세계적 수준의 냉전의 해체, 1990년 한소 수교, 1992년 한중 수교는 북한을 자본주의권으로 둘러싸인 사회주의의 작은 섬으로 만들어 버렸다. 그리고 냉전 해체로 세계 초강대국이 된 상황에서 북일 수교 협상과정에서 미국이 보여준 영향력은 앞으로 미국과의 관계 개선 없는 자신들의 자구책만으로는 체제 생존을 하기 어렵다는 인식을 가지게 만들었다. 설상가상으로 김일성의 사망이라는 국가적 위협과 사회주의 동맹국들의 몰락으로 인한 대외관계의 위축으로 지속적으로 위협받던 북한은 1995-1997년 자연재해로 최대의 식량난과 아사에 직면하게 되었다. 이러한 대내외

28) 김용현(2001), pp. 21-22.

적 위기 상황에서 체제 지속과 유지를 위해 북한 내 가장 정치적이고 충성스러운 집단인 군대와 이들이 가진 정치사상적, 경제적 자산을 이용하지 않을 수 없었다.

북한은 1998년 7월 26일 실시한 선거를 통해 최고인민회의 제10기 대의원 총 687명을 선출했다. 제10기 대의원 선거에서 주목할 점은 대의원 687명 중 64%인 443명이 새 인물로 교체된 것이다. 이것은 제9기 교체율인 31.4%에 비해 큰 폭으로 이루어진 것이다. 이러한 특징은 제10기 선거가 8년 3개월 만에 실시되었고 그 동안 제9기의 대의원 중 52명이 사망(김일성, 오진우, 최광 등) 및 퇴출당하고 1명이 망명(황장엽)하는 등 유고가 있었다는 점과 김정일 시대를 보위하기 위한 세대교체 및 인물교체가 이루어졌기 때문이다.[29]

그리고 1998년 9월 5일 최고인민회의 제10기 1차 회의가 개최되었다. 이 회의의 주요 안건은 첫째, 사회주의 헌법 수정 및 보충, 둘째, 국방위원장 추대, 셋째, 국가지도기관 선거였다. 이때 개정된 헌법 내용을 보면 이전시기에 비해 북한 중앙국가기관의 강화라는 특징을 확인할 수 있다.

북한은 1998년 9월 5일 최고인민회의 제10기 1차 회의를 열고 1972년 12월에 개정된 사회주의 헌법을 수정·보완한 김정일 정권의 헌법을 공표, 권력 구조 개편을 마무리하고 김정일 체제의 공식 출범을 대내외에 선언하였다. 또한 김일성의 유훈을 법제화한 김일성 헌법을 채택 및 공표하였다.

29) 김승만, "최고인민회의 대의원 선거의 분석과 전망", 『북한』, 통권 제321호 (1998년 9월호), p. 70.

새 헌법의 내용적 변화에서 가장 큰 특징은 주석제도를 폐지하고, 국방위원회의 권한을 강화시켰으며, 내각제를 부활하여 국가 통치 권력의 기능적 분화를 법적, 제도적으로 명문화하였다는 것이다. 과거 국가 주석과 중앙인민위원회가 가지고 있던 사상 및 군사사업은 국방위원회로, 대외 및 외교관련 사업은 최고인민회의 상임위원회로, 경제 및 행정에 대한 정책 및 관련 사업은 내각으로 이관된 것이다.

자세히 살펴보면 첫째, 북한 정부를 대표하는 최고 권력자가 국가 주석이 아니라 국방위원회 위원장이다. 제10기 최고인민회의 제1차 회의 제2의제에서 김정일의 공화국 국방 위원장의 공식 추대를 결정하고 제2의제에서 국가 지도 기관의 지도자를 선거하였다. 이는 단순히 국가주석제의 폐지로 인한 행정구조상의 변화가 아니라 정치구조상의 근본적인 체제 변화로 봐야 한다. 이는 김일성 체제와 김정일 체제의 가장 큰 차이로서 대외 관계와 경제 및 그와 관련 업무 및 운영, 행정관리는 최고인민회의 상임위원회 위원장과 내각 총리에게 각각 맡겼다. 과거에도 국방위원회는 현역 군인들이 포함되어 있었으나, 새로 구성된 국방위원회는 현역 군인들이 절대 다수를 차지하고 있었으며 군부 내 최고 지도자들이 모이게 되었다.

1972년 사회주의 헌법에서 신설된 국방위원회는 중앙인민위원회의 부문별 위원회에 불과했고, 당시 주석이 위원장을 겸임하였기에 권력구조상 특별한 의미는 없었다. 그러나 1992년 헌법에서 국방위원회가 국가 주석과 분리되고, 1993년 김정일이 국방위원장에 취임하면서 그 지위와 역할이 달라졌다. 국방위원장은 일체의 무력을 지휘하고 통솔하며 국방사업 전반을 지도하는 군 관련 최고 권력자가 되었다. 북한은 1998년 헌법을 통하여 국방위원회의 기능과 역할에 대해서 아래와 같이 규정하고 있다.

헌법 제100조 국가주권의 최고군사지도기관이며 전반적 국방관리기관이다.

헌법 제101조 위원장, 제1부위원장, 부위원장, 위원들로 구성한다. 임기는 최고인민회의 임기와 같다.

헌법 제102조 위원장은 일체의 무력을 지휘·통솔하며 국방사업 전반을 지도한다.

헌법 제103조 임무와 권한은 다음과 같다.
① 국가의 전반적 무력과 국방건설사업을 지도한다.
② 국방 부문의 중앙기관을 내오거나 없앤다.
③ 중요 군사간부를 임명 또한 해임한다.
④ 군사칭호를 제정하며 장령 이상의 군사칭호를 수여한다.
⑤ 나라의 전시상태와 동원령을 선포한다.

헌법 제104조 국방위원회는 결정과 명령을 낸다.

헌법 제105조 자기 사업에 대해서 최고인민회의 앞에 책임진다.

국방위원회는 종전의 국가주권 최고군사지도기관에 전반적 국방관리기관이라는 지휘가 추가되며 국방 분야에서 주권뿐 아니라 행정권도 가지게 되었으며 군수공업 등 국방사업전반에 조직지도권을 행사하게 되었다. 당시 출판된 대내용 『간부학습제강』에서는 국방위원회가 국가주권과 행정권 모두를 가진 정권의 중추기관으로 되었다고 하면서 이를 "위대한 장군님의 군사중시 사상과 선군영도 사상이 구현된 독창적인 우리 식의 국가체계"라고 주장하였다.[30]

30) 통일연구원, 『김정일 정권 10년 : 변화와 전망』(서울 : 통일연구원, 2004), p. 17.

특히 명목상의 국가수반인 김영남 최고인민회의 상임위원회 위원장은 최고인민회의 제10기 1차 회의에서 국방위원장의 직책을 "나라의 정치·군사·경제역량의 총체를 통솔 지휘하여 사회주의 조구의 국가체제와 인민의 운명을 수호하며, 나라의 방위력과 전반적 국력을 강화 발전시키는 사업을 조직 령도하는 국가의 최고 직책이며, 우리 조국의 영예와 민족의 존엄을 상징하고 대표하는 성스러운 직책"[31]이라고 밝혔다. 이는 헌법상 국가수반인 최고인민회의 상임위원회 위원장이 남한의 국회에 해당하는 최고인민회의를 통해 공식적으로 언급한 것으로서 국방위원회의 북한에서의 지위와 역할을 명확히 하였다.

북한은 국방위원회의 지위와 역할을 대폭 강화하는 과정에서 군부와 보안기관 내 최고지도자들을 중심으로 국방위원회를 재구성하였다. 1998년 당시 권력 2인자로 불리우던 조명록 차수가 국방위원회 제1부위원장에 임명되었고, 1968년 1월 미 정보함 푸에블로호 납치사건의 실질적 주역인 김일철 인민무력부장, 당시 김정일의 신임이 높았던 자강도당 책임비서 연형묵 그리고 김일성의 항일무장투쟁 동료인 리을설 호위총국장과 사회안전부장 백학림, 당 군수공업정책 검열부 부장 전병호가 국방위원으로 위촉되었다. 과거에도 일부 군인들이 국방위원회에 포함되어 있었다. 하지만 헌법 개정을 통해 당과 군대에서 현역 군인들을 중심으로 정치사상 및 군사 분야의 핵심 지도부들을 국방위원회 구성원으로 선임함으로써 국가사업 전반에 대한 지도와 관리·감독을 용

31) 『로동신문』, 1998년 9월 7일.

이하게 만들었다.

둘째, 제도상 김일성과 김정일 체제의 가장 큰 차이로 대외 관계와 경제 및 그와 관련된 업무 및 운영과 행정관리는 각각 최고인민회의 상임위원회 위원장과 내각 총리에게 맡겼다. 김일성 정권 시기에는 국가 주석과 부주석, 중앙인민위원회, 정무원이 있었는데, 국가주석과 부주석제, 중앙인민위원회를 폐지하면서 최고인민회의 상임위원회로 기능과 역할이 흡수·통합되어 개칭하였다. 기존의 최고인민회의 상임위원회는 최고인민회의가 휴회하는 기간 동안 최고인민회의의 기능과 권한을 부여받아 실무를 처리하는 역할을 수행하였다. 하지만 최고인민회의와의 기능이 사실상 분리되어 국가 대표기관의 역할을 부여받게 되었고, 최고인민회의 상임위원회는 최고인민회의가 휴회 중일 때 국가 최고주권기관이 되어, 경제발전계획, 국가예산 심의 및 승인, 헌법과 부문법 규정 해석, 법령·결정·지시의 폐지 및 정치, 내각 구성원 임명 및 해임, 조약 비준 등을 수행한다.

북한의 행정기관에도 큰 변화가 있었다. 김일성 시기에는 국가 주석과 부주석, 중앙인민위원회, 정무원이 있었는데, 특히 기존 정무원은 국가주석과 중앙인민위원회 지도하에 사업을 집행하는 행정적 집행기관이었다. 그러나 1998년 헌법 개정으로 국가 주석, 부주석, 중앙인민위원회도 폐지하면서 최고인민회의 상임위원회로 기능과 역할이 흡수·통합되어 개칭하였다. 정무원도 그 이름을 내각으로 바꾸고 그 기능과 역할이 강화되었다.

내각은 행정적 집행기관이자 전반적 국가 관리기관의 권한이 추가되어 위상과 역할이 강화되었다. 조직운용의 효율성을 제고하기 위해 부서도 감축하고 총리 한명과 부총리 두 명, 28개 부처를 두어 경제위기에 효율적으로 대처하도록 나름의 실용성을 추구하였다. 내각은 정무원 당시 10명의 부총리에서 2명으로, 41개의 부와 위원회들이 28개로 슬림화되었다. 따라서 내각이 과거 중앙인민위원회가 수행하던 권한과 임무를 일부 이양받게 되었으며, 국가정책을 집행하기 위한 대책을 세울 권리, 국가 관리와 관련한 규정의 제정 및 수정·보충의 권리 등이 주어졌다. 그리고 내각총리는 정부의 대표가 되었으며, 각 부문별 위원회와 부를 성으로, 위원장과 부장을 상으로 각각 개칭했다.[32)]

내각 인사들도 물론 북한 영도 및 지도핵심의 인물로 구성된 것은 사실이나 조직을 슬림화하면서 전문성을 높이는 과정에서 내각의 정치적 역할보다는 실무적 경제적 능력을 향상시키기 위한 노력이 보였다.

그 중에서 인민무력성이 내각에서 별도로 국방위원장의 명령으로 국방위원회 산하로 편입되었다. 군 관련 기관들의 국방위원회로의 편입은 눈여겨 볼만한 변화였다. 국가안전보위부는 북한체제 내부 보위 및 군 사찰 업무를 담당하는 부서로 1973년 김정일이 비공식적으로 후계자로서의 지위를 모색할 시기 사회안전부 내 정치보위국에서 분리되어 북한의 대내치안을 담당하는 인민보안성과 더불어 북한체제를 유지하는 공안기관이었다. 과거 김일성 생존 시기 이 기구는 주석 직속 기관이었으며, 새로운 헌법 개정 이후 국방위원회 산하 기구로 재편됨에 따라 최고지도자로

32) 박완신, 『신북한행정론』(서울 : 지구문화사, 2002), pp. 380-383.

서의 친위 사찰 기구의 역할을 담당했다. 국가안전보위부의 국방위원회 직속 배치는 헌법 개정을 통해 선군정치를 법적 제도적으로 정착시키면서 군 관련 모든 기관들을 김정일이 직접 통치 관할함으로써 군부에 대한 관리·감독을 일층 강화하고 이를 통해 우대와 속박을 동시에 하겠다는 의미였다.

이번 헌법 개정은 주석과 중앙인민위원회를 폐지하고 정무원 총리를 내각 총리로 개편함으로써 1948년 정권수립 당시 또는 1972년 헌법 이전의 권력구조로 회기하였다고 볼 수 있다. 이러한 권력 구조의 개편은 국가 권력의 분산을 위한 것이라기보다는 김정일의 정치적 필요와 통치 스타일을 반영한 역할 분담의 성격이 강하다. 난관에 처한 행정경제사업은 내각으로 이관하고, 의식상 행사가 많은 대외사업을 최고인민회의 상임위원회로 이관함으로써 김정일은 경제난과 대외적인 공식 활동을 자제하고 책임을 면할 수 있는 제도적 방법을 구상한 것으로 보인다.

이러한 권력구조의 개편은 김정일의 사상·군사 중시 의지가 반영되어 나타난 결과라고도 볼 수 있다. 김정일은 후계 수령으로 당 총비서와 국방위원장직에 전념함으로써 대내적인 사상결속과 군사중시의 사회체제를 강화해 나가겠다는 것으로 해석된다. 이렇게 볼 때 1998년 당시 북한 사회주의 체제 전반적 권력 구조는 사상과 정치 사업 전반은 당, 군사사업은 국방위원회, 행정경제사업은 내각이 분담하는 형태였다.

전체적으로 1998년 헌법 개정 이후 국가기관 체계상으로는 국가원수의 지위를 대외적 지위와 대내적 지위로 구분하였다. 국가를 대표하는 대외적 지위는 최고인민회의 상임위원회 위원장인 김영남이 맡도록 하고, 조선민주주의인민공화국 정부를 대표하는 대내적 지위는 내각총리가 맡도록 한 것이다. 전에 비해 상대적으로 중앙국가기관의 위상과 역할이 높아진 것이다.

그러나 실질적인 국가최고직책은 국방위원장으로 추대된 김정일이 맡고 있다. 김일성 사망 이후 군 최고사령관과 국방위원회 위원장으로 북한을 통치하던 김정일은 1998년 9월 5일 최고인민회의 제10기 1차 회의에서 국가 주석제가 폐지되고 국방위원회가 강화됨에 따라 명실상부한 북한의 절대 권력자가 되었다. 그리고 배급제가 실질적 기능을 상실하고 생존을 위한 주민일탈행위 및 탈북이 증가함에 따라 당-국가체제가 이완된 상태에서 유일하게 상명하복의 동원 체계를 갖춘 군대를 중심으로 한 선군정치가 본격화된다. 군대를 전면에 내세워 약화된 사회적 통제기능을 보완하고 체제균열 또는 붕괴를 막으려는 것으로 보인다. 또한 군은 대규모 건설공사에 투입되기도 하며 군수공업을 통한 무기수출로 외화를 벌어들이는 경제 집단으로 탈바꿈되기 시작한다.[33]

이 시기는 대내외적 위기 속에서 주민동요와 체제이완을 막으며 체제 생존조치를 취해야 했던 시기이다. 북한 당국은 체제생존을 위해 한편으로는 최고인민회의 상임위원회와 내각을 중심으로 이전 시대에 비해 중앙국가기관을 강화하여 행정·경제 분야의 전문성을 제고시키려 하였으며, 또 한편으로는 김정일이 아직까지 위계적이고 상명하복의 규율이 엄격한 국방위원회, 특히 군대 내 당 라인을 중심으로 국가체제를 재구조화하려는 선군정치

33) 박영자, "북한의 중앙국가기관 : 체계와 운영", 세종연구소 북한연구센터 엮음, 『북한 당·국가기구·군대』(파주 : 한울아카데미, 2007), p. 367.

를 주도하였다.[34)]

국방위원회는 국가주권의 최고 군사지도기관이다. 1972년 사회주의 헌법에서는 중앙인민위원회의 부문별 위원회에 불과했으나 1992년 헌법에서는 국가주권의 최고군사지도기관으로 그 위상이 격상되었다. 또한 국방위원장이 일체의 무력을 지휘·통솔하도록 하고 있다. 1972년 사회주의 헌법에서 신설된 국방위원회는 당시 주석이 겸임하였기에 권력구조상 특별한 의미는 없었다. 그러나 1992년 헌법에서 국방위원회가 국가 주석과 분리되고, 1993년 김정일이 국방위원장에 취임하면서 그 지위와 역할이 달라졌다.

1970년대 중반 이후 김정일 후계체제가 가시화되면서 김정일의 권력이 지속적으로 강화되었고, 김일성 사망 이전인 1993년 김정일이 최고 군사지도기관인 국방위원회의 위원장으로서 국가무력을 통솔하는 권한을 갖게 된 것이다. 더욱이 1998년 개정 헌법에서는 인민무력부와 국가안전보위부를 포괄하며 국방위원회의 위상은 더욱 강화되어 국방위원장은 북한의 실질적인 최고 권력자가 되었다.

북한의 체제위기 상황에서 국방은 가장 중요한 국가사업이다. 따라서 "국방은 단순한 군사문제가 아니고 정치, 경제, 군사, 외교, 사회와 문화 생활 등 민족의 생활영역 전반에 비끼게 되는 거대한 창조사업으로 민족번영과 사회진보를 이룩하는 것을 최대의 과제로 지향하는 국사 중의 최대 국사"인 것이다. 그러므로 국방위원장인 김정일은 북한의 실질적인 최고통치자인 것이다.

김정일이 1998년 개정 헌법에서 주석제를 폐지하고 국방위원회

34) 박영자, 위의 글, p. 367.

위원장직을 통해서 북한의 실질적인 국가수반의 역할을 수행하려고 하는 데는 다음과 같은 것을 고려했을 것이다.

첫째, 북한의 식량난과 에너지난 등 총체적인 경제 사업에 대한 전반적인 책임을 져야 하는 주석 취임은 정치적으로 부담이 될 수밖에 없었고 효율적이지도 못했다. 김일성 사후 김정일은 3년 동안의 권력 재편을 미루면서 유훈통치의 명분을 이어갔고, 실질적으로 김정일이 주석에 취임할 경우 따를 정치적 부담을 의식하여 정상국가체제로의 환원을 미루면서 권력구조 개편을 추진한 것으로 보인다. 김정일이 국가 주석에 취임할 경우 행정 경제 사업에 대한 전반적인 책임을 져야 하는데, 총체적이고 구조적인 체제 위기 상황 하에서의 주석 취임은 부담이 될 수밖에 없다는 판단에서 김일성을 '영원한 주석'으로 추대하고 주석제를 폐지한 것으로 보인다. 김일성도 생전에 주석제의 문제점을 여러 번 언급한 바 있다.

김일성은 1990년 4월 4일 경제학자들과 가진 담화에서 "우리나라에서 경제관리가 바로 되지 않기 시작한 것은 주석제를 내오고 정무원이 경제 사업을 맡아 지도하게 된 다음부터"라고 주장했다. 김일성의 주장에 따르면 주석제를 내온 다음부터 그는 주로 국가사업 전반을 보고 당 사업은 김정일이 맡아 하였으며 경제 사업은 정무원 총리가 맡도록 했다는 것이다.[35] 김일성은 정무원이 경제 사업을 전적으로 책임지도록 하였으나 정무원이 제구실을 바로 하지 못하기 때문에 국가 주석으로서 정무원 총리의 대

35) 고유환, "북한의 헌법 개정과 강성대국 건설론", 『행정논집』 제26집(동국대학교 행정대학원, 1998), p. 16.

리 역할을 많이 하였다고 불만을 토로하면서 주석제의 문제점을 지적했다. 이러한 김일성의 지적을 통해, 혁명적 수령론의 법적 제도화 차원에서 만들어진 주석제 헌법의 권력구조는 유일체제 구축에는 효율적이었지만 경제문제 해결에는 효율적이지 못했다는 것을 보여주었다. 따라서 북한은 1972년에 채택한 구 헌법의 주석-중앙인민위원회-정무원의 3단계 중앙행정체계가 경제문제 해결에 효율적이지 못하다고 판단하여 권력 구조의 전반적 개편을 단행한 것으로 보인다.

둘째, 김정일의 공식직함은 조선노동당 총비서, 조선민주주의인민공화국 국방위원회 위원장, 조선인민군 최고사령관으로 실질적인 북한의 최고통수권자였다. 이러한 이유로 주석 취임을 절차와 형식의 문제로 인식하고 주석제를 폐지하였다. 북한의 통치체계는 수령의 유일적 영도체계이기 때문에 법과 제도를 초월하는 수령이 북한의 실질적인 최고지도자이다.

김정일은 위대한 영도자(후계 수령)로 김일성의 사망과 동시에 수령의 지위를 승계하였다. 북한은 당-국가체제를 운영하고 있기 때문에 1997년 10월 8일 김정일이 당 총비서에 추대된 것을 계기로 북한의 최고 권력에 대한 제도적인 권력승계도 이루어진 것이다. 따라서 굳이 국가 주석직을 차지하지 않더라도 북한을 통치하는데 아무런 문제가 없다는 판단 아래 주석직을 폐지한 것으로 보인다. 김정일은 유일체제 구축과정에서 당과 정부의 공식기구를 통한 정책결정보다 측근 실세들을 중심으로 한 비공식 채널을 통한 정책결정을 선호한데서도 알 수 있듯이, 앞으로도 법과 제도에 의한 통치보다는 자의적 지배를 하기 위해서는 주석제를 폐지하는 것이 정치적으로 유리할 것이라는 판단을 했을지도 모른다.

김정일은 김일성 사망 100일이 지난 1994년 10월 16일 당 중앙위원회 책임일군들과 한 담화 "위대한 수령님을 영원히 높이 모시고 수령님의 위업을 끝까지 완성하자"를 발표하였다.

이 담화에서 "당의 혁명적 경제 전략을 철저히 관철하자면 정무원의 역할을 결정적으로 높여야 합니다. 정무원은 나라의 전반적 경제 사업을 통일적으로 틀어쥐고 조직 지휘하는 경제사령부이며 나라의 경제 사업에 대하여 당 앞에 책임지고 있습니다. 경제 사업이 잘 되는가 못되는가 하는 것은 정무원이 어떻게 일하는가 하는데 달려 있습니다. 당에서는 정무원이 경제사령부로서 나라의 경제 사업을 전적으로 맡아 하도록 하기 위하여 정무원책임제, 정무원 중심제를 내 놓고 모든 사업조건을 지어주었습니다. 위원회, 부를 비롯한 경제기관들은 경제 사업에서 제기되는 모든 문제를 정무원에 집중시키고 정무원의 통일적인 지휘 밑에 풀어나가야 합니다"라고 강조하면서 사실상 자신의 통치하는 기간 내에는 경제문제에 관해서는 정무원(현재 내각)에 일임을 하여 전문성을 강화시킬 것임을 천명하였다.

결국 김정일은 앞서 김일성이 얘기한 것처럼 국가주석이 정무원 총리의 대리역할을 하는 것을 방지하기 위해 정무원을 내각으로 개칭하고 내각의 역할을 강화하면서 경제정책문제에 집중할 것을 요구하였다.

3 통제경제체제의 한계와 제한적 개혁·개방

제1절 군대를 이용한 경제건설 사업

북한에서 군은 체제 성립시기부터 6.25전쟁 전후 복구 그리고 산업화시기를 거쳐 현재까지 대규모 도로와 건물 및 대형 댐 건설 등 경제 분야에서 중요한 역할을 해 오고 있다. 특히 군은 경제적 고비 때마다 경제건설에 투입되어 경제발전에 큰 역할을 담당했다. 1990년대 상반기 농업, 경공업, 무역 등 '3대 제일주의 경제전략이 실패로 돌아가고, 1990년대 중반의 연이은 자연재해로 경제가 계속 침체 국면에서 벗어나지 못하자 인민군은 조국보위라는 군 본연의 임무 이외에도 경제건설에서 군의 역할이 더욱 두드러졌다. 군의 경제적 역할에 대해서 김정일은 다음과 같이 평가하였다.

> "우리가 〈고난의 행군〉을 하고 있을 때 우리 나라의 경제형편은 형언할 수 없이 어려웠다. 그대 조선 문제에 조예가 있다는 그 어떤 정세분석가도 오늘과 같은 강성부흥의 새 시대가 펼쳐지리라고는 예견하지 못 하였을 것이다. 그 기적과 같은 영웅서사시가 바로 위대한 장군님의 선군정치에 의하여 마련된 것이다. 사회주의건설의 돌파구를 열어 나가는 대담한 공격전, 우리 식 사회주의의 명맥

을 지키는 결사전의 선두에는 〈조국보위도 사회주의건설도 우리가 다 맡자!〉는 구호를 높이 든 우리 인민군대가 서 있었다. 인민군대의 불굴의 투쟁에 의하여 우리의 사회주의건설이 가장 어려운 시기의 고비를 극복할 수 있었다고 말한대도 과언이 아니다."[1]

군을 경제발전에 동원하게 된 배경은 크게 두 가지로 나누어 볼 수 있다.[2]

첫째, 인민군은 북한사회에서 규모와 인원상 가장 큰 규모로서 정치사회화가 가장 잘 된 집단이다. 인민군이 사회주의 건설에서 전위대로 나서야 하는 이유는 군이 주민들 중에서 "가장 우수하고 활력 있는 성원들로 선발된 가장 잘 준비된 혁명의 핵심대오, 정예대오"이며, "사상적 높이와 계급적 자각에서 단결력과 전투력, 투쟁기풍과 도덕풍모에 있어서 군대의 수준을 따를 대오는 없다"[3]라고 정의될 만큼 정치사상적으로 당성과 충성심이 강한 조직이기 때문이다. 그리고 "우리나라에서는 경제건설에서 큰 역할을 할 끌끌한 청년들이 군대에 가장 많이 들어가 있다. 이러한 조건에서 방대한 건설에 필요한 많은 로력을 군대에서 보장받는 것이 중대한 문제로 나서고 있다"라고 설명하고 있다.[4]

둘째, 북한의 대형건설공사는 대부분 인력에 의존하고 있기 때

1) 『로동신문』, 『근로자』 공동론설, 2001년 12월 21일.
2) 신광민, "북한 정치사회화 과정에서의 군의 역할", 동국대학교 대학원 북한학과 박사학위논문(2003), pp. 155-158.
3) 한호석, "선군혁명령도와 제2의 천리마대진군" ; 1990년대 말 북 정세인식의 초점(1996.6). 여기서는 신광민의 논문 p. 156.
4) 김덕현, "인민군대는 조국과 인민의 보위자이며 사회주의 건설의 적극적인 참가자이다", 『근로자』, 1986년 11월호, p. 23.

문이다. 북한이 군을 경제건설에 동원하게 된 것은 만성적인 노동력 부족현상에 처해 있기 때문이다. 북한은 현재 117만 명 정도의 병력을 유지하고 있는데, 노동력이 부족한 실정에서 17부터 27세까지의 젊은 군 인력의 활용은 경제건설에서 절대적으로 필요한 것이다. 더욱이 장비가 많이 부족하고 에너지 공급도 원활하지 못해 건설공사의 대부분을 인력에 의존하고 있는 상황도 군 인력의 경제건설투입을 촉진하는 요인으로 작용하고 있다.[5] 북한이 군대를 생산현장에 투입하는 가장 큰 이유는 공식적으로 실업이 존재하지 않는 북한 사회에서 경제건설에서 중요한 역할을 담당할 젊은 청년들이 주로 군대에 있고 군대의 조직성과 규율성이 강하기 때문이다.

또한 김정일이 가지고 있는 군에 대한 통제필요성에 대한 인식이다. 2000년 6월 15일 남북정상회담 오찬장에서 김정일은 "군대를 바짝 동원하면 당장 남쪽에 많은 물을 보낼 수 있습니다. 군대는 그냥 놀게 해서는 안 됩니다. 가만히 놔두면 적이 누군지 찾습니다. 군대는 그저 쉬지 않고 일을 해야 합니다"[6]라고 말했다. 이에 따라 북한지도부는 시대정신으로 '혁명적 군인정신'을 만들고 기강이 해이된 다른 사회 부문에까지 확산시키는데 주력하였다. 이처럼 북한에서 혁명적 군인정신의 확산이 필요한 이유는 비록 모범과 시대정신이 군인들을 창조하지만 사회의 절대다수를 차지하는 것은 노동계급이며, 노동계급은 여전히 "사회의 핵심역량이며 사회주의 건설의 선봉부대"이기 때문이다.

5) 이교덕, 『김정일 현지지도의 특성』(서울 : 통일연구원, 2002), p. 48.
6) 최원기 · 정창현, 『남북정상회담 600일』(서울 : 김영사, 2000), p. 108.

한편, 북한은 이의 확산을 위해 청년과 제대군인을 적극적으로 활용한다. 왜냐하면 청년들은 그 규율이 군대처럼 강하며, 속도전 청년돌격대의 구성 등으로 노동의 군사화가 용이했으며, 제대군인들은 비록 군복을 벗었지만, 혁명적 군인정신만은 현역군인에 못지않기 때문이다.

결국 북한은 혁명적 군인정신과 군대의 롤 모델 역할을 강조함으로써 사회경제건설자로서 군대를 적극적으로 동원하고 있는 것이다. 이러한 혁명적 군인정신의 강조는 경제적 어려움 속에 모범을 군대에서 찾고 이를 확산시키려는 전략으로 일반화시키려는 전략 중의 하나이다. 한편 북한이 혁명적 군인정신의 귀감을 창조하였다고 지적하는 군인 건설자들은 우리가 생각하는 정규군인과는 다르며, 군복을 입었을 뿐 실제로는 군복무 기간의 대부분을 대규모 건설공사 현장에서 보내는 노동자라고 할 수 있다.[7] 따라서 혁명적 군인정신의 강조가 단순히 군인들에 무조건 초점을 맞춘 것은 아니다.

군은 과거부터 대규모 도로와 건물 및 대형 댐 건설 등 경제분야에서 중요한 역할을 수행해왔다. 조선중앙방송은 “1950년대와 1960년대에 군대가 복구건설 투쟁과 천리마 대 진군에 발맞추어 전진하여 일떠세운 대규모의 공장, 기업소 그리고 1970년대와 80년대에 건설해 놓은 많은 갑문들과 운수시설, 문화기관들과 공장들은 지금 인민생활을 향상시키고 있다”고 보도했다.

또한 1986년 9월 6일에는 15만 명의 병력을 건설에 투입했다는

7) 정성장(2001), p. 104.

기록도 있다. 1990년대에는 예성강-연배벌 물길공사, 평양-개성 도로공사, 원산-금강산 철도공사, 평양-남포 고속도로 공사 등 수송한 해결을 위한 기반시설 공사에 꾸준히 동원되었다. 이외에 군대가 투입된 대형공사로는 승리자동차 종합공장 확장공사, 안변 청년발전소, 구월산 휴양소 건설, 태천 발전소, 평양-원산 고속도로 공사 등이 있다.[8] 김정일은 2000년 8월 남북정상회담에서 합의한 경의선 철도 연결과도 관련해서 "38분계선에 주둔한 2개 사단 3만 5천명을 빼서 즉시 착공하겠습니다"[9]며 군 동원의사를 밝혔다.

1994년 11월 9일에 발표된 '조선인민군 최고사령관 명령 제0051호'는 경제건설에서의 인민군의 역할이 증대되는 계기가 되었다. 이 명령은 인민무력부에서 청류다리 2단계공사와 금릉 2동굴을 당 창건 50주년인 1995년 10월 10일까지 건설할 것과 정무원에서는 건설에 요구되는 설비와 자재를 적기에 보장하기 위한 대책을 세울 것을 중요한 내용으로 하고 있다. 그 밖에 인민군이 지원하는 경제활동분야는 농사지원, 철도건설, 공장건설, 간석지 조성, 발전소 건설, 양어장 조성 등 다양하다. 1960년대, 1970년대에 비해 80년대가 대단위 사업이 더욱 많고 1990년대 이후는 더욱 증가하였다. 이는 대단위사업일수록 군 의존도가 높다는 것을 보여주었다.

8) 김정일, "인민군대를 강화하며 군사를 중시하는 사회적 기풍을 세울데 대하여(조선로동당 중앙위원회 책임일꾼들과 한 담화 1992년 2월 4일)", 『김정일 선집 13』 (평양 : 조선로동당출판사, 1998), pp. 1-9.
9) 『경향신문』, 2000년 8월 14일.

위와 같이 인민군이 경제발전에 기여한 모범적 사례를 상세히 살펴보면 다음의 세 가지로 요약할 수 있다.

첫째는 심각한 에너지난 해소를 위한 발전소공사를 들 수 있다. 인민군대는 부대별로 수력발전소, 풍력발전소 등을 건설하며 군 자체의 전기수요를 충당하는 것은 물론 주민들에게도 일부를 공급하고 있다. 군에 의해 건설된 대표적인 발전소는 금강산 지역의 안변청년발전소이다. 안변청년발전소는 1986년 8월에 건설을 시작하여 2000년 10월 20일 2단계 공사까지 마친 설비용량 81만 kw의 초대형 발전소이다. 이외에도 월비산발전소, 태천수력발전종합기업소 건설에도 동원되었다. 김정일은 전력공업부문과 농업부문을 강성대국건설의 돌파구로 규정했다. 특히 중·소형 발전소건설을 통한 전력수요의 자체해결이 강조되면서 이의 실천이 많아졌다.

둘째는 심각한 식량난 극복을 위한 활동이다. 인민군의 농사지원은 과거부터 전통적으로 실시해온 미풍양속으로 주둔 부대와 인근 주민 간 군민일치 운동의 하나로 지속되어 왔다. 그런데 심각한 식량난이 닥치자 김정일은 3년간 군대가 책임지고 농사를 짓도록 명령, 군부대가 인근농장에서 봄철부터 가을 수확기까지 상주하며 농촌지원 활동을 했다.

군인들의 농장투입은 1996년 가을부터 시작됐다. 추수기 때 농장의 수확물이 절취 및 유출되는 것을 방지하기 위해 무장경비도 맡았다. 1997년 4월에는 김정일의 위와 같은 특별지시로 모든 군부대가 농장에 투입되었다. 또한 직접 농사에 동원되거나 농사기자재 기증을 통한 생산지원, 농업기반 조성과 시설공사 등의 행태도 이루어졌다. 예를 들어, 1999년 4월 3일 원산에서는 군민대회를 개최하고 강원도 협동농장에 트랙터와 비료를 전달하였으며, 동월 27일에는 양강도 대홍단군 종합농장에 트랙터를 기증하기도 하였다.

셋째는 전역 군인들을 동원하여 집단 배치하여 경제발전에 동원하였다. 북한은 경제난 극복을 위해 제대군인 역시 생산현장에 집단적으로 배치하고 있다. 제대군인의 모범으로 가장 활발히 선전되는 것이 감자농사를 위한 제대군인의 대홍단군 진출이며, 1998년 3월 1,000여명을 시작으로 계속되고 있다. 북한은 1998년 말에는 10만 명의 군관과 하전사들을 제대시켜 공장, 기업소, 협동농장 등 각 부문 생산현장에 투입하였다.[10)]

이 조치는 떨어지는 생산성을 노동력으로 보충하여 향상시켜 보려는 의도로 보인다. 이들이 투입된 곳은 대홍단군종합농장, 김책제철연합기업소, 성진제강연합기업소 등 농·공·광업 부문의 일선 생산 현장이었으며, 특히 김책제철연합기업소와 성진제강연합기업소에는 1999년 초에 약 4천명의 제대군인이 배치되었다. 2000년도에도 1,200여명의 제대군인이 대홍단군종합농장에 진출한 데 이어 수백 명의 제대군인들이 포태종합농장에 일터를 정했다.[11)] 이러한 혁명전위로서의 인민군은 경제적 어려움이 닥치는 고비 때마다 동원의 대오에 앞장서서 경제건설에 투입되어 북한 경제발전에 매우 중요한 역할을 하고 있다.

10) 이교덕(2002), p. 50.
11) 『연합뉴스』, 2001년 7월 17일.

제2절 북한의 경제관리 방식과 경제정책 변화

북한은 1990년대에 들어서서도 계속 침체상황을 벗어나지 못하고 있었다. 북한은 아래의 표에서 나타난 것처럼 1996년까지 북한의 경제성장률은 1990년 -3.7%의 경제성장률을 기록한 이래 1994년의 경우 다소 호전되기도 하였으나, 1995년과 1996년의 수재에 따른 곡물생산 감소와 사회기반시설 파괴 등으로 다시 악화되어 7년째 마이너스 성장을 기록하고 있었다.

〈표 Ⅱ-1〉 북한의 연평균 경제성장률 추이

(단위 : %)

1976-1980	1981-1985	1986-1990	1990	1991
4.1	3.7	1.4	-3.7	-5.2
1992	1993	1994	1995	1996
-7.6	-4.3	-1.7	-4.6	-3.0

출처 : 『내외통신』 제1054호(1997.4.24)

1980년대 중반 이후 성장의 둔화가 두드러지게 나타나고 특히 1990년대에 들어와서 경제후퇴로 이어지고 있다. 북한경제의 침체원인은 1960년대 이래 누적되어온 체제의 구조적 모순과 비효율성의 증가라 할 수 있다. 북한경제시스템의 구조적 모순으로 계획경제의 외연적 성장지향, 자립경제의 추구, 중공업위주의 경제발전전략, 국방비의 과대지출, 경직된 경영관리체계 등을 지적할 수 있다.[12]

이렇게 경제침체가 본격적으로 나타나기 시작하였던 1990년대 초반 북한 당국은 경제정책의 변화를 시도하였다. 1993년 말 제시되었던 농업·경공업·무역제일주의는 1994년부터 시작되는 3년 동안의 완충기에 추진될 '혁명적 경제전략'으로 명명되었다. 북한이 추진할 "혁명적 경제전략의 내용은 우선 이 기간에 농업제일주의, 경공업제일주의, 무역제일주의로 나가는 것이며 이와 함께 인민경제의 선행부문인 석탄공업과 전력공업, 철도운수를 확고히 세우고 금속공업을 계속 발전시켜 나가는 것"[13]이었다.

이러한 경제전략은 40여 년 동안 중공업우선발전전략으로 왜곡된 경제구조와 투자구조를 개조하겠다는 의지를 담고 있었다. 북한 지도부는 투자구조 차원에서 농업과 경공업 부문에 대한 투자를 늘리고 성장속도를 높임으로써, 경제구조 차원에서 소비재생산부문과 생산수단생산부분 사이의 균형을 맞추려고 하였던 것이다. 그리고 그동안 빠른 경제성장을 위해 우선적으로 발전시키려고 했던 선행부문(석탄공업·전력공업·철도운수)과 금속공업을 이제는 인민경제의 생산 정상화를 위한, 더욱이 농업과 경공업의 발전을 위한 조건이라는 차원에서 강조하였던 것이다.[14]

인민들이 생활을 우선적으로 보장하겠다는 북한의 농업·경공업·무역제일주의에도 불구하고, 북한경제는 이 기간 동안 더욱 심각한 위기상황으로 빠져 들었다. 북한 지도부는 1996년 자신들

12) 최수영, "북한의 사회·경제구조와 현황", 『전략연구』 제3권 2호(1996), p. 48.
13) 리기성, "위대한 수령 김일성동지께서 신년사에서 제시하신 사회주의경제건설의 완충기와 우리 당의 혁명적경제전략", 『경제연구』 제82호(1994), p. 3.
14) 박순성, "김정일 시대(1994-2004) 북한 경제정책의 변화와 전망", 『북한연구학회보』 8권 1호(2004), p. 64.

의 체제를 유지하기 위한 3대 진지(정치사상, 경제, 군사)를 강조하는 동시에 이 시기를 '고난의 행군'시기로 규정하고 위기를 극복해 갈 것을 인민들에게 요구하였다. 또한 북한 지도부는 1995년부터 국제사회에 식량원조를 호소하고, 주민들이 생계유지를 위해 계획경제 부문으로부터 벗어나 비합법적인 시장경제활동을 하는 것을 묵인하기에 이르렀다. 혁명적 경제전략 시기 동안, 북한경제는 해외원조에 따른 대외의존의 심화와 암시장 확산에 따른 '밑으로부터 시장화'라는 말 그대로 '혁명적 변화'를 겪게 되었다.[15)]

1997년 10월 8일 북한의 김정일은 당 총비서로 추대되었다. 이것은 김일성 사후 김정일 통치 시기의 공식화를 의미하는 것이었다. 1995년부터 '고난의 행군시기'를 겪고 있던 북한은 그 동안 방만해졌던 경제시스템을 정비할 필요가 있었다. 이 시기에 북한은 경제위기를 타개하기 위하여 시장경제의 작동을 묵인하였는데, 김정일 시기의 시작과 함께 그로 인해 방만해졌던 계획경제 시스템 정상화에 주력하였다. 실제로 북한은 1998년 사회주의 헌법 개정이나 1999년 인민경제 계획법 제정을 통해 1990년대 경제난으로 이완된 계획경제의 틀을 바로잡는데 힘을 기울였다. 또한 이 시기 경제정책의 기조 또한 시장화에 대해 보수적이며 적대적인 논조가 중심을 이루고 있었다.[16)] 그러한 가운데에서도 다른 한편으로 북한은 경제침제의 돌파구를 대외적 개방이라는 측면에

15) 박순성, 위의 글, p. 65.
16) 이영훈, "김정일시대의 북한경제 종합평가 및 김정은 시대의 개혁 · 개방 가능성 전망", 『북한연구학회 춘계학술대회발표논문집』(2012), pp. 145-146.

서 찾기 위한 노력도 모색하였다.

사회주의권 몰락 이후 북한의 최우선적인 국가목표는 사회주의 체제유지, 김정일 정권의 정통성 확보와 정권 강화였다. 북한은 대외적 생존전략의 핵심목표로 서방과의 관계개선을 통하여 체제 안정을 확보하는 것이었다. 왜냐하면 북한은 전통적으로 군사적 우호관계를 맺어 온 국가들로부터 고립되면서 남한과의 군사력 경쟁에 추가적인 부담을 떠안게 되었는데, 북한의 경제력으로는 이러한 부담을 감당하기가 너무나 힘들었기 때문이다. 북한은 경제적인 측면에서 대외적으로 외국자본의 유치와 경제지원을 통해 경제난을 타개하려 하였다. 그 동안 대외경제개방정책을 펴왔지만, 경제난의 회복을 위해 서방의 자본과 기술도입을 위한 대외경제개방정책을 확대할 필요성이 있었기 때문이다. 북한은 나진·선봉지역을 '자유경제무역지대'로 설정하고 외국인 및 외국 기업의 투자를 유치하기 위한 노력을 기울이기 시작하였다.

더욱이 북한은 1998년 9월 5일 헌법 수정, 보충을 통하여 경제부문에 대한 정책전환을 시도하였는데, 그것은 경제부문에서 부분적이나마 실용주의 노선으로 전환할 필요성을 인식하고 이른바 '북한식 사회주의시장경제체제'의 도입을 시도하기 위한 것이었다. 이는 중국의 경제부문에서의 개혁·개방정책이 어느 정도 성공을 거두고 있다는 점에서, 이를 모방하여 경제의 활력을 불러일으키는 효과를 얻고자 하는 것이었다. 북한은 중국의 경제개방모델을 북한의 실정에 맞게 수정 도입하여 체제의 정치적 안정을 위협하지 않는 범위 내에서 점진적이고도 제한적인 경제개방정책을 추진하고 자유무역지대에서의 서방자본 및 기술의 유치, 대외

무역증진에 관심을 증대시키고자 하였다.[17]

또한 경제관리의 측면에서 이전과는 다른 차이를 보였다. 북한은 고난의 행군 시기에 혹독한 경제난을 극복하기 위하여 한층 당의 위상과 역할을 강조하였다. 하지만 북한은 1998년 헌법 개정을 통하여 기존의 당 중심의 경제관리를 지양하고 내각을 중심으로 경제관리를 전문화된 영역으로 이끌어 가면서 경제전반에 급격한 구조조정을 가하여 경제를 '정상화'시키려고 하였다. 북한은 첫째, 경제운용의 본부로서 내각의 기능을 강화하였다. 둘째, 각 부분에서 계획을 세우는 개별 경제지도조직의 권한을 확대했다. 셋째, 경제관리의 개선과 합리화를 위하여 공장 · 기업소를 대대적으로 재조직하는 것이었다. 넷째, 생산의 특화를 촉진하고 제품의 질을 개선하기 위한 노력을 최대화하려고 하였다.[18]

그럼에도 불구하고 북한경제의 변화는 제한적으로 이루어질 수밖에 없었다. 왜냐하면 김정일 정권의 개막이 공식화된 이후 북한 경제전략의 핵심노선으로 '자력갱생'과 '중공업 우선주의'가 과거처럼 강조되었기 때문이다.

사회주의 체제에서 경제개혁은 중앙집권적 계획모델에서 분권적 시장모델로의 변화를 의미한다. 분권적 시장모델로의 변화를 위해서는 ① 투자의 우선순위 조정, 경제주체의 확대, ③ 경제운영체계의 변화가 이루어져야 한다. 동시에 국제시장구조에 참여

17) 구본학, "북한의 경제회생전략 : 개혁 · 개방", 정진위 외 공저, 『새로운 동북아질서와 한반도』(서울 : 법문사, 1998), p. 353.

18) 차문석, "김정일정권의 공장관리체제 : '새로운 경제전략' 하의 공장구조조정과 공장관리", 『북한연구학회보』 제6권 1호(2002), p. 98.

해야 하는데, 이른바 경제개방은 ① 무역정책의 분권화, ② 수출 확대, ③ 외자유치 등을 의미한다.

이와 같은 개념규정을 근거로 1990년대 중반 이후 북한의 경제정책을 평가해보면, 첫째 투자의 우선순위는 변화되지 않았다. 1994년 이후 완충기 과제로 3대 제일주의(농업, 경공업, 무역)를 내세우고 있고, 인민생활의 향상을 강조하고 있으나, 여전히 투자의 우선순위는 변화되지 않았다. 1980년대 후반의 '8 · 3인민소비품운동'이나 1990년대 중반의 경공업 강조는 대개 하급단위의 자력갱생을 강조하는 것이었다.[19]

게다가 김정일 체제의 공식화 이후 천명되었던 국방산업의 우선 발전전략도 '중공업 우선주의'노선을 더욱 중시하게 만들었다. 김정일 체제는 체제위기의 극복과 체제수호의 실현을 위해 강성대국건설과 선군정치를 강화함으로써 경제정책의 우선순위에서 국방산업을 가장 중요하게 거론하였다.

실제 북한은 1999년 신년공동사설에서 국방공업의 중요성에 대해서 언급하기 시작했다. 2002년[20]에 이르러서는 "국방공업을 발전시키는데 선차적인 힘을 돌리며"라고 강조하면서, 2003년 3월[21]에는 국방공업을 우선적으로 발전시키며 경공업과 농업을 동시에 발전시킬 것을 강조하였다. 국방공업의 우선적 발전을 보장한다는 것은 국가투자에서 국방공업의 몫을 충분히 조성하고 여

19) 진희관 · 신지호, "북한의 경제관리 방식과 김정일체제의 경제정책 변화", 고유환 엮음, 『로동신문을 통해 본 북한 변화』(서울 : 선인, 2006), p. 660.
20) 『로동신문』, 2002년 10월 5일.
21) 『로동신문』, 2003년 3월 21일.

기에 설비, 자재, 전력, 노력 등을 최우선적으로 원만히 보장하여 다른 부문에 비해 앞세운다는 것을 말한다.22) 2004년 1월의 신년 공동사설에서도 국방공업이 제1차적인 전략적 과업임을 명확히 제시하였다.

김정일 체제가 확립된 이후 북한은 경제정책의 변화를 꾀하면서 경제침체로부터 벗어나려고 노력하였고, 비록 제한적이지만 소기의 성과를 보이는 듯하였다. 그러나 김정일 체제가 직면한 체제위기를 극복하는 데에는 뚜렷한 한계가 있었으며, 북한경제의 회생에 대한 전망도 낙관적이지 못했다. 김정일 체제는 이러한 상황의 돌파구를 찾던 중에 2001년 김정일의 중국 방문은 북한 지도부의 인식전환을 자극하였다.

2001년 김정일이 중국을 방문한 이후 북한 내부에서는 개혁·개방에 대한 논의가 활발히 진행되는 한편, 북한 지도부는 자본주의적 경제요소의 도입을 보다 적극적으로 검토하기 시작하였고, 그 결과로 2002년에 북한은 '7·1경제관리개선조치(7·1조치)'를 발표하였다.

이것은 물가 및 임금인상, 환율 현실화 및 관세조정, 기업의 경영자율권 확대, 식량·생필품 배급제의 단계적 폐지, 개인 경작지의 확대 등을 골자로 한다.23) 경제관리개선조치의 성격에 대한 많은 논란에도 불구하고, 북한의 7·1조치는 그동안 북한이 강조하던 경제사업에서 실리를 보장하는 방식을 경제관리체계에 직접

22) 서재영 외, 『우리 당의 선군시대 경제사상 해설』(평양 : 조선로동당출판사, 2005), p. 21.
23) 통일부(2004), p. 199.

현실화한 것이었다. 또한 이러한 조치는 1990년대 중반 이후 암시장 형태로 발달하고 있던 비공식적인 시장경제를 공식화하고 확산시키는 방향으로 북한경제를 서서히 변화시킬 수 있었다.

마침내 북한은 2003년 3월 농민시장을 종합적인 소비품시장(종합시장)으로 확대하는 조치를 취했으며, 6월에는 경제관리개선조치와 관련하여 '개혁'이라는 용어를 사용하기도 하였다. 이와 더불어 북한은 경제특구를 지정하는 개방정책도 펴기 시작하였다. 2002년 9월 신의주(특별행정구), 10월 금강산(관광지구), 11월 개성(공업지구)을 각각 경제특구로 지정한 뒤, 북한은 본격적인 개방정책을 추진하기 시작하였다. 이러한 북한의 개방정책은 과거 1970년대, 1980년대, 1990년대의 개방정책과 달리 개혁과 개방을 동시에 추진함으로써, 자본주의 세계시장에 본격적으로 편입되려고 하는 의지를 분명하게 보여준 것이었다.[24)]

7·1조치 이후 북한경제는 주목할 만한 변화와 발전을 보여주지 못한 채, 오히려 부작용을 낳기 시작하였다. 그러자 북한 지도부는 2006년 식량배급제의 재개를 선포하면서 계획경제의 정상화를 시도하였지만, 북한의 계획경제는 전혀 정상화되지 못하였다. 이에 북한 지도부는 2009년에 화폐개혁조치를 취하면서 계획경제의 재건을 위한 강력한 처방을 내렸지만, 이것은 오히려 그나마 북한경제를 지탱해 온 시장마저 작동되지 못하게 함으로써 아사자의 속출 등 북한주민의 생활수준이 악화되는 결과를 초래하였다.[25)]

24) 박순성(2004), p. 69.
25) 이영훈(2012), pp. 147-150.

제3절 7 · 1경제관리 개선조치의 총론적 평가

7·1조치에 대한 총론적 평가에 대해서는 북한의 목적에 초점을 맞추는 것이 필요하다. 동시에 이 시기에 북한에서 공식적으로 나타나고 있는 국방과 관련된 정치 및 경제 관련의 상관성에 주목할 필요가 있다.[26)] 북한은 1990년부터 1998년까지 충격의 9년 연속 마이너스 성장을 기록하였다. 이 기간 동안 GNI는 무려 30%나 감소했다. 다만 1999년부터는 외부세계의 지원과 북한의 자구노력에 힘입어 플러스 성장을 유지하다 2006년부터는 다시 마이너스 성장을 기록하고 있다. 북한은 현재 경제의 지속 가능한 성장을 전혀 담보하지 못하고 있다.

사실 경제의 부문별 상황을 보면 사태의 심각성이 감지된다. 북한경제의 3대난이라는 식량난, 에너지난, 원자재난이 전혀 해소되지 않은 것이다. 주민생활과 관련하여 결정적인 중요성을 가지는 배급제는 유명무실해진 지 오래다. 이른바 빈곤의 늪, 저성장의 함정 상태다. 북한당국 스스로도 대외관계의 획기적 개선이 없는 한, 경제위기 이전의 상태로 회귀하든 그렇지 않을 경우에는 경제를 재건하는 일은 불가능함을 알고 있을 것이다. 때문에 경제성장을 논하기 전에 생존을 고민해야 하는 상황이다.

북한경제는 중앙집권적 계획경제인 만큼 재정의 기능 및 그 포괄범위가 자본주의의 재정보다 훨씬 넓고 큰 것이 특징이다. 집

26) 양문수, "소유제 변화 없는 시장화 정책", 윤대규 엮음, 『북한 체제전환의 전개과정과 발전조건』(파주 : 한울아카데미, 2008), pp. 123-126.

단적 소유를 기초로 국가소유뿐만 아니라 국가적 소유 또는 협동적 소유로 된 경제조직을 포함해 거의 모든 활동이 보조금이라는 재정에 의존하고 있다. 재정수입은 1994년 191.9억 달러에서 1997년에는 절반에 가까운 91.3억 달러로 급락했다. 이런 재정수입의 격감은 국가 살림살이뿐만 아니라 국영기업 전반을 운영하는데 직접적인 장애요인으로 작용한다.

이 경우의 국가의 대응 방식은 크게 두 가지로 나뉜다. 하나는 모든 부분에 대해 균등하게 예산을 감축, 배분하는 것이요, 또 하나는 불균등하게 감축, 배분하는 것이다. 따라서 북한이 7·1조치를 도입한 목적은 크게 다음 세 가지로 압축된다. 첫째, 국가재정난의 완화이다. 둘째, 인플레이션 압력의 완화이다. 셋째, 주민들에 대한 상품공급의 확대이다. 이 세 가지 목적을 달성하기 위해 북한당국은 두 가지 차원의 정책을 전개했다. 하나는 기존의 계획경제 시스템 내에서의 정책적 개선이고, 또 하나는 시장경제 메커니즘의 부분적 도입이다.

여기서는 공식부문의 공급능력 확대가 핵심이다.

첫째, 비공식부문의 자원을 공식부문으로 흡수하는 것이다. 이를 위해 주요 생필품의 국정가격을 암시장 가격에 근접시키는 방향으로 대폭 상향 조정했다. 공식부문의 경제활동 과정에서 비공식부문으로 불법 유출되었던 식량, 소비재, 심지어 노동력, 북한원이나 외화까지 공식부문에 환류시키고자 하였던 것이다.

둘째, 이중경제 전략의 공식화를 통해 경제 내 자원을 계획부터 집중하는 것이다. 종전에 일반 주민들의 생활용으로 배분되었던 자원을 더욱 줄이고 이를 지도부가 생각하는 최우선 부문으로 재분배했다.

셋째, 가격개혁을 통해 경제운영의 합리성을 제고하는 것이다. 이를 위해 각종 국가보조금을 축소 및 폐지했으며, 가격체계를 생산자 위주의 체계로 개편했다.

넷째, 공식부문의 생산성을 제고하는 것이다. 이를 위해 기업 자율성 확대, 기업에 대한 인센티브 강화, 특히 독립채산제 강화 조치를 취했다. 동시에 소비재 무상분배를 폐지하고 임금의 차등 지급의 폭을 확대하는 등 노동에 대한 인센티브를 강화했다. 아울러 협동농장에서 가족 경영을 시범 실시했으며, 무역의 분권화도 확대했다.

7·1조치의 성격은 핵심기업 및 산업에 대해서는 국가의 계획경제의 틀 속에서 아니 정확하게는 계획경제의 틀을 뛰어넘어 직접적인 명령과 강제를 통해 확실하게 장악, 관리하는 한편 여타의 기업들에 대해서는 시장에 맡기는 방식으로 국가가 손을 뗀 것이다. 7·1조치는 이러한 이중구조 전략의 공식화라는 성격을 지닌다. 이전에는 시장이 비공식영역으로 남아있었기 때문에 이중구조 전략은 공식화된 것은 아니었다.

또한 7·1조치를 달리 보면 선군시대 경제건설노선의 핵심적 요소 중 하나로 파악할 수 있다. 선군시대 경제건설노선의 핵심 명제는 국방공업의 우선 발전, 경공업, 농업의 동시 발전이며, 국방공업 부문에 투입할 재원의 확보일 것이다. 즉, 재정위기를 타계하기 위한 것이며 계획이냐 시장이냐 하는 문제는 우리 입장에서는 중요한 문제일수도 있지만 북한당국의 입장에서는 부차적일 수 있다.

4 북중, 북러관계의 변화, 대 서방 관계의 모색 및 남북한 관계

제1절 북한 대외정책의 변화 배경

냉전기 북한의 외교목표는 한반도 및 국제적인 공산화 달성이었다.[1] 북한은 이를 위한 국제혁명역량 강화 차원에서 소련, 중국, 동유럽 등 사회주의 국가들과의 연대강화를 외교정책의 우선순위로 삼았었다.[2] 이는 미국과 소련을 중심으로 하는 냉전시기에 있어서 당연한 결과였으며, 북한은 사회주의 국가들과의 연대강화를 통한 사회주의 진영의 통일·강화는 사회주의 국가들의 국제주의적 의무일 뿐 아니라 생존에도 반드시 필요한 것으로 인식하였다.[3] 또한 북한은 제국주의의 수탈에 함께 맞서는 공동의식의 발로와 남한과의 경쟁에 따른 비동맹 외교 강화노선의 일환으로서 제3세계 국가들과의 연대에도 힘을 쏟았다.[4]

이 같은 냉전기의 북한의 외교정책 방향은 국제사회의 탈냉전

---

1) 임재형, "탈냉전기 북한외교정책의 변화요인과 대응전략 : 김정일시대를 중심으로", 『국제정치논총』, 제41집 4호(2001), p. 107.

2) 성병욱, "북한 외교정책의 변화 추이 : 국제정세의 변화를 중심으로", 『국제정치연구』, 제12집 1호(2009), p. 55.

3) 백성호, "국가수립기 북한 외교의 특징 연구 : '후견-피후견 국가관계'의 시각을 중심으로", 『북한연구학회보』, 제9권 2호(2005), p. 249.

4) 이종석, "북한외교의 변화와 남북한관계", 『외교』, 제54호(2000), p. 22.

기의 흐름에 따라 변화하게 된다. 북한의 탈냉전기 이후의 대외 정책을 살펴보기 위해서는 먼저 대내외적 환경 및 대남관계를 살펴봐야 한다.[5] 대외적 환경을 살펴보면 1990년대를 전후해 일어났던 소련과 동유럽 공산주의 국가들의 체제붕괴는 미소를 중심으로 했던 양극체제의 해체와 미국을 중심으로 하는 단일-다극체제(uni-multipolarity)의 국제질서를 불러왔다.[6] 세계적인 탈냉전 분위기와는 다르게 동아시아에서는 강대국들 간의 군사안보정책이 상충하고 있어서 냉전적 속성이 유지되는 가운데 탈냉전적 속성이 공존하였다.[7]

이 같은 분위기 속에서 남한은 과거 적대 국가였던 러시아, 중국과 수교한 반면 북한은 미국, 일본과 수교하지 못했는데 이는 곧 남방삼각관계가 견고한 가운데 북방삼각관계는 균열이 발생한 것을 의미[8]하는 것으로서, 이로 인해 북한은 남한에 비해 외교적 열위상태에 놓이게 되었다. 또한 북한은 그동안 소련을 중심으로 한 공산주의 국가들로부터 들어오는 대외원조 의존도가 컸었던

---

5) 김영재, "국가성격 변화와 대외관계 : 탈냉전기 북한 대외정책의 변화", 최완규 엮음, 『북한의 국가성격 변용에 관한 연구 : '예외국가'의 공고화』(서울 : 한울아카데미, 2001).

6) 이 같은 인식은 정치 · 군사적으로는 미국의 압도적 우위가 맞지만 경제문제에서는 미국이 유럽, 일본 등과 경쟁관계에 있다는 인식에 기인한다. 성병욱 (2009), p. 54; 탈냉전 후 미국의 단극체제 (unipolarity)를 주장하는 주장에 대해서는 다음을 참고. 즈비그뉴 브레진스키 지음 · 김명섭 옮김, 『거대한 체스판』(서울 : 삼인, 2000).

7) 이수형, "한 · 미 연합방위체제의 구조조정방안 모색", 『국제정치논총』, 제40집 3호(2000), pp. 380-381.

8) 김갑식, "탈냉전기 동북아 질서와 북한의 남북관계에 대한 인식", 『한국정치연구』, 제19집 3호(2010), p. 111.

바, 공산주의 국가들의 체제붕괴는 곧 북한의 경제위기 심화를 불러왔다.

대외관계 악화 및 경제위기 심화는 김일성으로부터 권력을 이어받은 김정일 정권의 체제안정을 뒤흔들만한 요소가 되기에 충분했다. 실제로 1990년대의 북한은 경제위기로 인해 주민들의 이동이 증가하고 암시장이 확대되었으며, 사적 경제활동이 증가됨으로써 이에 따른 국가권위의 하락, 정보유통의 확산, 사회일탈행위의 증가 및 사회윤리의 붕괴, 성분 및 지역차별정책에 대한 불만의 증가 그리고 대량 탈북 사태 등으로 이어질 가능성이 점차 증대되었다.[9] 이 같은 상황에서 김정일은 공식적 권력승계 이후 주민들의 기대와 불만이 교차하고 있는 가운데 주민들에게 지도자로서의 신뢰감을 줄 필요성이 있었다.[10]

이 같은 대내외적 환경에서 북한당국은 1992년 개최된 최고인민회의 제9기 제3차 회의에서 마르크스-레닌주의를 헌법에서 삭제하는 동시에 자주 · 평화 · 친선이라는 대외정책의 목표를 신설하면서 마르크스-레닌주의에 입각한 혁명노선의 탈피를 시도하였다.[11] 이후 북한은 이념보다는 당면한 경제위기를 극복하기 위한 실리외교로 방향을 틀게 된다.

이를 구체적으로 살펴보면 첫째, 미국 · 일본 · EU 등 서방국가들과의 관계개선을 통한 체제안정 보장 및 경제적 이득의 확보,

---

9) 정규섭, "외교와 생존전략", 『김정일과 북한의 정치 : 어제 오늘 그리고 내일』(서울 : 선인, 2010), p. 345.

10) 백성호, "김정일시대 북한의 대유럽외교정책 연구 : 대내외 환경요인 (1998-2002) 분석을 중심으로", 『유럽연구』, 제25권 1호(2007년 봄), p. 120.

11) 임재형(2001), p. 108.

둘째, 중국·러시아 등과 전통적 우호친선관계 유지 및 발전, 셋째, 동남아시아 국가들과의 자원외교 강화, 넷째, 국제기구 및 NGO들과의 유대 관계 강화 등으로서 이 같은 점은 곧 북한의 1990년대 이래의 외교기조가 정치보다는 점차 경제를 강조하는 현실주의적 노선을 견지하는 쪽으로 변화되었다는 것을 보여준다.[12)]

한편 북한은 변화된 국제관계 질서 속에서 군사주의와 경제적 실용주의라는 이중전략[13)]을 통해 외교정책의 목표를 달성하고자 하였다. 이중전략이란 체제유지 및 대외협상을 위해 군사부문을 활용하는 한편 대외경제 분야에서 실용적인 자세를 취하는 전략을 일컫는다.[14)] 북한은 이 같은 이중전략의 연장선에서 핵과 미사일 문제들을 서방으로부터 경제적 보상을 받는 방식으로 해결하려는 경향을 보여 왔다.[15)]

제2절 북중, 북러관계 변화

냉전시기 혈맹으로서 순망치한(脣亡齒寒)으로 표현되었던 북한과 중국의 관계[16)]는 탈냉전 이후에 1992년 한중 수교로 인해 악화일

12) 이교덕 외, 『북한체제의 분야별 실태평가와 변화전망 : 중국의 초기 개혁개방과정과의 비교분석』(서울 : 통일연구원, 2005), pp. 356-357.
13) 이종석(2000), p. 30.
14) 임재형(2001), p. 112.
15) 임재형, 위의 글, p. 112.

로를 겪게 된다. 북한은 중국이 한국과 수교하는 것은 자신들이 내세운 교차승인 반대라는 주장이 관철되지 못하는 것을 뜻하기 때문[17]에 수교를 극렬히 반대했다. 이 같은 북한의 반대에도 불구하고 중국이 한국과 수교관계를 맺자 북한은 중국을 "제국주의에 굴복한 변절자 · 배신자"라고 비난[18]했다. 또한 북한의 권력 엘리트들과 주민들 사이에서는 중국이 더 이상 북한의 후방이 아닌 적진이라는 인식이 팽배하기도 했다.[19] 냉각된 북한과 중국의 관계를 반영하듯 1994년부터 1998년까지 양국 간에는 단 한 번의 고위급 인사교류도 이뤄지지 않았다.

하지만 1999년 발생한 북대서양조약기구(North Atlantic Treaty Organization : NATO)의 코소보 공습은 북한과 중국이 다시 가까워질 수 있는 계기를 마련해 줬다. 양국은 NATO군의 공습을 주도한 미국의 세력팽창에 공동의 위기감을 느끼게 되었다. 중국은 아시아에 주둔하고 있는 미일동맹과 한미동맹에 의해 포위될 수도 있다는 우려를, 북한은 자신들이 제2의 유고슬라비아와 같은 처지에 빠질 수 있다는 위기감이 팽배해졌다.[20] 또한 북한은 대내적으로 1998년 공식적으로 출범한 김정일 체제를 안정시키기

16) 물론 북한과 중국은 냉전기간 동안에도 협력과 갈등을 반복해 왔다. 이와 관련해서는 최명해, 『중국 · 북한 동맹관계 : 불편한 동거의 역사』(서울 : 오름, 2009).
17) 김경수, "김정일시대 이후 북한의 대외정책 : 중국 · 러시아와의 관계를 중심으로", 『한국정치외교사논총』, 제25집 2호(2004), p. 102.
18) 『조선중앙통신』, 1992년 9월 7일.
19) 현성일, 『북한의 국가전략과 파워엘리트』(서울 : 선인, 2007), p. 167.
20) Samuel S. Kim and Tai Hwan Lee, "Chinese-North Korean Relations", in Samuel S. Kim and Tai Hwan Lee, eds., *North Korea and Northeast Asia*(Lanham, MD : Rowman & Littlefield Publishers, Inc., 2002), pp. 113-115.

위해서 중국과의 관계개선이 필요했다.[21]

이 같은 양국의 대내외적 상황으로 인해 북한과 중국은 다시 한 번 관계를 회복하게 되었고 이어서 양국 간 고위급 인사교류가 이어졌다. 1999년 6월 북한의 권력서열 2위인 김영남 최고인민회의 상임위원장이 중국을 방문했고, 10월에는 탕자쉬엔 중국 외교부장이 평양을 방문, 김정일을 접견했다. 2000년 3월에는 북한의 백남순 외무상이 중국을 방문하여 탕자쉬엔과 회담을 가졌고 2000년 5월에는 김정일 국방위원장이 중국을 방문하여 장쩌민 주석 등 중국 수뇌부와 회담을 가졌다. 김정일은 2001년 1월에도 중국을 방문, 상해 푸동 지구 등을 시찰하였으며 2001년 9월에는 장쩌민 주석이 북한을 방문, 양국 간 현안을 논의하였다.

이후 양국관계는 2002년 붉어진 제2차 북핵 위기로 인해서 악화되었다. 중국은 북한의 핵개발에 반대 입장을 밝히면서 북핵문제의 안보리 회부에 찬성하였고, 2003년 2월에는 북한으로 향하는 자국의 송유관을 사흘간 잠그는 등 실력행사를 하기도 했다. 하지만 한편으로는 양국 간 의사소통의 채널을 유지하면서 고위급 인사교류를 통해 견해 차이를 조절하였다.

대표적으로 2004년 4월, 김정일 위원장이 중국을 방문하였으며, 2005년 10월에는 후진타오 중국 국가 주석이 방북하여 김정일 위원장과 정상회담을 가졌다. 2006년 1월에는 다시 김정일 위원장이 중국을 방문하였다. 이후 양국관계는 북한이 2006년 10월과 2009년 5월, 두 차례의 핵실험을 실시하고 중국이 UN과 미

21) 김계동, 『북한의 외교정책 : 벼랑에 선 줄타기외교의 선택』(서울 : 백산서당, 2002), p. 182.

국에 협조하는 듯한 태도[22]를 보이면서 다시 갈등관계를 빚기도 했다.

하지만 2차 핵실험 후 중국 내부에서 북핵문제 대응방안에 대한 격론 끝에 대북정책과 북핵문제는 별개로 대처한다는 방침[23]이 정해지면서 다시 우호관계로 돌아서게 되었다. 이후 양국은 정치·경제 등 전 분야에 걸쳐 활발한 상호인사교류를 통해 전통적인 협력관계를 국제사회에 과시했다. 2009년 10월 중국의 원자바오 총리가 후진타오 주석의 2005년 방문 후 4년 만에 처음으로 북한을 방문했으며 김정일 국방위원장이 2010년 5월과 8월 그리고 2011년 5월 등 1년 남짓한 기간에 무려 세 번이나 중국을 방문했다. 양국은 경제교류에도 박차를 가했다. 2009년 원자바오 방북 시, 양국 간 다수의 경제협정조약이 체결되었으며, 북한으로의 무상원조 제공과 나선지대 및 황금평에 대한 개발에 합의하기도 했다.

냉전시기 사회주의 동맹국이었던 북한과 러시아의 관계는 1990년 체결된 한러 수교협정으로 인해 악화되기 시작했다. 북한은 러시아에 대해 "달러로 사회주의 연대를 팔아먹었다", "사회주의 대국으로서의 존엄과 체면, 동맹국의 리익과 신의를 팔아먹은 행위"[24] 등의 표현을 쓰면서 원색적으로 비난했다. 한편 러시아는

22) 이와 관련해서는 박홍서, "탈냉전기 중미간 '협조체제'의 출현? : 9.19 공동성명 후 북핵문제에 대한 중미간 협력", 『국제정치논총』, 제47집 3호 (2007) 참고.

23) International Crisis Group, "Shades of Red : China's Debate over North Korea", *Crisis Group Asia Report*, No. 179, Vol. 2 (November, 2009), pp. 5-8, 20.

24) 『로동신문』, 1990년 10월 5일.

그동안 북한에 적용해왔던 우호가격제를 철폐하고 경화결제를 요구하였다. 이에 따라 양국 경제관계는 급속도로 침체되었다. 대표적으로 북한에 우호가격으로 제공했던 석유공급이 중단됐으며, 1990년 21억 달러였던 양국 간 무역액은 1994년에 1.4억 달러로 축소됐다.[25] 군사 면에서는 1961년 양국 간 맺은 동맹조약인 북러 우호협조 및 호상원조조약이 1996년 9월에 폐기됐다.

이처럼 악화일로를 걷던 양국관계는 1995년 러시아 국내정치가 보수화되고 대외기조가 기존의 친서방 위주에서 강대국 지위 회복으로 바뀌면서 변화하였다.[26] 양국은 1996년 폐기됐던 북러 우호협조 및 호상원조조약을 대신하는 북러 우호선린 협력조약을 2000년 2월에 체결했다. 이후 2000년 7월, 푸틴 대통령이 러시아 대통령으로는 처음으로 북한을 방문했고, 이에 화답하여 김정일 국방위원장이 2001년 8월과 2002년 8월에 각각 모스크바 및 연해주를 방문하여 양국 간 정상회담을 가졌다.[27]

이 시기에 보다 주목할 것은 양국 간 군사부문에 대한 협력이다. 양국은 2001년 방위산업 및 군사장비분야 협력협정과 2001년 군사협력협정을 체결[28]했는데, 양국이 군사적 협력을 추진하게 된 데에는 부시 미 대통령의 집권에 따른 미국의 보수적인 대외

25) Andrei Lankov, "Russia and North Korea : 'Socialist Solidarity' to Quasi-alliance", 일본방위성 산하 방위연구소 심포지움 보고서(December, 2007), p. 47.

26) 김계동(2002), p. 161.

27) 양국 간 정상회담은 이후 9년 만인 2011년 8월, 김정일 국방위원장과 메드베데프 대통령 사이에 개최되었다.

28) 김계동, 『북한의 외교정책과 대외관계 : 협상과 도전의 전략적 선택』(서울 : 명인문화사, 2012), p. 333.

정책에 상호간 공조해야 할 필요성을 느꼈기 때문이다.[29)]

양국 관계는 북한의 핵실험에 따라 또 한 번 변화를 겪게 된다. 북한의 1차 핵실험에 대해 러시아는 핵 비확산에 반하는 행동이라며 비난했으나 이를 해결하기 위한 UN의 무력사용은 반대하는 입장을 취했다.[30)] 한편 러시아는 북한의 2차 핵실험에 대해서는 보다 강경한 자세를 보였는데 당시 추르킨 주유엔대사는 UN의 강력한 결의안을 지지한다는 입장을 표명하기도 했다.[31)]

러시아가 이처럼 북한의 핵실험에 반대하는 가장 큰 배경에는 북한과 같은 나라로 인해 핵확산금지조약(Non-Proliferation of Nuclear Weapons : NPT)체제가 붕괴될 경우 핵분야의 강대국인 자국의 위치가 하락하여 국제정치적 영향력이 감소될 수 있다는 우려 때문이었다.[32)]

핵문제를 둘러싼 갈등과는 달리 경제교류에 있어서는 양국 간 이익이 대체로 일치하였다. 이는 중국에 비해 대북 영향력이 취약한 러시아로서는 북한과의 경제교류협력을 강화함으로써 한반도에서 자국의 영향력을 확대하고자 했기 때문이다. 북한 측에서 봤을 때에도 러시아와의 경제협력은 중국에 대한 과도한 경제 의존도를 줄일 수 있을 뿐 아니라 외화확보의 좋은 수단이 될 수 있었다. 이에 따라 양국은 하산-라진 간 철도 현대화와 시베리아

29) 김계동(2002), p. 168.
30) 남진수, “북핵실험을 바라보는 러시아의 시각”, 『국정브리핑』(국정홍보처, 2006.10.29).
31) 정은숙, “북한의 핵실험에 대한 러시아의 입장”, 『정세와 정책』, 7월호(2009), p. 6.
32) 정한구, “북한 핵무기와 러시아”, 『세종논평』, No. 68(2006.12.15).

횡단철도(Trans-Siberia : TSR) 수송을 책임질 합영기업 설립 그리고 북한의 러시아로의 인력수출 등에 합의했다.[33)]

하지만 양국 간 경제협력은 기대한 만큼 활발하지 못했는데, 이는 러시아가 구소련 시절 북한이 진 80억 달러의 채무문제가 해결되지 않으면 과거수준의 경제협력은 어렵다는 입장을 밝혔기 때문이다.[34)] 이에 따라 양국 간 교역액은 2010년을 기준으로 1.1억 달러에 그쳤고 러시아가 북한무역에서 차지하는 비중은 2.6%에 불과했다.[35)]

김정일 정권의 북한은 냉전시기 전통적인 우방이었던 중국과 러시아와 경제관계뿐 아니라 안보협력의 강화를 위해 노력해왔다. 이는 미국을 중심으로 하는 한 · 미 · 일 동맹이 아직 역내에서 건재한 가운데 자국의 안보를 지키기 위한 어쩔 수 없는 선택이었다. 중국과 러시아 역시 역내 전략적 라이벌 국가인 미국 또는 한 · 미 · 일 동맹에 맞서는 카드로 북한과의 전략적 관계를 유지해왔다. 하지만 이 같은 전략적 관계는 북한의 핵개발을 둘러싼 북한과 중국, 러시아의 입장차로 자주 난항을 겪기도 했다.

33) 박정민, “푸틴 이후 러시아의 대외정책과 대북정책”, 『북한연구학회보』, 제14권 1호(2010), p. 207.
34) 연현식, “러시아의 대북정책 변화와 전망”, 『통일연구』, 제13권 1호(2009), p. 116.
35) KOTRA, 『2010 북한의 대외무역 동향』(KOTRA, 2011), p. 9.

제3절 전방위 외교의 추진과 대서방, 대남관계 개선

북한은 탈냉전 이후 국제사회에서 절대적인 강자로 떠오른 미국의 세력을 견제하기 위해 중국 · 러시아와 같은 냉전 시기 사회주의 형제국가들과의 관계회복을 위해 노력해왔다.[36] 또한 사회주의권 붕괴에 따른 대외적 환경 속에서 외교적 고립을 타파하고 악화되고 있는 경제문제를 해결하기 위해 미국 · 일본 · EU 등 서방국가 및 남한과의 관계개선을 모색하였다.

1 북 · 미, 북 · 일, 북 · 유럽관계

탈냉전 이후 국제사회의 제국(諸國)들은 유일 초강대국으로 부상한 미국과 어떤 관계를 맺어야 하는지를 가장 큰 외교적 과제 중의 하나로 인식했다.[37] 이는 북한도 마찬가지여서 김정일 정권은 북미관계의 개선을 가장 중요한 외교현안으로 설정하였는데, 이는 대미관계가 개선되면 국제사회로부터 체제 안보를 공인받을 수 있을 뿐 아니라 북한에 대한 국제사회의 투자가 늘고 한미동맹에 의한 군사적 안보위협이 경감되는 등 파급효과가 클 것이라는 기대감 때문이었다.[38] 따라서 북한은 탈냉전 이후 미국에게

---

36) 박영규, 『김정일 정권의 외교전략』(서울 : 통일연구원, 2002), p. 62.

37) 냉전 이후 각국이 미국중심의 국제질서에서 어떤 외교정책을 펼쳤는지에 대해서는 다음을 볼 것. Ethan B. Kapstein and Michael Mastanduno, eds., *Unipolar Politics : Realism and State Strategies after the Cold War* (New York, NY : Columbia University Press, 1999).

38) 김창희, "북한의 체제유지정책과 강성대국론", 『한국정치외교사논총』, 제21집 2

일관되게 6.25전쟁의 공식종료 및 평화협정 체결과 북미관계 정상화를 요구하였다.[39] 하지만 양국관계는 북한의 핵개발을 둘러싸고 대립과 관계개선의 패턴을 지속해 왔다.

양국관계는 먼저 제1차 북핵 위기로 갈등을 겪었는데 북한은 1990년대 초반 악화된 대외환경 속에서 체제생존을 위해 핵개발을 추진하였다. 이를 용인할 수 없었던 미국은 국제원자력기구(International Atomic Energy Agency : IAEA)의 북핵사찰을 요구했고 심지어 영변 핵시설에 대해 폭격을 검토하기도 했다.[40] 하지만 양국은 1994년 10월 제네바 합의를 통해 북한이 영변 핵시설을 동결하고 NPT체제를 복귀하는 대신 미국은 북한에 대해 발전 및 연료용 중유, 경수로 발전소를 제공하고 핵무기 불위협 및 불사용, 대북경제제재 완화와 관계개선을 약속함으로써 위기를 종식시켰다.[41]

이후에 양국은 북한의 금창리 핵의혹 시설로 잠시 갈등을 빚기도 했으나 2000년 남북정상회담 이후 화해 기류가 감돌기 시작했다. 이에 2000년 10월, 북한의 조명록 차수는 워싱턴을 방문하여 클린턴 대통령과 회담하고 울브라이트 국무장관이 평양을 방문, 김정일과 회담하는 등 적대관계 종식과 북미수교를 위해 노력하

호(2000), p. 297.

39) 백학순, "대남전략과 대외전략", 정성장 · 백학순 공저, 『김정일 정권의 생존전략』(성남 : 세종연구소, 2003), p. 85.

40) Joel S. Wit, Daniel B. Poneman, and Robert L. Gallucci, *Going Critical : The First North Korean Nuclear Crisis* (Washington D.C. : Brookings Institution Press, 2004), pp. 192-220.

41) 백학순, "북미 관계", 세종연구소 북한연구센터 엮음, 『북한의 대외관계』(파주 : 한울아카데미, 2007), pp. 77-78.

였다. 한편 클린턴 미 대통령이 양국관계 개선을 위해 북한을 방문할 예정이었으나 미국 내 반대여론에 밀려 성사되지 못했다.[42)]

양국관계는 이후 부시 미 대통령이 집권하고 힘을 바탕으로 한 강압외교를 천명함에 따라 악화되었다. 부시 정권은 클린턴 정권의 외교안보정책을 비판하면서 클린턴 정부와는 다른 정책을 사용한다는 소위 'ABC(Anything but Clinton)' 정책노선을 추구하였다. 북한에 관련해서도 클린턴 시절의 유화정책과는 다른 강경정책을 구사하였는데, 특히 2001년 9·11사태 이후 부시 정권은 북한을 이라크·이란과 함께 '악의 축(exis of evil)' 국가라고 비난하였다. 이에 대해 북한도 "타격의 선택권은 미국에게만 있는 것이 아니다"[43)]라고 강력히 반발하였다. 이후 양국관계는 2002년 10월 제임스 켈리 미 동아태차관보가 평양을 방문했을 때 북한이 핵개발을 시인함과 동시에 2차 북핵 위기가 발발하면서 더욱 악화되었다.

이후 북한은 핵동결 해제선언 및 NPT 및 IAEA 안전조치협정 탈퇴를 차례로 선언하면서 양국관계는 2005년 2기 부시 행정부의 시작 전까지 계속 긴장관계를 유지하였다. 2005년 9월에 재개된 6자회담에서 북한의 모든 핵무기 폐기 및 핵 프로그램 폐기, NPT 및 IAEA로의 복귀와 경수로 제공을 골자로 하는 9·19공동성명이 발표되어 양국관계가 호전되는 듯 보였다. 그러나 이후 미국이 북한의 불법자금을 세탁해준 것으로 의심되는 마카오의 방코델타아시아은행(BDA)에 대해 제재조치를 취하고, 북한이 이를 비

42) 김계동(2012), p. 290.
43) 『조선중앙통신』, 2002년 2월 1일.

난하면서 다시 경색국면을 맞이하게 된다.[44] 2006년 10월, 북한의 1차 핵실험 이후 양국은 다시 6자회담 틀 내에서 양자회담을 가지는 등 북한의 비핵화의 진전과 양국의 관계개선을 모색하였지만 큰 성과를 보지는 못했다.[45]

이 같은 흐름에서 2009년 미국은 오바마 행정부가 새롭게 집권하면서 양국관계 개선의 기대감이 고조되었다. 오바마 대통령은 대통령 후보 시절 북핵문제 해결을 위해서라면 북미 직접회담은 물론 김정일 국방위원장과 정상회담을 할 뜻이 있다는 점을 밝혀왔기 때문이다. 하지만 오바마 정부의 집권 이후 바로 북한이 2009년 4월 광명성 2호를 발사하고 5월에는 2차 핵실험을 진행함으로써 양국관계는 악화되었다. 북한은 한반도 문제 해결의 근본적 해결을 위해서는 오바마 정부가 클린턴 정부 시절의 교훈을 잊지 말아야 함을 강조[46]하기도 했으나, 미국은 오히려 전략적 인내(strategic patience)라는 대북정책을 들고 나와 북한이 비핵화에 대한 책임 있는 조치를 취하지 않는 한 북한과 어떤 협상도 하지 않겠다는 입장을 표명하였다.

김정일 정권의 대외생존 전략의 가장 큰 비중이 대미관계 정상화에 맞춰져 있다면 그 다음 순서는 바로 북일관계 정상화라고 할 수 있다.[47] 이는 북한이 일본과의 관계개선을 통해 자본과 기술을 유치할 수 있고 남한의 한소, 한중 수교로 인해 고립된 외

44) 김계동, 위의 책, pp. 297-298.
45) 서보혁, "월츠의 제3이미지와 북한의 대미정책", 『북한연구학회보』, 제15권 2호(2011), p. 185.
46) 김계동(2012), p. 308.
47) 백학순(2003), p. 84.

교관계를 탈피할 수 있을 뿐 아니라 미국과의 관계개선의 교두보를 마련할 수 있기 때문이다.[48] 일본 역시도 탈냉전 시기에 미국과는 별개로 한반도와 동북아시아 지역에서의 세력 확대와 대륙진출의 교두보 마련의 필요성이 증대됨으로써 북한과의 관계개선을 모색하게 된다.[49]

이 같은 분위기 속에서 양국은 1991년부터 1992년, 2000년부터 2002년, 2006년에 걸쳐 수교협상을 진행하였다. 2002년과 2004년은 양국 간 정상회담도 개최되었지만, 북한의 핵개발과 일본인 납치문제 등 제반현안에 대해 양국 간 의견차를 좁히지 못하고 수교가 결렬되었다. 이후 양국은 2007년 2·13합의에 따라 제1차 북일 관계정상화 실무회의를 3월과 9월, 2008년 8월 등에 걸쳐 개최하였으나 이 역시 일본이 납치문제의 선해결을 요구함으로써 별 성과 없이 종료되었다.[50]

관계개선을 위해 협력과 갈등을 반복해 왔던 양국관계는 북한의 핵실험으로 인해 급속히 악화되었다. 일본은 북한의 핵실험에 따른 UN제재에 동참할 뿐 아니라 북한 국적의 모든 선박의 입항금지 및 북한제품의 수입금지 등을 골자로 하는 독자적인 제재를 아울러 시행하였다. 또한 일본은 2007년 6월 들어 BDA 문제가 해결되는 등 2·13합의가 진전을 보이는 가운데에서도 계속 북한에 대한 강경책을 고집하였는데 북한은 이에 대해 6자회담 유관국들이 합의를 이행하고자 하는데 "유독 아베일당만은 비뚤어진 심사

48) 김계동, 위의 책, p. 359.
49) 김계동, 위의 책, p. 349.
50) 정규섭(2010), pp. 359-360.

를 드러내고 있다"[51]고 원색적으로 비난하였다. 또한 일본이 납북 일본인 문제가 해결되지 않은 상태에서 북한에 대한 경제지원에 참여할 수 없다는 입장을 고수하는 것에 대해 북한은 일본을 6자 회담 참가국에서 제외해야 한다는 입장을 밝히기도 했다.[52]

2009년 5월에 북한이 2차 핵실험을 진행하자 양국관계는 더욱 악화되었다. 일본은 유엔 제재 외에도 독자적으로 대북송금 금지법을 어긴 인물에 대해 일본의 입국 금지 등의 조치[53]를 취하였으며 이에 대해 북한은 일본의 독자적 제재가 자신들에 대한 극단적 적대시정책이라면서 이를 중단해야 한다고 주장했다.[54] 양국의 관계악화로 인해 북일 간 무역은 결국 2009년 6월을 기점으로 완전히 중단되었다.[55]

마지막으로 북한과 유럽의 관계를 살펴보면, 대유럽 관계개선은 북한에게는 북미, 북일 관계의 대안적 성격이 짙다고 할 수 있다. 북한은 탈냉전 이후 대서방 외교의 핵심인 미국, 일본과의 관계개선을 통해서 체제 안전보장과 경제지원을 이뤄내고자 했지만 북한의 핵실험 등 잇단 도발과 부시 정부로 대표되는 미국정치의 보수화 그리고 일본인 납북자 문제 해결 요구 등에 의해 관계개선에 실패하였다. 또한 북한이 비록 중국과 러시아라는 냉전시대 사회주의 형제국으로부터 안보적인 협력을 이끌어낼 수는 있었지만 경제적인 지원을 얻어내는 데에는 한계가 있을 수밖에

51) 『조선중앙통신』, 2007년 7월 7일.
52) 김계동(2012), p. 371.
53) 『연합뉴스』, 2009년 4월 10일.
54) 김계동, 위의 책, pp. 372-373.
55) 김계동, 위의 책, p. 373.

없었기 때문에 북한은 탈냉전 이후 유럽연합 국가들과의 관계개선을 적극적으로 모색하였다.[56)]

반면 유럽은 탈냉전 이후 미국의 독주체제가 강화되고 있는 현실에서 국제사회의 현안문제에 대해 미국과 대등한 영향력을 발휘하고자 노력하였다. 이에 따라 유럽은 아시아로의 접근을 모색하였으며 자연스럽게 북한과의 관계개선에도 관심을 가지게 되었다. 유럽은 북한과의 관계증진을 통해 북한을 개혁·개방으로 이끌고 북한인권을 개선함으로써 북한의 민주화에 일정 부분 역할을 담당하고자 하는 목표를 가지고 있었다.[57)]

북한의 대유럽 관계증진 행보를 살펴보면 먼저 1993년 3월 김용순 당비서가 스웨덴, 덴마크, 이탈리아 등을 방문하는 한편 노르웨이, 스페인, 영국공산당 대표들을 북한에 초청했다. 1994년에는 북한의 당 대표단이 이탈리아·프랑스 공산당대회에 참석하는 한편 노르웨이, 그리스, 벨기에, 스웨덴, 아일랜드, 프랑스의 좌익 정당 지도자들을 평양에 초청하여 유대관계를 다졌다.[58)]

북한은 2000년 남북 정상회담 이후 서방국가들과의 관계개선을 더욱 적극적으로 추진하면서 2000년 12월에 영국, 2001년에 네덜란드, 벨기에, 스페인, 독일, 룩셈부르크, 그리스, EU 그리고 2003년 12월에 아일랜드와 각각 수교하였다. 그러나 북한과 EU 국가들과의 관계는 2002년 발생한 2차 핵위기로 인해 급속도로

56) 백성호(2007), p. 111.
57) 김정용, "탈냉전시기의 북한의 대 서유럽접근 : 국내외적 환경 및 의도", 『한국정치외교사논총』, 제26집 2호(2005), p. 70.
58) 김정용(2005), p. 65.

냉각되었다.

EU는 북한의 핵개발을 절대 용인할 수 없다는 입장을 밝혔는데, 실제로 2002년 11월 당시 EU의 의장국이었던 덴마크의 묄러 외무장관은 "북한이 즉각 핵무기 개발 프로그램을 중단하지 않으면 북한과의 관계를 재고하지 않을 수 없다"고 경고했다.[59] 이 같은 분위기 속에서 EU와 북한은 북한의 핵개발과 EU의 북한인권 개선안의 UN상정을 이유로 1998년부터 진행해 왔던 북한·EU 간 정치대화를 2005년, 2006년에 중단하기도 했다. 양자관계는 2007년 2·13합의 이후 2007년 3월, 6월, 8월에 EU 대표단이 북한을 방문하여 북핵문제 해결과 대북지원 등에 관해 의견을 교환함으로써 일정부분 회복하게 된다.

탈냉전기 북한의 대서방 관계를 요약하면 다음과 같다.

북한은 사회주의권 붕괴에 따른 외교적 고립 상태를 극복하고, 서방 선진국으로부터 경제적인 도움을 받고자 미국, 일본, 유럽 국가들과 관계개선을 위해 노력해 왔으나, 다수의 유럽 국가들과 수교를 맺었다는 점을 제외하고는 대서방 외교에서 소기의 성과를 거두지 못하였다. 이는 북한이 대서방 외교의 핵심이라고 할 수 있는 미국, 일본과의 수교에 실패했기 때문이다. 이 같은 결과가 초래된 원인은 무엇보다도 북한이 국제사회의 반대에도 불구하고 핵개발을 강행한 탓이 크다고 할 수 있다. 결국 북한은 핵 보유라는 국가적 목표와 대서방 국가들과의 관계개선을 맞바꾸는 결과를 맞이하게 되었다.

59) 김계동(2012), p. 387.

2 남북관계

본래 북한의 대남전략은 한반도에서 남한과의 체제경쟁에서 승리하여 민족의 통일국가를 달성하는 것을 목표[60]로 하였으나, 탈냉전 이후 남한으로부터 흡수통일을 막고 체제를 보존하며 정권을 유지하는 수세적인 전략으로 바뀌었다.[61]

남과 북은 1990년대 초반 전 세계적인 탈냉전의 분위기 속에서 화해협력을 모색, 1991년 12월 '남북 사이의 화해와 불가침 및 교류 · 협력에 관한 합의서(기본합의서)'를 채택하고, 1993년 남북 간 특사교환방문을 위한 양자 간 접촉과 1994년 남북정상회담 개최를 위한 양자 간 협력 등을 시도하였다.

하지만 김일성의 사망과 북핵문제가 불거짐에 따라 남북관계는 악화되었다. 특히 당시 김영삼 정부는 북핵문제에 대해 강경대응 입장을 고수함으로써 온건적 대북노선을 취했던 클린턴 미 행정부와 갈등을 빚었다. 북한은 양국 간 견해차로 인한 한미갈등 상황에서 통미봉남(通美封南) 전략을 통해 남북관계를 북미 관계의 하위로 위치시키면서 미국을 통해 남한으로부터 양보를 얻어내는 전략을 시도하였다.[62]

1998년 김대중 대통령의 집권과 대북 유화정책에 힘입어 남과 북은 2000년 6월 13-15일, 평양에서 역사적인 정상회담을 개최하

60) 허종호, 『주체사상에 기초한 남조선혁명과 조국통일리론』(평양 : 사회과학출판사, 1975), pp. 185-198.
61) 백학순(2003), p. 75.
62) 이창헌, "김정일 시대 북한의 공세적 대남전략 : 한미동맹관계에 대한 대응을 중심으로", 『정치 · 정보연구』, 제14권 2호(2011), p. 12.

였다. 북한이 남북정상회담 제의를 받아들인 이유[63]는 다음과 같다. 첫째, 남한과의 정상회담을 통해 김정일의 지도자로서의 면모를 과시하고자 했고, 둘째, 남한으로부터 경제적 실리를 얻고자 했으며, 셋째, 남북정상회담 개최를 통해 북한의 국제적 위상을 제고함과 동시에 답보상태에 빠져 있었던 대미, 대일관계의 돌파구를 마련하고자 했다.

2000년의 남북정상회담을 계기로 남과 북은 전 분야에 걸쳐 회담 및 협력사업을 진행했는데, 먼저 2000년 7월에는 제1차 남북장관급회담, 2000년 9월에는 제1차 남북국방장관회담 그리고 2000년 12월에는 제1차 남북경제협력추진위원회 회의가 진행되었다. 한편 남북정상회담 이후 남북교역액은 2000년 4억 2천만 달러, 2001년 4억 달러, 2002년 6억 4천만 달러, 2003년 7억 2천만 달러, 2004년 7억 달러, 2005년 10억 5백만 달러로 상승세를 보였다.[64]

김대중 정부에 이어 집권한 노무현 정부는 대북 포용정책 노선을 계승하여 개성공단, 금강산관광, 철도 · 도로 연결 등 3대 남북경협사업을 확대함으로써 남북 간 경제협력을 심화시켰다. 남과 북은 2006년 북한의 핵실험으로 인해 다소간의 냉각기를 가졌지만 2007년 2 · 13합의 이후 2월 15일 남북장관급회담 실무대표접촉이 성사되면서 다시 관계가 회복되었다.[65]

이후 2007년 10월, 평양에서 열린 제2차 남북정상회담에서는 해주경제특구 건설과 한강하구 공동이용, 남포 · 안변 조선협력단

63) 김계동(2012), pp. 207-208.
64) 통일부, 통일통계-남북교역 참조(http://www.unikorea.go.kr/index.jsp).
65) 김계동(2012), p. 212.

지 건설, 개성-평양 고속도로 및 개성-신의주 철도 개보수 등 새로운 경제협력사업에 합의하였다.[66)]

'비핵개방3000 구상'을 대북정책의 골간으로 내세운 이명박 정부의 등장으로 남북관계는 다시 냉각기를 맞이하였는데 북한은 핵을 포기한 상태에서의 경제교류를 전제로 하는 이명박 정부의 대북정책에 크게 반발했다. 북한은 이명박 정부의 집권으로 인해 "북남관계의 앞길에는 험난한 가시밭이 조성되었으며 그것은 조선반도와 그 주변 정세에 영향을 미치지 않을 수 없다"[67)]고 경고하기도 했다.

남북관계는 2008년 7월에 발생한 금강산 관광객 피격사건으로 인해 더욱 악화되었고, 2008년 12월 북한은 군사분계선 통행제한을 골자로 하는 군사적 조치를 취하였다. 2008년까지 북한은 남북간 긴장관계 속에서도 이명박 정부의 대북정책 전환을 시도하였으나 2009년 들어서는 실질적으로 남북관계 개선을 포기하고 강경대결의 의사를 분명히 표명하기 시작했다.[68)] 이 같은 대립적 환경 속에서 2010년 3월 한국 해군의 초계함인 천안함이 침몰하였고, 동년 11월에는 북한이 연평도를 향해 포격함으로써 남북관계는 파국으로 치닫게 되었다.

결론적으로 북한은 경제위기에 따른 남한과의 경제협력의 필요성을 인정하면서도 남한 정권이 자신들에게 불리한 대북정책을 펼칠 경우 남한에 대해 공격적으로 반응해 왔다. 이는 탈냉전 이

66) 김계동, 위의 책, p. 214.
67) 『로동신문』, 2008년 4월 1일.
68) 이창헌(2011), p. 241.

후 주변국들과의 외교관계와 국력비교에 있어서 남한에 비해 열위에 놓일 수밖에 없는 북한이 대남관계를 공세적으로 가져감으로써 자신의 체제를 보존, 유지하고자 하는 전략에 따른 것으로 볼 수 있다.

5 체제 위기와 생존전략으로서의 핵·미사일 개발

제1절 북한의 총체적 위기의 실태

1990년대에 들어서면서 북한은 이른바 고난의 행군 시기를 맞이하였다. 이 시기에 북한이 직면한 위기들은 탈냉전이라는 밖으로부터의 충격과 안으로부터 불거지기 시작한 체제 내 문제점들이 상호작용하면서 더욱 악화되어 가고 있었다.

제2차 세계대전의 전후 처리과정에서 형성되었던 자본주의와 사회주의 진영 간 냉전적 세계질서는 소련을 위시한 동유럽 사회주의 국가들의 몰락, 1989년 독일 통일, 1990년 이라크의 쿠웨이트 침공, 1991년 미국 주도의 쿠웨이트 수복작전 수행 등 일련의 국제정치적 사태를 거치면서 서서히 붕괴되었다.

냉전체제의 붕괴로 세계질서는 과거와는 다르게 변화하였다. 이데올로기의 극단적인 대결구도에 입각한 세계적 차원의 정치·군사적 대립이 점점 누그러졌고, 미국이 세계질서의 명실상부한 단일 주도국으로 등장하였으며, 경제적으로 상호 협력을 지향함과 동시에 무한 경쟁이 심화되었다.

냉전의 종식과 탈냉전의 도래는 북한에게 엄청난 위기의식을 던져 주었다. 그 중에서 첫 번째 위기는 동북아지역에서 세력균형의 변화였다. 세계적 냉전 종식의 흐름을 타고 한국의 노태우 정부가 추진한 북방정책은 1992년 중국과의 관계 정상화를 이루어 냈다. 중국이 한국과 수교를 하여 관계 정상화에 이른 것은 중국과 지리적으로 가장 가깝고 전통적인 혈맹관계를 유지해 오던 북한에게는 체제 위협 요소였다. 소련의 해체, 동구 사회주의 국가들의 몰락, 동서독 통일에 이은 한중관계 정상화는 북한을 무한 고립상태에 빠뜨렸다.[1] 왜냐하면 소련의 해체와 한중 간 국교정상화는 냉전시기에 동북아지역에서 한국-미국-일본에 대응하는 북한-소련-중국 간 안보협력체제의 와해를 의미하였기 때문이다.

두 번째로는 소련과 미국 간 냉전적 양극구조의 붕괴이다. 전후 냉전시대는 미국과 소련 간 패권경쟁의 시기였다. 하지만 소련의 해체는 미국에 대해 경쟁하고 견제하는 세력의 소멸을 의미하였다. 이것은 소련의 지위와 역할마저 미국에 의해 대체되면서 미국 주도의 단일패권질서로의 전환을 말하는 것이었다.[2]

잘 알다시피, 북한은 예나 지금이나 국제사회에서 가장 대표적인 반미국가이다. 북한은 국가수립 이후 줄곧 자신의 체제위협세력으로 가장 먼저 미국을 지목하고, 미국과의 적대적인 관계와 긴장을 조장하고 유지하면서 체제 유지에 노력하였다. 그러한 북한에게 있어서 미국이 세계질서의 유일한 주도국가로 등장하고

1) 이수훈, “탈냉전, 세계화, 지역화에 따른 동북아질서 형성과 남북관계”, 『한국과 국제정치』 제25권 3호(2009), p. 6.
2) 이에 대해서는 정항석, “탈냉전시대 세계질서와 패권”, 『한국동북아논총』 제18권 (2001)을 참고.

새로운 세계질서를 재편한다는 것은 곧 북한에 대한 심각한 안보 위협으로 받아들일 수밖에 없었을 것이다.[3)]

특히 1990년 미국의 이라크 공격, 1999년 미국을 중심으로 하는 NATO군의 코소보 공격, 2003년 미국의 이라크 재공격 등은 북한으로 하여금 정권붕괴에 대한 두려움을 키우게 된 것으로 판단된다. 북한은 앞서 언급했던 정치·이데올로기·경제위기에 더해 이 같은 안보위협을 극복하기 위해 북한은 핵·미사일과 같은 군사력 증강에 매달리게 되었다. 다시 말해, 실질적인 외부위협으로부터 자신을 보호하는 한편, 체제에 불만을 품고 있는 북한 주민들의 시선을 외부로 돌리기 위해 군사력 증강에 돌입하게 되었다.[4)]

또한 소련의 해체 및 동유럽 사회주의 국가의 몰락은 북한에게 경제적으로도 큰 타격을 주었다. 주변부 사회주의 국가인 북한은 1989년 11월 베를린 장벽이 무너지면서 시작된 동유럽 사회주의 국가들의 체제전환에 따른 극심한 경제위기를 겪게 되었다. 북한은 1948년 국가 수립 이후 자급자족을 기치로 하는 자립적 민족경제건설노선을 추구했지만 본질적으로 경제개발을 이룰 수 있는 자본과 원유와 같은 천연자원 그리고 선진 기술 등이 부족했기 때문에 중국, 소련 등 사회주의 국가들로부터 경제지원에 상당부

3) 이에 대한 북한의 입장은 『로동신문』 1990년 7월 5일자 사설 "근로자들을 반제계급의식으로 더욱 튼튼히 무장시키자"를 참고.

4) 이처럼 국내적으로 당면한 정치·경제위기를 모면하고 국민들을 결집시키기 위해 군사력을 증강하거나 외부위협을 강조하는 것을 '관심전환 효과'(divergent effect)라 부른다. 이와 관련해서는 정성철, "관심전환 전쟁이론 : 논리와 증거", 『한국정치학회보』, 제47집 4호(2013).

분 의존해 왔다.

소비에트 블록 경제와의 단절로 인한 우호무역 조건의 상실로 인해 북한의 수출과 수입이 동시에 급락하였으며, 수입이 줄어들면서 국내의 공업과 농업 생산도 급감하게 되었다. 또한 에너지 부족으로 교통이 마비되고 전기와 상수도가 끊겼다. 물자와 달러 부족으로 암시장 가격과 환율이 급등했고 국가의 재정적자는 눈처럼 불어났다.[5)]

밖으로부터의 위협이 안보적 영역이었다면, 안으로부터의 위기는 체제유지 여부에 관한 것이었고, 그것의 중심에는 경제위기가 자리잡고 있었다. 북한은 1990년대에 들어와서도 침체상황을 벗어나지 못하였다. 1996년까지 북한의 경제성장률은 1990년 −3.7%의 경제성장률을 기록한 이래 1994년의 경우 다소 호전되기도 하였으나, 1995-1996년의 자연재해에 따른 곡물생산 감소와 사회기반시설 파괴 등으로 다시 악화되어 7년째 마이너스 성장을 기록하였다.

북한의 경제위기는 특히 식량난에서 극명하게 나타났다. 배급사정은 이미 1980년대 중반부터 나빠지기 시작하였으며, 1990년대 중반 이후에는 만성적인 식량부족에 수해까지 겹쳐서 배급사정이 더욱 악화되었다. 김정일 정권은 지난 수년간 식량문제 해결을 최대 현안과제로 삼고 총력을 기울였다. 그들은 식량난을 타개하기 위해서 '고난의 행군'(1997년), '강행군'(1998년) 등의 구호를 내세우며 주민들을 독려했으나 별다른 성과를 거두지 못하였다.[6)]

5) 신석호, "사회주의 국가의 경제위기와 대응의 정치학 : 1990년대 북한과 쿠바 사례 비교", 『현대북한연구』, 제11권 1호(2008), pp. 7-8.

식량난의 가중은 북한 지도부에게 위협적인 체제붕괴 요인으로 인식되었다. 경제위기로 인한 배급체제의 붕괴는 주민들의 사회주의 가치관에 큰 영향을 미쳤다. 북한은 사회주의권 붕괴에 따라 사회주의 이념의 정당성 및 정체성의 위기를 극복해야 하는 과제를 떠안게 됐다.[7] 식량난과 배급체제 붕괴로 인해 북한주민들은 자력갱생의 길로 내몰렸으며 돈이 많아야 사람구실할 수 있다는 풍조가 만연하였다. 이로 인해 그 동안 북한주민들을 통제해왔던 사회주의 이데올로기의 절대적 지위가 흔들리는 현상을 맞이하였다.[8]

더욱이 1994년 김일성의 사망은 식량난과 맞물리면서 북한 붕괴론의 배경이 되었다. 북한은 유일사상에 입각한 유일지배체제를 유지해 왔다. 유일지배체제의 정점에는 수령이 존재하는데, 바로 김일성이었다. 김일성의 사망은 수령의 부재를 의미하는 것으로 유일지배체제의 구심점이 상실되었다는 것과 다름이 없었다. 김일성의 공식 후계자로서 김정일이 건재하였음에도 불구하고, 김일성의 사망에 따른 수령의 공백은 북한체제의 몰락을 가장 빠르게 초래할 수 있는 위기요인이었다고 할 수 있다.

그 대표적인 징후가 바로 국가와 사회전반에서 정치·사회적 기강이 붕괴되는 현상이었다. 정치적 기강이완을 보면 김일성과

6) 이종석, "김정일체제의 역량과 생존전략 : 김정일 정권의 위기관리방식, 대내적 측면", 『북한연구시리즈』 제19권(2000), p. 72.
7) 고유환, "북한 사회주의체제의 구조적 위기와 김정일정권의 진로", 『한국정치학회보』, 제30권 2호(1996), pp. 235-236.
8) 김창근, "북한의 위기와 김정일정권의 변화수용 방식 연구", 『통일정책연구』 제8권 1호(1999), pp. 89-92.

김정일의 절대성에 대한 회의 증대, 국가권위에의 도전, 벌목공, 유학생 등 외국 생활 경험자, 대학생, 대학교수 등을 중심으로 한 북한체제에 대한 회의 증대, 체제비판적 낙서로부터 반체제 결사 조직에 이르기까지 체제 저항적 행위의 출현, 사상체계와 사상교육 사업에 대한 회의적 태도의 증대 등이 나타났다. 절도 등 경범자의 증대, 가족해체와 사회적 한계계층의 증대, 매춘의 증대, 계층적 위화감의 발생, 여행의 증가, 미신의 증대 등 사회 기강 이완 현상이 나타났다.[9)]

요컨대 1990년대에 북한의 상황은 체제붕괴냐 아니면 체제유지냐는 절체절명의 위기국면이었다. 이것은 안으로부터 표출되고, 밖으로부터 밀어닥친 위기요인들의 상호작용으로 인한 악순환의 결과였다고 할 수 있다. 이에 대해 북한 지도부는 충효라는 봉건적인 유교적 도덕을 앞세워 유훈통치와 3년 상 등을 강조하면서 김일성에 대한 주민들의 충성심을 유도하고, 다른 한편으로 "수령은 곧 우리 당이고 우리 당은 곧 김정일동지이다"[10)]라는 정치적 슬로건을 내세워 김정일의 우상화 작업을 강하게 추진하였다.

제2절 북한의 핵 · 미사일 개발 과정

1990년대에 들어서면서 북한은 대내외적으로 심각한 위기들에

박형중, 『90년대 북한체제의 위기와 변화』(서울 : 민족통일연구원, 1997), p. 3.
10) 『로동신문』, 1996년 2월 6일.

직면하였다. 당시 북한이 직면한 위기상황은 체제의 몰락이냐 유지냐는 매우 중대한 갈림길에 서 있었다. 이런 체제안위의 생사기로에서 북한이 전격적으로 들고 나온 것이 바로 핵개발이었다. 북한의 핵개발은 한반도 정세뿐만 아니라 세계질서 전체에 엄청난 파장을 불러 일으켰다. 이것은 현재까지도 세계 정치의 가장 민감하고도 복잡한 이슈로 남아 있는 것이다.

전쟁을 방지하기 위한 억제전략은 핵무기의 출현 이전부터 있어 왔던 개념이지만 핵무기의 출현과 함께 안보 및 군사전략의 핵심적 개념으로 발전되었다. 특히 핵억제전략은 냉전기 동안 강대국 간의 전쟁을 방지하였던 중요한 역할을 담당하였다. 강대국 간의 군사적 대립과 세력경쟁 그리고 많은 군사적 위기에도 불구하고 전쟁을 피할 수 있었던 것은 핵무기의 억제적 효과가 매우 주효하였기 때문이다.

핵무기의 대량파괴력은 전쟁에 대한 손익계산을 관련국들이 보다 분명하게 인식할 수 있도록 하였다. 강대국의 핵능력은 서로에게 감당할 수 없는 손실을 가할 수 있는 능력과 의지를 과시함으로써 대규모 전쟁을 성공적으로 방지토록 하였다. 핵전쟁은 정치적, 도덕적으로 수용할 수 없는 전쟁으로 변화하였다. 이는 핵무기 보유 자체를 억제력을 과시하는 상징적 수단으로 변모시켰다.[11] 이것은 약소국에게도 적용될 수 있을 뿐만 아니라 오히려 강대국보다 약소국에게 더욱 효과적일 수도 있다.[12]

11) 박창권, "북한의 핵운용전략과 한국의 대북 핵억제전략", 『국방정책연구』 제30권 2호(2014), p. 157.

12) Bernard Brodie, "The Development of Nuclear Strategy", *International*

이러한 맥락에서 볼 때 북한이 국제사회의 반대와 비난에도 불구하고 핵무기를 가지려고 하는 것은 약소국의 처지가 반영된 것으로 보인다.

우선 재래식 군사력의 열세에 놓인 약소국은 핵무기 같은 대량살상무기를 통해 강대국의 행위를 억지할 수 있다. 북한이 대표적인 비대칭무기이자 대량살상무기인 핵무기 개발에 성공하는 경우, 미국은 북한의 핵공격으로 예측 불가능하고 막대한 피해를 받을 수 있는 상황에 놓이게 되면서 북한을 섣불리 선제공격할 수 없게 된다.

둘째, 자본집약적인 재래식 무기체계의 지속적인 보유 및 개선보다는 몇 개의 핵무기 보유가 경제적일 수 있다. 1990년대 중반 절정에 달했던 극심한 경제난에서 완전히 벗어나지 못한 북한에게 재래식 군비증강은 열악한 경제력 탓에 선택하기 쉽지 않은 대안인 동시에 바람직하지도 않은 대안으로 받아들여졌을 것이다.[13] 게다가 북한은 미국에게 자신의 요구사항을 관철시키기 위한 협상의 수단으로도 활용하기 시작했다.

북한은 6.25전쟁 당시 미국으로부터 핵무기 사용의 위협을 받아왔으며, 또한 미국이 1950년대 지상군과 재래식 군사력의 열세를 보완하기 위해 채택한 핵무기의 전술적 사용에 바탕을 둔 억지전략을 북한에도 적용하여 1957년쯤 한반도에 전술핵무기가 도입된 이후부터 북한은 핵 개발에 몰두하게 되었다. 1962년 쿠바

Security, Vol. 2, No. 4(Spring, 1978), pp. 5-6.

13) 김진환, "북한의 안보전략 변화 : '핵무기-안보교환 전략'의 등장, 진화, 전환?", 『동북아연구』 제28권 1호(2013), pp. 94-95.

미사일 위기에서 소련의 후퇴를 목격하고, 가열되는 중소분쟁 속에서 국방노선을 강화할 필요성을 느껴 핵개발에 더욱 관심을 가지게 되었다.[14)]

북한의 핵개발은 1959년 소련과 체결한 「조소 원자력협정」으로 시작되었다. 6.25전쟁의 종식과 함께 현 러시아의 전신인 소련은 형제국가인 북한의 핵프로그램을 위해 기술과 물자를 지원해 주었고, 1962년 영변에 원자력 연구소 설치를 도와 주었다. 이어서 북한은 김일성종합대학과 김책 공과대학에 핵연구부를 창설하여 이때부터 이미 자체적으로 핵개발 인원을 양성하기 시작하였다. 1965년에 소련은 북한에게 최초의 원자로 2MW를 제공함으로써 현재 영변의 핵연구소 건립에 기여하였다.

북한은 이를 8MW 연구용 원자로로 증폭시켰다. 비록 군사력의 증강이나 원자탄 제조가 아닌 평화적 의도에서 비롯되었다 해도 분명한 것은 1955년 제1차, 1959년 제2차 조소협정 등 1950-60년대 핵분야에서 조소협력을 계기로 북한은 자체적으로 핵연구를 수행할 수 있는 환경을 조성하였다.[15)]

그리고 북한은 1974년 7월 IAEA에 가입해 본격적으로 책임있는 국제 사회의 일원으로 핵정책을 다루기 시작했다. 그 후 1985년 2월 북한은 소련과 「원자력발전소 건설 관련 경제기술협력 협정」을 체결하고 소련으로부터 440MW급 원자력 발전소 4기의 도

14) 박주식, "한반도 비핵화와 북한핵정책", 『전략논총』 제4집(1994), p. 186. 미국에 의한 북한의 핵위협에 대해서는 피터 헤이즈 지음, 고대승 · 고경은 옮김, 『핵딜레마 : 미국의 한반도 핵정책의 뿌리와 전개과정』(서울 : 한울, 1993)을 참고.
15) 정은숙, "러시아 대한반도정책의 새로운 움직임 : 북미 제네바 핵협상 타결과 그 이후", 『전략연구』 제2권(1994), pp. 88-89.

입을 추진하였으며, 협정 발효기간의 종료로 이러한 도입계획은 중단되었다. 그리고 소련측의 강력한 요청에 따라 북한은 1985년 12월 12일 NPT에 가입하게 되었다. 하지만 NPT 가입 후 18개월 이내 체결해야 하는 핵안전조치협정 체결의무 이행을 계속 지연함으로써 핵무기 개발 의혹을 야기하였다.[16)]

북한의 핵개발은 이중노선으로 진행되었다. 표면적으로 핵을 반대한다고 천명하면서 실제로는 핵 보유를 위해 노력하였다. 김일성은 1990년 5월 24일 최고인민회의 제9기 제1차 회의 시정연설에서 조국통일 5개 방침을 천명, 주한미군이 보유한 핵무기 철수를 우선적으로 제기한 연후에 주한미군 철수를 주장하였다. 1991년 12월 31일 '한반도의 비핵화에 관한 공동선언'에서도 핵무기의 불생산 · 불사용과 '남북 핵통제 공동위원회'의 합의 하에 공동 핵사찰을 실시하기로 하였다. 1992년 1월 30일 북한은 IAEA와 전면 안전조치협정에 서명하였다. 그러나 영변 핵시설에 대한 IAEA의 특별사찰을 거부하고 1993년 3월 12일 NPT로부터 탈퇴를 선언하면서 국제적 갈등을 고조시켰다.[17)]

'핵확산금지조약'은 1967년 1월 1일을 기준으로 당시에 이미 핵무기를 제조 · 폭발한 국가와 그렇지 않은 국가를 구분하여 더 이상의 핵확산을 막는다는 의미에서 체결된 조약이었다. 이 조약은 당시 5개 핵무기국(Nuclear-weapon State)에게는 핵무기를 개발 및

16) 길정우 · 박영호 · 박종철 · 황병덕 · 박순성, 『북한 핵문제와 남북관계 : 전개과정 및 발전전망』(서울 : 민족통일연구원, 1994), pp. 2-3.

17) 박봉규, "한미동맹과 북한변수 : 핵실험과 포스트김정일체제", 『공사논문집』 제64권 2호(2013), p. 72.

보유하도록 허용하면서, 비핵무기국(Non-nuclear-weapon State)의 핵무기를 개발 및 보유하지 못하도록 차별화한 것이다.[18] 따라서 NPT체제로부터 북한의 탈퇴는 첫째, 핵무기 비확산에 대한 국제사회의 합의를 위반함으로써 그동안 쌓아온 국제사회의 노력을 무너뜨리는 것이며, 둘째 국제정치의 지도국가인 미국의 패권적 영향력에 대한 도전을 의미하는 것이었다.

북한의 NPT 탈퇴 선언으로 야기된 북한 핵문제를 논의하기 위하여 북한과 미국의 1차 고위급 회담이 1993년 6월 2일부터 6월 11일까지 뉴욕의 유엔 주재 북한대표부에서 개최되었다. 하지만 이 회담은 별 성과 없이 끝났고, 이후 북한과 미국 간 핵협상은 지리멸렬한 양상을 보이면서 장기화되었다.

북한 핵문제 해결의 결정적인 돌파구가 마련된 것은 1994년 6월 카터 전 미대통령의 방북과 김일성과의 면담을 통해서였다. 미국은 북한의 핵동결 약속에 대해 3단계 북미 고위급회담의 개최를 약속함으로써 미국과 북한 간에는 대화를 통한 평화적 핵협상의 실마리를 찾을 수 있었다. 이후 1994년 8월의 일괄타결 합의에 이어 북미 양국은 9월23일 제네바에서 3단계 고위급회담 2차 회의를 열어 3개월간에 걸친 긴긴 협상 끝에 마침내 10월 17일 최종합의에 도달했다. 그리고 10월 21일 이를 쌍방이 서명함으로써 북한의 NPT탈퇴 이후 1년 7개월 만에 북한 핵문제는 대결보다는 대화와 협상을 통한 해결로 결론지어졌다.

양국이 합의한 4가지 원칙은 다음과 같다. 첫째, 북한의 핵동

18) 이장희, “핵무기비확산조약(NPT) 체제의 분석과 국제법적 평가”, 『고려법학』 제50권(2008), p. 175.

결과 미국의 경수로 지원, 둘째, 워싱턴과 평양에 외교대표부 설치, 셋째, 미국의 대북 핵 불사용 보장과 북한의 비핵화공동선언 이행, 넷째, 북한의 NPT 잔류와 IAEA 안전조치협정 이행 등이다. 1차 회담을 바탕으로 제3단계 2차 회담을 1994년 9월 23일부터 10월 17일까지 진행하였는데, 북한과 미국은 북한의 핵문제를 해결하기 위한 포괄적 합의문을 10월 21일에 발표하였다. 1994년 기본합의서는 공식 조약이 아니었고, 상호 불신하는 두 국가가 협력방법을 찾기 위한 여러 가지 지침이라고 할 수 있다.[19] 또한 이것은 핵을 제거하기 위해 일시적으로 영변 핵시설의 가동중단을 기획하였지만, 결국 북한 핵문제의 현상유지에 국한한 합의였다고 할 수 있다.[20]

북한과 미국은 핵문제를 해결하기 위하여 1995년 12월 관련 당사국들의 협조를 얻어 한반도에너지개발기구(Korean Peninsula Energy Development Organization : KEDO)를 설립하였고, 북한 간 경수로 공급협정을 체결하였다. 이로써 북한은 공식적으로 핵무기 개발을 중단하였다. 그럼에도 불구하고, 북한이 핵무기를 개발한다는 징후들이 포착되면서 미국은 북한에 대한 불신을 거두지 못하고 있었다.

북한은 이미 1998년부터 핵개발에 들어가 있었다. 클린턴 미국 행정부를 이어 집권한 부시 미국 행정부는 1994년 제네바 합의를 폄하하였다. 그래서 북한과 미국은 모두 제네바합의에 규정된 의

19) 빅터 차 · 데이비드 강 지음, 김일영 옮김, 『북핵퍼즐』(서울 : 따뜻한 손, 2007), pp. 200-201.
20) 박봉규(2013), p. 73.

무를 준수하지 않았다. 미국 측이 준수해야 할 의무는 북한을 공격하지 않겠다는 공식 선언, 경수로 제공, 관계 정상화 노력 등이었다. 경수로는 일정보다 4년이나 늦어졌으며, 미국은 평양에 연락사무소를 개설하지 않았으며, 핵무기를 통해 위협하지 않는다는 문서화된 약속을 지키지 않았다.

또한 미국의 핵태세 검토보고서는 미국이 아직도 북한을 향해 핵무기를 겨누고 있음을 보여주었다. 뿐만 아니라 2002년 12월에 북한은 합의를 깨고 핵시설의 사찰단원을 일방적으로 강제 추방했다. 그리고 다음해인 2003년 1월 10일에는 북한이 전격적으로 NPT를 탈퇴함으로써 지난 1차 핵 위기의 상황으로 다시 복귀하게 되었다. 이것으로 제2차 북한 핵 위기는 시작되었고, 이것을 해결하기 위한 6자회담의 시작점이 되었다.

한편 북한은 미사일 개발기술을 중국과 소련으로부터 습득하여 자체적으로 연구한 결과 미사일을 수출하는 단계에 이르렀다. 북한은 1976-78년 중국의 미사일 개발 계획(DF-61)에 참여하여 기술을 전수받았고, 1981년에는 소련제 스커드-B 미사일을 이집트로부터 비밀리에 반입하여 이를 모방·생산하였다. 1985년에는 스커드미사일을 개선하여 북한의 고유 모델(화성 5호)을 만들었으며, 1990년에는 기존의 스커드-B 미사일에서 사정거리를 늘린 500km급의 스커드-C(화성 6호) 미사일 시험발사에 성공하였다.[21]

1993년도에는 사정거리가 약 1,000km 이상인 노동1호의 시험발사에 성공하였고, 1998년 8월에는 2단 로켓의 대포동 미사일

21) 최정우, "북한의 탄도미사일 개발에 관한 연구", 동국대학교 대학원 북한학과 석사학위논문(2013), pp. 51-59.

운반체에 의한 소형 인공위성(광명성 1호)의 궤도진입을 시도하였다. 이후에 북한은 사정거리를 훨씬 더 늘린 장거리 탄도탄을 개발하였는데, 이것은 사정거리 약 4,000-6,000km급의 3단 로켓인 대포동 2호(혹은 은하 2호) 미사일이 바로 그것이다. 북한은 2006년 7월에 1차, 2009년 4월에 2차 시험 발사를 하였다. 위의 두 번의 시험발사 모두 실패로 끝났다. 전문가들은 단 분리과정과 궤도 재진입 과정과 기술적으로는 아직 성숙하지 못하였지만 충분히 발전 가능성이 있다는 평가를 내렸다.

제3절 북한 핵문제 해결을 위한 6자회담

북한 핵문제는 그 해결방법을 두고도 북한과 미국이 첨예하게 대립하여 왔다. 북한은 미국과의 직접 대화를 요구한 반면 미국은 다자회담 형식을 통해 해결을 주장했다. 북한의 양자회담 주장과 미국의 다자회담 주장은 마치 북한 핵문제를 바라보는 차이만큼이나 큰 문제였다. 북한과 미국이 대치하는 과정에서 다자회담 속의 양자회담이라는 절충안을 찾게 되었고, 2003년 4월 베이징회담에서 북·중·미 간의 3자회담이 개최되었다. 이 베이징 3자회담에 대해 미국은 3자회담으로, 북한은 '양자회담'으로 명칭하면서 각기 회담에 대한 정당성을 주장하였다.

그러나 3자회담은 아무런 성과도 없이 결렬되었으며, 이후 8월에 중국 등의 적극적인 중재에 의해 남북한과 미·일·중·러가 참가하는 6자회담이 개최되었다. 6자회담은 북한 핵문제에 직접적인 관련이 있는 유관 국가들이 모두 참가한다는 점에서 북한 핵문제의 국제적 성격을 보여준 반면, 이 회담 틀 속에서 북한과 미국이 직접 대화를 하고 자신들의 제안을 주고받았다는 점에서 북미 간 대화의 변형된 형태라고도 볼 수 있다.[22)]

2003년 8월 27일부터 29일까지 베이징에서 제1차 6자회담이 개최되었다. 미국은 북한이 핵을 포기할 경우 체제보장 및 정치·경제적 혜택문제에 대한 논의를 할 수 있다는 의사를 표명하였다. 또한 미국은 북한과의 관계 정상화를 위해서 미사일, 재래식 무기, 위조화폐, 마약, 테러, 인권, 납치 등의 문제에 대한 논의가 필요하다는 입장도 밝혔다. 반면 북한은 미국의 대북 적대시 정책을 포기하고 핵 포기에 필요한 조치를 동시행동 원칙에 의거하여 이행하자고 주장했다.[23)]

제1차 6자회담 이후 약 6개월 만에 재개된 제2차 6자회담은 2004년 2월 25일부터 28일까지 베이징에서 열렸으며, 북한의 '동결 대 보상' 및 동시 행동조치와 '선핵포기'를 주장하는 미국 사이에 팽팽한 대립이 계속되었다. 그러나 제2차 6자회담은 6개국의 합의안을 담은 의장성명이 채택되고, 실무그룹 회담을 개최하여 논의를 계속하는 데에 합의하였다. 2차 6자회담에서는 북한이 핵 포기의 가능성을 내비쳤고, 미국도 중유공급 재개에 동의를 표시하는 등 몇 가지 진전된 논의가 있었지만, 근본적인 합의도출에

22) 김근식·김연철·김갑식·정영철, 『통일·남북관계사전』(서울 : 통일부, 2004), pp. 185-186.
23) 통일부(2011), p. 69.

는 실패하였다. 그리고 2004년 6월 21일부터 열린 제3차 6자회담에서 미국은 그동안 북한이 요구해 온 에너지 제공, 대북 불가침 보장, 테러지원국 해제, 국교 정상화 등에 대한 입장을 제시했고, 이에 대해 북한은 미국의 제안을 '건설적인 안'이라고 평가하면서 미국의 제안에 대응해 구체적인 핵 동결 대상과 시점 등을 명시한 안을 제시했다.[24)]

2005년 9월 13일부터 19일까지 개최된 제4차 6자회담에서 남북한을 비롯한 미국, 중국, 일본, 러시아는 한반도 비핵화를 위한 '9·19공동합의'를 발표하였다. 한반도 비핵화 구상의 첫 번째 단계로서, 6자회담 당사국들은 6자회담의 목표로서 신뢰할 수 있는 한반도의 비핵화를 재천명하였다. 따라서 북한은 반드시 모든 핵무기와 존재하는 핵프로그램을 폐기해야 하고 NPT로 복귀하며 미국은 한반도에서 어떠한 핵무기도 보유하지 않고, 북한을 공격하거나 침공할 의도도 없음을 확언해야 하는 것이었다. 또한 한국은 핵무기를 수용하거나 배치하는 것을 승인해서는 안된다는 것이었다. 북한은 핵에너지의 평화적인 사용 권리를 보유하며, 적절한 시기에 다른 당사국들은 북한에 대한 경수로 제공을 논의하기로 하였다. 미국과 북한은 상호 주권 존중을 약속하고, 상호 평화적으로 공존하면서 관계 정상화를 위한 조치에 착수할 것을 약속하였다.[25)]

이러한 6자회담의 진전된 합의에도 불구하고, 합의내용에 대한

24) 김근식·김연철·김갑식·정영철(2004), pp. 187-188.
25) 김일수, "북한의 대미정책과 핵협상 : 김정일의 인식을 중심으로", 『한국동북아논총』 제48집(2008), p. 205.

실천은 순조롭게 진행되지 못하였다. 이 무렵 북한이 미국 달러화를 위조하여 유통한 사실이 불거지자, 미국은 북한의 미화 위폐 제작과 돈세탁을 막기 위하여 북한의 BDA계좌를 동결시켰다. 그러자 북한은 미국의 동결조치에 강력한 항의 표시로 2006년 7월 5일 대포동 2호 미사일 발사와 10월 9일 제1차 핵실험을 감행하였다.

그런데 2006년 11월 미국의 중간선거의 실시를 계기로 부시 미국 행정부는 대북정책에 대한 입장을 전환하였다. 부시 행정부는 대북정책의 기조를 북한정권에 대한 도덕적 평가에 입각한 체제전환 도모와 압박에서 실용적 현실주의와 협상으로 180도 전환한 것이었다. 이러한 기조에 맞추어서, 2006년 12월 5차 6자회담 2단계회의에서 6자회담의 모멘텀이 유지되었고, 2007년 1월 중순 베를린에서 북미 양자회담이 개최된 뒤, 핵실험으로 위기를 맞았던 북핵문제 해결과정에 의미있는 진전이 이루어졌다. 2월 8일 5차 6자회담 3단계 회의에서 북한은 200만kw의 전력지원을 요구하다가 연간 중유 100만 톤 지원으로 입장을 바꾸었다.

한국대표단은 100만 톤을 받으려면 동결 이상의 조치를 취해야 하고 지원은 성과급으로 이루어질 것임을 설득하였다. 결국 2월 13일 9·19공동성명의 초기 이행조치로서 북한의 핵 폐쇄를 거쳐 불능화 단계까지의 상호 행동 기본구도에 대한 6자 합의가 도출되었다. '2·13합의'는 9·19공동성명 이후 최초의 구체적인 이행 합의로 그간의 '말 대 말' 합의를 실질적인 행동으로 옮겨 핵 폐기 과정을 제시함으로써 향후 공동성명 이행의 기반을 마련하였던 것이다.[26]

2007년 9월 27일부터 30일까지 개최된 제6차 6자회담 2단계 회의에서는 '9 · 19공동성명과 2 · 13합의에 따른 비핵화 제2단계 행동을 위한 공동성명'에 합의(10 · 3합의)하였다. 이에 따르면 북한은 영변의 5MWe 원자로와 핵 재처리시설, 핵 연료봉 제조공장 등 3개 핵시설을 12월 31일 이전에 불능화해야 하며 핵 물질이나 핵 기술, 핵 지식을 이전하지 않는다고 약속하였다. 그러나 북한은 한반도 비핵화를 위한 핵 프로그램 신고 목표시한인 2007년 12월 31일을 넘겨 2008년 6월 26일 핵 신고서를 제출하였으나, 미국이 테러지원국 해제를 하지 않는다는 이유로 8월 26일 핵 불능화 중단을 선언하였다.

미국이 2008년 10월 11일 부시 행정부 임기 100일을 앞두고 북한을 테러지원국에서 해제함으로써 해결 국면에 진입하는 듯하였으나, 북한이 같은 해 12월 8일부터 11일까지 베이징에서 개최된 6자회담 수석대표회의에서 시료채취를 포함한 북핵 검증의정서 채택을 거부함으로써 합의 도출에 실패하고, 북한 핵문제는 오바마 행정부로 넘어가게 되었다.[27)]

2008년 12월 11일 폐막된 제6차 6자회담 3차 수석대표회의 이래, 북핵문제를 위한 다자적 협의의 틀은 멈춘 채 움직이지 않고 있다. 6자회담이 멈춰 있는 동안 미국과 북한은 수차례의 고위급 회담을 개최했고, 2012년 2월에는 베이징에서 고위급 회담 개최 결과 '2 · 29합의'를 발표하였다. 그러나 합의 발표 직후부터 북한

26) 홍현익, "북핵문제와 6자회담 : 전개과정, 평가 및 과제", 『한국과 국제정치』 제24권 1호(2008), pp. 47-48.
27) 통일부(2011), pp. 71-72.

의 위성발사를 둘러싸고 양측 간에 '장거리 미사일 발사유예' 조항의 해석상 이견이 불거졌고, 북한의 위성발사 강행 후 미국은 관련국들에게 "북한의 4·13발사로 2·29합의는 폐기된 것으로 본다"는 입장을 통보했다. 이후 북한 핵문제 해결을 위한 양자적·다자적 노력은 사실상 정지 상태에 있으며, 시간의 흐름 속에 북한은 2013년 2월 3차 핵실험을 강행하였다. 그리고 이후 핵문제 해결을 위한 협의의 틀로서의 6자회담 재개 논의가 중국과 북한을 주축으로 한 일부의 국가들로부터 제기되고 있는 상태에 머무르고 있다.[28)]

28) 정기웅, "북한 핵과 6자회담 : 지속 필요성에 대한 검토", 『국제지역연구』 제17권 3호(2013), p. 251.

3부

김정은 정권의 개막과 북한체제의 향방

제1장 김정일 사망과 김정은 3대 세습체제 출범

제2장 북한의 권력기구와 권력엘리트 재편과정

제3장 김정은 정권의 체제 내적 생존전략

제4장 김정은 정권의 체제 외적 생존전략

1 김정일 사망과 김정은 3대 세습체제 출범

제1절 김정은 3대 세습이 가능한 북한의 특수성

김정일은 2008년 8월 뇌경색으로 쓰러진 뒤 후계체제를 서둘러 완성하려는 움직임을 보였다. 북한의 후계구도에 대해서 자세한 인물 정보가 없었던 상황에서 장남 김정남, 차남 김정철 등에 대한 예측과 그와 관련한 기사들이 쏟아졌다. 이론적 기반에 대한 이해를 바탕으로 설명해야 하는 연구자들조차 국내정치 및 개별 지도자들의 심리 및 행태 등에 대한 엉성한 가설들을 가지고 북한의 후계문제를 설명하는데 많은 부분을 할애했다.

이런 엉성한 가설들을 가지고 설명하는 것은 명확한 인과관계와 증거 없이도 자기주장을 할 수 있게 해 주었다. 김정은에 대해서 오직 어린 나이와 미천한 경험에 집착하면서 변수를 명확하고 체계적으로 분석하지 않은 채 최악의 상황을 상정하는 경향이 많았다. 우리가 북한의 행태를 평가할 때 북한은 항상 예측이 불가능하고 호전적인 집단으로 보는 경향이 강했다.

하지만 대부분의 연구자들은 이런 행태를 비판하면서도 동시에 김일성과 김정일에 대한 모든 증거는 그들이 권력집단 내부뿐만 아니라 국내정치와 국제정치 그리고 남한과의 관계를 철저히 고려해서 정책을 결정한다는 사실에 동의할 것이다.

김일성 사망 직후 북한 붕괴론 속에서도 김정일은 1995-96년도의 북한 내 대재해, 경제위기, 소련과 중국의 후원 상실, 미국의 압력을 버티고 한국과 두 차례의 정상회담을 하면서 2011년 12월 사망 전까지 북한을 안정적으로 관리하였다. 북한이 아무리 광신적이거나 비현실적인 행태를 보인다 하더라도 다수의 정책들이 북한체제를 유지하는데 현실적이고 효과적이었다고 볼 수 있는 대목이다.

우리는 김정은을 평가할 때 위와 같은 현실을 고려해서 김정은의 최고지도자로서의 자질에 나이와 경험을 포함시켜 연구하거나 후원그룹의 존재와 실체, 군 장악 능력, 마지막으로 어떻게 북한식 검증시스템을 거쳐 후계자로 지목되었는지 살펴볼 필요가 있다. 여기서 우리가 흔히 생각해 볼 수 있는 것은 어떤 사람이 북한의 지도자가 되더라도 그들의 체제의 유지 및 발전, 생존을 최우선시 할 것이며, 이를 위해 미국과의 관계에서 핵무기를 바탕으로 체제 안정에 대한 보장을 받으려 할 것이라는 점이다.

이는 2018년부터 본격화된 미국과 북한의 비핵화를 중심으로 한 대화의 진행과정을 보면 보다 명확해진다. 남한과 중국의 관계를 바탕으로 경제적 실익을 챙기며, 특히 남한과의 관계에서는 2018년부터 실행하고 있지는 않지만 이전과 같이 한쪽에서는 대화를 하면서도 다른 한쪽에서는 언제든 무력도발을 감행할 수도 있는 가능성 정도도 염두에 둘 수 있다.[1] 우리는 김정은에 대해

1) 2017년 11월 29일 ICBM 화성-15형 발사가 이 글을 작성하고 있는 2019년 1월 전까지 있었던 마지막 무력도발이다.

서 알아보기 전에 이러한 상식을 감안해야 한다.

한편 김일성은 후계자 문제에 대해서 "정치적 수령의 지위와 역할을 계승하는 문제"로 규정하면서 다음과 같이 얘기하고 있다.

> "로동계급의 당 건설에서 후계자 문제는 정치적 수령의 지위와 역할을 계승하는 문제입니다. 수령의 령도적 지위와 역할은 그 후계자에 의하여 변함없이 계승되여야 합니다. 대를 이어 계속되는 로동계급의 당의 위업을 누가 어떻게 계승하는가 하는 것은 당의 운명, 혁명의 운명과 관련되는 중대한 문제입니다."[2)]

이 같은 면에서 북한에서 후계자 문제는 수령의 영도적 지위와 역할을 계승하는 문제임을 의미하며, 후계자는 수령의 지위와 역할을 계승, 수령의 뒤를 이어나갈 영도자로서 미래의 수령임을 의미한다.[3)] 곧 후계자는 단순히 직위를 계승하는 것뿐만 아니라 혁명 사업을 대를 이어 영도해 나갈 수령의 지위를 승계해야 한다는 것이다. 이런 맥락에서 "수령의 후계자 문제는 권리와 지위를 넘겨주고 이어받는 관계가 아니라 로동계급의 혁명위업을 개척하고 승리에로 이끌어 온 수령의 사상과 령도를 이어받는 것을 말한다."[4)]는 것이다.

이 밖에 수령의 대를 이어 혁명을 수행할 후계자의 요건으로는

---

2) 김일성, "조선로동당 건설의 력사적 경험(김일성고급당학교 창립 40돐에 즈음하여 집필한 강의록 1986년 5월 31일)", 『김일성 저작집 40』(평양 : 조선로동당출판사, 1994), p. 100.
3) 김유민(1984), p. 48.
4) 김재천, 『후계자문제의 이론과 실천』(출판지, 출판사 불명, 1989), p. 29.

수령에 대한 충실성, 비범한 사상이론적 예지와 뛰어난 영도력과 고매한 공산주의 덕성 등을 꼽고 있다. 또한 후계자는 반드시 수령의 차기 대에서 나와야 한다는 세대교체론을 주장하는데, 이는 사회정치적 생명체의 중심인 수령이 자주 바뀌면 혁명위업을 완수할 없다는 논리에 따른 것이다. 또한 '준비론'을 내세워 수령이 살아있고 활동하는 때에 후계자를 추대하여 수령이 육성함으로써 후계자가 일정한 준비기간을 거쳐야 한다고 주장한다.[5)]

북한은 위에 열거한 모든 조건을 갖춘 지도자가 바로 김정일이라고 선전했는데, 이는 김정일이 수령 김일성을 가장 가까이에서 모시면서 수령의 사상과 사업방법을 체득했을 뿐 아니라, 대를 이은 혁명투쟁에서 수령의 역할을 담당할 능력을 보여주었다는 것이다.[6)] 즉, 북한은 이미 김일성에서 김정일로 넘어가면서 반드시 김일성 일가가 수령의 대를 이어야 하는 논리를 완성시킨 것이다. 이 논리는 김정일의 아들인 김정은 역시 선대의 수령으로서의 자질과 능력을 이어받았다는 것으로 자연스럽게 연결되었고 이는 김정은이 후계자로서 입지를 다지는데 큰 역할을 한 것으로 판단된다.

5) 이교덕, 『북한의 후계자론』(서울 : 통일연구원, 2003), pp. 38-43.
6) 사회과학원 · 김일성종합대학 편, 『주체혁명위 위업의 위대한 령도자 김정일동지, 제1권 위대한 사상리론가』(평양 : 조선노동당출판사, 2001), pp. 9-144, 181-183; 사회과학원 · 김일성종합대학 편, 『주체혁명위업의 위대한 령도자 김정일동지, 제2권 위대한 정치가』(평양 : 조선로동당출판사, 2001), pp. 45-227, 박태상, "북한문학상의 김정일 묘사특징 연구", 『북한연구학회보』, 제6권 2호(2002), pp. 276-278.

제2절 김정은 후계자의 등장

김정일의 요리사로 거의 10년 가까이 일했던 후지모토 겐지의 김정은에 대한 소개와 증언은 후계구도를 예측하는데 큰 방향성을 제시해 주었다. 후지모토 겐지는 남한과 국제사회에서 김정일의 후계자로 그와 고용희[7]의 장남인 김정철이 유력하다는 설에 대해서 최초로 반문하며 다른 인물이 후계자가 될 수 있음을 내비쳤다. 그의 증언에 의하면 "김정일은 정철 왕자에 대해 자주 나쁜 평가를 내렸다. 그 애는 안돼. 여자아이 같다"며 "가장 마음에 들어 하는 자식은 오히려 차남인 김정운(김정은)이다. 차남 정운 왕자는 아버지 얼굴을 쏙 빼닮았다. 게다가 체형까지도 흡사하다. 다만 차남의 존재는 표면적으로 별로 드러나 있지 않다"[8]면서 김정은의 존재에 대해서 처음 소개하면서 김정일이 김정은에 대해 각별한 애정을 가지고 있었음을 최초로 언급하였다.

7) 한때 고영희라는 이름으로 알려져 있었으나 2012년에 방북해 고용희의 묘소에 여러 차례 참배했던 후지모토 겐지와 세종연구소 연구기획본부장 정성장 박사와의 인터뷰, 고용희의 여동생 고용숙의 증언을 통해 이름이 고영희 임을 확인할 수 있다, 그리고 로동신문에서도 고용희라는 이름으로 공훈배우 칭호를 받은 사실을 확인할 수 있다. 정성장, "김정은의 어머니 이름은 고영희 아닌 '고용희' 확인" 『월간중앙』 2013년 8월호(서울 : 중앙일보 플러스, 2013), pp. 80-84; 김정은 생모는 '고용희' 이모는 '고용숙' 『YTN』 2015.12.05; "조선민주주의인민공화국 중앙인민위원회 정령 예술인들에게 조선민주주의인민공화국 공훈배우칭호를 수여함에 대하여" 『로동신문』 1972.12.31.

8) 김정운은 김정은의 이름이 잘못 알려진 것이지만 후지모토 겐지의 저서에는 김정운으로 표기되어 있으므로 그의 저서를 인용할 시엔 김정운으로 그대로 표기할 것이다. 후지모토 겐지 지음 · 신현호 옮김(2003), p. 136.

또한 그는 "성혜림이 낳은 아들 김정남은 내가 북한에 있을 때 그 존재조차 몰랐을 정도로 최고 권력층이 모이는 연회장에는 절대 부르지 않았다"고 증언했다. 이어 "김정철과 김정운은 앉는 자리에서도 차이가 났습니다. 김정일의 위치가 가운데이고 그 왼쪽이 고용희입니다. 정운 왕자가 사모님의 왼쪽에 앉고 공주는 김정일의 오른편에 앉습니다. 고용희 부인이 빠질 경우 김정운은 김정일의 바로 옆자리에 앉습니다. 그러나 김정철 왕자는 늘 김정일 옆에 앉지 못하고 공주의 오른쪽에 앉습니다. 누가 봐도 후계자는 김정운이라는 것을 알 수 있습니다"[9]라고 김정일의 의중을 이야기하면서 김정은이 미래에 김정일의 뒤를 이어 북한의 최고지도자가 될 것임을 정확하게 예측하였다.

김정은의 실제 이름에 대해 후지모토 겐지는 책에서 '김정운'이라고 표기한 것은 일본인의 한국어 발음에서 비롯된 착각이 전 세계에 잘못 알려진 것이라고 설명했다.[10] 또한 북한에서는 중요한 사람의 이름에 바람을 따라 정처 없이 떠다니는 구름을 연상시키는 운(雲)자를 쓰지 않는다고 알려지면서 '김정은'이라는 이름에 무게를 실어주었다.

한때 외부에 김정운으로 알려졌었던 김정은의 정확한 한글과 한자이름에 대해서 북한의 내부문건에 김정은으로 표기되고 있다고 일본의 마이니치 신문이 보도했고[11] 한자는 조선중앙통신이 일본에 있는 조총련계 언론사인 조선통신에 金正恩이라고 전한

9) 후지모토 겐지 지음 · 신현호 옮김(2003), pp. 236-237.
10) 『동아일보』, 2009년 9월 9일.
11) 『연합뉴스』, 2009년 9월 8일.

사실을 보도했으며[12] 김정운의 이름을 '김정은'으로 표기한 북한의 선전벽보를 대만 사진작가 후앙 한밍(hanming huang)이 원산에서 촬영하여 자신의 플리커닷컴 홈페이지에 2009년 4월 22일 공개하면서 그의 이름에 대한 궁금증과 논란을 잠재웠다.[13]

김정은은 인민학교나 중학교를 다니지 않고 개인 과외수업을 받았으며, 1996년 여름부터 2001년 1월까지 스위스 베른에서 박운(Pak Un)[14]이라는 이름으로 유학하였다. 학교 기록에 따르면 베른 공립중학교 인근의 한 초등학교에서 독일어 보충수업을 받은 뒤 1998년 8월 7학년(한국의 중학교 1학년 해당)에 편입했다. 그 후 리버펠트-슈타인횔츨리 공립학교에서 7학년과 8학년을 이수하고 9학년이 된 2000년 말에 학교를 그만뒀다. 당시 담임이었던 시모네 쿤은 "점심시간에 교무실로 와서 내일 귀국 한다"고 말한 뒤, "다음날부터 나오지 않았다"고 말했다.[15]

김정은은 학교에서 가족 이야기를 하지 않았지만 자신이 김정일 국방위원장의 아들이라는 것을 절친인 포르투갈인 마카엘로에게 털어놓으며 자신의 존재에 대해서 알린 것은 흥미롭다. 마카엘로는 "서로의 집에 놀러가기도 했으며 유럽으로 원정 온 미국 프로농구(NBA)를 보기 위해 함께 파리로 간 적도 있었다. 김정은은 매우 소탈하고 항상 노래를 흥얼거렸다. 휴일에는 둘이 함께 자전거 여행을 하기도 했다"고 회상했다.[16] 김정은은 집에서 200m 떨

12) 『연합뉴스』, 2009년 10월 1일.
13) 『연합뉴스』, 2009년 9월 24일.
14) 김정일의 차남 김정철은 박철이라는 가명으로 같은 학교에 다닌 것으로 보도됐다.
15) 『경향신문』, 2009년 6월 14일.
16) 『경향신문』, 2009년 6월 14일.

〈북한 국경지역의 보위부 청사. / 제공=데일리NK〉

어진 학교에 경호원 없이 도보로 통학한 것으로 알려졌다.

김정은은 2001년에 귀국한 후 1년 6개월간 전사(남한의 훈련병), 이후엔 초급병사(이병)로 강원도 5군단, 황해도 4군단에서 근무했다. 그때 국가보위부는 훈련된 사람을 중사로 보내 김정은의 분대장을 하게 했다. 김정은은 제대 후 하전사에서 바로 중장으로 진급하였다. 강건군관학교에서 3년 과정을 6개월 만에 마치고, 김일성종합대학 정치경제학부에서 석사교육을 두 달 정도 받았다고 전해진다.[17]

또한 2002년부터 2006년 12월까지 군 간부 양성기관인 김일성군사종합대학에서 군사학을 전공하였다. 김정일이 만경대혁명학원과 김일성종합대학에서 정치경제학을 연구한 것과는 달리 일찍

17) 중앙 SUNDAY FOCUS』, 제288호, 2012년 9월 16일.

이 군사학을 전공함으로써 정치와 군의 본질과 속성, 최고지도자로서의 군 장악력 그리고 전문적인 군사기술을 터득하였다. 북한에서 군이 차지하고 있는 위상과 역할을 고려했을 때 군에 대한 이해와 관련지식 습득은 최고지도자가 되기 위한 후계자 수업 중 가장 비중이 높고 가장 먼저 행했어야 하는 것이었다.

김정일이 2009년 1월 '교시'를 내려 김정은이 후계자로 내정된 후, 김정은은 장성택 당 행정부장 겸 국방위원의 보좌를 받으며 후계자로서의 위치를 다져나갔다. 김정일의 3남 김정은의 후계자 내정 교시는 이제강 당 조직지도부 제1부부장에게 가장 먼저 전달되었고 이는 곧 총정치국을 중심으로 본격적으로 전파되기 시작한다.[18] 이후 동년 3월 말 김정일은 김정은과 국가보위부 청사를 방문하여 "김정은 동지를 보위부장으로 받들어 일을 잘해주기 바란다. 과거 나에게 그랬듯 목숨으로 김정은 동지를 보위하라"고 지시했다고 한다.[19]

김정은이 가장 먼저 후계자로서의 리더십을 구축한 곳은 국가안전보위부였다. 2009년 1월 앞서 언급한 후계자 결정 내부 교시가 하달된 이후 김정은은 국가안전보위부 부장에 오른 것으로 알려지고 있다.[20] 당 전원회의 제12기 1차 회의 개최 수일 전인 4월 9일에는 국방위원회의 말단인 지도원이라는 직책을 부여받았다.[21]

---

18) 이기동, "북한의 후계체계 구축전망과 변수"『KDI북한경제리뷰』 제12권 제9호(서울 : 한국개발연구원, 2010년 9월), p. 7.

19) 오경섭, 『김정일과 김정은의 권력승계 : 제도와 리더십의 동학을 중심으로』(성남 : 세종연구소, 2012), pp. 27-28.

20) 이상숙, "북한 김정은 체제의 구축과 당·군 관계 변화", 『2012년 정책연구과제 1』(국립외교원 외교안보연구소, 2013년 2월), p. 266.

21) 『연합뉴스』, 2009년 5월 31일.

조선중앙통신은 2009년 5월 6일자 보도에서 김정일 위원장이 당시 우동측 수석부부장과 함께 인민군 제10215부대를 방문하였다고 전하였다. 보도에 전하지는 않았지만 김정은은 김정일의 현지지도에 참석하였다. 이 부대는 평양 만경대구역 용악산 인근에 위치한 보위부원을 양성하는 국가보위부대학이었다. 그리고 2006년 6월 1일 북한이 김정은을 후계자로 내정했다는 사실을 각국 주재 해외공관장들에게 전달하였다.[22)]

북한 군대에서 2009년 5-6월 경 작성되어 배포된 것으로 추정되는 대외문건비 「존경하는 김정은 대장동지의 위대성 교양자료(이하 위대성 교양자료)」는 "의미 있는 2006년 12월 24일, 존경하는 김정은 대장 동지는 김일성군사종합대학 졸업증서와 기장이 기여된 자리에서 주체의 선군혁명위업을 빛나게 이으실 것을 바라시었다"라고 언급하고 있다. 북한이 김정은의 졸업식 날과 '주체의 선군혁명위업 계승의지'를 연결시키고 있는 것은 이때가 김정은이 김정일의 후계자로 내정되는 결정적인 순간이었음을 나타내는 것이었다.[23)] 북한에서 최고지도자의 후계자에게 '혁명위업', '계승'이라는 수식을 하는 것은 선대 수령의 혁명위업을 유지·발전시킨다는 의미로 사실상의 후대 수령과 그의 주 임무와 정당성을 설명하는 것과 같다.

12월 24일은 보통 국가에서는 성탄절로 가족이나 친구들과 즐거운 시간을 보낸다. 그런데 북한에서는 원래부터 정치적인 의미

22) 이상숙, 위의 글, p. 266.
23) 정성장, "김정은 후계체제의 공식화와 북한 권력체계 변화", 『북한연구학회보』, 제14권 2호(2010년), p. 167.

가 강한 날이다. 김정일 국방위원장의 최고사령관 추대일이고 김정일 위원장의 생모이자 북한에서 항일의 여성혁명 영웅으로 우상화 되어 있는 김정숙의 사망일로 당과 군, 내각 및 국가기관, 인민들은 혁명열사릉을 참배하고 무도회를 개최하는 등 보통 국가들의 12월 24일과는 의미가 다르지만 어느 정도 축제 분위기를 연출한다.

그런데 북한은 2006년 12월 24일을 인민들에게 특별히 기억되는 날로 만들었다. 김정숙의 생일을 기념해 12월 19-24일까지 함경북도 무산, 온성, 회령지역까지를 포함한 북한 전역의 가정집에 전력공급을 해주었다. 각 구역 인민반장이 각 가정마다 돌면서 일일이 통보하면서 한세대당 한 개의 전등만 사용할 것을 주문하였다. 인민들은 "단 며칠이라도 밝은 세상에서 밥을 먹게 돼 기쁘다"면서 "그 동안 못 본 TV와 CD를 보게 되니까 너무 좋다"는 반응을 보였다고 한다.[24] 북한은 2006년 당시 최악의 전력난을 겪음으로서 가용전력을 정권기관, 군부대, 상시기업소 및 농장 탈곡장에 집중 배치하는 대신 중소도시 특히 함경도 지역의 일반가정에는 전력을 거의 공급하지 않았다. 이런 상황 속에서 김정은이 김일성군사종합대학을 졸업한날 북한 전역에 전기를 공급했다는 것은 이 두 사건 사이에 어떠한 연관성이 있었는지 명확히 밝히는 것은 어렵지만 정황상 김정은의 후계승계를 축하하기 위한 이벤트였음은 어렵지 않게 추론할 수 있다.

김정일 국방위원장의 후계자로 김정은이 내정된 것으로 알려진

24) http://www.dailynk.com/korean/read.php?cataId=nk04500&num=34610 (검색일 : 2014년 7월 17일)

후 대북민간단체들이 발행하는 북한 소식지들은 이와 관련한 북한 내부 움직임을 뒷받침하였다. 이 중에서 2009년 4월 9일 열린 최고인민회의 제12기 1차 회의 이후 김정은이 본격적인 후계자 수업을 받고 있으며, 북한이 간부들에게 '김정은 후계자'에 대한 교양을 실시하고 있는 사실에 관한 기사는 주목할 만하다. 이는 「존경하는 김정은 대장동지의 위대성 교양자료(이하 위대성 교양자료)」가 배포되어 교육되던 시기와 비슷하다고 볼 때 설득력 있는 자료로 평가된다.

대북인권단체인 북한민주화네트워크의 온라인 소식지 'NK In and Out' 제13호(4.13)는 "김정은이 인민군 계급을 달고 있으며 현재 후계자 수업을 받고 있으며, 이와 관련한 내용을 강연제강을 통해 군당 지도원과 일반기업소 당 비서, 지배인까지 교양한다"는 사실을 알렸다.

2011년 12월 18일 북한이 12시에 긴급보도를 방송한다고 예고했을 때 이것이 김정일의 급서 소식임을 정확히 예견하는 등 북한 내부의 움직임을 비교적 신빙성 있게 다루고 있는 NK지식인연대는 2009년 5월 인터넷 홈페이지를 통해 김정은에 대한 특별강연회가 당 중앙위원회의 지시에 따라 국가안전보위부와 인민보안성 간부들을 대상으로 열렸다고 주장하였다.

그리고 2009년 4월 18일 양강도 보안국 회의실에서 군, 구역의 보안서장들과 보위부장들을 대상으로 열린 강연회는 "위대한 영도자 김정일 동지의 유일한 후계자이신 영명하신 김정은 대장"이라는 제목으로 이뤄졌다고 전했다. 또한 열린북한통신은 2009년 3월 11일에 "지난 3월 9일 신의주지역 당 외화벌이 사업소들에서 당원 강연회가 있었는데, 여기서 김정일의 아들에 대한 호칭을 '친애하는 김대장', '친애하는 김장군'으로 불러야 한다고 공식통보했다"고 전했다.[25)]

이 과정에서 김정은이 태어난 평북 창성의 관저는 김정은의 '혁명역사'를 칭송하기 위한 혁명사적지로 지정되어, 2007년 3월부터 2009년 1월까지 2년여에 걸쳐 극비리에 확장 개건된 것으로 알려지고 있다. 창성초대소는 중국 국경근처에 있는 것으로 중국의 배들도 함께 강을 이용할 정도이다. 사적지로 지정된 관저는 바로 이 초대소를 가리키는 것으로 추정된다. 김정일의 백두산 밀영 집과 같이 주민들에게 나중에 '혁명의 성지'로 교양하기 위한 김정은 고향집 사적지는 김정일의 명령으로 당 중앙위원회 역사연구소의 지도하에 인민군 제1여단 연대의 특별 건설대에 의해 완공되었다고 한다.[26)]

김정은이 김일성종합군사대학에서 군사학 학위를 수여받는 자리에서 '혁명위업', '계승'이라는 정치적 수사를 통해 후계자로서의 길을 걷기 시작했음을 보여주는 것이었다면, 창성 관저의 혁명사적지 전환은 김정은에 대한 후계 작업을 구체적 실행에 옮기는 과정 중의 하나로 볼 수 있다. 북한에서 혁명사적지의 의미는 김일성, 김정일과 같이 혁명의 수뇌부와 관련 있는 정치적 상징화와 관련이 있기 때문에 창성 관저의 혁명의 성지로의 탈바꿈은 후계자 작업이 본격화되었음을 알려주는 명확한 증거이다.

그런데 이렇게 후계 작업을 본격적으로 시작하는 과정에서

25) 『연합뉴스』, 2009년 5월 31일.
26) 『열린북한통신』, 2009년 6월 8일. 여기서는 정성장(2010)의 글에서 재인용.

2008년 여름 김정일이 갑자기 뇌혈관계 이상으로 쓰러진다. 이는 김정은을 2009년 1월 후계자로 급하게 결정하는 등 후계작업의 속도를 급속도로 높이게 했다. 최고지도자의 건강상태가 언제, 어떻게 될지 모르는 상황에 직면하게 되면서 그에 대한 대비책으로 후계작업의 속도를 높이게 된 것이다.

후계자 지명과 북한 내부의 후계자 관련 선전선동 및 교육이 구체화됨에 따라 김정일의 후계자로 김정은이 기정사실화 되었다. 1966년 이후 44년 만에 열린 제3차 당대표자회의를 통해 그동안 유년기, 청소년기의 사진으로만 알려졌던 북한의 후계자 김정은은 공식적으로 모습을 나타내었다.

우리 사회 일각에서는 김정일 전 국방위원장과 후계자와의 권력공유 가능성 여부와 아주 젊은 지도자의 미숙한 통치력에 대한 의구심으로 인해 대체로 회의적인 시각으로 김정은의 등장을 바라보게 되었다. 특히 김정일의 건강상태라는 변수와 김정은이라는 인물에 대한 정보가 부족한 현실은 체제 안정 및 유지 능력에 더 많은 의문을 가질 수밖에 없었다.

그러나 외부의 시각과는 다르게 김정은은 김정일에 절대 복종하면서 정치·군사적 안정을 기할 수 있는 정치력과 정통성에 대한 지도력을 인정받기 시작했다. 그리고 김정일은 김정은의 후계수업에 속도를 붙이게 되는데, 이는 역사상 그 유례가 없었던 김일성-김정일-김정은으로 이어지는 3대 세습을 통해서만 현 체제를 유지할 수 있다고 판단했기 때문일 것이다. 3대 세습이 가지는 무수한 부정적 요인에도 불구하고 이 길을 선택한 것은 유일지배체제를 통한 3대 세습만이 가장 안전하고 확실한 체제 생존과 유지의 방법이었기 때문이었다.

과거 김정일은 소위 유훈통치 기간이 끝난 1997년 9월 당 중앙위원회와 당 중앙군사위원회의 추대에 따라 당 총비서에 취임하였다. 북한은 김정일을 당의 최고지도자로 추대했던 두 기관 중의 하나인 당 중앙군사위원회 부위원장 직책을 맡김으로서 당과 군대를 동시에 장악하게끔 제도적으로 뒷받침하였다.

김정일은 1974년 당 중앙위원회 제5기 8차 전원회의에서 후계자로 비공식 지명된 후, 1997년 당 총비서로 추대될 때까지 거의 25년에 가까운 후계자 기간 동안 실질적으로 김일성과 함께 국정운영을 하여 별도의 검증이 필요 없었다. 이미 사실상의 최고지도자로서 북한을 통치하고 있었기 때문이다.

하지만 김정은이 우리 눈앞에 처음 등장한 2010년 9월 당시만 해도 아무도 그에 대해 정확히 인지하지 못하고 있었으므로, 김정일에 비해 너무나 짧은 후계수업기간과 일천한 경험은 김정일 사후 김정은 체제 조기안착의 최대 불안정 요인으로 손꼽혔다. 그러나 북한은 김정은이 북한 사회에 공식적으로 모습을 드러낸 후 법적·제도적 정비와 그 후견그룹을 형성하는 엘리트들에 대한 철저한 관리를 통해 후계체제를 안정적으로 유지하였다.

2009년 1월 후계자로서 지명된 이후 2010년 9월에 열린 제3차 당대표자회의를 통해 처음으로 그 모습을 드러낸 김정은의 첫 보직은 당 중앙군사위원회 부위원장과 당 중앙위원회 위원, 인민군 대장이었다.

2010년 9월 28일 평양에서 열린 제3차 당대표자회는 1966년에 2차 당대표자회가 개최된 후 무려 44년 만에 개최되었고 1980년 제6차 당대회 이후 열리는 조선로동당의 가장 큰 규모 정치행사였다. 당시 당규약에 보면 당대표자회는 5년마다 개최되게 되었으나 1980년 이후 한 번도 개최하지 못하고 있던[27] 당대회와 당대회 사이에 소집되어 당의 로선과 정책 및 전략전술에 관한 긴급한 문제들을 토의 결정하며 당중앙위원회 위원 등에 대한 제명과 그 결원에 대한 보선을 진행할 수 있는 권한이 있었다.[28] 즉, 당대회를 개최하지 못하는 기간 동안 이를 대신할 수 있는 기관인 것이다.

이러한 대규모 행사를 열만한 성과를 1980년 제6차 당대회 개최 이후 보여주지 못했던 북한이 왜 이렇게 무리하면서 당대표자회를 개최하려는지 그 이유에 대단한 관심이 쏠릴 수밖에 없었다. 더구나 당시는 김정일의 후계자에 대한 소문이 무성하던 시절이었고 당대표자회에 당의 주요 인사들에 대한 인사권이 주어져 있었으므로 김정일 후계자의 등장에 대한 관심은 상당한 것이었다.

아니나 다를까 북한은 제3차 당대표자회가 열리기 하루 전날부터 27세의 김정은에게 군 대장칭호를 수여하고 김정일의 친 여동생 김경희와 혁명전우 2세 최룡해, 당 조직지도부 1부부장 김경

27) 북한의 당규약 개정은 1980년 10월 6차 당대회에서 개정된 후 제3차 당대표자회 개최 전까지 한번도 이루어지지 않았다. 한편 당대회는 지난 기간을 총화하고 다음 5년의 국정운영을 결정하는 당의 최고지도기관이다. 이러한 기관이 30여년 동안 소집되지 못했고 당대회 사이에 개최가 가능한 당대표자회마저 제대로 개최되지 못했던 것은 1980년 이후의 북한 국가운영이 원하는 만큼 성과를 거두지 못했다는 것을 의미하는 것이다.

28) 1980년 개정 조선로동당 규약 30조.

옥에게도 군 대장칭호를 수여하였다. 그 외 최부일 부총참모장과 현영철 제8군단장도 대장으로 진급시켰다. 김정은을 당의 요직에 임명할 사전 정치작업으로 당 요직을 수행할 수 있는 계급을 김정은에게 부여하고 그를 보좌해야 하는 엘리트들을 당시 북한 국정운영의 중추였던 군의 상위 계급을 부여하여 힘을 실어주었다.

제3절 김정일의 사망과 김정은의 권력승계 완성

2011년 12월 17일 김정일의 사망 소식은 전 세계의 이목을 북한으로 돌리게 만들었다. 독재국가에서 최고 지도자가 가지는 정치적 상징성과 무게감으로 인해 김정일의 부재는 북한에서의 권력 공백과 정치적 불안정을 의미하는 것으로 여겨졌기 때문이다.

하지만 과거 김정일의 후계자 승계 작업 과정에서의 투쟁 및 실권 장악 그리고 김일성 주석의 사망 이후의 유훈통치 과정 등의 역사적 교훈을 통해 쌓아온 위기해결의 경험은 김정은에게 자신의 시대를 준비하고 국정을 조기 안정화하는데 결정적인 역할을 하였다. 김정일 사후 김정은은 일정기간 애도의 분위기 속에서 공식적인 활동을 자제하고 내부정리를 하는 '유훈통치'의 기간을 가질 것이라는 일반적인 예상과는 달리 법적·제도적 기제를 통해 자신의 정치권력을 빠른 시간 안에 만들어 나갔다.

북한은 2012년 4월 제4차 당대표자회의 및 최고인민회의 12기 5차 회의를 기점으로 권력지형 재편이 일단락된 것으로 평가되고 있다. 김정일 장례식 직후인 2011년 12월 30일 김정은은 '조선인민군 최고사령관'직에 취임하였다. 당 중앙군사위원회 부위원장으로서 당과 군을 정치적으로 장악한 김정은의 최고사령관직 취임은 실질적인 무력을 지휘, 통솔함으로써 자신의 체제를 안정적으로 가져가기 위한 첫 번째 조치였다. 2012년 강성대국의 원년을 선포했던 북한에서 후계자가 강성대국을 이어가기 위해 김정일 사후 처음으로 맡은 직위가 최고사령관이었다.

김정은은 2012년 4월에 2개의 큰 정치행사인 4차 당대표자회의[29] 및 최고인민회의 제12기 제5차 회의[30]를 통해 당 제1비서, 국방위원회 제1위원장, 정치국 상무위원, 당 중앙군사위원회 위원장에 올랐고 7월에는 당중앙위원회, 당중앙군사위원회, 국방위원회, 최고인민회의 상임위원회 명의로 공화국 원수에 오르며[31] 법과 제도적인 면에서 당, 국가기구, 군의 전반에 걸쳐 최고의 자리에 오르면서 김정일의 권력을 자연스럽게 승계하였다.[32] 이는 그의 존재가 소문으로나마 알려지기 시작한 기간까지 포함하더라도, 상당히 빠르게 북한을 운용하는데 반드시 필요한 직위들을 장악한 것인데, 그만큼 처음 등장한 기간에 비하면 후계준비가 완벽히 진행되었다는 것을 의미하는 것이다.

또한 이미 김일성에서 김정일 정권으로 넘어가면서 구축되어 있던 후계자론도 일정한 힘을 발휘한 것으로 볼 수 있다. 후계자

29) 『조선중앙통신』, 2012년 4월 11일.
30) 『조선중앙통신』, 2012년 4월 13일.
31) 『조선중앙통신』, 2012년 7월 18일.
32) 이영권, "김정은 체제 조선노동당 정책의 평가와 전망", 『북한학연구』, 제9권 1호(2013), p. 98.

론은 한마디로 수령 김일성의 대를 이을 수 있는 것은 김일성의 일가만이 가능하다는 이론으로[33] 김정일이 후계자 수업을 받던 시기에 김정일로의 세습에 대한 타당성과 당위성을 설명하기 위해 만들어낸 것이다. 이미 북한 주민들 사이에 깊게 학습되어 있던[34] 이러한 이론은 일반 국가들에서는 상상도 할 수 없는 3대 세습에 대해 그들이 아무런 저항감 없이 자연스럽게 받아들이게 하는데 큰 역할을 했을 것이다.

이는 김정은으로의 세습준비는 이미 김일성이 김정일로 권력을 세습할 때부터 시작되었던 것으로 판단할 수 있다. 북한의 세습은 단순히 눈으로 확인할 수 있는 것만으로는 판단하기 어려운 문제인 것이다.

김정은은 2012년 2월 15일 김정일의 생일 하루 전, 즉 4월에 개최될 예정인 2개의 큰 정치적 행사에 앞서 김정일에게 대원수 칭호를 수여하였고, 당시 총정치국 제1부국장인 김정각에게는 차수칭호를 내렸으며 그 외 23명의 군 장성들을 군사칭호를 올릴데 대한 최고사령관 명령(003호)을 통해 진급시켰다.[35] 사망한 김정일에 대해 최대한의 예우를 보여주며 그의 유지를 잇는 후계자임을 다시 한번 확인하고 군에 대한 예우와 활용에는 당분간 변화가 없을 것임을 분명히 하면서 김정일 사후 흐트러질 수 있는

33) 후계자론에 대한 자세한 내용은 김유민, 『후계자론』(출판지 불명 : 신문화사, 1984) 참조.

34) 북한 주민들에 대한 사상학습체계와 그 영향에 대해서는 김병로, 『북한사회의 종교성 : 주제사상과 기독교의 종교양식 비교』(서울 : 통일연구원, 2000); 이수원, "북한 주체사상학습체계의 종교성 연구 : 기독교 종교 활동과의 비교를 중심으로" 『통일문제연구』 제23권 1호(2011 상반기), pp. 311-343 등을 참조

35) 『조선중앙통신』, 2012년 2월 15일.

군과 권력층의 분위기를 당근으로써 다진 것이다.

우리가 여기서 눈여겨봐야 할 것은 김정은이 단순히 '인민군 원수 계급이 아닌 '공화국 원수' 직함을 가졌다는 것이다. 북한에서 공화국 원수는 단순히 군을 지휘하는 인민군 원수와는 달리 북한에서는 국가기관, 군을 함께 지휘 통솔하는 국가와 군의 최고 지도자를 의미하는 것이다.

또한 김정은은 바로 당 총비서와 국방위원장에 오르지 않고 당 제1비서와 국방위원회 제1위원장으로 취임하였다. 이와 동시에 사망한 김정일을 '영원한 총비서', '영원한 국방위원장'으로 명명하였다. 이는 선대 수령에 대한 존경의 표시임과 동시에 자신이 후계를 위해 전면에 나선 기간이 짧은 편임을 고려하여 조심스럽고 겸손한 모습으로 통치행위에 임하고 있음을 보여주기 위한 것으로 판단된다.

전체적으로 김정일이 사망한 후 약 7개월의 짧은 기간을 가지고 김정은은 아버지가 가지고 있던 직함들을 비록 명분상 직함의 단계는 낮추었지만 모두 흡수했다. 이는 지금에야 판단이 가능한 것이지만 북한체제와 세습체계가 수 십년을 이어 오면서 상당히 단단해져 있음을 증명하는 것으로, 북한체제와 정권에 대해 평가할 때는 일반적인 상식이나 이론이 아닌 북한만의 특성을 더 많이 고려해야 함을 보여주는 것이다.

2 북한의 권력기구와 권력엘리트 재편과정

제1절 권력기구 재편 과정

수령체제인 북한의 안정성과 변화를 설명하기 위해서는 법적·제도적인 면에서 최고 지도자와 핵심 권력엘리트들 간의 관계를 설정하고 정책 및 노선 투쟁, 더 나아가 권력 투쟁 부분에서 리더로서의 통치술이 실제로 나타나는 권력 구조를 확인해야 할 것이다.

김정은 체제 권력재편 과정의 성격과 특징은 한마디로 김정일 사망 후 약 4개월 만에 신속하게 법을 개정하여 당의 기능과 역할을 강화함과 동시에 제도적으로 김정은의 권력을 보장한 이후 이에 따른 권한을 행사하고 있다는 것이다.[1)]

김정일 체제는 수령의 지위와 역할을 지나치게 강조함으로써 정책결정과정에서 당의 조직과 기능을 형식화 시키는 결과를 낳았다. 이는 표면적으로 당의 조직과 기능의 와해 및 당 제도 자체의 무력화라는 북한이 추구하는 사회주의 국가에서는 있을 수 없는 현상으로 나타나고 말았다. 하지만 이것은 최고지도자와 권

1) 정성임, "김정은 정권의 제도적 기반 : 당과 국가기구를 중심으로", 『통일정책연구』 제21권 2호(통일연구원, 2012), p. 33.

력엘리트들 간 당 내 최고 정책결정과정에서 정책의 지시와 집행의 과정에 한정된 것으로 이 부분을 벗어난 곳에서도 당의 조직, 기능 및 권위의 약화가 나타났었다고 해석하는 것은 북한 내에서 당이 차지하는 정치적 의미와 역할을 지나치게 과소평가하는 것일 수 있다.

김정은은 최고사령부나 국방위원회가 아닌 당에서 군사 분야 보직을 맡아 공식적으로 후계자 승계 작업을 시작하였다. 북한은 당이 가지는 권능을 바탕으로 2009년 헌법 개정과 2010년 30년 만의 당 규약 개정을 통해 국방위원장이 주석에 버금가는 권한을 가지도록 만들었으며 동시에 총비서는 물론이고 후대 수령의 권한까지도 강화시켰다. 이것은 '혁명'과 '혁명의 연속성'을 보장하기 위한 것으로 체제의 존립 이유와 방향성을 제시하며 후대 수령의 절대적인 역할과 그에 걸맞은 힘을 법제적으로 명문화시킨 것이다. 이 과정의 특징은 다음과 같다.

첫째, 김정일을 영원한 당 총비서, 영원한 국방위원회 위원장으로 추대하였다. 이는 김정일 전 위원장이 김일성을 영원한 주석으로 추대하고 유훈통치를 통해 일정기간 자신의 권력기반을 다지는 통치기제로 사용했던 전례를 보았을 때 김정은이 유사한 전략을 사용했던 것으로 보여진다. 짧은 기간 동안 압축적으로 이루어졌던 후계 승계 작업으로 인한 불안 요인들을 제거하고 문제점을 보완하며 자신의 체제를 안정적으로 구축하려는 의도였던 것이다.

둘째, 헌법과 당 규약을 개정해 김정일 국방위원장의 업적을 추가하면서 권력기구들의 권한에 대한 제도적 분리를 모색하였다. 북한은 2009년 4월 헌법 개정을 통해 국방위원장의 권능을 대폭 강화하고 국방위원장을 최고 지도자로 명시하고 최고사령관직을 부여하였다. 이어 2010년 당 규약 개정을 통해 당 총비서가 당 중앙군사위원회 위원장직을 겸직토록 하였다.

이는 당과 군의 지휘시스템을 제도적으로는 분리한 것이지만 김정일이 당과 국방위원회, 군의 최고 직위를 동시에 장악하고 있던 현실은 변화하지 않았으므로 제도적인 측면을 벗어난 변화는 크게 없었다고 볼 수 있다. 이를 김정일도 분명히 알고 있었을 것이다. 그럼에도 이러한 분리를 추진한 것은 후계승계 작업을 법적, 제도적으로 뒷받침하기 위한 것이다. 그리고 더 나아가 권력엘리트와 권력기관 간의 역학관계에서 힘의 균형을 유지하게 하여 상호간의 견제를 통해 권력의 안정화를 도모하기 위한 의도로 보인다. 이는 새로 등장하여 권력기반이 상대적으로 취약할 수밖에 없었던 후계자를 보호하고 보좌하기 위한 구조를 만들어 낸 것이라고 추정할 수 있다.

한편, 김정일은 이렇게 김정은을 공식적으로 공개하는 과정에서 그를 돕기 위해 권력엘리트들의 위상과 위치를 조정하게 된다. 우선 군부에서는 평양방위사령관 리영호를 총참모장에 임명하고 다시 정치국 상무위원에 임명하면서 당시 최고 실세였던 장성택과 김경희 중심의 영도핵심을 견제하려 하였다. 특히 김정일은 장성택을 정치국 상무위원과 위상과 역할에서 차이가 날 수밖에 없는 정치국 후보위원으로만 임명하면서 그의 정치적 역할에 대한 의미를 명확히 했다.

하지만 장성택을 무조건 억누르기만 한 것은 아니다. 장성택에게 인민군 대장 칭호를 수여하고 2010년 6월 국방위원회 부위원장에 임명하였다. 9월 당 중앙군사위원회 위원으로 선임함으로써 당과 군에서 어느 정도의 위치와 역할을 확보할 수 있는 정치적 공간을 제공하였다.

그렇지만 분명한 것은 장성택의 실제 권력의 영향력이 어떠했든지 간에 그는 정치에 첫발을 내딛고 있던 김정은에게 도전할 수 있는 위치는 아니었다는 것이다. 2011년 12월 25일 금수산기념궁전에 군복을 입고 리영호 옆에서 나란히 참배함으로써 그 또한 당 중앙군사위원회와 군사지휘체계에서 김정은의 지시를 따라야 하는 명확한 상하관계 위에 놓여 있음을 보여주었다.

셋째, 2012년 4월 11일에 개최된 제4차 당대표자회의에서 당을 김일성-김정일의 당으로, 당의 지도사상을 김일성-김정일주의로 명시하였다. 일단 여기서 주목해야 할 것은 당대표자회가 당이 실질적으로 법적·제도적 차원에서의 기능과 역할을 회복해가는 과정에 당 대회를 대신하여 영도권을 보장하는 기능을 했었다는 것이다. 1966년에 개최된 이후 열리지 않았던 당대표자회의를 통해 후계자가 나타나고 이를 통해 북한체제를 규정하는 사상에 대한 합의를 이끌어 냈다는 것은 김정은 체제가 자리를 잡아가는 기간 동안 북한의 중요 정책 결정은 당대표자회를 통해 이루어졌었다는 것을 나타내는 것이다.

하지만 2016년 5월 제7차 당대회가 개최되었고 김정일 정권에는 활용되지 않았던 당의 주요 정책결정 회의체들, 즉 정치국회의, 당중앙위원회 전원회의, 당중앙군사위원회 회의[2] 등이 엘리트들이 정상적으로 보충되고 있고 회의들도 정상적인 역할을 하고 있는 지금은 당대표자회의 중요성이 김정은의 집권초기와 같을 수는 없다. 하지만 당대표자회가 김정은 체제가 당 중심의 국정운영 시스템을 더욱 강화하는 과정에서 징검다리 역할을 충분히 잘 소화해낸 것은 분명한 사실이다.

넷째, 김일성 전 주석과 김정일 전 국방위원장이 안치된 금수산기념궁전을 금수산태양궁전으로 개명, 만수대 언덕에 김정일 전 국방위원장의 동상 건립 등을 통해 3대 세습의 당위성과 본인 권력의 정통성을 설명하며 후계자에서 지도자로서의 변화를 모색하였다.

먼저 김정은 정권의 당내 구조를 살펴보면 당 사업을 조직 지도하는 계통은 당대회, 당대표자회, 당중앙위원회 정치국, 당중앙위원회, 당중앙군사위원회 등으로 김정일 정권과 동일하다. 그러나 가장 큰 차이라면 비서국의 역할변화이다.

김정일 정권 시절 비서국은 '필요시 당 인사 및 당면문제 등 당내 문제를 토의·결정하며 그 결정의 집행을 조직지도(제26조)'하는 기관이었다. 2010년에 개정된 당 규약으로 보면 '필요시에 당내문제를 결정하는 것'에서 '당 내부사업과 그 밖의 실무문제를 주로 결정하는 것'으로 내용이 바뀌었다. 즉, 정치국의 결정기능을 일부 보완하는 기능을 비서국이 가졌었다가 단순히 실무문제 집행부분에만 집중하도록 변동되었다. 과거 김정일 정권에 비서

2) 김정일 사망 이후 김정은 정권의 북한은 정치국 상무위원회를 통해 리영호 해임, 6차핵실험, 당조직문제 등을 결정하였고 당중앙위원회 전원회의를 통해서는 풍계리 핵실험장을 폐기 및 핵경제병진논선 대신 경제에 총력을 기울인다는 새로운 국가전략노선을 채택하였으며, 당중앙군사위원회에서는 군의 조직문제, 방위산업 관련 문제와 전투력 강화문제 등을 다루었다.

국의 비서들이 김정일과 1대1 독대를 통해 업무를 추진하며 사실상 정치국의 기능을 대신하는 상황이었다면, 현재는 정치국이 원래의 기능과 위상을 회복하고 비서국은 실무집행에만 집중하도록 위상과 역할을 변경한 것이다.

이는 2016년 제7차 당대회를 통해 비서국이 정무국으로 개편되면서도 큰 변화는 없게 된다. 당시 개정된 당규약에는 정무국의 역할에 대해 "당내부사업에서 나서는 문제와 그 밖의 실무적 문제들을 수시로 토의·결정하고 그 집행을 조직지도한다."고 규정하였다.[3] 김정일 정권 비서국이 정치국의 기능을 일부 수행할 수 있었던 것은 다수의 인원이 참가하는 회의체를 통한 의견교환과 이를 바탕으로 하는 정책 결정대신 자신만의 독단적 결정이나 소수 인원과만 의견을 교환하고 결정하는 방식을 선호한 김정일의 통치스타일의 영향이 크다.[4]

하지만 김정은은 김정일과는 다르게 독단적으로 정책을 결정하고 추진하기보다는 당의 협의체들을 정상화시킨 후 이를 적극 활용하며 국정을 운용하고 있다.[5] 이러한 집체적 결정방식은 당연히 비서국, 이제는 정무국이 김정일 정권과 같은 역할을 수행하는 것을 불가능하게 만든다. 이렇게 김정일이 당시 비서국의 역할을 제한했던 것은 김정은의 취약한 정치기반을 비서들, 즉 주

3) 2016년 5월 개정 당규약 28항.

4) 김정일의 정책결정방식과 통치스타일은 한기범, "북한 정책결정과정의 조직형태와 관료정치 : 경제개혁 확대 및 후퇴를 중심으로(2000-09)" 경남대학교 대학원 박사학위 논문(2009) 참조.

5) 이에 관련된 내용은 당중앙군사위원회를 분석하여 김정은 시대 당의 군사노선 정책과 노선의 집체적 결정과정을 분석한 이수원, "북한 당중앙군사위원회와 국방위원회 연구" 동국대학교 대학원 박사학위 논문(2017), pp. 73-81을 참조.

요 실력자들의 권한과 역할을 제한하여 보완해 주기 위한 배려였다. 비서, 이제는 당중앙위원회 부위원장으로 불리는 어느 개인의 힘이 커지면 그만큼 김정은의 통치에 장애물이 될 가능성이 높아지기 때문이었다.

더불어 김정일은 정치국원을 증원함으로써 그 기능을 더욱 활성화 할 수 있는 제도적 여건을 조성하였다.[6] 이는 통치 경험과 이를 위한 후계수업이 김정일에 비해 부족했던 김정은의 역량을 경험이 풍부한 집단의 힘으로 보완하기 위한 노력의 일환으로 김정일의 김정은 정권의 빠른 정착을 위한 배려였을 것이다. 그리고 김정은의 힘이 안정적으로 기능하고 있는 지금은 그의 통치행위가 정상적으로 기능할 수 있게 보좌하는 역할을 착실히 수행하고 있는 것으로 평가할 수 있다.

한편 김정일 정권에는 제3차 당대표자회 직전 상무위원이 김정일밖에 없을 정도로 김정일은 당의 조직들을 정상적으로 운용하지 않았다. 하지만 그와는 다르게 김정은은 아래 표에서 나타나듯이 엘리트들을 정상적으로 충원하며 당의 중앙조직들을 정상화시켜 활용하고 있다.

6) 정성임(2012), pp. 36-38.

〈표 Ⅲ-1〉 김정은 체제 당 정치국 위원의 변화

구분	정치국 상무위원	정치국 위원	정치국 후보위원
제3차 당대표자회 (2010.09)	김정일, 김영남, 최영림, 조명록, 리영호(5명)	김영춘, 전병호, 김국태, 김기남, 최태복, 양형섭, 강석주, 변영립, 리용무, 주상성, 홍석형(11명)	리태남, 림라희, 태종수, 김평해, 우동측, 김정각, 박정순, 김창섭, 문경덕, 김양건, 김영일, 박도춘, 최룡해, 장성택, 주규창(15명)
제4차 당대표자회 (2012.04)	김정은, 김영남, 최영림, 최룡해, 리영호(5명)	김경희, 김정각, 장성택, 박도춘, 김영춘, 김국태, 김기남, 최태복, 양형섭, 리용무, 강석주, 현철해, 김원홍, 리명수, 전병호, 변영립(16명)	오극렬, 김양건, 김영일, 태종수, 김평해, 문경덕, 주규창, 곽범기, 김창섭, 로두철, 리병삼, 조연준, 김락희, 리태남, 우동측(15명)
2013.01	김정은, 김영남, 최영림, 최룡해 (4명)	장성택, 김경희, 김기남, 최태복, 박도춘, 김국태, 김영춘, 양형섭, 리용무, 강석주, 현철해, 김원홍, 리명수, 김정각(14명)	오극렬, 김양건, 김영일, 김평해, 주규창, 곽범기, 김창섭, 문경덕, 리병삼, 로두철, 조연준, 태종수(12명)
2014.04	김정은, 김영남, 최룡해(3명)	김경희, 김기남, 최태복, 박도춘, 김영춘, 양형섭, 리용무, 강석주, 김원홍, 박봉주(10명)	오극렬, 김양건, 김영일, 김평해, 주규창, 곽범기, 김창섭, 로두철, 조연준, 태종수, 김격식, 최부일, 리용길, 오수용(14명)
2015.10	김정은, 김영남, 황병서(3명)	박봉주, 최룡해, 김기남, 최태복, 박도춘, 양형섭, 강석주, 리용무, 김원홍, 김양건, 곽범기, 오수용 (12명)	리영길, 오극렬, 김평해, 최부일, 로두철, 조연준, 태종수(7명)

2016.10	김정은, 김영남, 황병서, 박봉주, 최룡해(5명)	김기남, 최태복, 리수용, 김평해, 오수용, 곽범기, 김영철, 리만건, 양형섭, 로두철, 박영식, 리명수, 김원홍, 최부일(14명)	김수길, 김능오, 박태성, 리용호, 임철웅, 조연준, 리병철, 노광철, 리영길(9명)
2017.11	김정은, 김영남, 최룡해, 박봉주, 황병서(5명)	박광호, 박영식, 리수용, 김평해, 태종수, 오수용, 안정수, 박태성, 김영철, 리만건, 양형섭, 로두철, 리용호, 리명수, 최부일(15명)	최 휘, 박태덕, 김수길, 정경택, 김능오, 임철웅, 조연준, 리병철, 노광철, 리영길, 김여정(11명)
2018.11	김정은, 김영남, 최룡해, 박봉주 (4명)	박광호, 양형섭, 리명수, 리수용, 김평해, 태종수, 오수용, 안정수, 박태성, 김영철, 로두철, 리용호, 최부일,(13명)	최 휘, 박태덕, 임철웅, 조연준, 리만건, 김여정, 리병철, 김수길, 김능오, 정경택, 로광철, 리영길 (12명)
2019~2023	김정은, 김덕훈, 조용원, 최룡해, 리병철(5명)	리일환, 리영길, 오수용, 김재룡, 박태성, 정경택, 박정근, 강순남(8명)	최선희, 김상건, 김형식, 조춘룡, 한광상, 리철만, 김성남, 김영철, 리히용, 양승호, 주철규, 리창태, 리태섭, 우상철, 김수길, 주창일(16명)

* 출처 : 통일부 발간,『북한 기관별 인명록』의 관련 내용 참조

김정은이 등장하면서 가장 먼저 주목받은 기구는 그가 공식적으로 처음 당직을 맡은 당 중앙군사위원회였다. 당 중앙군사위원회는 원래 당 중앙위원회 산하의 부문 위원회인 당중앙위원회 군사위원회였다. 이 기구가 공식적으로 처음 등장한 것은 1970년 11월 제5차 당 대회에서 개정된 당 규약에서 처음 명시되면서부터

이다. 그것이 1982년 8월에 열린 당 중앙위원회 제6기 6차 전원회의에서 당 중앙위원회에서 분리되어 '당 중앙군사위원회'로 독립되었다.[7)]

그 후 눈에 띄는 변화가 없다가 2010년 당 규약이 30년 만에 개정되면서 '당 중앙군사위원회는 당 대회 사이에 군사 분야에 나서는 모든 사업을 당적으로 조직 · 지도하며, 당의 군사노선과 정책을 관철하기 위한 대책을 토의 · 결정한다. 그리고 혁명무력을 강화하고 군수공업을 발전시키기 위한 사업을 비롯하여 국방사업 전반을 당적으로 지도하는 것'으로 규정되고 있다.[8)] 이는 당 대회가 열리지 않는 한 당 중앙군사위원회는 북한의 무장력을 실질적으로 관리 · 감독 · 지휘하는 최고지도기관이라는 의미를 가진다. 또한 당 중앙군사위원회의 군사 부분에 대한 당적지도를 법제화시켜 강화시킨 것이다.

당을 통한 군의 정치적 지휘 · 통제라는 기본 골격은 김일성, 김정일 정권을 거쳐 동일하게 유지되었지만 김정일 정권에는 골격만 유지되었을 뿐 당 중앙군사위원회가 당의 군사 분야 최고지도기관으로 그 역할을 다하지는 못했다. 엘리트들이 제때 채워지지 않았고 관련 회의들도 개최되지 않았다. 이는 앞서 설명한 김정일의 통치방식으로 인한 것이다.

하지만 2010년 9월 28일에 열린 제3차 당대표자회는 김정일 정권에 위축되어 있던 당 중앙군사위원회의 위상과 역할에 커다란

7) 이대근, 『북한 군부는 왜 쿠데타를 하지 않나-김정일 시대 선군정치와 군부의 정치적 역할』(파주 : 한울 아카데미, 2003), p. 188.
8) 2010년, 2012년 개정 『당규약』 27조, 2016년 개정 『당규약』 29조.

전환점이었다. 사실상 김정은을 등장시키기 위해 개최한 이 대회에서 김정일은 당 중앙군사위원회를 대대적으로 보완한다. 당 중앙군사위원회를 새로 구성하여 인원들은 모두 군에서 중요한 위치를 차지하고 있던 인물들과 북한 권력의 핵심에 위치하고 있던 인물들로 구성되었다. 그리고 당 중앙군사위원회를 상설기구로 만들며[9] 군사 분야에서 만큼은 당 중앙위원회 정도의 위상을 가지게 하였다.[10]

여기서 우리는 김정일과 김정은이 당을 기반으로 최고지도자가 되었다는 것을 명심할 필요가 있다. 그렇다면 김정일과 북한지도부는 왜 선군정치의 핵심인 군이나 국방위원회 또는 최고인민회의 상임위원회, 내각 등이 아닌 당권의 장악을 우선으로 했을까?

그 이유는 첫째, 북한의 모든 권력의 중심에는 당이 있기 때문이다. "혁명의 참모부"로서의 당, "수령의 사상과 령도를 실현하는 무기"로서의 당, "수령 · 당 · 대중의 사회정치적 생명체"로 이루어진 북한의 운명공동체에서 수령과 대중을 이어주는 정치조직으로서의 당, "조선민주주의인민공화국을 영도"하는 중심으로서의 당, "혁명무장력인 조선인민군의 소유자"로서의 당의 지위와 역할은 의심할 여지없이 북한권력의 정책결정의 핵심이고 통치의 핵이다. 다른 국가기관으로서의 대외적인 대표기관인 입법부(최고인민회의), 행정부(내각) 그리고 군대는 결국 수령을 중심으로 한

9) 2010년 9월 개정 『조선로동당 규약』, 27조.
10) 이기동, "북한의 노동당 규약 개정과 권력구조", 『국방연구』 제54권 제1호(국방대학교 안보문제연구소, 2011), p. 88; 정성장, 『중국과 북한의 당중앙군사위원회 비교 연구 : 위상 · 역할 · 후계문제를 중심으로』(성남 : 세종연구소, 2011) p. 41.

당의 영도를 위한 수족에 불과한 것이다.[11)]

둘째, 북한의 모든 제도의 중심에 당이 있기 때문이다. 권력기반이 부족했던 나이 어린 김정은에게 권력을 물려줄 수 있는 최선의 방법은 결국 잘 구축된 제도를 그대로 상속하는 것이었다. 국가통치에서 가장 중요한 것은 제도이며, 특히 당·국가체제인 북한에서 가장 중요한 기구는 당이다. 당은 약 300만의 정수분자들로 구성되어 있고, 북한의 정치, 외교, 군사, 경제, 사회, 문화 등 다양한 영역에서 통제력을 미치고 있다. 김정일이 통치하던 시절에는 자신이 직접 지시하는 업무 스타일로 인해서 당 기구의 정책 지도기능이 많이 약해졌으나 김정일 자신의 건강악화로 인해 이것이 정상적인 기능을 못함으로써 후계자에게 좀 더 쉽게 자리를 넘겨주면서도 그 기능이 정상적으로 작동할 수 있도록 '제도'의 회복을 추구한 것이다.

셋째, 김정일 자신의 건강악화로 후계자 작업을 위한 시간이 매우 부족했기 때문이었다. 과거 김정일은 자신이 젊었을 적부터 김일성에 의해 체계적으로 정치수업을 받아오면서 오랜 기간 아버지의 후광과 자신의 힘으로 권력기반을 꾸리고 성장하였지만 김정은에게는 그럴 시간이 없었다. 뇌졸중으로 쓰러진 이후 병세가 언제든 악화될 수 있는 상황 하에서 후계체제를 더 이상 미룰 수는 없었다. 모든 권력기관을 두루두루 거치면서 각 분야에서 후계자 수업을 할 시간적 여유가 없기에 가장 손쉽고 간단하게 권력을 잡을 수 있는 방안을 모색했을 것이다.

11) 통일부 정세분석국 정치군사분석과, 『김정은 3대 세습 과정에서의 노동당 역할 평가와 전망』(통일부, 2011), p. 91.

그러면 그 많은 다른 당 기관 중 왜 당 중앙군사위원회일까? 하는 의문이 드는 것도 사실이다. 모두 알다시피 김정은은 당을 움직이는 핵심 직위인 정치국 상무위원회나 당정치국 위원, 당비서로는 진출하지 않고 당 중앙군사위원회 부위원장직에만 진출했다. 김정일이 공식적으로 등장했던 1980년 제6차 당 대회 당시 당 중앙위원회 군사위원회 위원과 함께 당의 다른 요직들에 동시에 들어간 것과는 다른 모습이다. 이렇게 김정은이 당 중앙군사위원회 부위원장을 첫 번째 당직으로 선택한 것은 다음과 같이 분석해 볼 수 있다.[12)]

우선, 군사 분야에 대한 중요성이다. 선군정치를 펼치고 있던 당시 북한에서 군사가 차지하는 위상이야 말할 필요가 없었으므로 군을 지도하는 당의 군사기구에 먼저 진출하여 후계자를 중심으로 한 영군체계를 구축하는 것은 후계 작업에서 가장 중요하고 당연한 것이었다. 그래서 김정은의 첫 당직을 군을 당적으로 지도하며 영향력을 높일 수 있는 당 중앙군사위원회 부위원장으로 한 것으로 보인다.

다음으로 김정은의 짧은 후계수업 기간도 이유가 될 수 있다. 김정일은 당정치국 상무위원회에 진출하기까지 김일성종합대학을 졸업하고 선전선동부에서 당의 일을 처음 시작한 후 16년이란 시간이 걸렸다. 그리고 그 직위에 오르기까지 당 비서와 부장으로,

---

12) 이하의 당 중앙군사위원회와 국방위원회 관련 내용들은 이수원, "북한 국방위원회의 위상, 역할 변화 분석" 『통일과 평화』 8집 2호(2016), pp. 149-180; 이수원(2017); 이수원, "북한 당중앙군사위원회의 위상·역할 연구" 『북한학보』 43집 1호(2018), pp. 182-219의 관련 내용들을 바탕으로 작성.

권력을 차지하기 위한 투쟁으로 수많은 정치 경험과 능력을 쌓아 나가게 된다. 당의 모든 사업을 조직, 지도하는데 참여할 수 있는 경험과 능력을 오랜 기간 노력과 경험을 통해 갖춘 것이다. 하지만 김정은에게 이러한 경험과 그에 따른 능력은 김정일에 비해 물리적으로 부족할 수밖에 없었다. 이에 북한에서 최고의 연륜과 위상의 인물들만 들어갈 수 있는 당정치국 상무위원회 등으로 당시만 해도 국민들에게 내세울 만한 아무런 업적도 경험도 없었던 김정은이 처음부터 당의 중요기구들에 이름을 올리는 것은 시기상조라고 김정일은 판단했던 것으로 보인다.

그러나 김정은은 후계자로 내정된 직후부터 짧은 기간이지만 김정일의 적극적인 지원 아래 군을 장악하기 위한 노력들을 지속해 왔다.[13] 당 중앙군사위원회는 군사 분야에만 집중하면 되는 기구이므로 그를 보좌할 수 있는 적당한 엘리트들을 붙여주면 군에 대한 장악력과 당에 대한 경험도 더 쌓을 수 있다고 판단한 것으로 보인다.

또한 당 중앙군사위원회로의 진출은 김정은 중심의 영군체계 구축과 함께 당으로의 본격적인 진출이라는 의미도 있었을 것이다. 〈표 Ⅲ-2〉의 관련 부분을 보면 알겠지만 2010년 당 중앙군사위원회에는 당과 군의 주요 실력자들이 대거 진출하였다. 후계자인 김정은이 처음으로 당직을 맡게 되었는데, 그 기구의 구성원

13) 김일성군사종합대학 졸업 후 2006년부터 김정은은 총정치국과 국가안전보위부에서 근무하며 군을 장악할 수 있는 역량을 기른다. 이와 관련된 사항들은 정성장, "김정은 후계체계의 공식화와 북한 권력체계 변화", 『북한연구학회보』 제14권 제2호(북한연구학회, 2010), pp. 159-188; 오경섭(2012), pp. 17-40; 『세계일보』, 2011년 4월 12일; 『데일리NK』, 2011년 9월 27일 등을 참조.

들을 당과 군의 중요인물들로 구성했다는 것은 당 중앙군사위원회를 후계작업의 교두보로 활용하고자 하는 의도였던 것이다. 특히, 군부 인사들은 김정은에게 군에 대한 지휘와 통제권을 충분히 보장해 줄 수 있는 인물들로 김정은 중심의 영군체계 확립에 중대한 역할을 수행했을 것이다.

〈표 Ⅲ-2〉 당 중앙군사위원회의 성원 변화[14)]

구 분	위원장	부위원장	위 원	인원수
1980. 10 (제6차 당 대회)	김일성		오진우(총정치국장, 인민무력부장, 국방위 부위원장), 김정일(정치국 상무위원, 비서), 최 현(전인민무력부장, 정치국 위원), 오백룡(국방위원회 부위원장, 당정치국 위원), 전문섭(평양위수사령관), 오극렬(총참모장), 백학림(인민무력부 부부장), 김철만(제1부총참모장), 김강환(총정치국 부국장), 태병렬(당군사부장), 리을설(5군단장), 주도일(3군단장), 리두익(4군단장), 조명록(공군사령관), 김일철(해군부사령관), 최상욱(후일 포병사령관), 리봉원(후일 총정치국 부총장), 오룡방(인민무력부 정치안전국 국장)	19명
1994. 12	김정일		오진우(국방위 제1위원장), 최광(국방위 부위원장), 백학림(차수, 법제위 부위원장), 리을설(차수, 국방위 위원), 리두익(차수), 김두남(김정일 군사보좌관), 리하일(대장, 당군사부장, 국방위 위원), 김익현(차수, 민방위부 부장), 조명록(공군사령관), 김일철(해군사령관), 리봉원(총정치국 부국장), 오룡방(부총참모장), 김하규(포병사령관)	14명

2000.12			리을설(원수, 호위사령관, 국방위 위원), 조명록(총정치국장, 국방위제1부위원장), 김영춘(총참모장), 백학림(인민보안상), 김익현(민방위부 부장), 김일철(인민무력부장), 리하일(차수), 박기서(평양방어사령관), 김명국(제108기계화군단장), 리두익(차수), 리용철(조직지도부 제1부부장), 리용무(차수, 국방위 부위원장)	13명
2005.01			리을설(원수), 조명록(총정치국장, 국방위제1부위원장), 김영춘(총참모장), 리용철(조직지도부 제1부부장), 김두남(인민무력부 부부장), 리하일(차수), 박기서(평양방어사령관), 김명국(제108기계화군단장), 백학림(차수), 김익현(민방위부 부장), 김일철(인민무력부장, 국방위 위원)	12명
2010.09 (제3차 당대표자회)		김정은(국가안전보위부장, 대장), 리영호(총참모장, 차수)	김영춘(당정치국 위원, 인민무력부장, 차수), 김정각(당정치국 후보위원, 총정치국 제1부국장, 대장), 김명국(당중앙위 위원, 총참모부 작전국장, 대장), 김경옥(당중앙위 위원, 조직지도부 제1부부장, 대장), 김원홍(당중앙위 위원, 총정치국 조직담당 부국장, 대장), 정명도(당중앙위 위원, 해군사령관, 대장), 리병철(당중앙위 위원, 공군사령관, 대장), 최부일(당중앙위 위원, 부총참모장, 대장), 김영철(당중앙위 위원, 정찰총국장, 상장), 윤정린(당중앙위 위원, 호위사령관, 대장), 주규창(당정치국 후보위원, 당기계공업부장, 국방위 위원), 최상려(당중앙위 위원, 포병사령관, 상장), 최경성(당중앙위 위원, 11군단장, 상장), 우동측(국가안전보위부 제1부부장, 국방위위원, 대장), 최룡해(당중앙위원회 비서, 대장), 장성택(당행정부장, 국방위 부위원장)	19명

2012. 04 (제4차 당 대표자회)	김정은	리영호 (총참모장) 최룡해 (총정치국장	김영춘(당군사부장), 김정각(인민무력부장), 김경옥(대장, 당조직지도부 제1부부장), 김원홍(국가안전보위부장), 정명도(해군사령관), 리병철(공군사령관), 최부일(총참모부 부총참모장), 김영철(정찰총국장), 윤정린(호위사령관), 주규창(당기계공업부장), 최경성(11군단장), 장성택(대장, 당정치국 위원, 국방위 부위원장), 현철해(인민무력부 제1부부장 겸 후방총국장), 리명수(인민보안부장), 김락겸(전략군 사령관)	18명
2013. 02		최룡해 (총정치국장) 현영철 (총참모장)	장성택(대장, 당정치국 위원, 국방위 부위원장), 김영춘(당군사부장), 현철해(인민무력부 제1부부장), 김원홍(국가안전보위부장), 김정각(차수), 주규창(당기계공업부장), 김경옥(조직지도부 제1부부장), 정명도(해군사령관), 리병철(공군사령관), 최부일(인민보안부장), 김영철(정찰총국장), 윤정린(호위사령관), 최경성(11군단장), 김락겸(전략군 사령관)	17명
2014. 05		리영길 (총참모장)	황병서(총정치국장), 김영춘(차수), 김원홍(국가안전보위부장), 주규창(당기계공업부장), 김경옥(조직지도부 제1부부장), 리병철(공군사령관), 최부일(인민보안부장), 김영철(정찰총국장), 윤정린(호위사령관), 최경성(11군단장), 김락겸(전략군 사령관), 장정남(인민무력부 부장, 국방위 위원), 서홍찬(인민무력부 제1부부장), 변인선(인민부력부 부부장), 김명식(해군사령관)	17명
2015. 12		리영길 (총참모장)	황병서(총정치국장), 김원홍(국가안전보위부장), 김경옥(조직지도부 제1부부장), 리병철(당중앙위 제1부부장), 최부일(인	17명

		민보안부장), 김영철(정찰총국장), 윤정린(호위사령관), 김락겸(전략군 사령관), 서홍찬(인민무력부 제1부부장), 박영식(인민무력부장), 김춘섭(군수공업부장, 국방위 위원), 김춘삼(총참모부 제1부총참모장 겸 작전국장), 리용주(해군사령관), 김영복(11군단장), 최영호(공군사령관)	
2016. 05 (제7차 당 대회)		황병서(총정치국장), 박봉주(내각총리), 박영식(인민무력부장), 리명수(총참모장), 김영철(통일전선부장, 정찰총국장), 리만건(당군수공업부장), 김원홍(국가안전보위부장), 최부일(인민보안부장), 김경옥(조직지도부 제1부부장), 리영길(제1부총참모장, 작전총국장), 서홍찬(인민무력부 제1부부장)	12명
2017. 10	.	황병서(총정치국장, 차수) 박봉주(내각총리), 박영식(인민무력상, 대장), 리명수(총참모장차수), 김영철(통일전선부장), 최부일(인민보안상, 대장), 김경옥(조직지도부 제1부부장, 대장), 리영길(총참모부 제1부총참모장, 대장), 서홍찬(인민무력성 제1부상, 대장), 최룡해(조직지도부장), 리병철(당중앙위 제1부부장, 대장) 정경택(국가보위상, 상장), 장길성(당 중앙위 후보위원, 상장)	14명
2018. 11		황병서(조직지도부 제1부부장) 박봉주(내각총리), 김수길(총정치국장), 리명수(차수), 김영철(통일전선부장), 최부일(인민보안상, 대장), 노광철(인민무력상), 리영길(총참모장, 대장), 서홍찬(인민무력성 제1부상, 대장), 최룡해(조직지도부장), 리병철(당중앙위 제1부부장, 대장) 정경택(국가보위상, 상장), 장길성(당 중앙위 후보위원, 상장)	14명

2019~ 2023			김정은(위원장, 조선로동당 총비서) 리병철(부위원장, 당 중앙비서국 비서), 리영길(부위원장, 당 중앙비서국 비서), 조용원(조선로동당 중앙위원회 정치국 상무위원), 김조국(조선로동당 중앙위원회 제1부부장), 정경택(국가보위상), 박수일(조선인민군 총참모부장), 강순남(국무위원회 국방상), 리태섭(국무위원회 사회안전상), 조경철(조선인민군 총참모부 보위국장), 리창호(조선인민군 총참모부 정찰총국장), 오일정(당 중앙비서국 민방위부장)	12명[15]

그런데 장성택이나 최룡해 같은 인물들은 그 기반이 군과는 거리가 있는 인물들로써 군사 지도기구인 당 중앙군사위원회와는 어울린다고 볼 수 없었다. 그런데도 이들을 이 기구에 넣었다는 것은 당 중앙군사위원회를 통해 당의 다른 기구에는 진출하지 못한 김정은의 당내 기반확보를 위한 조치였다고 생각된다.

최룡해는 2012년 4월 당대표자회를 통해 총정치국장이 되고 장성택은 국방위원회 부위원장이었지만 이들은 군사에 전문성이 있는 인사들은 아니었다. 하지만 이들이 당 중앙군사위원회에 들어감으로 인해서 이 기구의 위상은 충분히 높아질 수 있었으며, 다른 당 기구와 당 중앙군사위원회간의 군사문제에 대한 조율을 통

14) 통일부 정세분석국, 『2018 북한 주요인사 인물정보』(서울 : 통일부, 2017; 통일부 정세분석국, 『2018 북한 주요 기관·단체 인명록』(서울 : 통일부, 2017); 『연합뉴스』 2018. 12. 27

15) https://ko.wikipedia.org/wiki/조선로동당_중앙군사위원회(2024.11.15. 검색) 2023년 6월 기준

해 김정은을 보좌했을 것이다. 당내 다른 기구에 진출하지 않은 김정은과 당 기구들과의 연결고리가 된 것이고 당 중앙군사위원회를 강화함으로써 김정은은 군사 분야 외에도 당의 다른 분야에 대한 영향력 확대를 동시에 추구한 것이다. 이렇게 2010년 김정은을 공식적으로 등장시키기 위한 제3차 당 대표자회가 열린 이후 당 중앙군사위원회는 최고군사지도기관이라는 위상과 역할을 회복했고 김정은 후계작업의 중심기구가 되었다.16)

결국, 위의 내용을 종합하면 2010년 9월 공식적으로 처음 등장한 김정은은 이전부터 후계수업을 받고 있었지만 당 중앙군사위원회 부위원장에 임명됨으로 비로소 후계자로서 당으로의 진출과 영군체계 구축을 본격화할 수 있게 되어, 그 지위를 확고히 했다고 볼 수 있다. 김정일은 이를 위해 당 중앙군사위원회를 정상화시킨 것이다. 그리고 이후의 당 중앙군사위원회는 최고군사지도기구로서 차기 지도자인 김정은의 입지를 강화시켰고 김정일 사후에는 김정은 체제를 군사적으로 보위하는데 충실한 모습을 보이고 있다고 여겨진다.

김정은 정권 당 중앙군사위원회의 특징은 우선 당 중앙군사위원회 회의를 공개적으로 개최하고 있다는 것이다. 김정일 정권에는 앞서도 언급했지만 당 중앙군사위원회 회의가 정상적으로 개최되고 있었는지 제대로 확인하기 어려웠다. 그러나 김정은은

16) 이기동, "제3차 노동당 대표자회 이후 북한 권력구조 확립의 쟁점 및 과제", 『한국과 국제정치』 제26권 제4호, 통권 71호(경남대학교 극동문제연구소, 2010), pp. 215-242; 정성장, "북한의 2013년 신년사와 정책 기조 변화-선군정치의 상대적 퇴조와 선경정치의 부상", 『세종논평』 No. 258, (2013. 1. 2), pp. 35-48.

2013년 이후 1년에 2-3차례 개최하는 당 중앙군사위원회 확대회의와 비상확대회의를 적극적으로 공개하고 있다.[17)]

김정은 정권 당 중앙군사위원회의 또 다른 특징은 엘리트들이 정상적으로 보충되고 있다는 점이다. 김일성 정권의 당 중앙군사위원회는 관련회의 개최 사실과 마찬가지로 인원구성을 확인하는 것 자체가 어려웠을 뿐만 아니라 줄어드는 인원에 대한 보충을 한 번도 확인할 수가 없었다. 이것은 당시 당 중앙군사위원회의 역할과 위상에 많은 논란을 안겨주는 원인이 되기도 하였다. 그러나 김정은은 당 중앙군사위원회의 엘리트들을 정상적으로 보충해 주고 있다. 군사 분야에 나서는 모든 사업을 당적으로 조직, 지도하는데 공백이 발생하지 않도록 하고 있는 것이다. 이는 김정은 정권의 당 중앙군사위원회는 김정일 정권과 달리 당의 최고 군사지도기관으로 적극 활용되고 있음을 보여주는 것이다.

2023년 6월 기준 조선로동당 중앙군사위원회 조직 명단은 다음의 〈표 III-3〉과 같다.

17) 『조선중앙통신』, 2013년 2월 3일; 2013년 8월 25일; 『로동신문』, 2014년 3월 17일; 2014년 4월 27일; 2015년 2월 23일; 2015년 8월 21일; 2015년 8월 28일; 2018년 11월 18일.

〈표 Ⅲ-3〉 조선로동당 중앙군사위원회 조직 명단

구 분	위원장	부위원장	위 원	인원수
2019~2023	김정은	리병철 리영길	조용원(조선로동당 중앙위원회 정치국 상무위원), 김조국(조선로동당 중앙위원회 제1부부장), 정경택(국가보위상), 박수일(조선인민군 총참모부장), 강순남(국무위원회 국방상), 리태섭(국무위원회 사회안전상), 조경철(조선인민군 총참모부 보위국장), 리창호(조선인민군 총참모부 정찰총국장), 오일정(당 중앙비서국 민방위부장)	12명[18]

한편 김정은으로의 승계과정에서 주목을 받을 수밖에 없던 기구는 국방위원회이다. 국방위원회의 위상과 역할에 대해 김정일 정권에는 당보다도 우위에 위치하고 있다는 주장이 상당수를 차지하고 있었기에 김정은의 승계과정에서 이 기구의 역할에 대해서 많은 관심을 불러일으켰다.

국방위원회는 1972년 12월 27일에 최고인민회의 제5기 제1차 회의에서 헌법을 개정하면서 당시 국가주권의 최고 지도기관이었던 중앙인민위원회의 예하 기구로 처음 등장한다.[19] 그런데 1992년에 헌법이 다시 수정되어 국방위원회가 독립된 기관이 되기까지의 정확한 역할을 확인하기 어렵다. 중앙인민위원회에 소속된 기구였기에 국방위원회나 위원장 명의로 된 명령이나 정령들을

18) https://ko.wikipedia.org/wiki/조선로동당_중앙군사위원회(2024.11.15. 검색) 2023년 6월 기준

19) 1972년 12월 27일 채택된 북한의 헌법 전문은 『로동신문』, 1972월 12월 28일; 법원행정처, 『북한의 헌법』(서울 : 법원행정처, 2010), pp. 468-486 참조.

확인할 수 없기 때문이다. 그리고 중앙인민위원회 명의의 군사 관련 정령 등도 훈장 등을 수여한다거나 주요 군인사의 군사칭호를 수여하는 것 외에는 확인할 수가 없다.[20)]

그러나 1992년 헌법 개정 후 상황이 변한다. 북한은 1992년 4월 9일 최고인민회의 제9기 제3차 회의에서 헌법을 수정보충하게 되는데, 여기서 국방위원회는 독립되어 국가주권의 최고군사지도기관으로 법적인 지위를 명확히 하게 된다. 그리고 1998년에는 '전반적 국방관리기관'이라는 내용이 추가되었다. 거기에 주석제가 폐지되고 국방위원장을 국가 최고영도자가 담당하게 되면서 국방위원회는 국방을 넘어선 국정의 다른 분야에도 관여할 수 있는 가능성이 열리게 된다.

또한 2009년 헌법 개정을 통해 국방위원회는 국가주권의 최고국방지도기관으로 격상되었다. 북한은 2009년 4월 9일 최고인민회의 제12기 1차 회의를 통해 국방위원장의 역할을 대폭 강화하는 방향으로 헌법을 수정·보충하였다. 새로 보충된 헌법에서는 국방위원장 조항을 신설하여 국방위원장을 조선민주주의인민공화국의 최고영도자로 명시하고, 국방위원장이 전반적 무력의 최고사령관이며 국가의 일체 무력을 지휘·통솔하도록 규정하였다.

국방위원회의 위상과 역할은 엘리트 구성 변화를 통해서도 확인할 수 있다. 그러나 북한은 2016년 6월 29일 최고인민회의의 제 13기 제4차 회의에서 국방위원회를 폐지하고 전 분야를 망라

20) 『로동신문』, 1973년 2월 6일; 1973년 4월 14일; 1985년 4월 14일.

하는 종합적 최고 정책결정기관인 국무위원회를 신설했다. 이에 따라 김정은은 국가직책도 국방위원회 제1위원장에서 국가 주권의 최고정책지도기관 국무위원회 국무위원장으로 바뀌게 됐다. 한편 북한이 2019년 8월 29일 김정은 국무위원장의 권한을 강화하는 조문을 헌법에 추가하면서 국무위원회 위원장이 명실공히 당과 국가, 무력의 최고 영도자라는 것이 법적으로 고착되게 됐다"고 밝혔다.

그러나 북한은 2016년 6월 29일 최고인민회의 제13기 제4차 회의에서 국방위원회를 폐지하고 모든 분야를 망라하는 종합적 최고 정책 결정기관인 국무위원회를 신설했다. 이에따라 김정은의 국가직책도 국방위원회 제1위원장에서 국가주권의 최고정책지도기관 국무위원회의 국무위원장으로 바뀌게 되었다. 다음은 폐지된 국방위원회 구성원의 변화를 보여주는 것이다.

〈표 Ⅲ-4〉 국방위원회 구성원 변화

김정일 정권	제1부위원장	부위원장	위 원
1994.7	오진우 (인민무력부장)	최광 (총참모장)	김광진(인민무력부 제1부부장), 김철만(제2경제위원장), 리을설(호위사령관), 전병호(군수공업담당비서), 김봉률(인민무력부 부부장), 리하일(인민군 차수)
1998.9	조명록 (총정치국장)	김일철(인민무력상), 리용무(인민군 차수)	김영춘(총참모장), 연형묵(자강도당 책임비서), 리을설(호위사령관), 백학림(법제위위원장), 전병호(군수공업담당비서), 김철만(제2경제위원회 위원장)

2003.9		연형묵(자강도당책임비서), 리용무(인민군 차수)	김영춘(총참모장), 김일철(인민무력부장), 백세봉(제2경제위원회 위원장), 최용수(인민보안상), 전병호(군수공업담당비서)
2007.7		김영춘(인민군 차수), 리용무(인민군 차수)	백세봉(제2경제위원회 위원장), 최용수(법제위원회 위원장), 전병호(군수공업담당비서), 김일철(인민무력부장), 김격식(총참모장)
2009.4		김영춘(인민무력부장), 리용무(인민군 차수), 오극렬(인민군 대장)	전병호(군수공업담당비서), 김일철(인민무력부 제1부부장), 백세봉(제2경제위원회 위원장), 장성택(당행정부장), 주상성(인민보안상), 우동측(국가안전보위부 부부장), 주규창(당군수공업부 제1부부장), 김정각(총정치국 제1부국장)
2010.6		김영춘(인민무력부장), 리용무(인민군 차수), 오극렬(인민군 대장), 장성택(당행정부장)	전병호(군수공업담당비서), 주상성(인민보안부장), 백세봉(제2경제위원회 위원장), 우동측(국가안전보위부 제1부부장), 주규창(당군수공업부 제1부부장), 김정각(총정치국 제1부국장)
2011.4		김영춘(인민무력부장), 리용무(인민군 차수), 오극렬(인민군 대장), 장성택(당행정부장)	박도춘(군수공업담당비서), 백세봉(제2경제위원회 위원장), 우동측(국가안전보위부 제1부부장), 주규창(당기계공업부장), 김정각(총정치국 제1부국장)
2012.4	김정은	김영춘(당군사부장), 리용무(인민군차수), 오극렬(인민군대장), 장성택(당행정부장)	박도춘(군수공업담당비서), 백세봉(제2경제위원회 위원장), 주규창(당기계공업부장), 김정각(총정치국 제1부국장), 최룡해(총정치국장), 김원홍(국가안전보위부장), 리명수(인민보안부장)

2013.4		김영춘(당군사부장), 리용무(인민군차수), 오극렬(인민군대장), 장성택(당행정부장)	박도춘(군수공업담당비서), 백세봉(제2경제위원회 위원장), 주규창(당기계공업부장), 김격식(인민무력부장), 최부일(인민보안부장)
2014.4		최룡해(총정치국장), 리용무(인민군차수), 오극렬(인민군대장)	장정남(인민무력부장), 박도춘(군수공업담당비서), 김원홍(국가안전보위부장), 최부일(인민보안부장), 조춘룡(제2경제위원회 위원장)
2014.9		리용무(인민군차수), 오극렬(인민군대장), 황병서(총정치국장)	박도춘(군수공업담당비서), 김원홍(국가안전보위부장), 최부일(인민보안부장), 조춘룡(제2경제위원회 위원장), 현영철(인민무력부장), 리병철(항공 및 반항공군 사령관)
2015.4		리용무(인민군차수), 오극렬(인민군대장), 황병서(총정치국장)	김원홍(국가안전보위부장), 최부일(인민보안부장), 조춘룡(제2경제위원회 위원장), 현영철(인민무력부장), 리병철(당중앙위원회 제1부부장), 김춘섭(군수공업부장)

출처 : 이수원(2017), pp. 123-126

위의 표에 제시된 인물들이 당시 담당하고 있던 직책들을 살펴보면 일반적으로 제2경제위원회와 군수공업부, 심지어 2000년대 초반까지는 북한의 군수공장들이 밀집되어 있는 자강도의 당책임비서 등 군수공업 운영과 직접 관련된 인물들이 상당수 차지하고 있었음을 알 수가 있다. 그리고 군대의 후방사업과 군사외교를 담당하는 인민무력부 성원들이 많이 참여하고 있었다.

그런데 국방위원회의 역할 중 가장 큰 관심사 중 하나이고, 선군정치를 펼치던 시기 권력의 가장 큰 핵심인 군 지휘와 직접 관련되는 주요 군지휘관은 김정일 정권 후반부로 갈수록 점차 참여하지 못하였으며, 총참모장 직위도 2009년부터는 국방위원회에 자리하지 못하였음을 볼 수 있다. 물론 '최광'이 잠시 부위원장 자리를 차지하고 있었으나 그는 1997년 사망하므로 김일성 정권의 국방위원회에서는 오래 임무를 수행하지 못했다. 그리고 그 이후에 참여했던 총참모장들은 위원 자격으로 참여하였다. 또한 리용무와 오극렬과 같은 군 인사들이 부위원장직을 수행하였으나 이들은 군부대를 지휘하는 지휘관도 아니고 군내 주요직위를 가진 인물들도 아니었다.

오히려 공안기구, 즉 인민보안부나 국가안전보위부의 주요 인사들이 많이 참여하고 있다는 것이 눈에 띈다. 이러한 국방위원회의 인원구성은 국방위원회가 군 지휘보다는 군을 지원하는 분야에 초점이 맞추어진 구조로 되어있었으며 사회의 안정에도 관여하고 있었음을 보여주는 것이다. 그러므로 엘리트 구성으로 본 김정일 정권의 국방위원회는 당의 지도 아래 군 지휘는 제외되지만 군을 강화하는 모든 사업을 지도하는 역할을 수행한 것이다. 즉, 김정일 정권의 국방위원회는 당의 정책을 보좌하고 실행하는 역할을 수행한 것이지 당을 이끌지는 못했던 것이다.

이러한 구성은 김정은 정권에 들어서도 특별한 변화가 없었다. 제2경제위원회와 기계공업부와 같은 군수분야와 공안기구인 인민보안부와 국가안전보위부에 속한 인물들이 주로 위치해 여전히 위치해 있었고, 군 지휘와 관련된 인물은 드물었다. 리병철이 공군, 즉 항공 및 반항공군 사령관으로 있을 때 잠시 포함되기는 했지만 그는 얼마 있지 않아 당으로 자리를 옮기게 된다.[21] 그리고 리용무(1925년생), 오극렬(1930년생)은 고령의 인사들로 당 정치국위원과 후보위원이긴 했으나 군 지휘와 관련된 직함을 가지고 있는 것은 아니었다.[22)]

또한 총정치국장들이 김정일 정권과 마찬가지로 포함되어 있는데, 이 직책도 군의 작전지휘와는 거리가 있다. 그러므로 김정은 정권의 국방위원회도 김정일 정권과 마찬가지로 군 작전지휘와는 거리가 있고 당의 지도와 지휘를 받는 군을 지원하는 분야에 더욱 적합한 구성을 가지고 있었던 것이다.

앞에서 설명했지만 헌법상으로 국방위원회의 위상과 역할이 김정일 정권 이후 점차 상승한 것은 사실이지만 일단 헌법상에 국가는 당의 영도 밑에 모든 활동을 진행하게 되어 있다. 국가기구에 대해 사전적으로도 "공화국의 국가기구는 조선로동당의 로선과 정책을 집행하는 혁명과 건설의 강력한 무기로서 우리 인민의 위대한 수령 김일성 동지의 현명한 령도 밑에 인민자신에 의하여 조직되었으며, 인민들과 혈연적련계를 맺고 사업하여 그들의 리익을 옹호하여 투쟁한다."[23)]라고 정의하였다. 북한의 국가기구는 당의 노선과 정책을 집행하는 수단으로 당의 지도를 받아야 하는 위치에 있는 것이다. 그러므로 국가기구인 국방위원회가 당-국가체제를 추구하는 북한에서 후계사업의 주도적인 역할을 하는 것

21) 2014년 12월 8일자 『로동신문』을 보면 김정은이 항공 및 반항공군 제458군부대를 현지지도할 때 동행한 리병철을 '당중앙위원회 책임일군'으로 소개하고 항공 및 반항공군 사령관으로는 항공군 중장 최영호를 소개했다.

22) 이들은 제7차 당대회에서 당정치국위원과 후보위원회에 선출되지 못하였고 당중앙위원회 위원으로만 선출되었다. 『로동신문』, 2016년 5월 10일.

23) 사회과학출판사(1973), p. 80.

에는 처음부터 구조적으로 어려움이 있었던 것이다.

한편, 이러한 당 중앙군사위원회와 국방위원회에 대한 인적구성은 김정은 체제의 조기안정화를 위한 후견인 그룹의 정비의 일부라고 할 수 있다. 2009년 2월 김영춘 국방위원회 부위원장의 인민무력부장 부임, 리영호 평양방어사령관의 총참모장 임명 그리고 김정일의 후계자로서의 등장과 군부 장악과정에서 큰 역할을 한 오극렬을 당 작전부장에서 국방위원회 부위원장으로 임명함으로써 신구의 조화를 통한 정치적 안정화를 도모하였다. 그리고 2011년 4월 7일에 개최된 최고인민회의 제12기 4차 회의에서는 리명수 국방위원회 행정국장을 인민보안부장에 임명하고, 박도춘 당 비서를 군수산업을 담당하는 총책임자로 임명하였다.

그런데 한때 북한 관련 뉴스의 중심에 있었던 국방위원회가 큰 변화를 맡게 된다. 김정은은 2016년 6월에 최고인민회의 제13기 제4차 회의를 개최하여 헌법을 개정, 국방위원회를 국무위원회로 개편한다.[24] 김정은 정권의 국방위원회 위상은 이전과 같지 않았다. 김정은이 당 기구를 활용한 집체적 결정은 배제하고 독단적인 결정을 즐겼던 김정일과는 다르게 국정운영에서 당을 적극적으로 활용하고 있기 때문이다. 위에서 언급했듯 군사 분야에서는 당 중앙군사위원회의 역할이 정상화되었다. 그리고 정기적이라고 언급하기에는 부족하지만 당 정치국회의나 확대회의, 당 중앙위원회 전원회의 등이 수시로 개최되고 있음이 확인되고 있다. 이는 북한이 중대한 문제들에 대한 결정을 당에서 논의하는 과정을

24) 이후의 국무위원회 관련 내용은 이수원(2017), pp. 211-222와 이수원(2016), pp. 172-177의 관련 내용을 기반으로 작성

거치고 있음을 의미한다.

이렇게 당이 정상적으로 운용되고 있다는 것은 김정일 정권의 위기 돌파에 초점이 맞추어졌던 국정운영 방식이 당 중심으로 정상화 되고 있음을 보여주는 것이다. 즉, 국방지도기구임에도 국가사업 전반에 관여할 정도로 지나치게 확대되었던 국방위원회의 그것들이 축소되었다는 것이다. 당-국가체제에서는 사실 김정일 정권의 국방위원회의 모습은 예외적인 모습이고 김정은 정권의 모습이 정상화된 모습이다. 그리고 이러한 흐름은 국방위원회의 국무위원회로의 개편으로 이어진다.[25] 최고국방지도기구가 담당했던 최고국가지도기구의 역할을 헌법으로 보장된 '국가주권의 최고 정책적지도기관'[26]이 담당하게 된 것이다.

다음 〈표 Ⅲ-5〉는 2016년 6월 29일 및 2019년 8월 29일 개정된 북한의 헌법 중 국무위원회 관련 내용을 정리한 것이다.

〈표 Ⅲ-5〉 국무위원장/ 국무위원회의 헌법상 위상과 역할

구분	국무위원회 위원장	국무위원회
위상	• 국방위원회 제1위원장이 국무위원회 위원장으로 변경 • 조선민주주의인민공화국의 최고령도자 • 조선민주주의인민공화국 전반적무력의 최고사령관으로 되며 국가의 일체 무력을 지휘통솔	• 국방위원회를 국무위원회로 수정 • 국가주권의 최고정책적지도기관(기존, 국가주권의 최고국방지도기관)

25) 김갑식, "북한 최고인민회의 제13기 제4차 회의 분석", 『Online Series』 CO 16-19(통일연구원, 2016), pp. 1-2.
26) 『로동신문』 2016년 6월 30일.

	• 자기 사업에 대하여 최고인민회의 앞에 책임짐 • 국무위원장은 최고인민회의 대의원으로 선거하지 않음	• 자기 사업에 대하여 최고인민회의 앞에 책임짐
역할	• 국가의 전반사업을 지도 • 국무위원회 사업을 직접 지도 • 국가의 중요간부를 임명 또는 해임 (기존, 국방관련 인사만 해당, 국방 관련 기관과 군 인사에 대한 내용은 삭제) • 다른 나라와 맺은 중요조약 비준, 폐기 • 특사권 행사 • 나라의 비상사태와 전시 상태, 동원령을 선포 • 전시, 국가방위위원회 조직지도(신설) • 명령을 냄	• 국방건설사업을 비롯한 국가의 중요정책을 토의, 결정 • 국무위원회 위원장 명령, 국무위원회 결정, 지시집행정형을 감독하고 대책을 세움 • 국무위원회 위원장 명령, 국무위원회 결정, 지시에 어긋나는 국가기관의 결정, 지시를 폐지 • 결정, 지시를 냄
	• 최고인민회의 법령, 국무위원회 중요 정령과 결정을 공포 • 다른 나라에 주재하는 외교대표를 임명 또는 소환	

* 출처 : 『로동신문』, 2016년 6월 30일.

위의 개정 헌법 내용상으로는 국무위원회의 위상과 역할이 국가체제 내에서 국방위원회의 그것들보다 더욱 넓어지고 높아졌다. 국무위원회는 "국가주권의 최고정책적지도기관"으로 진정한 국가최고지도기관이다. 그리고 기존에는 국방부분에만 해당되었던 조직과 인사 분야 등에서의 역할들도 국가전체로 범위가 넓어졌다. 즉, 전체적으로 기존에는 법률상으로 위상과 역할이 국방분야에 한정되어 있었으나 국무위원회가 되면서 국가의 전분야로 확대되었고, 그러면서 국방 분야의 임무도 흡수한 것이다.

또한 국무위원회 위원장의 역할에 전시 비상기구인 "국가방위위원회를 조직지도한다."는 내용이 추가되었다. 현재 이 기구에 대해서는 북한이 공개하거나 연구자들이나 정보당국에서 밝혀낸 것은 전무하다. 그러므로 이 기구에 대한 연구는 앞으로 지속되어야 할 부분이다

한편 국무위원회로의 명칭 변경은 기존 국방위원회의 실제적인 역할을 반영한 것이다. 헌법상으로 국방위원장은 국가의 전반 사업을 지도하게 되어 있었고, 국방위원회는 그런 국방위원장의 지도를 직접 받게 되어 있었다. 그리고 국방위원장의 명령 등의 실행에 대한 감독 및 대책을 마련하게 되었고, 선군혁명노선 관철을 위한 국가의 중요정책을 수립하게 되어있었으므로 실제로는 국정전반에 관여하고 있었다고 볼 수 있다. 그러므로 이러한 실제적인 역할에 맞게 명칭을 변경한 것이다. 국가최고기구에 '국방'이라는 역할을 한정짓는 명칭은 어울리는 것이 아니다.

북한은 국무위원회를 신설하면서 구성원들을 새롭게 개편하기도 하였다. 〈표 Ⅲ-6〉은 2016년 6월 29일 공식 임명된 국무위원회 위원들이다.

〈표 Ⅲ-6〉 국무위원회 위원 명단

시 기	위원장	부위원장	위원
2016. 06.	김정은 (당 위원장, 당 중앙군사위원회 위원장, 최고사령관)	황병서 (총정치국장), 박봉주 (내각총리), 최룡해 (당중앙위원회 부위원장)	김기남(당선전담당 부위원장), 박영식(인민무력부장), 리수용(당국제담당 부위원장), 리만건(당군수공업담당 부위원장), 김영철(당대남담당 부위원장), 김원홍(국가안전보위부장), 최부일(인민보안부장), 리용호(외무상)

2018. 11	김정은 (당 위원장, 당 중앙군사위원회 위원장, 최고사령관)	박봉주 (내각총리), 최룡해 (당중앙위원회 부위원장)	박광호(당 선전선동부장), 김정각(당 중앙위 위원, 차수), 박영식(전 인민무력상), 리수용(당 국제부장), 태종수(당 군수공업부장), 김영철(통일전선부장), 리용호(외무상), 최부일(인민보안상), 정경택(국가보위상)
2019.4.11. ~ 27)	김정은 (당 총비서, 중앙군사위 위원장, 최고사령관)	최룡해 (제1부위원장, 최고인민회의 상임위원장) 김덕훈(내각총리)	조용원(중앙위 조직비서), 오수용(중앙위 비서 겸 경제부장), 김성남(중앙위 비서 겸 국제부장), 박정천(조선인민군 총참모장), 김영철(통일전선부장), 리선권(외무상), 리영길(국방상, 인민군 대장), 장정남(사회안전상, 인민군 대장), 정경택(국가보위상), 김여정(조선로동당 선전선동부 제1부부장)

* 출처 : 『로동신문』, 2016년 6월 30일; 통일부, 『2019 북한 주요인사 인물정보』(서울 : 통일부, 2018); 통일부, 『2019 북한 기관별 인명록』(서울 : 통일부, 2018), p. 49.

위의 명단과 앞서 제시되었던 국방위원회 구성원 명단을 비교해 보면 국방위원회의 기존 역할에 여러 가지가 추가되어 그 범위가 넓어졌음을 알 수 있다.

군수공업담당자와 공안기관 담당자들이 여전히 포함되어 있는 것은 국무위원회가 군수공업과 사회통제를 계속해서 이끌 것임을 보여주는 것이다. 그리고 리용무나 오극렬 같은 군 원로들이 빠져나감으로 인해, 보다 효율적인 구성으로 변했다고 볼 수 있다. 실질적으로 역할을 수행하지 못하는 인물들의 해임은 효율적인 임무수행에 도움을 줄 것이다.

27) https://ko.wikipedia.org/wiki/조선민주주의인민공화국_국무위원회#2기_국무위원회(2019.4.11.~) 2024.11.15.일 검색

하지만 그 외의 인물들은 국무위원회의 활동 범위가 더욱 넓어졌음을 보여준다. 김영철의 합류는 국방위원회의 대남분야 역할이 국무위원회에서 더욱 강화될 것임을 보여준다. 거기에 리수용, 리용호 같은 외교 전문가들의 합류는 핵과 미사일 문제로 고립이 점차 심화되는 상황을 극복하기 위한 외교역량 강화조치이다. 그리고 내각총리와 선전담당 부위원장의 추가는 경제 회복에 대한 김정은의 의지와 체제유지를 위한 선전선동 분야에 대한 중요성이 반영된 것이다. 즉, 김정은은 국무위원회를 통해 국방과 사회통제 분야는 물론 대남, 외교, 경제, 선전선동 등의 국정 전반을 관리하겠다는 의지를 드러낸 것이다.

이러한 헌법과 명칭, 구성원의 변경은 국정운영의 정상화와 연결된다. 국방위원회는 국가의 존망이 걸린 긴급 상황을 극복하기 위해 강화된 위기관리기구였다.[28] 이러한 기구를 개편하여 국가최고지도기구에 걸맞은 헌법과 명칭, 인원 구성을 가진 기구를 대신 내왔다는 것은 위기극복에 맞춰진 국정운영을 정상적으로 전환하겠다는 의도인 것이다. 앞서서 살펴보았지만 김정은 정권의 북한은 김정일 정권에 비해 내부 사정이 안정되어 있다고 판단된다. 이는 김정은으로 하여금 국정을 정상적인 체제로 운영할 것을 결심하게 했을 것이다.

한편 김정은의 국무위원장직 취임은 김정일의 그늘을 벗어나 자신만의 체제를 완성했음을 의미한다. 김정은은 이미 당 위원장직 신설과 최고사령관직 취임으로 당과 군에 대한 영도체계를 완

28) 김진옥, "선군정치의 법적담보는 어디에 있는가"(http://uriminzokkiri.com/index.php?ptype=ugisa1&no=594, 검색일 : 2016. 9. 24).

성하였다. 거기에 마지막으로 김정일 정권의 상징인 국방위원회를 개편하여 새로운 국가최고기구인 국무위원회를 신설하고 또 위원장으로 취임했다는 것은 국가영도체계마저 구축을 완료하여 당, 정, 군 모두를 김정은 식으로 바꾸는 작업의 종료를 의미한다. 비로소 김정은 체제 구축이 마무리된 것이다.

그리고 2019~20년, 2021년 9월 최고인민회의를 통해 2기 국무위원회를 구성하였으며 다음 〈표 III-7〉과 같다.[29)]

〈표 Ⅲ-7〉 2기 국무위원회

시 기	위원장	부위원장	위원
	김정은 (조선로동당 총비서·중앙군사위원회 위원장·조선로동당 중앙위원회 정치국 상무위원、조선민주주의인민공화국 무력 최고사령관)	최룡해 (제1부위원장) (최고인민회의 상임위원장·조선로동당 부위원장、조선로동당 중앙위원회 정치국 상무위원) 박봉주 (부위원장) 조선로동당 부위원장、조선로동당 중앙위원회 정치국 상무위원、	김덕훈(내각 총리·조선로동당 중앙위원회 정치국 상무위원(2021.9.29 보선) 김재룡(내각 총리 → 조선로동당 중앙위 부위원장 겸 조직지도부장·정치국 위원(2021.9.29 소환) 조용원(조선로동당 중앙위 조직비서·정치국 상무위원(2021.9.29 보선) 리만건(조선로동당 중앙위 부위원장 겸 조직지도부장·정치국 위원(2021. 9.29 소환) 오수용(조선로동당 중앙위 비서 겸 경제부장·정치국 위원(2021.9.29 보선) 리수용(조선로동당 중앙위 부위원장 겸 국제부장·최고인민회의 외

29) https://ko.wikipedia.org/wiki/조선인민민주주의공화국_국무위원회

			교위원장 · 정치국 위원(2020.4.12 소환)
			김형준(조선로동당 중앙위 부위원장 겸 국제부장 · 정치국 위원 · 최고인민회의 외교위원장(2020.4.12. 보선) (2021.9.29 소환)
			김성남(조선로동당 중앙위 비서 겸 국제부장 · 정치국 후보위원 · 최고인민회의 외교위원장(2021.9.29 보선)
			태종수(조선로동당 중앙위 부위원장 겸 군수공업부장 · 정치국 위원 (2020. 4.12 소환)
			리병철(조선로동당 중앙위 부위원장 겸 군수공업부장 · 정치국 상무위원 (2020.4.12 보선)(2021.9.29소환)
		전 내각 총리 (2021.9.29 소환)	박정천(조선인민군 총참모장 · 조선로동당 중앙위 비서 · 정치국 상무위원(2021. 9.29 보선)
			김영철(조선로동당 중앙위 부위원장 겸 통일전선부장 · 정치국 위원
			리용호(외무상 · 조선로동당 중앙위 정치국 위원(2020.4.12 소환)
			리선권(외무상 · 조선로동당 중앙위 정치국 후보위원(2020.4.12 보선)
			김수길(조선인민군 총정치국장 · 조선로동당 중앙위 정치국 위원 (2021.9.29 소환)
			노광철(인민무력상 · 조선로동당 중앙위 정치국 위원 · 인민군 대장 (2020.4.12 소환)
			김정관(인민무력상 · 조선로동당 중앙위 정치국 위원 · 인민군 대장(2020. 4.12 보선)(2021.9.29 소환)
			리영길(국방상 · 조선로동당 중앙위

			정치국 위원 · 인민군 대장(2021.9.29 보선) 최부일(인민보안상 · 조선로동당 중앙위 정치국 위원 · 인민군 대장(2020.4.12 소환) 김정호(인민보안상 · 조선로동당 중앙위 정치국 위원 · 인민군 대장(2020.4.12 보선)(2021.9.29 소환) 장정남(사회안전상 · 조선로동당 중앙위 정치국 후보위원 · 인민군 대장(2021.9.29 보선) 정경택(국가보위상 · 조선로동당 중앙위 정치국 위원 · 당 중앙군사위원) 최선희(외무성 제1부상 · 당 중앙위 정치국 위원(2021.9.29 소환) 김여정(조선로동당 선전선동부 제1부부장(2021.9.29 보선)

특히, 2019년 8월 29일 최고인민회의 제14기 제2차 회의에서는 헌법 일부 수정보충 문제, 조직문제가 논의됐는데 김정은은 불참했고, 최룡해, 박봉주, 김재룡 등 주요인물들만 참여했다. 이 회의에서 북한은 국무위원장의 지위와 관련 '국무위원장은 최고인민회의 대의원으로 선거하지 않는다'는 규정을 추가했고, 국무위원장의 권한과 관련 '국무위원장은 최고인민회의 법령, 국무위원회 중요 정령과 결정을 공포한다', '다른 나라에 주재하는 외교대표를 임명 또는 소환한다'는 내용을 보충했다. 거기에 추가적으로 '국무위원회는 국무위원장 명령, 국무위원회 정령, 결정, 지시 집행정형을 감독하고 대책을 세운다'는 내용을 담았다.

제2절 김정은 리더십 구축과 핵심 측근 엘리트의 부상

김정은의 리더십 구축은 '시간의 역사'를 요구했다. 백두산 혈통이라는 혁명전통의 체현자여야 하며, 동시에 김정일을 오랫동안 보좌하면서 후계자로서의 역사가 이미 오래전부터 진행되어 왔다는 것을 보여줘야 했다. 북한은 김정은이 김정일을 도와 오래전부터 사업을 전개해왔고, 김정일에 대한 충성을 최고의 수준에서 보여주었음을 선전하고 있다. 이는 북한의 권력 정당성의 원천으로서 항일무장투쟁의 신화, 즉 백두산 신화의 창출과 계승 그리고 발전이라는 후계자의 요건이 중요하기 때문이다.

북한의 후계자론에 따르면, 후계자는 수령을 보좌하는 기간이 있고, 수령의 유고시에 수령으로서의 지위와 역할을 담당하는 기간이 있다. 이렇게 본다면 현재 김정은은 수령의 유고 이후 수령으로서의 지위와 역할을 부여받았다고 볼 수 있다. 그러나 수령을 보좌하는 기간 동안 무엇을 하였으며, 그 기간 동안 후계자로서의 자질과 능력을 검증받았음을 증명해 내야 하는 것이다. 따라서 북한은 김정은이 주요 사업에서 이미 능력을 발휘했고, 그 때문에 수령으로서의 정당성과 합법성으로 갖추고 있음을 보여주기 위한 노력을 경주하고 있다.[30)]

북한의 기록영화 《백두의 선군혁명위업을 계승하시어》에서는 그동안 공개되지 않았던 김정일 사망 전 김정은의 정치활동에 대

30) 정영철, "김정은 체제의 출범과 과제 : 인격적 리더십의 구축과 인민생활 향상", 『북한연구학회보』, 제16권 1호(2012년), p. 6.

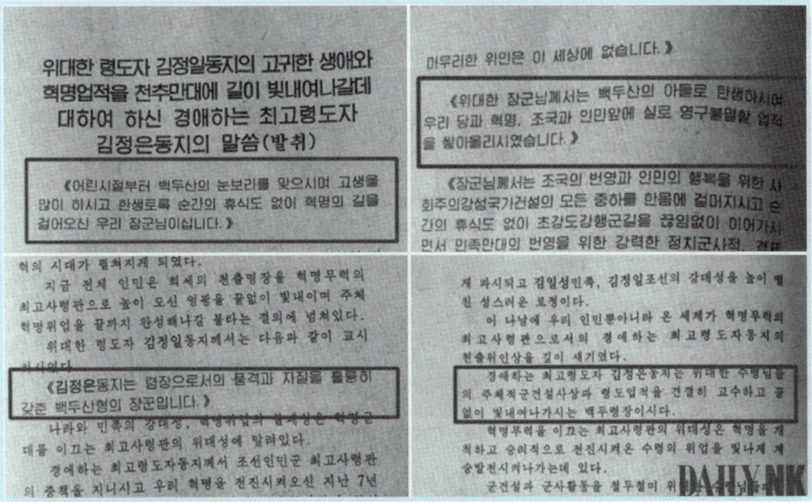

위대한 령도자 김정일동지의 고귀한 생애와 혁명업적을 천추만대에 길이 빛내여나갈데 대하여 하신 경애하는 최고령도자 김정은동지의 말씀(발취)

《어린시절부터 백두산의 눈보라를 맞으시며 고생을 많이 하시고 한생토록 순간의 휴식도 없이 혁명의 길을 걸어오신 우리 장군님이십니다.》

마우리한 위인은 이 세상에 없습니다.》

《위대한 장군님께서는 백두산의 아들로 탄생하시여 우리 당과 혁명, 조국과 인민앞에 실로 영구불멸할 업적을 쌓아올리시였습니다.》

《장군님께서는 조국의 번영과 인민의 행복을 위한 사회주의강성국가건설의 모든 중하를 한몸에 걸머지시고 순간의 휴식도 없이 초강도강행군길을 끊임없이 이어가시면서 민족만대의 번영을 위한 강력한 정치군사적 [illegible]

혁의 시대가 펼쳐지게 되였다.

지금 전체 인민은 희세의 천출명장을 혁명무력의 최고사령관으로 높이 모신 영광을 끝없이 빛내이며 주체혁명위업을 끝까지 완성해나갈 불타는 결의에 넘쳐있다.

위대한 령도자 김정일동지께서는 다음과 같이 교시하시였다.

《김정은동지는 령장으로서의 품격과 자질을 훌륭히 갖춘 백두산형의 장군입니다.》

나라와 민족의 강대성, 혁명위업의 [illegible] 혁명군대를 이끄는 최고사령관의 위대성에 달려있다.

경애하는 최고령도자동지께서 조선인민군 최고사령관의 중책을 지니시고 우리 혁명을 전진시켜오신 지난 7년

계 과시되고 김일성민족, 김정일조선의 강대성을 높이 떨친 성스러운 로정이다.

이 나날에 우리 인민뿐아니라 온 세계가 혁명무력의 최고사령관으로서의 경애하는 최고령도자동지의 천출위인상을 깊이 새기였다.

경애하는 최고령도자 김정은동지는 위대한 수령님들의 주체적군건설사상과 령도업적을 견결히 고수하고 끝없이 빛내여나가시는 백두령장이시다.

혁명무력을 이끄는 최고사령관의 위대성은 혁명을 개척하고 승리적으로 전진시켜온 수령의 위업을 빛나게 계승발전시켜나가는데 있다.

군건설과 군사활동을 철두철미 [illegible]

〈데일리NK가 입수한 세포위원장 강연자료에 백두혈통을 강조하며 우상화를 시도하려는 모습이 다수 포착됐다. 2018년 12월 세포위원장에게 배포한 선동자료 中/ 제공=데일리NK〉

해서 소개하였다. 이 영화에서는 2010년부터 김정일과 함께 수많은 현지지도를 다녔던 사실을 강조하면서 김정일의 목소리를 빌어 김일성의 항일무장투쟁과 6.25전쟁에서 발휘한 탁월한 영군술과 불멸의 업적에 대한 논문들을 썼으며 이를 바탕으로 한 군사지략과 전법에도 밝다는 것과 수령의 무오류성으로 대표되는 천재성을 집중적으로 소개하였다.

여기서 주목할 점은 김정은이 1998년인 16세 시절부터 군사 기술을 전수받았다는 사실을 전하고 있다는 사실이다. 이 시기가 선군정치를 발표하고 체계화의 과정에 들어선 시점이었다는 것을 감안한다면 김일성의 주체사상 창시, 김정일의 독점적 재해석으로 인한 계승·발전의 과정에서 김정은이 전대 수령의 혁명사상

에 대한 깊은 연구와 이해를 바탕으로 후대 수령으로서 독창적인 혁명 노선과 방향성을 제시하고, 이는 곧 인민들의 추앙과 존경을 받을 만한 위대한 지략과 전술가로서의 면모가 있다는 것을 강조하는 것으로 보인다.

김정은은 다른 한편으로는 정치적 숙청을 통해 핵심 엘리트들에게 충성을 요구하였다. 2009년 이후 김정은의 권력세습과정에서 핵심적인 정치엘리트들이 숙청되었다. 북한 핵심 엘리트 집단에서는 박남기 당 계획재정부장과 홍석형 당 경제담당 비서가 숙청되었고, 류경 보위부 제1부부장 처형, 주상성 인민보안부장 해임, 우동측 보위부 제1부부장 철직 등의 사건이 발생하였다.[31] 거기에 김정은의 군 장악을 보좌했던 리영호 총참모장과 권력의 핵심에 오랫동안 위치했던 고모부 장성택마저도 처형함으로써 누구라도 숙청의 대상이 될 수 있음을 보여주었다. 김정일과 김정은의 옆에 앉아있다 해도 그 후에 집으로 갈지 처형장으로 갈지 전혀 알지 못하는 상황을 연출시킨 것이다.

핵심 엘리트들의 숙청은 엘리트들을 정치적으로 매우 어려운 상황으로 몰아서 불공정하거나 잘못된 조치들, 지도 관행의 문제점들에 대해서 말하기 어려운 분위기를 연출시킴으로써 핵심집단의 충성심 및 응집력을 유지, 강화시키는 역할을 한다.

북한의 핵심집단[32]은 김일성, 김정일과 함께 북한체제를 이끌

31) 『중앙일보』, 2011년 6월 17일.
32) 핵심집단과 관련된 내용은 오경섭, "김정은 정권의 핵심집단(essentials) 분석 : 특성과 응집력을 중심으로", 통일 · 외교 정책연구과제(2012년 4월)를 주로 참고하여 2018년 상황을 반영하였다.

어온 동지들과 그의 후손들이 주 구성원으로써 충성심이 검증된 집단이라고 할 수 있다. 또한 핵심집단 구성원들은 최소 35년 이상의 당과 군 관련 업무를 관장해 왔으며, 간부충원 기준을 통과한 후 핵심집단으로 진입한 엘리트들이기 때문에 김정은의 충성심이 검증된 그룹이다. 이들은 김정은과 인민의 관계에서 철저히 김정은의 입장에서 인민들을 설득하고 지도할 수 있는 인물들이다.

핵심집단 구성원들은 또한 보위기구에 의한 일상적인 감시와 숙청이 이루어지는 북한체제에서 핵심집단이 구성원으로 살아남기 위해 자신이 어떻게 처신해야 하는지를 매우 잘 아는 사람들이다. 그렇기에 자발적 충성과 공포에 의해 통제되는 김정은 정권의 핵심집단은 강한 응집력이 형성될 수밖에 없다고 평가할 수 있다.

핵심집단은 김정일 정권과 비교해서 세대교체가 거의 이루어지지 않았다. 2012년 기준으로 핵심집단을 구성하는 엘리트들 중 50대 이하는 2명에 불과하고, 90% 정도가 65세 이상이었다. 이들은 대부분 김정은 정권에서 당·군·정의 핵심 요직에 등용된 엘리트들이다. 김정은 정권의 핵심집단이 사실상 김정일의 핵심집단과 유사하기 때문에 김정은 정권이 근본적으로 다른 정치적 태도와 행동을 보일 가능성은 높지 않아 보였다. 핵심집단의 연령 구성을 고려하면 김정은이 권력집중을 강화하고 독자적으로 통치할 능력을 갖추면, 이들 구성원에 대한 세대교체를 단행할 가능성이 높아보였다.

핵심집단 구성을 보면 김정은 정권을 떠받치는 중심축은 당이라는 사실을 분명히 확인할 수 있었다. 핵심집단 구성원 중 반 이상은 당 출신이었다.[33] 김정은 정권초기에는 군에 대한 당의 지배강화와 그들의 정치적 영향력을 축소하는 작업이 진행되었다. 그리고 지금은 그 작업이 완전히 성공한 것으로 보인다. 당의 군사지도기구인 당중앙군사위원회를 통해 군의 인사와 주요 결정이 내려지고 있고 당내의 군 인사들의 서열이 김정일 정권에 비해 많이 내려갔으며 그 비율도 축도된 것을 보면 확인할 수 있다.

이러한 조치는 김정일이 김정은의 후계체제를 구상하던 시기에 기획된 것으로 보인다. 그 이유는 헌법과 당 규약 개정을 통해 핵심 기구들의 기능과 역할을 재조정하는 과정에서 당의 영도적 기능을 강화시켰기 때문이다.

북한의 정치 엘리트는 수령중심 이데올로기로 무장되어 있으며, 당의 주요 정책결정에 참여하는 소수의 당과 군 엘리트를 의미한다. 사회주의 국가에서 엘리트의 구성원을 결정하는 방법은 당의 공식서열이나 당에서 차지하는 직책 · 직위를 활용하는 것이다.

일반적으로 정치 엘리트는 당 위원장, 정치국 상무위원과 정치국원 등 최상층 지도부를 의미하는 매우 좁은 개념으로 정의하거나 당 중앙위원, 각급 지방당 중앙위원, 당 부위원장, 당중앙위원회 전문부서 부장, 내각 상 등 확장된 개념으로 정의한다. 이 연구는 좁은 의미의 정치엘리트에 당 부위원장, 당 중앙군사위원회 위원, 국무위원회 위원을 포함시켜서 핵심집단(essentials)으로 규정하고, 핵심집단에 총정치국과 총참모부, 국무위원회의 부국장

33) 오경섭, "김정은 정권의 핵심집단(essentials) 분석 : 특성과 응집력을 중심으로", 통일 · 외교 정책연구과제(2012년 4월), pp. 30-31.

급까지 포함시켜서 정치엘리트로 정의한다.

2023년 2월 기준으로 이에 해당하는 엘리트들은 다음과 같다.

〈표 Ⅲ-8〉 정치엘리트 명단[34)]

직 위	명 단	인원 수
당중앙군사위원회	김정은(위원장) 리병철(부위원장) 리영길(부위원장) 위원 조용원 김조국 정경택 박수일 강순남 리태섭 조경철 리창호 오일정(추정)	12
정치국 상무위원	김정은 김덕훈 조용원 최룡해 리병철	5
정치국 위원	리일환 리영길 김재룡 전현철 박태성 정경택 박수일 박정근	8
정치국 후보위원	최선희 주창일 강순남 김상건 김형식 조주룡 한광상 리철만 김성남 리선권 리히용 양승호 주철규 리창대 리태섭 우상철 김수길	17
비서국	김정은(총비서) 조용원 리병철 리일환 리영길 김재룡 전현철 박태성	8
당 중앙검사위원회	김재룡(위원장) 리히용(부위원장) 김상건(부위원장) 위원: 우상철 강윤석 리경철 박광식 박광웅 전태수 정인철 김성철 장기호 김광철 오동일 김인철	15
국무위원회	김정은(위원장), 최룡해(제1부위원장), 김덕훈(부위원장), 조용원 리영길(추정) 김영철 오수용 김성남 리선권 김여정 최선희(추정) 강순남(추정) 리창대(추정) 리태섭(추정)	14
최고인민회의	박인철 맹경릴 박금희	3
총 계	51	

34) https://unibook.unikorea.go.kr/libeka/elec/20230400000000082.pdf

비 고	• 담당자가 확인 되지 않은 직책은 제외 • 겸직 인원은 1개 직책만 환산, 총 51명

북한 정치엘리트들의 특성은 그들의 사회·경제적 배경을 분석한 결과에서 잘 나타난다. 정치엘리트들은 성별로 남성의 비중이 98%를 차지할 정도로 압도적으로 많다. 여자는 1명(김여정, 2%)에 불과하다.[35] 탈북자들은 공통적으로 북한이 상당히 가부장적인 사회라고 증언하고 있다. 한 예로 남성들이 건물 정문에 모여 담배를 피우고 있으면 여성들은 눈치를 보며 뒷문으로 돌아서 건물에 출입할 정도라고 한다. 이러한 상황이 정치엘리트 구성에도 고스란히 나타나고 있는 것이다.

〈표 Ⅲ-9〉 성별

구 분	인 원(명)	비 율(%)
남성	50	98
여성	1	2
합계	51	100

북한의 정치 엘리트들은 〈표 Ⅲ-9〉에서 보는 것처럼 30대 2명(4%), 60대 12명(23.5%), 14대 14명(27.5%), 80대 4명(12.7%), 90대 2명(4%)으로 나타났다. 미확인 인사 17명의 나이가 확인될 경우 60대 이상의 비중은 더욱 높아질 것이다. 표에 나오듯 정치 엘리트들의 평균나이는 70.4세이다. 이는 일반적으로 공무원들이 평

35) 오경섭, 위의 글, p. 13.

균적으로 60세 전후에 은퇴하는 것을 고려하면 북한의 엘리트들은 상당히 노쇠화 되어있다고 볼 수 있다.

그리고 가장 왕성하게 활동할 나이인 40-50대 인사들이 전무한 것은 위의 기관들이 북한 정권의 정점에 위치한 곳들임을 고려하더라도 그만큼 실질적인 세대교체를 이루지 않고 있음을 보여주는 것이다. 또한 김정은의 인사스타일은 젊고 새로운 인물들로 기존 세대를 교체하는 것이 아닌 원래 있었던 인물들 중 자신의 의도를 잘 구현할 수 있는 인물들을 선택하여 활용하는 것이라고 추론해 볼 수 있을 것이다.

〈표 Ⅲ-10〉 연령대

구 분	인 원(명)	비 율(%)
20대	0	0
30대	2	4
40대	0	0
50대	0	0
60대	12	23.5
70대	14	27.5
80대	4	8
90대	2	4
미확인	17	33
총 계	51	100

출신지역으로 보면 〈표 Ⅲ-11〉에서 나왔듯이 확인할 수 없었던 인물들이 33명으로 가장 많았다. 하지만 평안북도 출신이 5명

(10%)으로 많았고, 양강도, 자강도, 황해남도 1명씩(각 2%), 평안남도 2명(4%), 평양과 함경남도가 각 4명(각 8%)으로 나타났다. 강원도, 황해북도, 평안북도는 한명도 배출하지 못했지만 출신지역을 확인할 수 없었던 인물들 가운데 이들 지역 출신들이 충분히 포함될 수 있다는 점을 고려한다면 비교적 골고루 등용되고 있다고 판단된다.

〈표 Ⅲ-11〉 출신지역

구 분	인 원(명)	비 율(%)
평양시	4	8
황해북도	0	0
해외	0	0
강원도	0	0
평안남도	2	4
평안북도	0	0
양강도	1	2
자강도	1	2
함경남도	4	8
함경북도	5	10
황해남도	1	2
미확인	33	64
합 계	51	100

정치엘리트들의 학력은 〈표 Ⅲ-12〉를 보면 알 수 있듯이 40명이 대졸 이상으로 나왔고 11명이 확인되지 않는데, 이들이 북한을

움직이는 권력 핵심부에서 고위직을 맡고 있는 만큼 이들도 전원 대졸 이상의 학력을 가지고 있을 가능성이 높다.

출신대학은 〈표 Ⅲ-13〉에서 보듯 북한군 고위간부 양성의 산실인 김일성군사종합대학이 19명으로 41%를 차지하였다. 그리고 북한 최고 대학인 김일성종합대학출신이 6명(12%)임을 확인할 수 있다. 그러나 21명의 학력이 확인되지 않았기 때문에 이들의 학력이 확인될 경우 이들 대학의 비율은 더욱 높을 것으로 추정된다.

〈표 Ⅲ-12〉 학력

구 분	인 원(명)	비 율(%)
대졸 이상	40	78
미확인	11	22
합 계	51	100

〈표 Ⅲ-13〉 출신대학

구 분	인 원(명)	비 율(%)
김일성종합대학	6	12
김일성군사종합대학	19	37
김책공대	1	2
기타	4	8
미확인	21	41
합 계	51	100

해외유학 경험 유무는 〈표 Ⅲ-14〉에 나온 것처럼 미확인 인원

이 16명이고 6명(12%) 만이 해외유학을 경험했다. 어린 시절 스위스에서 유학했던 김정은과 김여정을 제외하면 해외유학 경험자는 4명으로 그 중 3명은 소련, 1명은 독일이었다. 한편 북한 엘리트들의 유학 경험치는 더 올라갈 가능성이 충분하다. 일단 미확인된 인원이 16명이나 되며 유학 경험이 없다고 판단되는 인사들 중에도 청년시절을 정확히 확인하기 어려운 인물들이 다수이기 때문이다

해외경험도 마찬가지이다. 현재 파악하고 있는 이들에 대한 자료는 김정일 정권부터가 대부분으로 김일성 정권의 활동은 더욱 확인하기 어렵다. 즉, 해외 경험이 없다거나 이를 확인할 수 없다고 하여 이들이 국내에서만 활동했다고 판단하는 것은 섣부르다. 하지만 그렇다고 해서 북한 엘리트들의 해외와의 교류가 활발하다는 것은 아니다. 우리가 그들의 해외출장 회수를 셀 수 있다는 것 자체가 그들이 얼마나 해외교류에 어려움을 겪고 있는지 보여주는 증거이다.

〈표 Ⅲ-14〉 해외유학 경험

구 분	인 원(명)	비 율(%)
있음	6	12
없음	29	57
미확인	16	31
합 계	51	100

〈표 Ⅲ-15〉 외국방문 경험

구 분	인 원(명)	비 율(%)
1~3회	10	20
4~6회	4	8
6회 이상	7	14
없음	7	14
미확인	23	44
합 계	51	100

〈표 Ⅲ-16〉의 직업 경험은 군 27명(53%), 당 11명(21%), 정(최고인민회의, 내각 등) 6명(12%)이었고, 당과 군을 오간 사람이 1명(2%), 군에서 당으로 다시 군으로 옮긴 경우도 1명(2%), 정에서 당으로 옮긴 경우가 3명(6%), 군에서 당으로 옮긴 경우가 1명(2%)이었다. 이런 잦은 소속변경은 김정은이 측근들을 통제가 필요한 곳에 배치하고 있음을 보여주는 것이다. 그 대표적인 사례로 김정은 정권 초기, 총정치국장에 임명되었다가 다시 당으로 복귀한 최룡해나, 군인이었다가 평양시 당 책임비서로 된 후 다시 총정치국장으로 자리를 옮긴 김수길 등을 들 수 있을 것이다.

〈표 Ⅲ-16〉 직업 경험

구 분	인 원(명)	비 율(%)
당	11	21
군	27	53
당 → 군 → 당	1	2

당 → 정	0	0
정 → 당	3	6
군 → 당	1	2
군 → 당 → 군	1	2
정	6	12
미확인	1	2
합 계	51	100

〈표 Ⅲ-17〉의 소속에서 보는 것처럼 정치엘리트들의 소속은 당 16명(31%), 군 28명(55%), 정 7명(14%)이었다. 군 인원이 다른 소속들보다 많이 포함되어 있지만 기본적으로 이들은 당과 국무위원회의 통제를 받고 있으므로, 이 표의 숫자만 보고 군의 위상을 필요 이상으로 높게 평가할 필요는 없을 것이다.[36)]

〈표 Ⅲ-17〉 소속

구 분	인 원(명)	비 율(%)
당	16	31
군	28	55
정	7	14
합 계	51	100

정치 엘리트들은 〈표 Ⅲ-18〉에서 나오듯 대부분 겸직을 하는 것으로 확인되었다. 1개의 직책만 가지고 있는 인사들도 있지만

36) 관련 내용은 이수원(2017), pp. 50-53 참조.

8개나 9개의 직책을 동시에 수행하는 인사들도 존재한다. 이렇게 많은 직책을 가진 인사들은 김정은을 제외하면 최룡해나 김영철 같은 현재 북한 권력의 중심에 있다고 평가되는 인물들로 겸직을 수행하고 있다는 것 자체가 이들의 위상을 잘 보여주고 있는 것이다.

〈표 Ⅲ-18〉 겸직

구 분	인 원(명)	비 율(%)
1개	7	14
2개	5	10
3개	13	25
4개	8	16
5개	9	17
6개	4	8
7개	1	2
8개	2	4
9개	2	4
합 계	51	100

〈표 Ⅲ-17〉의 최룡해 등 군 소속이 아니면서 군 계급을 가지고 있는 인사들과 군 인사들의 계급은 소장 2명(6%), 중장 7명(23%), 상장 9명(29%), 대장 8명(26%), 차수 4명(13%), 원수 1명(3%)이었다. 〈표 Ⅲ-16〉과 연결하여 보면 상장 이상의 계급은 당 중앙군사위원회 이상의 기구에 위원 등으로 참여하고 있고 중장이나 소

장, 상장 중 일부 인원들은 총정치국이나 총참모부 등에서 국장급으로 근무하고 있음을 알 수 있다.

김정은 정권의 핵심집단은 당의 최고권력기관인 정치국 상무위원회, 정치국, 당 중앙군사위원회, 정무국과 전문부서 등에 소속된 인물들로 북한 정치에서 영도 및 지도의 핵심으로 불린다. 이들은 당·군·정의 중요한 정책결정과정에서 정치적 영향력을 행사한다.

〈표 Ⅲ-19〉 인민군 계급

구 분	인 원(명)	비 율(%)
원수	1	3
차수	4	13
대장	8	26
상장	9	29
중장	7	23
소장	2	6
합 계	31	100

북한정권은 김일성 정권부터 김일성 가계와 친인척 출신, 혁명 2세대와 고위층자녀, 항일혁명 유자녀 등 김일성 가계와 특수관계를 맺은 엘리트들을 핵심 요직에 배치했다. 이들은 북한체제에서 혈연과 특권층의 연대의식에 기초해서 강력한 응집력을 유지한다. 김일성 가계와 친인척 출신, 혁명 2세대와 고위층 자녀, 항일혁명 유자녀 등 핵심엘리트들은 핵심집단 48명 중 21명(43.8%)

이다.[37] 이들은 엘리트 응집력을 유지하는 중추를 구성한다.

김일성 가계와 친인척은 〈표 Ⅲ-20〉과 같이 핵심집단 48명 중 김정은, 김경희, 장성택, 양형섭, 리용무 등 5명(10.4%)이다. 김경희와 장성택은 김정은의 후견인으로서 김정은의 통치와 엘리트 응집력 유지에서 핵심적인 역할을 수행한다.

〈표 Ⅲ-20〉 김일성 가계와 친인척

구분	인 원(명)	비 율(%)
그렇다	3	6
아니다	48	94
합 계	51	100

혁명 2세대와 고위층 자녀들은 김일성 가계와 특수 관계를 형성하면서 특권층을 형성하고 있기 때문에 김정은에 대한 충성심이 높은 집단이다. 이들은 만경대혁명학원과 김일성종합대학 등 엘리트코스를 거쳐 당과 요직에 중용되었다. 혁명 2세대와 고위층 자녀는 〈표 Ⅲ-21〉과 같이 정치엘리트 51명 중 6명(10.3%)이다. 대표적인 인물은 최룡해, 태종수, 오금철, 김영철, 리용호, 리병철 등이다.

37) 오경섭, "김정은 정권의 핵심집단(essentials) 분석 : 특징과 응집력을 중심으로", 『신진연구논문집』(통일부, 2012), pp. 445-446.

〈표 Ⅲ-21〉 혁명 2세대와 고위층 자녀(핵심집단 48명)

구 분	인 원(명)	비 율(%)
그렇다	6	12
아니다	45	88
미확인	0	0
합 계	51	100

최현 전 인민무력부장의 아들 최룡해는 당 비서를 거쳐 총정치국장에 올랐었고, 현재는 당 정치국 상무위원이며 조직지도부 부장을 맞고 있는 것으로 추정되고 있다. 김정일이 김일성종합대학 졸업 이후 당 조직지도부에서 근무할 때를 인연으로 1970년대 중후반 후계 승계 작업에서 사회주의청년동맹 위원장으로서 중요한 역할을 한 인물이다. 그리고 오백룡 전 호위총국장의 장남인 오금철은 인민군 부총참모장이고, 동생인 오철산은 해군사령부 정치위원이다.

이외에도 리용호 외무성 부상은 리명제 조직지도부 부부장의 아들이며, 태종수 당 군수공업 부장은 장인이 전 내각 부수상인 정일룡이고 김영철과 리병철의 가족 관계는 불분명하지만 두 사람 모두 혁명 유가족이나 고위 간부 자녀들만 다닐 수 있는 만경대혁명학원을 졸업한 것으로 보아 소위 금수저를 물고 태어난 것이다.

지금까지 살펴본 정치엘리트들은 기성세대라고 할 수 있다. 하지만 최근에는 정치엘리트 2·3세대로 구성되어 외화벌이 부문에서 활동하고 있는 것으로 알려져 있는 봉화조가 새로운 특권층,

즉 신세대로 주목받고 있다. 봉화조는 2000년대 초반 결성되었으며, 구성원들은 대부분 30대 후반에서 40대 초반으로 김일성종합대학, 평양외국어대학 등을 졸업한 엘리트들이다. 그리고 이들은 유년 시절을 동독과 영국, 프랑스, 스위스, 오스트리아 등지에서 보냈다. 어려서부터 해외에 체류하면서 자본주의 체제에 익숙해져 있다고 볼 수 있으며, 현재 북한 내에 80-100명 정도가 활동 중인 것으로 알려졌다.[38]

봉화조는 오세현(오극렬의 차남)라인과 강태성(강석주의 장남)라인으로 구성된다고 한다.[39] 오세현 라인은 오세현, 장광호(장성택의 사촌동생), 김철(국가안전보위부장 김원홍의 장남), 김철웅(김정일 서기실 부부장 김충일의 차남) 등이다. 오세현은 국무위원회 산하 조선자원투자개발회사 중국대표부 대표로 근무하는 것으로 알려졌다. 그는 김정일정치군사대학을 졸업한 뒤 당 작전부에 소속되어 중국 등에서 외화벌이와 공작활동을 하면서 2004년 미국 라스베이거스에서 적발된 위조지폐 사건과 2003년 4월 헤로인 330파운드를 실은 채 호주 당국에 붙잡힌 북한 화물선 봉수호 사건에 연루된 것으로 드러났다.[40] 장광호는 대풍국제투자그룹의 부총재 겸 조선합영투자위원회 부위원장으로 근무하고 있다.

강태성 라인은 강태성, 이일혁(이철 조선합영투자위원회 위원장의 장남), 김창혁(국가안전보위부 정치국장 김창섭의 아들), 조성호(조명

38) 『세계일보』, 2015년 2월 26일
39) 김경민, “김정일 최측근의 2세들로 세습귀족 오극렬의 아들 오세현 등 2개 라인”, 『주간조선』, 2012년 7월 2일.
40) news.chosun.com/site/data/html_dir/2010/05/.../2010052502534.html”, (검색일 : 2014년 5월 25일).

록 전 국방위 제1부위원장의 장남) 등이다. 강태성은 제2경제위원회 산하 조선구룡강무역회사 북경대표부의 대표로 있고, 이일혁은 무역성에서 광산개발, 황금평 지구와 나선지구 개발에 관여하고 있으며, 김창혁은 중국주재 북한대사관 서기관이며, 조성호는 인민군 보위사령부에 근무하는 것으로 알려졌다. 이들은 국가안전보위부 정찰총국 최고검찰소 등 권력기관이나 당 산하의 외화벌이 기관에 적을 두고 지하자원, 마약, 위폐, 무기수출 등을 통해서 외화벌이를 담당한다. 또 이들이 벌어들이는 외화는 상당부분 김정은에게 상납되며, 통치자금으로 활용된다.[41]

만경대혁명학원 출신은 〈표 Ⅲ-22〉에서 보듯 정치엘리트 51명 중 5명(10%)으로 북한 권력의 중추를 이루고 있다. 과거에도 김영춘, 김기남, 최태복, 현철해, 김원홍, 전병호, 이병철 등 만경대혁명학원 출신은 당 · 군 · 국가기구의 최상층 엘리트를 구성하고 있었다. 현재는 최룡해, 태종수, 김영철, 리병철, 오금철 등의 인사가 만경대혁명학원 출신으로 알려져 있다

〈표 Ⅲ-22〉 만경대혁명학원 출신(정치엘리트 48명)

구 분	인 원(명)	비 율(%)
그렇다	5	10
아니다	9	18
미확인	37	72
합 계	51	100

41) 『연합뉴스』, 2011년 4월 17일.

만경대혁명학원은 해방 이후 귀국한 김일성과 항일무장투쟁세력들이 중국 북동부와 북한 북부지방에 흩어져 살고 있던 항일혁명열사의 자녀들을 모아 교육하기 위해 세운 엘리트 교육기관이다. 이곳은 김일성·김정일 사상체계 및 당 정책을 충실히 받드는 공산주의 혁명가 육성을 목표로 당의 후비대 양성기능을 수행한다. 입학대상은 중앙당의 부부장급 이상 고위간부의 자녀들과 혁명 유가족의 자녀들에 한정된다.

졸업생들은 김일성종합대학에 진학하거나 당·정의 초급간부로 채용되며, 군 장교로 임관하는 등 정치적 장래를 보장받게 된다. 만경대혁명학원 출신은 항일혁명의 혈통적 계승자이고 최상층 엘리트들의 자녀들이기 때문에 김일성·김정일은 물론이고 김정은과 같은 김일성 가계와 인적·사상적 유대가 매우 높다.[42]

김일성 가계와 친인척, 혁명 2세대와 고위층 자녀, 항일혁명 유자녀 등의 정치 엘리트들은 김정은과 혈연이거나 특권에 기초한 연대의식을 공유하기 때문에 김정은에게 충성하면서 강한 응집력을 유지한다. 이들은 당·군·국가기구의 핵심요직에 기용되어 김정은 정권을 지탱하고 있고, 모든 특권과 특혜를 누리기 때문에 위기의 순간에도 김정은 정권과 운명을 함께할 가능성이 높다.[43]

체제 위기가 만성화 되어있고 시민사회가 발달하지 못한 북한에서 장기 독재는 무력의 전권을 발휘하는 최고지도자의 힘으로 가능했다. 아울러 북한지도부의 강한 결속력과 당원 및 핵심 지

42) 이종석(2000), pp. 475-476.
43) 오경섭, 『정치엘리트 응집력과 김정은 정권 안정성』(성남 : 세종연구소, 2013), pp. 44-49.

지계층의 지지는 북한 정권 존속의 중요한 요인이었다. 김정은 체제 권력 엘리트들과 후견인 그룹들은 김일성, 김정일 정권과는 달리 끈끈한 동지애나 소명의식보다는 정치적 특권에 대한 이해관계의 합치로 유지된다고 봤을 때 급격한 분열의 가능성도 배제하기는 힘들다.

하지만 권력 엘리트들에 대한 정치적 지도, 관리 및 검열의 수준이 높고 항시성을 가진다는 것을 봤을 때, 처벌 및 숙청에 대한 가능성과 그 강도 또한 정권 출범 초기의 상황에 비춰봤을 때 높을 수 있다. 이는 리영호나 장성택의 숙청, 2015년 최룡해 등의 혁명화에서 충분히 증명되었다.

김정은 정권 출범 초기 인적 정비 과정에서 가장 주목받았던 인물은 리영호였다. 2010년 9월에 개최된 전원회의에서 리영호 총참모장은 당 정치국 상무위원, 김정은과 함께 당 중앙군사위원회 부위원장에 임명되어 장성택을 견제할 수 있는 최고실세로 부상하였다. 그리고 김정일과 같은 나이인 최룡해는 당 정치국 위원, 비서국 비서, 당 중앙군사위원회 부위원장직에 임명되어 당의 영도핵심으로 자리매김하였다. 반면 장성택은 정치국 후보위원에 임명되면서 김정일-김정은과 후견그룹 간의 견제와 균형을 상징적으로 대변하였다.

그런데 리영호가 실각되었다. 리영호의 실각과 관련된 북측의 발표는 '신병관계로 모든 직무에서 해임한다.'로 요약된다. 북한과 같이 폐쇄적 독재국가의 경우 통치엘리트들의 이동은 즉각적으로 공개되지 않고, 장기간 기밀에 붙여지는 것이 상례이며, 그들의 활동의 주기와 범위를 통해 이들의 존재에 대해서 간접적으로 추론하게 되는 것이 일반적이다.

그런데 리영호의 실각이 방송을 통해 발표되었다는 점은 사실에 대한 공개 유포 의도를 가졌다는 것으로 이는 분명 숙청의 의미를 가지며, 정치게임에서 군부가 패배한 것으로 볼 수 있다. 또한 김정은의 갈등조정능력이 이때 이미 권력을 안정화시킬 수 있는 단계로 나아가고 있었음을 말해준다. 북한 군 엘리트들의 인적이동과 변화 이후 우리나라를 비롯한 미국 등 외국 정보기관들과 언론들이 북한이 정권 안정화 단계에 들었다고 평가하는 것이 이를 대변해 준다.

또한 당시 주목되었던 것은 리영호를 포함한 김영춘, 우동측, 김정각, 즉 소위 김정일 영구차 호위 8인에 포함되는 군 엘리트들이었다. 김정일 장례식 당시 발간된 로동신문의 1면에 '김정은 정권을 이끌 당 군 주요인물'로 소개되었다. 또한 장례식 다음날 로동신문 홈페이지에 게재된 신문 1면과 3면에 전날 촬영된 영구차 호위 장면을 3장이나 실었고, 김정은은 이들 8인과 김경희, 김여정과 함께 김정일 전 국방위원장의 시신에 참배하였다.

북한에서 최고지도자가 참가하는 장례식은 정치적으로 특별한 의미를 가진다. 김일성은 항일무장투쟁 당시 동료들의 장례식에 직접 참여하며 신뢰와 충성심으로 권력 엘리트들을 통솔해왔으며 내부 단결을 도모하였다. 김정일 또한 1960-70년대 후계자 승계 작업 중 발생한 여러 가지 정치 과정 중 체제 내부적으로 위기 상황을 초래했던 판문점 도끼 사건과 그와 권력 투쟁으로 비춰졌던 1970년대 후반 내각부총리 김동규와 자신의 정치노선에 대한 비판 등에서 이 문제들을 도와 자신의 안정적인 후계 승계 과정을 도운 오진우 등과 함께 김일성 사망 직후 김일성의 시신에 참배하였으며 김정은 또한 이런 의도를 유지하였다.

하지만 김정은은 당 제1비서로 취임한 후 군의 정치적 영향력을 약화시키고 경제적 이권을 분산시키는 조치를 취했다. 김정은은 군에 대한 당적 장악을 강화하기 위해 최룡해를 총정치국장에 임명하였다. 총정치국은 당 조직지도부나 당 중앙군사위원회의 입장을 대변하거나 해당 조직의 위임에 의해 군부에 대한 당적 통제를 담당한다.

최룡해는 군을 장악하는 작업을 진행하면서 군부의 정치적 영향력을 축소하는 한편 외화벌이 등 각종 이권사업을 내각으로 옮기는 조치를 취했다. 리영호는 돈벌이 등 경제활동 주도권을 군이 아닌 내각으로 이관하는 과정에서 최룡해에 반발하다가 숙청당했다. 또한 장성택도 '반당, 반혁명, 분파행위'라는 죄목으로 처형되었고 그러는 사이 운구차 호위에 참여했던 군부의 인사들은 모두 권력의 핵심에서 멀어져갔다.

김영춘은 2016년 원수로 추대되는 등 원로로 대우받았으나 2014년 당 군사부 부부장에서 물러난 후 별다른 직책을 맡지 못하다 2018년 사망한다. 김정각은 한때 차수로 진급한 후 인민무력부장과 총정치국장직도 수행했었으나 모두 해임됐고 현재 군에서 어떠한 역할을 맡고 있는지 분명하지 않다. 우동측은 2012년 장성택에 의해 권력에서 밀려난 후 자살한 것으로 알려져 있다.

8인의 멤버는 아니지만 김정일 정권 국방위 정치부장으로 군 핵심 엘리트로 분류되었던 현철해는 2016년 원수로 진급한 후 그 활동을 확인하기 어려우며 오극렬도 2016년 이후 어떠한 역할을 수행하고 있는지 모르지만 권력의 핵심에서 완전히 벗어났음은 확실해 보인다. 과거 군부의 핵심으로 선군시대를 이끌었던 김정일의 군인들이 완전히 권력에서 사라져가고 있는 것이다.

위의 표 Ⅲ-1~3, 5를 보면 더욱 분명해지지만 군부가 차지하던 당 기구와 국방위원회·국무위원회에서의 비율과 서열이 점차 줄어들고 있음을 확인할 수 있다. 일단 당 정치국 등에 포함되는 군 출신 인사들의 숫자가 줄어들고 있고, 당 중앙군사위원회와 국방위원회, 국무위원회 등에 최룡해나 박봉주와 같은 군 출신이 아닌 당 인사들의 참여가 점차 늘어가고 있음을 볼 수 있다. 이는 김정은이 당을 중심으로 군을 지휘·통제하며 어린 나이와 빠른 승계기간으로 지도자로서 부족했던 경험과 권력기반을 법제적으로 분화된 당 내 기구를 통해 메웠고, 그 시도는 성공적으로 진행되어 현재 김정은은 당과 정은 물론 군도 완전히 장악하였음을 보여주는 것이다. 아래에서는 김정은을 둘러싼 과거와 현재의 핵심인물들에 대해서 살펴보겠다.

리영호

리영호는 강원도 통천군 출신으로 김일성군사종합대학을 졸업하고 2002년 4월부터 인민군 중장으로 진급했다. 2003년 9월에는 인민군 상장으로 평양방어사령관에 취임하면서 본격적으로 야전 군인으로서 요직에 들어오게 되었다. 더불어 그해 9월에는 최고인민회의 제11기 대의원으로 선출되었다. 또한 2007년 4월에는 조선인민군 창군 75주년 기념 열병식 당시에 제병지휘관으로 활약했었다. 2009년 2월에는 인민군 대장으로 승진, 동시에 인민군 총참모장에 취임하였고, 동년 4월에 최고인민회의 제12기 대의원에 선출되면서 본격적인 권력의 핵심으로 들어가게 되었다.

2010년 9월에는 인민군 차수로 승진되었음과 동시에 당 정치국 상무위원, 당 중앙군사위원회 부위원장, 당 중앙위원회 위원으로 선임되었으며, 2011년 12월에 김정일 장례식 당시 국가장의위원회 위원으로서 김정은과 함께 김정일 운구차에 대동한 8인에 포함되어 북한의 군부를 대표하는 실세임을 과시하였다. 그는 2012년 4월 김일성 100회 생일 기념 대규모 열병식 때 김정은 앞에서 직접 열병식 보고를 할 정도로 핵심 중의 핵심이었다. 그러나 불과 석 달 뒤인 2012년 7월에 당 중앙위원회 정치국 회의에서의 결정으로 모든 공직에서 전격적으로 해임되었다.

이 사건을 두고 대다수 국내외 북한 전문가 그룹에서는 김정은 제1비서가 2010년 9월 제3차 당대표자회의에서 후계자로 공식화된 뒤 지속되어온 당 기구의 정상화 흐름 속에서 군에 대한 당적 통제를 강화하고 군이 관장하고 있던 외화벌이 사업을 내각으로 이전하는 과정에서 발생한 당군 간의 권력투쟁의 결과로 해석하기도 하였다.[44] 김정은의 핵심 측근 중 가장 먼저 해임됐던 리영호는 혁명화 교육 도중 사석에서 한 발언이 문제가 돼 처형된 것으로 확인됐다.

44) 윤진형(2013), p. 70.

장성택

장성택은 김정일의 매제이자 핵심참모로서 김일성 사후 김정일의 정치노선과 정책에 반대적 성향을 가진 친 김일성계 인물들을 숙청시킨 심화조 사건의 실제적인 책임자였다. 그는 권력기구 일선에 나서기보다는 핵심참모이자 조력자로서의 역할을 하였지만 국방위원에 선임됨으로써 국방위원회의 기능과 권한을 대폭 강화하는데 정치적 토대를 제공해 주었다.

장성택은 2007년 12월 당 중앙위 행정부장에 내정되었다. 북한의 국가안전보위부와 인민보안부, 검찰 등 군을 제외한 모든 권력기관을 장악할 수 있는 자리가 당 행정부장이라는 점을 감안하면 사실상 북한에서 김정은 다음으로 실권을 가진 자임을 증명하는 것이었다. 2010년 6월에는 최고인민회의 제12기 3차 회의에서 국방위원회 부위원장으로 승진함에 따라 당과 군 관련 제반 사업이 김정은이 결정하고 장성택이 집행 및 확인하는 시스템임을 확인시켜 주었다.

김정일의 사망 직후인 2011년 12월 25일에는 김정일의 시신이 안치된 금수산기념궁전(현재 금수산태양궁전으로 개칭)에 국가장의위원회 위원의 자격으로 인민군 대장 계급장을 달고 나타났다. 이후 그는 인민군 육군 대장 직책이 부여되었으며, 28일 있었던 김정일 영결식에도 운구차의 행렬에 김정은의 바로 뒷자리를 차지하여 호위하는 모습을 보이는 등, 당시 김정은 다음의 권력실세임을 과시하였다.

장성택은 함경북도 청진 출신으로 김일성종합대학 정치경제학과를 나왔다. 대학 재학 중에 김일성의 딸이자 김정일의 여동생인 김경희랑 만나 연애한 후 1972년에 결혼하였다. 김일성은 당시에 딸 김경희가 장성택과의 만남을 그리 좋아하지 않아서 둘의 사이를 갈라놓으려고 하였다. 하지만 김경희의 끈질긴 구애와 김정일이 직접 장성택을 만나보고는 그의 중재로 결혼하게 되었으며, 김정일의 최측근이 되었다.

하지만 김정일도 장성택에게 마냥 호의적인 것은 아니었다. 1978년에는 김경희와의 관계가 악화되었다는 이유로 2년간 강선제강소 작업반장으로 좌천시켜 혁명화 사상교육을 혹독하게 받게 하였다. 하지만 당시 김정일의 비공식 부인이었던 성혜림의 간곡한 설득과 부탁으로 다시 복권되었다고 전해진다.

1982년 10월 장성택은 다시 복귀하여 당 청년사업부 부부장, 1985년 7월 청년사업부 제1부부장을 맡았으며, 1986년 11월에는 최고인민회의 제8기 대의원, 1988년 12월에는 청소년사업부 부장을 맡았다. 1989년 7월에는 당 청년 및 3대혁명소조부 부장[45]을 맡았다. 1989년 4월에는 '노력영웅' 칭호를 받았고, 동년 6월에는 당 중앙위원회 후보위원으로 내정되었다. 1990년 4월에는 최고인민회의 제9기 대의원으로 재선하였으며, 1992년에는 당 중앙위원회 위원이 된다. 1998년 9월과 2003년 9월에는 각각 최고인민회의 제10, 11기 대의원으로 재선하였다.

45) 이 당시에는 북한의 마약관련 사업을 진두지휘하였고, 청년사업과 3대혁명 소조운동의 핵심인물로 김정일의 최측근 역할을 하게 되었다. 그의 권세를 엿볼 수 있는 일화로 김정일의 전 요리사 후지모토 겐지의 증언에 따르면 당시 장성택을 두고 호칭할 때 '장 동지'나 '부장 동지'로 부르지 않고 깍듯이 '장 1부장님'이라고 불렀다고 전해진다.

2002년 초에는 국가예산을 횡령했다는 죄목으로 처벌을 받은 바 있다. 2002년 10월 26일에는 남북 경제협력 실무회담 차 북한의 경제시찰단 일원으로 남한을 몇 차례 방문하기도 했다. 당시 장성택과 시찰단은 서울의 지하철을 탑승하기도 하였고, 삼성전자, 코엑스 등을 둘러보며 8박 9일간 서울에 머물렀다. 당시 방문한 북한 경제시찰단 가운데서 실질적으로 서열이 가장 높았던 인물[46)]로 알려졌다.

2003년에 넘어와서는 북한에서 그에 대한 언론동정 보도가 끊겼고, 2004년 초부터 북한에서 고용희 라인에 있던 이제강과 이용철 등의 견제로 인해서 이른바 '권력욕에 의한 분파행위'라는 죄목으로 의심받아 당 중앙위원회 조직지도부장 및 수도건설부 제1부부장의 자리에서 해임되어 2차 숙청을 당하게 된다.[47)] 그러나 3년 후인 2006년 1월 29일 조선중앙방송 보도에서 당 중앙위에서 개최한 음력설 연회자리에 소개되는 모습이 나와 다시 복권되었음을 알렸다.

위에서 언급한 바와 같이 이후 당 행정부장과 국방위 부위원장에 임명되고 당 중앙위 정치국 후보위원, 당 중앙위 위원, 중앙군사위 위원이 되었다. 또한 인민군 대장의 계급도 수여되었다. 또

---

46) 명목상으로 당시 대표시찰단 단장은 박남기 국가계획 위원장이었다. 또한 박남기 이외에도 장관급 인사가 5명이 더 있었는데, 모두 장성택 앞에서는 매우 쩔쩔맸다는 일화가 있다. 당시 남측 상대였던 정세현 통일부 장관의 회고에 따르면 "그때 북한 대표단 사람들이 장성택을 매우 챙기더라. 기념촬영을 할 때도 항상 그를 중앙에 세우려고 하더라"라고 언급한 바 있다.

47) 이와 관련한 일화가 있는데 2005년 당시 정동영 통일부 장관이 북한에 가서 김정일에게 장성택의 안부를 물었는데 "남쪽에 가서 폭탄주를 배우고 해서 … 아파서 쉬게 했다"라고 웃으며 말했었다는 이야기가 있다.

한 2012년 8월에는 경제특구 유치를 위해 중국을 방문하였는데 황금평, 나선 등에 중국과의 경제협력 개발 공동지대로 만들기 위한 제3차 조중 공동지도 위원회를 개최하여 중국과 협상하였다. 여기서 장성택은 개발협상 외에 중국에 10억달러 이상 규모의 차관도 요청했었다고 한다.[48] 그리고 동년 11월에는 당 중앙위원회 정치국 확대회의의 결정으로 국가체육지도위원회가 결성되어 위원장에 선출되기도 하였다.

장성택이 마지막으로 공식석상에 모습을 드러낸 것은 2013년 11월 6일로 당시 일본의 안토니오 이노키 참의원이 북한과의 체육교류 목적으로 방북하여 장성택을 만난 것이 그것이다. 그 이후 한 달 뒤 12월 8일에 장성택은 당 중앙위원회 회의 현장에서 체포[49]된 뒤 '반당, 반혁명, 분파행위'라는 죄목으로 처형된다.

장성택의 실각 및 처형은 매우 빠르게 진행되었다. 2013년 12월 7일에는 북한에서 재방송된 각종 선전 기록영화에서 장성택을 일정한 목적을 가지고 삭제시킨 것이 드러났다.[50] 장성택의 숙청 이유에 대해서는 "최근 당 안에 배겨있던 우연분자, 이색분자들이 주체혁명위업계승의 중대한 력사적 시기에 당의 유일적 령도를 거세하려 들면서 분파책동으로 자기세력을 확장하고 감히 도

48) 『조선일보』 2012년 8월 15일.

49) 그 전에 11월 중순경과 12월 3일에는 장성택의 핵심측근인 당 행정부 제1부부장 리용하와 행정부 부부장 장수길이 체포된 뒤 공개처형 당했다. 죄목은 '반당혐의'였다.

50) 선전 기록영화와 출판물 등에서 해당인물에 대한 삭제는 과거 김일성 시절에 김일성의 후처인 김성애가 기록영화에서 삭제된 뒤에 공식석상에서 완전히 모습이 사라졌던 사례를 감안하면 장성택의 복권 가능성은 아예 그 여지를 없애버린 것이라고 할 수 있겠다.

전해 나서는 위험천만한 반당·반혁명적 종파사건이 발생하였다" 라고 밝혔다.

로동신문에 따르면 "앞에서는 당과 수령을 받드는 척하고 뒤에 돌아앉아서는 동상이몽, 양봉음위하는 종파행위"를 일삼았으며, "당과 수령의 높은 정치적 신임에 의하여 당과 국가의 책임적인 위치에 등용되었지만, 인간의 초보적인 도덕의리와 양심마저 줘 버리고 위대한 수령님과 위대한 장군님을 천세만세 높이 받들어 모시기 위한 사업을 외면하고 각방으로 방해하는 배신행위를 감행하였다"고 평가했다.

또한 "장성택은 당이 제시한 내각중심제, 내각책임제 원칙을 위반하면서 나라의 경제사업과 인민생활 향상에 막대한 지장을 주었다"라고 보도되었다. 이어 "국가재정관리체계를 혼란에 빠뜨리고 나라의 귀중한 자원을 헐값에 팔아버리는 매국행위를 함으로써 주체철과 주체비료, 주체비날론 공업을 발전시킬데 대한 위대한 수령님과 어버이 장군님의 유훈을 관철할 수 없게 되었다" 라고 주장했다.

장성택은 이날 모든 직무에서 해임되었고, 모든 칭호를 박탈함은 물론 출당조치 되었다. 더불어 로동신문에서는 "장성택 일당이 적발 숙청됐다"고 표현함으로써 단지 장성택과 그를 추종했던 세력들 모두 처벌되었음을 암시했다.

2013년 12월 13일자 로동신문은 전날 12일 장성택이 처형되었다고 밝혔다. 재판은 국가안전보위부의 특별군사재판으로 진행되었으며 재판과정을 사진으로 공개했다. 13일자 보도에서는 전의 9일자 보도에서 나온 숙청과 죄목에 대해서 더욱 상세하게 기록하였는데 장성택이 처형된 이유는 그가 군대를 동원하여 반국가 쿠데타를 도모했다는 점이었다. 재판과정에서 장성택은 그 대상을 "최고령도자 동지"라고 했다. 즉, 김정은을 제거하려는 목적이 있었음을 시인한 것이다. 심리과정에서 장성택은 그간 자신의 인맥을 동원하여 인민군 고위 간부들이나 보안기관 관련자들을 이용하여 정변을 일으키려 했다고 밝히고 있다.

이후 장성택은 쿠데타에 성공한 후 자신이 총리직에 오른 뒤 자신의 주도로 새롭게 정권을 창출하고 외국으로부터 이를 인정받으려 했다고 말했다. 이런 행위를 두고 로동신문에서는 장성택을 두고 "천하에 둘도 없는 만고의 역적, 매국노", "당과 혁명의 원쑤, 인민의 원쑤이며 극악한 조국반역자", "세월은 흐르고 세대가 열백번 바뀌어도 바뀔수도 없는 것이 백두의 혈통이다"라며 김일성-김정일-김정은으로 이어지는 세습구도의 중요성을 강조하였다. 재판결과 장성택은 헌법 제60조에 근거하여 사형을 언도받았다. 로동신문에서는 "사형선고 후 즉시 형이 집행되었다"고 보도했다.

최룡해

최룡해는 황해북도 책임비서, 조선인민군 총정치국장, 당 정치국 상무위원, 당 중앙군사위 부위원장, 국방위원회 위원, 당 중앙위 위원, 조선인민군 차수 등을 역임했으며 2024년 현재 조선로동당 정치국 상무위원, 최고인민회의 상임위원회 위원장을 맡고 있다. 그의 직함에서도 알 수 있듯이 당·군과 관련해서 김정은을 제외하고 최고의 직위에 올라 있다. 최룡해는 북한이 6·25전쟁 당시 미군의 잔악성을 비판·폭로하기 위해 만든 '신천학살사건'의 무대인 황해남도 신천출신이다. 그는 김일성의 최측근이었던 전 인민무력부장이었던 최현의 아들로 혁명 2세대인 혁명유자녀 세력을 대표하는 인물이다.

최룡해는 만경대혁명학원과 김일성종합대학을 졸업하고 김정은의 권력세습 과정에서 부상한 대표적인 인물이다. 최룡해는 김정은과 함께 인민군 대장 칭호를 받았고, 2010년 제3차 당 대표자회의에서 당 중앙위 비서로 임명되었으며, 정치국 후보위원과 당 중앙군사위 위원으로 선출되었다. 2012년 4월 제4차 당대표자회의에서 인민군 총정치국장에 임명되면서 당 정치국 상무위원, 당 중앙군사위 부위원장, 국방위원회 위원으로 선출되었고, 인민군 차수 칭호를 수여받았다.

최룡해는 김정일이 근무했던 당 조직지도부에서 청년지도사업과 과장을 거쳐 김정일의 후계자 확립시기인 1970년대 중반 사회주의청년동맹 위원장으로서 청년들의 충성을 강조하면서 김정일이 후계자로서의 권력을 장악하는데 큰 기여를 하였다. 그는 1998년 사회주의청년동맹 비리사건에 연루되었다. 그의 자택을 수색하는 과정에서 미화 300만 불이 발견되었고 문란한 사생활이 발각되면서 직무정지를 당했다. 당시 상당수 연루자들이 처형을 당할 정도로 파문이 컸지만 그는 평양시 상하수도관리소 당 비서로 좌천되는 정도의 선에서 가벼운 처벌을 받았다.[51)]

51) 『연합뉴스』, 2010년 10월 17일.

2003년 당 총무부 과장으로 복귀하였으나 장성택이 2004년 초 분파행위로 업무정지 처분을 받을 때 함께 공직에서 밀려났다. 그는 2005년 말 장성택이 당 행정부장으로 복귀하자 2006년 황해도당 책임비서로 복권되었다. 최룡해는 김정은의 권력 장악 과정과 이후 안정화에서 핵심적인 역할을 하고 있는 것으로 보인다.

최룡해가 북한의 영도 및 지도핵심그룹으로 부상할 수 있었던 정치적 배경을 살펴보면 다음과 같다. 북한은 2012년 4월 최현의 사망 30돌 중앙추모식을 범정부적 행사로 개최하였다.[52] 최룡해가 2012년 7월 리영호의 실각 이후 김정은의 최측근으로 부상할 수 있었던 것은 바로 정당성과 합리성을 제공받았기 때문으로 분석된다. 북한에서 김일성의 혁명동지들에 대한 중앙추모식 개최는 혁명세대들 간의 유대를 강화하고 관련 인물들에 대한 충성을 유도해 정치적 바탕을 제공한다. 중앙추모대회를 개최하는 인물들은 최현, 김책, 유경수, 오백룡 등 혁명동지들 등 극소수에 불과하다.

최룡해는 김정일 정권 군부 실세였던 리영호 총참모장이 가지지 못한 국방위원회 위원이라는 직함을 가지고 군 건설현장 현지시찰[53]을 다녔다는 사실은 군대 내에서 당 사업을 책임지고 있는 지위를 가지고 있다는 것으로 보여진다. 최근 최룡해는 차수 진급 이후 대장으로 강등된 것이 확인되었지만 계급 강등에도 불구

52) 통일부, 『2013 북한 주요인사 인물정보』(서울 : 통일부, 2013) p. 242.
53) 조한범, “김정은 정권 권력재편과 위기요인 진단”, Online Series CO 12-23 (통일연구원, 2012), p. 3.

하고 꾸준한 활동을 보이고 있는 것은 당이 군을 확실히 통제하고 우위에 있음을 말해준다.

김영철

현재 북한의 엘리트 중 가장 주목을 받고 있는 인물은 김영철이다. 김정은 정권 초기 리영호나 장성택, 최룡해 등이 큰 주목을 받았고 그만큼의 역할을 수행한 것은 사실이다. 하지만 김영철은 김정은 정권초기 북한을 대표하던 리용호와 장성택, 황병서 등의 엘리트들이 권력의 중심에서 사라진 후 가장 강력한 존재감을 드러내며 주목을 받은 인물이다.

김영철은 1945년 양강도에서 태어나 만경대혁명학원과 김일성군사종합대학을 졸업한 전형적인 북한의 군사엘리트이다. 1962년 한국군의 수색중대에 해당하는 민경중대에서 군생활을 시작한 그는 1968년 프에블로호 사건 당시 군사정전위 연락장교로 근무하면서 남북회담의 현장에 참여하기 시작한다.

김영철이 본격적으로 우리에게 얼굴을 알리기 시작한 것은 1989년 2월 소장(한국군의 준장)으로 진급한 후 제1차 남북고위당국자회담 예비접촉의 북측대표로 참여하면서부터이다. 그 후 2007년 제2차 남북국방장관회담에 대표로 참여한 후 잠시 동안 협상의 현장을 떠날 때까지 남북의 주요 회담현장에 북측 대표로 참여한다. 그리고 2009년부터는 군에서 해외 및 대남공작을 실행하는 정찰총국장으로 임무를 수행한다. 이러한 그의 이력은 2016년 김양건이 사망한 후 노동당의 남북대화와 대남공작을 책임지는 통일전선부장이 이유를 설명해 준다. 1980년대 말부터 남북대화의 최일선에서 일했던 그는 분명히 한국 정부의 대북정책과 관련 당국자들을 명확하게 파악하고 있다는 것을 의미하며, 실제로도 회담에서 상대하기 쉽지 않은 상대로 평가받고 있다.

한편, 오랜 군생활과 정찰총국장으로 근무했던 이력 등으로 그는 북한의 대표적인 보수 강경파로 분류된다. 실제로 천안함 피격사건과 연평도 포격 도발 사건에 깊숙이 관여했던 것으로 추정되고 있으며, 이는 2018년 평창동계올림픽 당시 그의 방남에 많은 사람들이 반대했던 이유이기도 하다.

김영철이 김정은 정권의 핵심 인물로 분류되는 이유는, 김정은이 본격적으로 후계수업을 받기 시작한 시기부터 그가 북한이 대남 부서들의 요직에서 근무하고 있고 그에 맞게 진급을 지속하고 있기 때문이다. 김정은이 국가안전보위부장으로 근무하기 시작했던 2009년부터 정찰총국장으로 일하기 시작했고, 2010년에는 당 중앙군사위원회 위원, 당 중앙위원회 위원이 된다. 그리고 2012년에는 김정일 훈장을 받았으며 2016년에는 당의 핵심 중앙기관인 정치국 위원으로 진출하고, 국방위원회를 대신해 신설된 국무위원회 위원으로 임명된다.

또한 2018년 평창올림픽에 북한 대표로 방남하였고 같은 해 3차례 진행된 남북정상회담 및 북중정상회담은 물론 2차례의 북미정상회담 현장에서도 김영철의 모습을 확인할 수 있다. 그리고 2019년 1월 김정은의 특사로 방미하여 트럼프에게 친서를 전달하였다. 특히 북미정상회담이 일부 북한 인사들의 과격한 언사로 불발될 위기에 처하자 담화문을 발표하며 이를 수습하는 모습도 보여주었다. 즉, 김영철은 김정은 정권의 북한에서 남북관계와 북미관계를 이끄는 중심에 위치하고 있다가 2022년 들어서 잠시 은퇴하였으나 2023년 6월에 갑자기 현역으로 복귀하였다.

김여정

김정일 정권에 그의 여동생 김경희가 있었다면 김정은 정권에는 김여정이 있다. 1988년생으로 이제 30대 후반인 그녀는 이미 당 선전선동부 제1부부장, 당 정치국 후보위원, 당 중앙위원회 위원, 2019년 제14기 최고인민회의 대의원이다. 정상국가에서 30대 후반의 나이와 그에 따른 경력으로는 앞으로의 비전으로만 품을 수 있는 직책들을 가지고 있는 것이다. 이는 그녀가 세습으로 권력을 가지게 된 김정은의 동생이기에 가능한 것이다.

사실 이미 김정일 정권에 그의 여동생 김경희가 오빠를 보좌했던 사례가 있어 김여정이 김정은을 보좌하는 것은 그리 새로운 일이 아니다. 하지만 김여정이 우리의 주목을 끄는 이유는 김경희와는 다른 형태로 김정은을 보좌하고 있기 때문이다. 김경희는 김정일을 보좌할 당시 공개적인 행보를 보였다고는 볼 수 없다.

그러나 김여정은 2014년 3월 김정은의 최고인민회의대의원 투표현장을 수행하면서 처음 공식적으로 모습을 드러낸 이후 그가 움직이는 동선에는 항상 함께 하며 현지지도 현장에서 선전선동부 담당자로서 적극적으로 임무를 수행하는 모습이 자주 목격되고 있다.

김정은의 대남 및 대외관계 활동도 적극적으로 보좌하고 있다.

2018년 평창동계올림픽을 계기로 김정은의 특사로서 방남하여 그의 친서를 문재인 대통령에게 전달했으며, 이후 남북정상회담 현장에서 김정은을 바로 옆에서 보좌하며 회담에도 참여하는 모습을 보여주었고 이는 북중정상회담에서도 지속되었다.

또한 2018년 6월과 2019년 2월, 2차례의 북미정상회담 때도 김정은과 함께 하였으며, 2019년 1월 김정은의 방중 때에도 비록 언론에 공식적으로 공개되지는 못했으나 김여정의 존재를 확인할 수 있다.

이는 김여정의 역할이 단순히 선전선동 분야에만 머물러 있지 않음을 의미한다. 최고지도자의 특사로 남한을 방문하여 대통령과 회담을 하고 한국·중국·미국과의 정상회담 자리에 배석할 수 있다는 것은 북한의 대남, 대외관계 분야에서 일정부분 역할을 수행하고 있으며 그만큼 김정은의 신뢰가 깊다는 것을 의미한다. 그러므로 우리는 김여정을 단순히 김정은의 여동생이나 선전선동부 제1부부장 정도로 인식하기보다는 그 이상의 역할과 위상을 가진 핵심엘리트로 이해하고 주목해볼 필요가 있다.

제3절 김정은의 인민정치와 체제단속

북한은 2012년 조선소년단 창립 66주년 경축행사를 성대히 거행했다. 전국에서 근 2만 여명의 학생소년들을 평양으로 초청하여 공연관람과 참관, 대회 등 각종 행사를 진행하였다. 참가자들

〈신의주시본부유치원. / 제공=데일리NK〉

을 위한 특별 열차와 배편, 항공기까지 동원한 이번 행사는 김정은 체제가 시작된 이후 처음 진행된 소년단행사로써 김일성, 김정일 체제에서는 볼 수 없었던 사상최대의 규모로 진행되었다.

김정은의 직접적인 지시에 의해 조직된 것으로 알려진 당시 조선소년단 경축행사는 그 규모와 과정만큼이나 북한사회 내부에 주는 영향이 매우 컸으며 주민들의 반향도 나쁘지 않았던 것으로 알려졌다. 대표자 선발에서부터 성분과 환경, 지역의 차이를 초월하여 공평성의 원칙을 강조하면서 기존과는 확연히 다른 모습을 보여주었기 때문이다.[54)]

정권 초기 김정은은 북한주민들의 정권에 대한 생소함과 거부

54) 이영권(2013), p. 108.

〈북한 평안북도 신의주에서 건설 중인 한 26-8, 9, 10호 살림집. / 제공=데일리NK〉

감을 해소하기 위해 인민의 지도자로서의 이미지를 강조하였다. 김정은은 김정일과는 달리 현지지도시 주민들과 허물없는 스킨십을 보여주었고 노동신문에서도 인민관을 강조하는 기사가 눈에 띄게 늘었다. 김정은 정권 들어서 새로 건설된 건축물들을 평범한 노동자나 연구사들이 마음껏 이용할 수 있게 하였고, 새로 지어지고 있는 주택들도 그들에게 우선 배정되었다고 보도되었다.

김정은은 군부대시찰시 해당 군부대 지휘관들이 짜놓은 동선을 무시하고 허약자(영양실조)병동을 불시에 방문한다고 한다. 소년단 경축행사에 현재 감옥에서 복역 중인 사람들의 자식들과 중국으로 탈북했다가 체포되어온 사람들의 자식들을 선발하는 등 성분을 크게 고려하지 않고 성적이 우수한 학생들 위주로 선발한데 대한 주민들의 반응도 매우 긍정적이었다. 또한 주민들의 식량배급을 위해 군량미 징수 등을 줄이거나 오히려 비축된 군량미를 주민들에게 배급하고, 생산된 알곡을 전부 양정사업소를 통해 공급하라는 지시하달 등은 북한주민들에게 김정은 체제에 대한 기대감을 높였다고 한다.[55)]

이러한 인민을 우선 생각하는 인민의 지도자로서의 김정은 이미지 창출 노력은 3대 세습 공고화를 위한 충성심 유발을 목적으로 하였다. 그런데 북한주민들의 진정한 충성을 이끌어내려면 식량을 비롯한 절박한 인민생활문제가 우선적으로 해결되어야 했는데, 국가경제 시스템이 온전하지 못한 현재 북한의 상황에서는 이는 거의 불가능하다. 하지만 2018년 기준으로 식량문제는 어느 정도 해소된 것으로 보인다. 이것이 김정은의 능력 때문인지 아니면 어떻게든 살아야겠다는 인민들의 의지 때문인지는 더욱 면밀한 분석이 필요하지만 현재는 아사자가 거의 나오지 않고 있는 것은 사실이다. 이전과 비교해 표면적으로는 먹고사는 문제가 조금은 개선된 것으로 그만큼 김정은에 대한 주민들의 호감도가 높아질 가능성이 생긴 것이다.

어쨌든 이러한 김정은의 '인민정치'는 김정일의 통치 방식과 상당한 차이가 있다. 김정일은 간부들에게 특혜를 주고 그들을 장악하는 방법으로 북한을 통치했다. 그런데 자원이 한정되어 있는 북한이 이를 주민들에게 투자하면 간부들의 충성심을 이끌어낼 자원이 감소했을 것이다. 그렇지만 현재까지 간부들이 이에 대한 불만을 표출하고 있는 구체적인 증거들은 나타나고 있지 않다.

55) NK지식인연대 사무국 논평자료, 2013년 3월 31일.

오히려 서울대학교 통일평화연구원에서 매해 진행했던 북한 이탈 주민 대상 설문조사에서는 북한 주민들의 김정은에 대한 지지율 및 업무능력에 대한 평가가 점차 오르고 있다.[56]

김정은 통치스타일의 특징은 다음과 같다.

첫째, 군대와 인민들의 자연스러운 접촉을 통해 지도자와 주민들 간의 거리를 좁히는데 노력하는 모습을 보이고 있다. 현지 지도 시 김정일에 비해 편하고 과감한 스킨십을 활용하고 있는 점, 가정집을 방문하여 방바닥에 앉아서 집주인과 격의 없이 대화를 나누는 모습은 과거 김일성이 정권 초기 현지 지도 시 노동자, 농민들을 격려하며 격식 없이 활동했던 시기의 모습을 연상시킨다.

그리고 김일성, 김정일과는 달리 김정은은 공식행사에 부인 이설주를 대동하고 자주 등장한다. 2012년 7월 6일, 모란봉악단의 시범공연 당시 김정은의 바로 옆에 이설주의 앉은 모습이 공개된 것을 시작으로 2018년과 2019년의 남북정상회담이나 북중정상회담 자리에서도 이설주의 모습을 확인할 수 있다.

또한 김정은이 직접 지도했다고 알려진 모란봉악단의 2012년 7월 6일 시범공연은 얼핏 보면 북한방송이 아니라고 착각할 만큼 파격적이었다. 영화 '록키(Rocky)'의 주제곡이었던 빌 콘티(Bill Conti) 작곡의 '이제 곧 날아오르리(Gonna Fly Now)'가 연주되었고 My Way가 반주음으로 울려나왔다. 무대 위에는 미키마우스, 곰돌이 푸를 비롯한 각종 디즈니 만화캐릭터들이 등장했다. 부인인 이설주가

56) 서울대학교 통일평화 연구원, 『2017 북한 사회변동과 주민의식 변화 "병진노선"의 두 얼굴』, 서울대학교 통일평화연구원 주최 국내학술회의(2017년 8월 30일), pp. 40-41.

연출에 관여했다는 설이 있기도 했지만 공연장면의 앵글이나 구성 등은 기존 김정일식 연출법과는 분명 다른 방식이었다.

둘째, 김정일과 가장 대비되는 방식으로 대중 앞에 육성 연설을 한다는 점이다. 김정은은 2012년 4월 15일 인민군 열병식과 6월 6일 소년단 행사에서의 연설을 시작으로 주요 행사마다 꾸준히 대중 앞에서 연설을 하고 있으며, 2013년부터는 TV 카메라 앞에서 신년사를 직접 읽고 있다.

이런 연설들을 통해 친근한 지도자의 이미지를 각인시키고 충성심을 유도하고 정권의 안정성을 선전하려는 의도로 보인다. 특히 소년단 행사에 지방 거주 어린이 및 청소년들을 위해 특별 비행기와 열차를 동원하는 등 이들 세대들과의 유대감을 기르는데 노력하고 있다. 이는 자신이 이후 40-50년간 통치해야 할 북한에서 세대를 공유하며 충성하는 집단을 장기적으로 육성하려는 의미이다. 젊은 세대들이 김정은에게 더욱 친밀감을 가지게 함으로써 자신의 정치적 기반을 공고히 다지기 위한 작업의 성격이 강하다. 이러한 공개 활동들은 북한이 더 이상 비밀과 은둔의 국가가 아니라 정상국가의 개방된 이미지를 부각시키고 체제를 위협하지 않는 한 대화와 타협은 언제나 가능하다는 메시지로 해석할 수 있는 부분이다.

셋째, 일반적인 독재국가답지 않게 부정적 사실에 대한 공개를 통해 국가와 주민들 간의 정보를 공유하고 해결책을 함께 고민하며, 체제 내 관료주의를 견제하고 국가와 주민들 간의 유대감 형성에 노력하고 있다는 점이다. 김정은이 2013년 5월 10일 만경대 유희장을 시찰하면서 관리상태가 엉망인 점을 적나라하게 질타하는 내용이 보도되었다. 김정은은 "이렇게 한심할 줄은 생각도 하지 못했다, 등잔불 밑이 어둡다는 말이 바로 이런 곳을 두고 하는 소리"라고 격한 어조로 말했다."고 보도하였다.[57)]

또한 은하 3호 발사의 실패를 보도한 점이나 2014년 5월 평양시에서 건설중이던 아파트가 붕괴되자 그 피해자 가족들에게 주요 간부들의 사과를 보도하고 2015년 8월 북한의 지뢰도발 사건으로 남북이 첨예하게 대립하고 있던 시점에도 홍수피해를 즉각 보도한 것은 과거와는 다른 모습으로 평가된다. 이러한 부정적인 모습들을 지적하고 해결해 나가는 지도자의 모습을 보여줌으로써 조금씩 나아지는 긍정적인 사회상을 그려내는 데 노력하고 있는 것이다.

한편 김정은은 체제 불안 요인을 철저히 차단하겠다는 의지를 보이고 있다. 이는 30년 만에 개정된 당 규약에도 잘 드러나 있다. 제1장 '당원의 의무'에서 '계급적 원수들과 온갖 이색적인 사상요소들, 비사회주의적 현상을 비롯한 부정적인 현상들을 반대해 투쟁해야 한다'는 조문을 삽입시켰다. 이를 통해 남한과 중국에서 유입된 물품이나 문화적 요소들을 '반당', '반체제'의 이유를 들어 처벌할 수 있는 강력한 근거를 마련하였다. 그리고 실제로 공개처형이 적지 않게 진행되고 있다. 그 사유에는 한국의 드라마를 보거나 음악을 들었다는 등 북한의 입장에선 주민들의 사상에 부정적인 영향을 끼친다고 판단되는 것들이 다수이다.

김정은 정권에게 북중 국경은 수많은 북한주민들이 탈북하고 또 강제 북송되는 곳, 북한의 참혹한 인권실상과 내부 정보가 빠르

57) 『조선중앙TV』, 2012년 5월 9일.

〈19년 6월 초 함경북도 국경지대 살림집들. / 제공=데일리NK〉

게 새어나가는 곳, 중국을 비롯한 남한과 미국 등으로부터 자본주의의 황색바람이 거세게 불어 닥치는 곳으로 볼 수 있다. 김정일 사망 이후 남한으로부터는 탈북자 관련 단체들이 판문점 인근에서 쏘아올리는 대북전단과 비교해 본다면 북중 국경지역은 인력과 정보 유·출입 측면에서 휴전선보다 더 민감한 지역임에는 틀림이 없다.

북한은 중국과 무려 1,300km를 넘는 국경을 서로 맞대고 있으며, 이 중 백두산과 압록강 수풍댐 지역을 제외한 최소 900km에 이르는 거리가 실제로 걸어서 통과가 가능한 지역이다. 이 국경을 통과하는데 환경적 제한은 거의 없으며 지금까지 수십 만의 탈북자들이 이곳을 거쳐 중국으로 갔으며, 추산조차 쉽지 않은

〈18년 3월, 북중 국경지대 근처 북한 감시 초소와 북한 군인. / 제공=데일리NK〉

수많은 밀수가 일상적으로 벌어지고 있는 곳이다. 이 지역을 철저하게 통제 및 관리하지 못한다는 것은 김정일 사후 체제 불안요소 및 후계자체제 조기 안정화 측면에서도 심각한 위협이 될 수 있다.[58)]

김정일 사후 김정은은 국경지역 통제를 강화하고 김정일 사망 애도기간 동안 탈북한 사람은 삼족을 멸하겠다는 말로 탈북을 국가안보와 관련해서 반역죄로 취급하고 엄중 처벌할 것을 지시하였다. 북한은 1995-1996년 자연재해 시기 북한주민들의 탈북사태를 방지하기 위해 국경감시초소를 늘이고 함북, 양강도, 자강도,

58) 이영권(2013), pp. 108-109.

〈평안북도 압록강 국경경비대가 초소에서 경계 하고 있다./ 제공=데일리NK〉

평북도 등 북부지역 국경지역 경비업무를 군에 이관시킨 바 있다. 당시 북한은 1994년 김일성 사후부터 국경선 2km마다 1개의 감시초소를 설치하고 일부지역에는 500m마다 잠복초소를 증설했다. 1995년 10월부터는 이들 국경지역 국경경비여단을 모체로 새로운 군단을 편성하고 지휘체계도 국가안전보위부에서 인민무력부로 이관하였다.[59)]

2012년 북한의 태양절 4.15일 이후 김정은은 국경경비 권한을 다시 군 인민무력부에서 국가안전보위부(2016년부 국가안전보위성, 이하 '성')로 이관시켰다. 김정은은 세습과정에서 기존에 국경지역 경비를 담당하던 조선인민경비대를 조선인민내무군으로 승격시켰

59) 『동아일보』, 1996년 12월 9일.

〈함경북도 무산군 지역 국경경비초소에 설치된 감시카메라. / 제공=데일리NK〉

으며, 국경통제와 관련된 전반적인 권한을 인민보안부(2016년부 인민보안성, 이하 '성')에서 체제 수호기관인 국가안전보위성으로 이관시켰다. 이는 김정은 시기 체제 수호의 핵심은 국가안전보위성이라는 사실을 보여주는 것으로 자신이 국가보위부를 기반으로 체제 안정화를 시도하는 것과도 무관하지 않고 김정일 사망 후 국경통제를 강화했음에도 불구하고 탈북과 내부정보 유출이 근절되지 않는다고 판단했기 때문이다. 과거에는 탈북방지 및 감시는 인민무력부(2016년부 인민무력성, 이하 '성')가, 탈북자 송환 및 체포는 국가보위성이 책임지는 이원체계였지만 김정은은 탈북자 관련 업무 전반을 국가보위부 직할로 단일화시켜 국경통제를 일층 강화하였다.60)

〈북한 지방의 한 주민이 휴대전화를 하면서 이동하고 있다. /제공=데일리NK〉

또한 중국 휴대전화를 사용하는 행위 등에 대해 공개처형한다는 포고문이 나돌았다. 그리고 2013년 1월 10일부터 중앙당의 지시로 국경지역 주민들을 대상으로 중국 핸드폰 사용자들을 색출하기 위한 검열을 대대적으로 진행했었다.[61] 당시 국가보위부에서 중국 핸드폰 사용자들을 색출하기 위해 국경지역 주요 도시들의 지방 당 조직, 보위부, 전신전화국의 협조인원으로 구성된 50-100여 명이 중국 무역을 하거나 개인 소상인, 밀무역업자들을 대상으로 검열을 진행했었다.

또한 당 조직과 인민위원회 산하 동사무소 인민반 회의를 소

60) 이영권(2013), p. 127.
61) 이영권, 위의 글, p. 109.

〈북한 최신 스마트폰 '평양2425'. / 제공=데일리NK〉

집하여 "중국제 핸드폰을 이용하여 북한 내부 기밀이 새나가는 반 공화국 책동에 활용되고 있다"며 핸드폰을 가진 사람들의 자수를 권고하기도 하였다. 이는 김정은 정권초기 국가 기강을 바로잡고 북한에 불리한 정보들이 밖으로 나가는 것을 통제하려는 시도였다.

하지만 2019년 현재는 전국적으로 핸드폰이 400만대 이상 보급되어 있다. 물론 인터넷 연결이 불가능하고 도시지역이 아닌 곳에서는 통화 품질이 현저히 떨어지며 아직도 국경지역에서의 통화가 어려운 것이 사실이지만, 정권 초기 단속하기 바빴던 핸드폰이 널리 퍼져 있다는 것은 그만큼 김정은 정권이 안정되어 있다는 것을 의미하는 것이다.

〈북한 국경지역의 보위부 건물 앞에 가족면회를 온 주민들이 보인다. / 제공=데일리NK〉

한편 2009년 함경북도 청진에서만 인신매매와 강도 등의 혐의로 최소 6명이 공개처형 당했다.[62] 그 즈음하여 탈북자들에 대한 사살명령이 내려졌다는 증언들도 있었다. 실제로 2010년 12월 14일 압록강을 건너 중국 땅을 밟은 북한주민 7명이 인민군의 사격으로 5명이 사살되고, 2명이 부상당한 채 북송되는 사건이 발생하였다.[63] 그리고 김정은 정권초기에는 북중 국경도시를 중심으로 국가 반역죄로 체포되는 주민들이 줄지 않았다.

2013년 2월 말부터 8월까지 양강도 일대에서만 도 보위성에 국가 반역죄로 체포된 주민이 14명이 된다고 한다. 특히 체포된 주

62) 『조선일보』, 2011년 1월 13일.
63) 『조선일보』, 2011년 1월 13일.

〈중국 지린성 투먼에 있는 투먼변방관리소. 이곳에 중국내 탈북자들이 수용되 있다고 한다. / 제공=데일리NK〉

민들은 뒷배가 있는 사람들, 즉 밀수와 도강을 시켜주기 위해 직장 당비서, 지배인은 물론 국경경비대 담당 보안원 등에게 뇌물을 주어 입막음을 해 왔던 사람들로 웬만해서는 잡히지 않던 사람들이라고 의아해한다.

이러한 검거는 뇌물과 개인적 친분을 무시된 채 진행되었기 때문에 이전과는 다른 형태를 띤다. 국경지역을 중심으로 돈벌이를 위해 북한 내 정보를 전달하던 일부 주민 및 밀수업자들이 북한 당국의 강화된 검열로 체포된 것이다. 국가보위성에서도 특별지시를 내리고 국가 군사대상물에 대한 한국 국정원과 적들의 책동이 심화되었다면서 베테랑 밀수꾼들을 모조리 잡아들이고 한국과의 관계를

〈북한 함경북도 온성군 남양노동자구 전경. 중국 랴오닝성 투먼시 맞은편에 위치하고 있다. / 제공=데일리NK〉

캐내어 국가 반역죄로 엄중 처단하라고 지시했다고 한다.[64]

또한 당시 북한이 주민들의 탈북을 막으려고 중국 국경과 가까운 두만강 일대 일부 마을을 없애거나 소개 작업을 했었던 것으로 알려진다. 함경북도 온성군은 한반도 최북단 지역으로 두만강 폭이 좁아 중국 연변 조선족자치구 투먼시 등으로 종종 탈북이 시도되는 지역이다. 이 지역의 국경 근처 100여 가구를 한꺼번에 허물어버렸고 인민군 부대가 나서서 직접 주택을 해체하기도 하였다.[65]

64) 『열린북한방송』, 2013년 3월 20일.
65) 『조선일보』, 2013년 4월 27일.

김정은 정권 이후 탈북자가 급감한 것은 분명한 사실이다. 통일부의 북한이탈주민 입국현황 자료에 의하면 탈북자의 수는 2009년 2,914명, 2010년 2,401명, 2011년 2,706명, 2012년 1502명, 2013년 1514명, 2014년 1397명, 2015년 1275명, 2016년 1418명, 2017년 1127명으로 김정일 정권 말기와 김정은 정권 초기에 비해 현재 그 수가 확연히 줄고 있음을 알 수 있다.66) 2018년에서 2023년까지 탈북자 수 확인

김정은 정권의 탈북 경향이 가족 단위 탈북, 혹은 남한에 정착한 탈북자가 남아있는 가족들을 데려오는 것인 것도 탈북자수 감소의 원인이지만 "탈북을 하면 3대를 멸하겠다"는 김정은의 지시와 함께 "총살가능"이라는 지시와 그에 따른 위와 같은 노력 때문인 것이다. 실제 2012년 12월 31일 양강도 혜산에서 탈북하던 남성 3명이 국경수비대의 총에 맞고 즉사했다. 2013년 1월 초경에는 함경북도 회령에서 탈북하던 40대 부부도 사살되었다는 증언도 나왔다.67) 김정은이 체제 내적으로 탈북을 포함한 반국가행위에 대한 강력한 처벌을 지시한 것이 주요 요인으로 작용하고 있는 것이다.

또한 최근 주민통제의 새로운 방법으로 탈북자들을 자의 및 타의로 재입북시킨 후 기자회견을 통해 탈북 후 남한 사회의 적응과정에서 경험했던 자본주의의 잔혹함과 인간으로서의 모멸감에

66) 통일부 홈페이지, https://www.unikorea.go.kr/unikorea/business/NKDefectorsPolicy/status/lately/(검색일 : 2018.01.28.)에서 자세한 탈북자 수를 확인할 수 있다.

67) 『열린북한방송』, 2012년 12월 11일.

대해서 성토하게 하고 있다. 조선중앙방송은 2013년 1월 24일"괴뢰 패당의 회유 책동으로 남조선으로 끌려갔다가 공화국으로 돌아온 김광호·김옥실 부부, 고경희 여성[68]의 국내외 기자회견이 인민문화궁전에서 진행됐다"며 "지금 괴뢰 패당의 비열한 모략 책동으로 남조선에 끌려갔던 우리 주민이 남조선 사회와 결별하고 공화국의 품으로 계속 돌아오고 있다"고 보도하였다. 이어 재입북한 김광호는 "남조선은 썩고 더러운 사회였다. 가정도, 직업도 제대로 가질 수 없었다. 사기와 협잡, 권모술수가 판을 치는 험악한 세상에서 도저히 살아갈 수가 없었다"고 말했다.

고경희는 "남조선 사회의 냉혹한 현실에 도저히 마음을 붙일 수 없었고 항시 불안과 눈물 속에 살았다. 남조선에서 말하는 이른바 탈북자라는 이유로 그 어디에서도 일자리를 구할 수가 없었다"고 말했다. 마지막으로 그녀는 "공화국에서는 천벌을 받아 마땅할 저를 너그럽게 용서해주고 따뜻이 안아주었다. 어머니와 두 자식과 함께 새집에서 행복하게 살게 해주었다. 제가 돌아오고 아들이 생일을 맞게 됐는데 조국에서는 아들 생일상까지 크게 차려주었다"고 말했다.[69]

그런가 하면 2013년 4월 4일 탈북자 이모씨가 연평도에서 9톤짜리 어선을 훔쳐 밤 11시 경 NLL을 넘어 월북한 일이 발생하였다. 우리 정부 당국자도 북한이 공개한 사람들이 국내에 정착했

68) 김광호·김옥실 부부는 2013년 다시 탈북했고 고경희도 탈북을 시도하다 실패하고 정치범 수용소에 수감되었다. 『조선일보』 2017년 9월 2일; 『동아일보』 2014년 9월 23일.

69) 이영권, 위의 글, pp. 111-112.

던 탈북자였음을 확인해 주었다. 탈북자 재 입북 사례는 김정은 집권 이후에만 박정숙(2012년 6월), 김광혁 · 고정남 부부(2012년 11월), 김광호 · 고정희 부부(2013년 1월), 2012년 7월 "김일성 동상을 파괴하려다가 체포되었다"고 주장한 전영철, 연평도에서 월북한 이모씨(2013년 4월), 남한에서 활발히 방송활동을 하던 임지현씨(2017년 7월) 등 2017년까지 총 25건이고, 그 중 5건은 다시 탈북하였다.[70)]

이와 더불어 북한 내에서도 탈북자들의 재입북을 권유하고 있다. 국가안전보위성은 주민들을 대상으로 정착한 탈북자들의 재입북을 유도하기 위한 강연회를 개최하고 있는 것으로 알려졌다.[71)] 보위성은 탈북한 가족과 친인척을 상대로 재입북하면 처벌하지 않고 평양시 거주권과 집까지 제공할 방침을 밝혔다.[72)] 동(洞)담당 지도원들은 '탈북자'라는 말 대신에 '해외에 나가 있는 친인척들'[73)]이라는 표현을 써가며 관대하고 유화적인 제스처로 재입북을 권고하고 있다.

한편 북한은 재입북한 탈북자들의 거주지를 평양으로 옮기고 있다. 이는 탈북자들의 재입북을 자신들의 '우리 식 사회주의'가 가지는 우월성으로 선전함으로써 남한 사회의 환상을 없애고 체제의 우월성을 강조하기 위한 작업으로 보인다. 더 나아가 탈북 현상을 차단하고 인권상황에 대한 합리적인 해명, 삶의 차원에서

70) 『세계일보』, 2017년 7월 25일.
71) 이영권(2013), p. 110.
72) 『뉴시스』, 2013년 3월 6일.
73) 『데일리NK』, 2013년 3월 6일.

체제 경쟁 논의에 대한 자신감이라고 볼 수 있다.

이러한 북한의 의도는 첫째, 한국 사회 적응에 어려움을 겪고 있는 일부 탈북자들의 생활고와 자본주의 사회의 부정적인 측면만을 집중 부각해 북한 체제의 우월함을 과시하면서 주민의 탈북 욕구를 차단하려는 의도로 보인다. 기자회견에서 재입북 탈북자들은 한결같이 남한의 심하게 왜곡된 현실만을 강조하고 있다.

둘째, 재입북 탈북자들도 북한 당국이 포용하고 있음을 강조함으로써 김정은을 향한 주민의 충성심과 한국 생활에 적응하지 못한 탈북자들의 추가 재입북을 유도하는 데 있다. 남한에서 온 탈북자가 북한의 가족, 친척들에게 돈을 보내주고, 남한에서 잘살고 있는 소식이 많이 전해지면서 북한주민들 속에서는 체제에 대한 회의감이 짙어지고 있다. 이를 차단하지 않으면 북한주민은 극도의 생계난 때문이 아니라 체제 미련과 김정은을 향한 충성심을 버리고 탈북행렬에 대거 참가하려는 움직임을 보일 것이다.

마지막으로 탈북자들의 남한행은 종교인이나 정보기관의 회유와 강압에 의한 것이라고 왜곡함으로써 중국 등의 탈북자 강제북송 조치에 정당성을 부여하고 탈북자 문제와 관련해 국제사회의 대북비난 여론을 남한으로 돌려보려 하고 있다.74)

결국, 북한의 탈북자 대상 재입북 공작은 북한 주민들에게 널리 퍼져 있는 남한과 국제사회에 대한 동경과 환상을 깨고, 김정은의 포용성 및 체제 우월성을 대대적으로 선전하기 위한 것으로 볼 수 있을 것이다.

74) 세계일보』, 2013년 1월 29일.

한편 통일부의 2024년 북한인권보고서에 의하면 2022년 황해남도에서 20대 청년이 남한 노래와 영화를 시청하고 유포했다는 혐의로 공개처형되었다는 내용이 수록되었다. 북한은 2020년에 반동사상문화배격법을, 2021년에 청년교양보호법을, 2022년에는 괴뢰(남한) 말투를 근원적으로 없앤다는 목적에 평양문화어보호법을 각각 제정해 남한 문화 사상 유입, 유포행위를 처벌해왔다. 이 3대 통제법은 남한 문화에 호기심이 많은 북한 청년 계층을 겨냥한 목적성이 강하다.[75] 이는 북한의 사상통제가 강화되고 있다는 방증이지만 체제이완의 반증이기도 하다.

75) 『한국일보』, 2024년 6월 28일.

3 김정은 정권의 체제 내적 생존전략

제1절 김정은의 경제 · 핵무장건설 병진전략

2013년 3월 31일 당 전원회의에서 김정은은 경제 건설과 핵개발을 함께 추진한다는 '경제 · 핵 병진 노선'을 공식화했다. 즉, 핵무기 보유로 인한 재래식 무기 군사 비용을 줄여 민생 경제에 돌리겠다는 논리이다. 이는 1962년 김일성 전 주석이 내놓았던 경제 · 국방 병진노선을 다시금 강조하였다. 2013년 4월 21일 노동신문 "병진의 승전포성 울리며 앞으로"라는 제목의 정론에서 "우리 혁명에서 병진이란 말은 깊은 역사를 안고 있다"라며 "1962년 카리브해 위기가 닥치고 미제와 주구들의 북진을 부르짖던 그때 우리 당은 경제건설과 국방건설을 병진시킬 데 대한 새로운 전략 방침을 제시하였다"고 강조했다.

그리고 "병진의 궤도를 타고 선군의 역사가 맥맥이 이어지고 우리 조국은 일당백의 나라, 천리마의 나라로 더 높이 솟구쳐 올랐다. 한손에는 총을, 다른 손에는 낫과 망치를 쥐었던 조선이 오늘은 한 손에는 핵무기를, 다른 손에는 위성과 CNC[1]를 틀어쥔 세계적 강국의 높이에 올라섰다"고 주장하였다. 정론의 중요

1) Computerized Numerical Control.

한 내용은 다음과 같다.

- 김일성과 김정일이 철저히 구현해 온 '경제와 국방 병진노선'의 계승이며 심화 발전
- 방위력을 강화하면서 경제건설에 집중하여 '인민들이 사회주의 부귀영화를 마음껏 누리는 강성국가'를 건설하기 위한 전략적 노선
- 전쟁 억제력을 크게 강화하고 경제건설에 박차를 가하며 '사회주의 강성국가 건설 위업'을 실현할 수 있게 하는 정당한 노선
- '사회주의 강성국가 건설과 조국통일을 앞당기는 보검'이자 민족의 자주권과 존엄을 굳건히 지켜나갈 수 있게 하는 '기치'
- '자주의 길, 선군의 길, 사회주의 길을 따라 주체혁명위업'을 완성하려는 당의 확고한 신념과 의지의 구현
- '우리의 실정에 맞게' 경제발전과 국방력 강화에서 최대의 효과를 낼 수 있게 하는 현실적인 노선
- '국방비를 늘이지 않고도 적은 비용으로' 방위력을 더욱 강화하면서 경제건설과 인민생활 향상을 꾀할 수 있는 방도
- '주체적인 원자력 공업에 의거하여 핵무력을 강화'하는 동시에 전력문제도 풀어나갈 수 있는 합리적인 노선

한편 2013년 3월 31일 전원회의는 병진노선을 관철하기 위한 12개의 과업과 방도를 제시했는데 핵·미사일 분야의 과제는 다음과 같다.

- 자립적 핵동력 공업을 발전시키고 경수로 개발 사업을 강력히 추진하여 전력 문제 해결

☆ 우주과학기술 발전에 박차를 가하고 통신위성 등 발전된 위성을 많이 발사
☆ 핵보유를 법적으로 고착화시키고 세계의 비핵화 실현 시까지 핵무력을 질량적으로 확대·강화
☆ 전쟁 억제력과 수행전략의 모든 측면에서 핵무력의 중추적 역할을 높이는 전법과 작전을 완성하여 핵무력의 전투 준비태세를 완비
☆ 책임있는 핵보유국으로서 핵확산을 방지하고 아시아·세계의 평화와 안전을 수호하며 세계 비핵화 실현을 위해 적극 노력

김일성의 경제·국방병진노선이 사실상 국방건설을 위한 경제운영이었으며 김정은의 새로운 병진노선은 핵 무장력 향상을 위한 경제운영이라고 봐야 한다. 국방을 중시한다는 것은 경제와 군사와의 관계에서 군사를 상위개념으로 상정한다는 뜻이다. 이는 경제가 국방의 기초라면 국방은 경제력의 담보이며, 경제건설과 발전의 추동력이라는 인식에 근거하고 있다. 강력한 국방력이 없다면 자신들의 자립적 민족 건설을 할 수도 없고 경제건설의 평화적 환경을 만들 수 없다고 믿고 있는 것이다.

북한이 김일성 정권 발전전략이었던 병진노선을 김정은 정권에 다시 강조한 것은 다음과 같은 의미가 있다. 첫째, 김정은 정권 국정 목표가 김일성 전 주석의 전략을 계승·발전시킨다는 의미가 강했다. 김정은은 현재 북한의 발전전략과 정치노선에 대해서 일정한 성과가 도출되기 전에는 김일성과 김정일로 이어지는 선대 수령들의 전략과 노선을 철저히 추종할 필요가 있었다. 리더로서의 정치적 시행착오를 줄이고 실패 시 이런 것들에 대해 현

실적 요구에 맞게 수정 및 보완한다는 명분은 체제 안정화에 핵심적인 역할을 했을 것이다. 발전전략에서의 계승성과 합리성을 김일성 정권의 위기상황에 결부시킴으로서 핵무기를 통해 위기상황에 대처하는 북한의 현 모습을 통해 대내외적으로 안정된 북한의 이미지를 만들어가려는 의도였다.

둘째, 핵으로 인한 한반도의 위기 상황을 1962년 상황과 매치시기고 핵을 통한 '자주 국방'의 의지를 보여줌으로써 체제를 수호하고 상징하는 수단으로서 '핵'을 발전전략으로 상정했다는 것을 의미한다. 경제·핵무력병진노선은 핵 억지력을 통한 대내외적 안보환경을 개선하고 이를 바탕으로 체제에 필요한 경제문제를 해결해 나가겠다는 정책적 의지였다.

지금까지의 국방 및 중공업 중심의 경제정책 때문에 대중들의 생활은 빠르게 개선될 수 없었고, 그에 따라 현실에 대한 주민들의 열악한 상황은 누구보다도 북한의 지도그룹들이 더 잘 알았을 것이다. 김일성과 김정일 정권 경제와 국방의 병진 노선은 국방건설을 위한 일방적인 경제 분야의 희생을 의미했다.

하지만 핵 보유라는 것은 북한의 입장에서는 체제 형성기부터 시달려온 외부로부터의 안보 위협으로부터 자유로워질 수 있다는 것을 의미하고 체제 붕괴에 대한 압박감으로부터 탈피할 수 있게 해 주었을 것이다. 그러므로 2018년부터 한국과 미국에 적극적으로 접근하고 있는 김정은의 모습은 핵이 가진 체제 유지에 대한 강한 담보력을 바탕으로 나오고 있는 것이다.

북한이 주장하는 선군시대 경제건설노선이란 국방공업을 우선적으로 발전시키면서 경공업과 농업을 동시에 발전시키는 것이다. 북한은 김정일 정권에 들어와 경제·국방병진노선을 뒷받침하기 위해서 강조해왔던 중공업 우선주의를 국방공업 우선주의로 전환하였다. 이는 김정일 정권의 입장에서 볼 때 체제유지를 위해 핵무기 개발과 같은 국방공업의 발전이 최우선적으로 요구되고 있기 때문이라는 것이었다. 또한 경제난 이후 그나마 유지되고 있는 국방공업 부문의 우선발전을 토대로 삼아야 북한의 기존 경제구조가 유지되고 여타 경제부문들도 회복된다는 논리로도 주장하였다. 그리고 주민들의 민생경제에 영향을 미치는 경공업·농업의 발전은 국방공업의 물질적 조건들이 충족되는 조건 하에서만 보장된다는 논리로 국방공업 우선주의를 주장했었다.

그러나 이러한 국방공업 우선발전 노선은 과거 중공업 우선발전 노선보다도 더 북한경제를 왜곡시키고 더욱 어렵게 만들었다. 1960년대부터 추진된 북한의 중공업우선발전노선은 한정된 투자재원을 중공업 부문에 집중투자하게 함으로써 경공업과 농업의 발전이 심각하게 위축되는 산업불균형 현상을 초래하였다. 북한주민들이 경제난이 본격화되기 이전인 1980년대부터 이미 생활필수품 부족을 겪게된 것은 사실 이러한 경제정책의 결과라고 할 수 있다. 따라서 민수산업의 연관성이 중공업 부문보다 거의 미약하고 체제유지에 필요한 재화만 공급하는 국방공업 우선발전노선은 북한산업의 불균형 확대는 말할 것도 없고 경제전반의 정상화를 더욱 어렵게 만들어 민생경제의 악화를 초래하고 있다.[2)]

김정은의 '경제건설과 핵무력건설 병진노선은' 핵개발과 체제생

2) 통일부(2011), pp. 140-141.

존 측면에서는 어느 정도 성과를 거두었다고 볼 수 있다. 그러나 경제건설을 앞세웠음에도 불구하고 경제와 인민생활향상 등의 국민들의 실생활과 관련된 부분은 실패다. 김정은이 집권한 2012년부터의 경제성장률은 2012년 1.3%, 2013년 1.1%, 2014년 1%, 2015년 -1.1%, 2016년 3.9%, 2017년 -3.5%였다.[3] 성장이 아닌 제자리걸음이다. 병진노선의 뒤를 이은 새로운 노선이 사회주의 경제건설에 총력을 다하는 방향으로 정해진 것은[4] 경제에서의 성과가 부족함을 스스로 인정한 것이라고 볼 수 있다.

제2절 김정은 정권의 경제개혁 조치

김정은 정권의 초기 경제정책 특징은 유훈통치를 내세워 정책기조의 지속성을 강조하고 정책의 변화를 최소화함으로써, 김정일의 후광을 최대한 활용하는 '안전한' 정책을 추구하였다. 이러한 행태는 경제 사업에 대한 권한과 책임을 내각과 군에 분산시켰던 조치에서도 발견된다. 북한이 김정은의 경제 분야 현지지도와 맞물려 정권 초기부터 지속되어온 내각총리 등의 경제 분야 현지시찰 활동을 언론을 통해 선전한 것은 경제적 문제 해결에 대한 김정은의 부담감을 줄이기 위한 조치였던 것으로 보인다.[5]

3) 북한정보포털 홈페이지(http://nkinfo.unikorea.go.kr/nkp/openapi/NKStats.do?jipyoID=1145#a, 검색일 : 2019년 1월 31일)
4) 『로동신문』, 2018년 4월 21일
5) 『서울신문』, 2012년 12월 14일.

〈신의주에 위치한 '봄향기' 제조공장. '봄향기'는 북한이 자랑하는 자체 생산 화장품 브랜드이다. / 제공=데일리NK〉

우선 김정은 정권이 당면한 경제적 과제는 장기간 지속되어온 경제난의 타개와 경제 정상화일 것이다. 북한은 1980년대 말부터 경제가 급속도로 곤두박질치다가 결국 1990년대 고난의 행군으로 불리는 심각한 경제난을 겪었고, 이 기간이 지났는데도 불구하고 국내총생산(GDP)이나 경제성장이 퇴보했으면 퇴보했지 성장하지 못하고 있는 상태에 있었다. 이는 북한이 자력으로 경제 위기를 극복할 수 있는 능력이 없다는 것을 의미한다.

그런데 여기서 주목해야 할 것은 김정은이 정권 초기부터 자위력과 경제건설과의 관계를 꾸준히 강조하고 있고 남북, 북미대화가 활발히 진행 중인 2018년 후반기에도 노동신문들에는 '자력갱생'이란 용어의 노출수가 이전보다 늘어나면 늘어났지 줄지 않고 있다는 것이다.

한미 안보동맹 수준에서의 중국과 러시아와 안보동맹을 맺고 있지 못한 북한은 1960년대 중소분쟁과 1980-90년대 사회주의권의 몰락, 중국과 러시아의 한국과의 외교관계 수립, 핵무기 개발 등으로 인한 자신들의 열악한 대외 안보환경을 개선시키기 위해 끊임없이 노력해 오고 있다. 그리고 불리한 안보 환경을 극복하기 위한 직접적 수단의 하나로 국방력 강화를 선택하여 예산의 상당수가 국방비로 과다 지출되고 있고, 이는 경제 문제를 해결할 수 없는 가장 근본적인 원인으로 지적되고 있다.

2012년 6월 28일, 김정은 집권 이후 추진된 경제개혁 조치가 소위 '6 · 28 조치'로 불리는 '우리식 경제관리 방법'이다. 이 조치는 1990년대 말 이후 진행되고 있는 시장화 추세에 대비한 경제 운영관리법과 제도의 개편이다. 우리식 경제관리 방법의 핵심은 국가가 따로 생산품목이나 계획을 정해주지 않고 공장기업소들이 독자적으로 생산하고 생산물의 가격과 판매방법도 자체로 정해서 하는 것이었다. 농업부문에서도 국가생산계획과는 관계없이 전체 수확량에서 70%는 당국이, 나머지 30%는 농민이 가져가는 것이다. 또한 초과 생산량은 농장원이 차지하고 서비스 및 무역 분야에서 국가기관 및 편의협동기관 명의로 개인자본을 투자하는 것을 합법화했다. 이는 중앙집권적 계획에서 분권적 계획을 넘어서 계획과 시장의 공존을 의미하는 것으로 국유기업으로 구성된 시장경제라 할 수 있으며 이는 시장이 자원배분의 핵심기구로 작동하게 된다는 것을 의미한다.[6)] 즉, 6 · 28 조치는 실적이나 초과

〈2019년 평안남도 장마당에서 장사꾼이 전자 저울로 곡물을 계량하고 있다. / 제공=데일리NK〉

생산에 따라 인센티브를 줌으로써 생산성을 높이자는 취지이다. 하지만 경제 인프라가 열악한데다 제한적인 개혁조치로 뚜렷한 성과를 내지 못했다.

그 동안 북한의 경제정책에서 '시장'은 필요악이었다고 보는 편이 타당하다. 고난의 행군시기를 거치며 시장은 점차 확대되었지만 2005년 무렵 한차례 시장통제 정책을 수행했다. 그리고 김정은니 후계자 시절이던 2009년 11월에는 화폐가치를 100대 1로 낮추는 화폐개혁을 단행하면서 소자본을 갖고 있던 세력을 압박하며 합법적으로 탈취하였다. 북한 정권이 현금으로만 거래되는 암

6) 박형중, "북한의 '6.28 방침'은 새로운 개혁개방의 서막인가?", Online Series CO 12-31(통일연구원, 2012), pp. 1-2.

시장까지 통제하기는 어려웠다. 화폐개혁은 암시장을 이용하는 자들을 징벌하기 위한 조치였다. 김정일이 사망 직전에 방문했던 '광복지구 상업중심지역'은 이러한 기존의 장마당에 대항하여 국가유통시스템 안으로 인민경제활동을 편입시키기 위한 시도의 일환이었다.

이런 정책을 시행하는 가장 근본적인 이유는 물론 국가재정의 확충이다. 북한은 자본주의 체제로의 본격적인 개혁·개방의 움직임이라는 주변국들의 평가에 "적국에게 바라는 변화는 없다"는 말로 이런 개혁조치가 북한의 권력 현실과 경제구조를 반영한 보수적이면서 제한적인 변화라는 것을 분명히 하였다. 이 조치 이후 쌀값과 환율이 폭등하였고, 이는 자신들의 자산이 국가기구에 의해 합법적으로 약탈되는 것에 대한 나름대로의 경계심어린 자구책이었다.

북한은 여섯 차례의 핵실험과 유엔 차원의 강력한 대북제재가 이어지면서 대외경제활동이 사실상 불가능한 상태가 되었었다. 이 영향으로 국내 경제의 구조적인 생산성 저하로 인해 내부 자원을 총동원해야만 하는 상황에 직면해 있다. 이는 정권이 체제유지를 위해 국민들로부터 합법적으로 재산을 탈취할 수 있도록 경제구조의 변화를 시도하게 했었다. 그 시도가 바로 2009년 11월에 시행되었던 화폐교환조치이다. 이는 외부에서 자본 유입이 불가능해 벌인 고육책이었다고 볼 수 있다.

이러한 사례를 보았을 때 6·28 조치가 성과를 거두기 위해서는 북한의 대·내외적 적대관계가 평화적이고 우호적인 환경을 통해 자본과 기술이 개혁을 뒷받침할만한 정도의 유입이 있어야

〈2018년 11월에 촬영된 라선(나선)국제상업은행 외관. / 사진=데일리NK 내부 소식통 제공〉

했다. 외부의 지원과 투자는 개혁을 통한 문제해결을 더욱 용이하게 만들어 준다.

어떤 체제든지 개혁은 상당한 자본과 기술을 요구한다. 그래서 일부 북한 붕괴의 시나리오를 믿는 이들이 북한은 개혁의 능력이 없기 때문에 붕괴할 수밖에 없다고 주장하는 것은 장기적으로 타당하다고 볼 수도 있다. 북한주민들이 정권의 정책 의도와 실력을 의심하고 있으며 내부 독과점 구조와 대내외 긴장이 조성되어 있는 환경은 개혁의 효과에 대해 의문을 가지게 한다. 이를 불식시키기 위해서 북한은 정당한 노력을 통해 축적한 재산을 앞으로 국가가 합법적으로 불시에 약탈하지 않을 것이라는 것을 보장해야 한다. 이것은 미국이 북한에 문서로 체제안보를 보장하는 것과 같은 수준의 요구일지도 모른다.

그 동안 북한의 개방시도는 지극히 제한된 지역과 신뢰성 없는 조치로 국제자본 유치에 성공하지 못했다. 특히 핵문제로 인한 국제적 고립과 제재는 북한 개방에 근본적 한계로 작용하고 있다. 북한에 시장경제의 개혁적 요소가 전면적으로 도입되거나 일상화되기에는 현실적으로 어려울 뿐만 아니라 오랜 인내의 시간을 요구한다.

하지만 보수적이고 제한된 개혁조치들을 통해 체제 내 동태적 요소들을 발견하여 또 다른 개혁으로 연결시키는 노력은 북한체제에서 현실상 꾸준히 필요한 작업임에는 틀림 없다. 이는 북한체제 전반에 잠복해 있던 체제 내 모순과 갈등을 수면 밖으로 나오게 함으로써 모두 현실성 있는 대안을 모색하는 기회를 제공하는 것으로 또 다른 현실적 개혁의 시작이다.

공개된 장소에서 현실의 심각성을 함께 인지한다는 것은 효율성을 통한 발전을 위해 동원이 정당화될 수 있기 때문에 북한 주민들은 또 다른 합법적 탈취의 대상이 될 수도 있다. 하지만 최고지도자 김정은이 '인민들의 먹는 문제, 식량문제 해결'을 체제 내 선결과제로 내세우고 이를 위해 농업생산에 대한 국가적 투자계획과 함께 경공업 발전에 힘을 쏟아 인민소비품 생산을 늘린다는 방침 이후 6·28조치를 발표했던 것은, 경제 사업에서의 전문성을 바탕으로 여러 형태의 기업들에게 경영활동을 체제 내에서 흡수할 수 있을 정도의 자율성을 보장하여 생산증대를 위해 노력하는 것으로 평가할 수 있다.

물론 북한의 입장에서는 주변국가와 긴장완화를 도모하고 자본과 기술도입에 적극적으로 나서야 본질적 의미에서 개혁과 개방에 접근할 수 있다. 현재 김정은이 한국과 미국에 접근하고 국가전략을 병진노선에서 경제중심노선으로 바꾼 것은 그 일환으로 볼 수도 있다. 이러한 시도가 성공을 거두기 위해서는 먼저 북한 당국 스스로 긴장완화를 통해 개방하여 선진국의 원조와 투자를 제공받아야 한다. 그와 동시에 국내유통체계와 경제관련 시스템에 인센티브제를 적극 도입하여 주민 스스로 경제적 자립도를 높일 수 있도록 통제를 완화해야 한다. 그렇지 않다면 지금 진행중인 노력들은 6·28조치이나 화폐개혁처럼 개혁을 가장한 합법적 탈취의 도구로 전락할 것은 자명한 사실이다.

김정일 전 국방위원장 사망을 전후로 한 북한의 법제정비는 위의 경제개혁 움직임과 자연스럽게 연결되는 측면이 있다. 이 작업은 크게 경제관련 법제와 교육 관련 법제 정비라는 큰 특징을 가지고 있다. 경제관련 법제 정비는 김정은 체제하의 북한이 외자유치 및 경제 활성화를 통해 경제를 재건하겠다는 강력한 의지를 보여주는 것이라 하겠다.[7] 총 15개 제정 또는 개정된 북한 법령에서 외국인 투자관련 법규는 12개이며, 교육법을 제외한 나머지 4개 또한 경제무역지대 및 합영·합작 관련 법규들이다.

경제관련 법제의 정비는 외국과의 경제관계가 점진적으로 법을 통해 확대 발전시키고 싶은 의도가 큼을 말해 주며 그에 따라 국제기준을 따라가고자 하고 있음을 말해준다. 그래서 북한은 경제

7) 이규창, "김정일 사망 전후의 북한 법제정비 의미와 특징", Online Series CO 12-09(통일연구원, 2012), p. 1.

관련 법제 정비를 통해 외국인의 투자를 위해 제도적 보장을 대폭 강화하였으며 국제적인 기준을 강조하고 있다. 분쟁해결에 있어서도 국제중재위원회의 중재규칙에 따른다고 규정하고 있다. 하지만 북한체제의 성격상 외국투자유치를 활성화하기 위해 부분적으로 개정되었을 것으로 추측된다.[8)]

이와 더불어 2012년 1월에 재정한 보통교육법은 경제재건을 위한 일군양성에 관한 내용들을 규정하고 있다. 특히 이 법은 인재양성을 강조하고 있는데 기초과학기술과 외국어 교육을 강화한다는 것이 주요 골자이다.[9)] 이는 북한이 이 두 분야가 경제 개혁과 발전, 이에 맞는 사회적 인프라를 제공하기 위해서 가장 중요하고 시급하게 다루어져야 할 분야로 인식하고 있다는 의미로 다시 말해 가장 낙후된 분야라는 반증도 가능하게 한다.

북한은 1980년대 후반 동구권 사회주의의 몰락, 1990년 한소 수교, 1992년 한중 수교, 1994년 김일성의 사망 이후 경제난 등으로 인해 자본주의의 영향력을 견제하는 강력한 고립주의 정책을 표방하였다. 즉, 고급 기술보다는 '당성'을 검증하는 것이 체제 유지에 효과적이었다. 당시 유학하던 차세대 엘리트 그룹들은 모두 북한으로 강제귀환 조치되었으며, 이들 대부분이 북한에서 당과 국가기관의 주요 인물들의 자제라는 것을 감안했을 때, 이후 진행된 고립주의의 후과는 김정일 정권과 현 김정은 정권의 엘리트 그룹의 국제화 수준을 심각하게 퇴보시켰으며, 현재 체제 개혁에 나서는 일군과 그들의 기술력은 경제 및 기술 개혁에 보탬이 되

8) 이영권(2013), pp. 105-106.
9) 이영권, 위의 글, p. 2.

기에는 아주 미흡한 수준이다.

탈북자 중 3대혁명소조원, 과학기술 교수요원으로 활동했던 한 이는 "자신의 과학기술 이해 수준은 남한의 박사과정 학생들의 것과 비슷하거나 떨어진다고 말하면서, 기회가 된다면 박사과정부터 다시 공부하고 싶다"는 의견을 말한 적이 있다.[10] 북한의 교육법제 정비는 이러한 심각한 현실 인식에서 출발한 것으로 보여진다.

교육법제의 정비와 아울러 경제관련, 특히 외국인 투자와 기술관련 법제의 제·개정은 차세대 엘리트들의 국제화 수준을 높여서 경제 개혁과 기술의 도입 및 발전, 외국과의 교육 교류에 유용하게 이용하려는 정권 차원의 정책이다. 북한은 2000년 남북정상회담을 계기로 1970년대 차관 상환과 마약류 거래로 인해 유럽 국가들과의 외교관계를 단절한 이후 다시 외교관계를 복원·수립하고, 이들 국가들에게 경제 및 기술 관료들을 보내어 꾸준히 교육시키며 차세대 엘리트들의 국제화 수준을 올리는 노력을 해 오고 있다.

대표적인 예로 캐나다 밴쿠버에 위치한 브리티시 컬럼비아 대학(University of British Columbia)은 북한과 '지식파트너십 프로그램(Canada-DPRK Knowledge Partnership Program)'을 체결하고 지난 2011년부터 매년 북한의 김일성종합대학 교수들을 초청하여 교육시키고 있다.[11] 북한 교수들은 국제경영, 국제경제, 재정, 무역

10) 탈북자 김○○ 씨 인터뷰, 2005년 2월 5일. 현재 김○○씨는 탈북자관련 단체에서 일하고 있다.

11) 『연합뉴스』, 2011년 8월 18일.

등 4개 과목을 정규학생들과 같이 프로그램에 참석하였다. 이는 북한과 캐나다의 외교관계 유지·발전에 큰 역할을 하고 있으며, 이후 외교관계가 있는 국가들과 경제 및 기술 교육 및 교류 사업에 중요한 이정표를 제시해 주었다. 북한은 동시에 교육 및 경제의 연관효과를 장기적 관점에서 추구하고 있는 것으로 보인다.[12)]

북한 김정은은 2021년 1월 8차 당대회를 통해 국가경제발전 5개년 경제개혁이 대부분 무위에 그쳤음을 인정했다. 김정은 정권의 경제개혁은 북한에서 이미 진행되고 있던 시장화 움직임을 합법화하는 조치이다. 그러나 개혁·개방 없는 경제 조치로는 북한 경제가 회복되기는 쉽지 않을 것으로 보인다.

제3절 인민생활 향상의 노력

현재 북한이 처해있는 사회·경제적 여건이 어떻게 변화할 것인지는 북한주민들의 김정은 체제의 충성도를 결정하게 될 중요한 변수이다. 현재 북한의 사회·경제적 처지는 어려운 가운데서도 인민생활향상이라는 김정일 정권부터의 노선을 유지하고 있고 일정한 성과를 낳고 있는 것으로 보인다. 희천발전소 완공과 가동, CNC를 통한 공장 자동화, 경공업 공장의 부분적인 가동 그리고 함남의 불길로 이야기되는 흥남비료연합기업소, 남흥청년화학

12) 이규창(2012), pp. 106-107.

〈중국 지린성의 한 의류공장에서 일하고 있는 북한 노동자 모습. / 제공=데일리NK〉

연합기업소, 2.8비날론연합기업소 등에서의 성과 및 평양을 중심으로 지속적으로 추진 중인 대규모 건설사업들, 지속적으로 발생되었던 아사자문제 해결 등은 인민들에게 김정은의 업적이자 동시에 미래의 희망으로 제시될 수 있다.

현재 북한당국은 경제건설을 가장 중요한 과제로 제시하고 여기에 노력을 집중하고 있다. 국가전략노선 자체를 경제중심으로 변경했으니 이는 당연한 것이다. 그리고 김정은이 병진노선의 달성을 선언하며 언급했던 "전체 인민들에게 남부럽지 않은 유족하고 문명한 생활 마련"[13]이라는 목표를 달성하기 위해서도 경제적 성과는 요구되고 이는 당연히 김정은의 영구 집권을 위해 필요한 체제 안정화, 공고화와도 연결된다.

13) 『로동신문』, 2018년 4월 21일.

따라서 북한으로서는 사회·경제적 여건을 향상시키기 위한 노력으로 북핵문제가 해결되어 국제 제재가 해제될 때까지는 내부자원의 총동원을 시도하고, 북중 경제협력의 강화를 통해 자본과 기술의 투자를 늘려가고자 할 것이다.[14] 그리고 남북교류를 어떻게든 재개하고 확대하여 비핵화에 나선 후의 경제성과를 가시적으로 국민들에게 보여주려고 할 것이다. 이를 위해 김정은 체제는 내부적인 통제와 원칙적 문제에 대한 강조에도 불구하고, 경제적으로 일정한 수준에서의 자본주의요소를 받아들이는 개혁을 시도할 것으로 보인다.

그래서 앞으로 북한은 현재 진행되고 있는 북중 간 경제협력의 여러 프로젝트 등을 빨리 구체화 실행시킬 것이며, 러시아와의 경제협력도 강화해나갈 것이다. 그리고 개성공단재개, 금강산 관광 재개 등 남측으로부터 현금이 확실히 담보되는 사업부터 남북교류를 추진할 것으로 예측된다.

물론 이러한 조치들이 어느 정도의 가시적인 성과를 가져다 줄지는 미지수이다. 중요한 것은 이러한 사업들이 성과를 가져온다 할지라도 그것을 위해선 일정한 '시간'을 필요로 한다는 점이다. 즉, 시간의 변수가 여전히 중요하게 제기되는 것이다. 김정일이 사망 직전, 경제현장에 대한 여러 현지지도 과정에서 "나에게는 시간이 없다"라고 언급한 상황은 지금도 현재진행형이다.

즉, 세상만사 모든 것이 계획대로 진행된다는 보장은 없다는 것이다. 이는 김정은도 잘 알고 있는 것으로 보인다. 2019년 초반

14) 정영철(2012), pp. 17-18.

북한 언론들의 기사들을 보면 구시대적 용어인 자력갱생이나 우리식 사회주의라는 단어 사용이 부쩍 늘어났었다. 한국, 미국과의 대화가 한창 진행 중인 2019년 초반의 상황과는 언뜻 연결되기 쉽지 않은 단어들이다. 이는 북한 스스로 한미와의 대화 진행이 쉽지만은 않음을 인정하고, 실제로 실패했을 때를 대비한 것으로 볼 수 있다.

2021년 12월, 역대 최장기간 열린 북한노동당전원회의에서는 미국도 한국도 아닌 인민의 먹고 사는 문제가 핵심 의제였다. 김정은은 인민의 주식을 옥수수에서 흰쌀밥과 밀가루로 바꾸겠다며 농민이 국가에 진 빚은 전액 탕감하는 등 식량 문제 완전 해결을 위한 10년 계획을 밝힌 것이다.

김정은 정권 북한은 협동농장에서 생산한 곡물 중 토지, 관개, 전기사용료와 비료 등 국가가 제공한 지원만큼의 비용을 반납하고 나머지는 농민이 가져가는 포전담당제 등 개혁 정책을 도입했다. 국가지원을 갚을 만큼 생산량이 충분치 않으면 빚을 지게 되는데 이 빚을 탕감해 '농민에 돌아가는 몫을 늘리겠다는 것이다. 이는 인민 생활 향상을 위한 혁명적인 중대 조치에 해당한다. 김정일 정권인 1990년대 후반 '고난의 행군'을 겪은 이후 인민의 식량난 해결을 위해 감자 농사 혁명을 추진했는데, 아들 김정은은 인민의 식생활 문화를 '흰쌀과 밀가루' 음식 위주로 약속한 것이다.[15)]

15) 『연합뉴스』, 2022년 1월 1일.

4 김정은 정권의 체제 외적 생존전략

제1절 김정은 정권의 북한 대외정책 기조

12년에 김정은 정권이 등장했지만 북한외교는 변화와 지속성이 혼재되어 진행될 것으로 보인다. 김정일 사망 직후 김정은이 처음 정권을 잡았을 때 북한은 선군정치를 국정운영의 기본방식, 대내외정책의 토대로 삼았다.[1] 북한은 선군정치로 인해 무장력이 현대화되고 국방공업의 새로운 토대가 마련됐으며 제국주의자들로부터 자신들을 보호할 핵 억제력까지 개발·보유할 수 있었다고 주장하였다.[2] 북한에서 선군정치는 민족의 자주권 수호, 한반도에서의 핵전쟁 예방 그리고 동북아와 세계의 평화와 안전보장과 같은 성과를 내고 있다고 선전되었다.[3]

김정일 정권의 외교정책 계승을 보여주는 대목은 신년사를 통해서 알 수 있다. 먼저 2013년 신년사에서 김정은은 통일문제가 김일성·김정일의 유훈임을 강조하며 강하게 언급한 바 있는데, 이는 김정일 정권 두 번의 정상회담 등 남북 간 독자적 협력관계

1) 김인옥, 『김정일장군 선군정치리론』(평양 : 평양출판사, 2003), p. 23.
2) 『조선중앙통신』, 2012년 1월 3일.
3) 『조선중앙통신』, 2012년 2월 16일.

〈북한과 중국 간 최대 교역 거점인 중국 랴오닝성 단둥 세관. / 제공=데일리NK〉

가 북한에 상당히 유리한 형식이었다고 판단한 데 따른 결과로 보인다. 또한 2014년 신년사에서도 김정은은 통일에 관한 김일성·김정일의 업적을 언급하며 유훈달성을 강조하였다. 예를 들어 김정일의 '우리 민족끼리' 정신도 언급하고, 1970년대 김일성 정권 이후 강조해온 조국통일 3대원칙을 강조하며 북한의 대남통일정책이 큰 변화가 없을 것임을 보여주었다.4)

대외정책을 살펴보면, 2013년에 비해 2014년에 보다 호전적인 내용을 담고 있음을 알 수 있다. 김정은은 2013년 '제국주의'라는 용어를 제외하고는 '핵'이나 '미국'이라는 단어를 사용하지 않았고 자극적인 용어사용도 자제했었다. 하지만 2014년에는 미국과 남

4) 황지환, "김정은 시대 북한의 대외전략 : 지속과 변화의 '병진노선'," 『한국과 국제정치』, 제30권 1호(2014), p. 194.

한이 북침 핵전쟁 연습을 통해 위기를 조성하고 있다며 강력히 비난하였다.[5] 김정은은 다음과 같이 언급하였다.

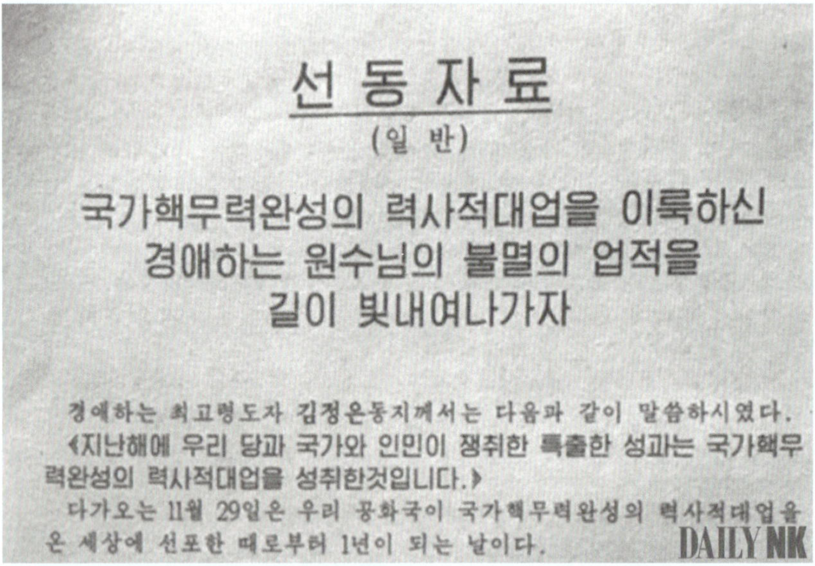

선 동 자 료

(일 반)

국가핵무력완성의 력사적대업을 이룩하신
경애하는 원수님의 불멸의 업적을
길이 빛내여나가자

경애하는 최고령도자 김정은동지께서는 다음과 같이 말씀하시였다.

《지난해에 우리 당과 국가와 인민이 쟁취한 특출한 성과는 국가핵무력완성의 력사적대업을 성취한것입니다.》

다가오는 11월 29일은 우리 공화국이 국가핵무력완성의 력사적대업을 온 세상에 선포한 때로부터 1년이 되는 날이다.

〈북한 당국이 주민들을 대상으로 국가핵무력완성일(11월 29일)을 대대적으로 선전하고 나섰다. 2019년 11월 선동자료 /제공=데일리NK〉

"미국과 남조선 호전광들은 조선반도와 주변에 핵전쟁장비들을 대대적으로 끌어들여 북침핵전쟁연습을 광란적으로 벌리고 있으며 이로 하여 사소한 우발적인 군사적 충돌도 전면전쟁으로 번질 수 있는 위험한 정세가 조성되고 있습니다. 이제 이 땅에서 전쟁이 다시 일어나면 그것은 엄청난 핵재난을 가져오게 될 것이며 미국도 결코 무사하지 못할 것입니다. 전체 조선민족은 내외호전세력들의 대결과 전쟁책동을 절대로 허용하지 말고 단호히 저지 파탄시켜야

5) 황지환, 위의 글, p. 196.

합니다."[6)]

이처럼 신년사를 살펴봤을 때, 김정은 체제 초창기의 대외인식 기조는 김정일 정권의 연장선상에 있었으며, 2013, 2014년 신년사 모두 변화보다는 지속성을 추구하고 있다고 평가된다.[7)] 그리고 2017년까지 핵실험과 미사일 발사를 지속하며 매우 공세적인 위기조성전략을 구사하였다. 이는 김정은 체제가 지속성을 추구하고 있었음을 보여준다.

하지만 이러한 기조는 2017년 11월 29일 김정은이 핵무력 완성을 선언한 후 변하게 된다. 그 변화가 처음 감지된 것은 2018년 신년사이다. 당시 김정은은 평창올림픽에 대표단 파견과 남북교류협력을 제안하며 남북관계개선에 대한 의지를 드러내 보였다. 이는 1차적으로 남측과의 관계개선을 희망한 것이지만 당시만 해도 북한 혼자만의 힘으로는 미국과의 일대일 대화가 불가능했으므로 남측을 매개로 미국과의 대화에 나서겠다는 의지를 보인 것이다. 그리고 이러한 김정은의 의도는 모두 알다시피 2018년 세 차례의 남북정상회담과 두 차례의 북미정상회담 개최로 그 결과가 나타났다.

2019년 신년사에서 김정은은 "6.12조미공동성명에서 천명한대로 새 세기의 요구에 맞는 두 나라 사이의 새로운 관계를 수립하고 조선반도에 항구적이며 공고한 평화체제를 구축하고 완전한 비핵화에로 나가려는 것은 우리 당과 공화국정부의 불변한 립장

6) 『로동신문』, 2014년 1월 1일.
7) 황지환(2014), pp. 195–196.

이며 나의 확고한 의지입니다. 이로부터 우리는 이미 더이상 핵무기를 만들지도 시험하지도 않으며 사용하지도 전파하지도 않을 것이라는데 대하여 내외에 선포하고 여러 가지 실천적 조치들을 취해왔습니다."[8]라고 언급하며 6.12 북미합의와 비핵화에 대한 의지를 드러내 보였다.

물론 기존 생산된 핵무기에 대한 언급이 없고 제재와 압박이 지속된다면 새로운 길을 모색하겠다고 위협한 부분을 지적하며 북한의 비핵화에 대한 의지를 의심하는 것은 합리적이다. 하지만 북한의 지도자가 국민들을 대상으로 비핵화를 공식적으로 언급하기 시작했다는 점은 이전보다 분명 발전된 부분이며, 김정은도 비핵화 문제가 해결되지 않으면 자신들이 원하는 것을 얻을 수 없다는 것을 분명히 인지하고 있을 것이므로 이전보다 기대감을 더욱 크게 가지게 하는 것도 사실이다.

즉, 김정은은 2017년까지 정권을 확립하고 체제를 방어하기 위한 수단들을 완성하는데 집중하는 것으로, 밖으로 나갈 준비를 하기 위해 정책적 지속성을 유지했던 것으로 보인다. 그리고 그것이 자신들의 목표에 어느 정도 도달하자 체제가 흔들리지 않을 것이라는 자신감과, 핵이라는 강력한 협상 수단을 바탕으로 본격적으로 밖으로 나오려고 하는 변화를 선택한 것이다.

하지만 김정은은 2019년 신년사를 끝으로, 2020년부터 2024년까지 연속 5년째 신년사를 발표하지 않고 당 전원회의 결론 보도로 대체하고 있다. 신년사 연설을 중단한 시점이 2019년 2월 북

8) 『로동신문』, 2019년 1월 1일.

미정상회담 결렬, 즉 '하노이 노딜' 이듬해라는 사실에 주목해보면 정책 실패에 따른 정치적 부담의 책임회피인 듯하다. 결국 하노이 회담 실패는 김정은 정권의 국가전략인 '경제건설과 핵 무력 건설 병진 노선'의 좌절을 의미했고, 2021년 새롭게 제시한 '경제발전5개년계획'도 성과를 내지 못하고 있기 때문이다. 최근 김정은이 "내각의 행정경제규율이 극심하게 문란해졌고 국가경제사업을 다 말아 먹고 있다."라며 경제정책실패의 책임을 내각에 떠넘긴 것도 같은 맥락으로 보인다. 그럼에도 2024년 당 전원회의에서 합리적 대외정책 방안보다는 여전히 핵 무력 강화 등 기존의 강대강 기조를 고수하겠다고 밝혔다.[9)]

사실 김정은 집권 이후 모든 국가역량을 핵미사일 도발과 고도화에 쏟아부었고 현재 7차 핵실험 징후도 보인다. 이는 위기를 극대화하고 양보와 보상을 도모하겠다는 북한의 '벼랑 끝 전술'이지만 한·미의 확고한 대응으로 더이상 통하지 않고 있다.

제2절 북중, 북러 관계

북한은 무역의 90% 이상을 중국에 의존하고 있고, 중국은 무상으로 석유와 식량을 북한에게 제공하고 있으며, 이런 경제의 종속관계를 통해 생산적인 제재와 압박을 통해 북한을 움직일 수

9) 『중앙일보』, 2024년 1월 3일.

〈지난해 10월 중국 단둥 세관을 통해 나오고 있는 북한 여성들. 이들은 주로 중국에서 일하기 위해 나온 해외 파견 노동자들이다. / 제공=데일리NK〉

있는 유일한 국가로 평가받아 왔다.[10] 김정은은 2012년 4월 연설에서 "인민들이 다시는 허리띠를 조이지 않게 하겠다"고 공언하였고, 8월에는 방북한 중국 공산당 대외연락부장 왕자루이와의 면담에서 북한경제 발전과 민생 개선에 대한 의지를 표명한 적이 있다. 장성택은 2012년 8월 14일부터 5박 6일간 50여 명의 경제-외교 대표단을 이끌고 방중하였다. 이를 통해 김정은이 북중 경제협력관계를 통해 경제회복과 민생에 관심이 있으며 당과 내각 실용주의를 추구하는 세력에 힘을 실어주고 있었음을 알 수 있었다.[11]

10) 이영권(2013), p. 115
11) 이영권, 위의 글, p. 116

〈18년 11월에 촬영 된 나선시에 있는 중국상품도매부. / 제공=데일리NK〉

하지만 중국 언론은 장성택 부장의 원자바오 총리의 예방을 보도하면서 북중 경협을 활성화시키기 위해서는 북한이 개선해야 할 5가지를 제시했음을 공개적으로 보도하였다. 이는 중국의 대북한 정책이 '알면서도 모른 척 한다'에서 '할 말은 한다'는 식의 공개적이고, 북한으로서는 위협적으로 받아들일 수밖에 없는 성격으로 전환될 수 있음을 보여주는 것이다. 물론 가장 핵심은 북한 정부가 중국기업들의 투자 및 경제활동에 부당하게 관여하지 않아야 한다는 것이다.

이후 북한의 반복된 핵실험과 미사일 발사에 중국은 UN안보리의 대북제제에 북한을 비호하며 소극적으로 임하긴 하였지만 결과적으로는 참여하였고 북한은 비핵화 포기와 6자회담의 사망신고와 무용성을 제기했다. 2015년 12월에는 중국공연에 나섰던 예술단을 공연직전 철수시키는 등 핵과 대량살상무기 문제가 북중관계에서 가장 중요한 이슈임을 부각시켰다. 그럴 때마다 시진핑 중국공산당 총서기가 직접 나서 '한반도 비핵화는 한반도 안정을 위한 필수 요건'이라며 북한의 비핵화 포기선언을 반박한 것은 중국의 강경한 의지를 보였던 것으로 해석할 수 있다.

중국은 북한이 핵실험을 강행하거나 장거리 미사일 실험을 할 때마다 즉각적으로 반대성명을 발표하였다. 주 내용으로는 첫째, 핵실험에 대한 단호한 반대, 둘째, 한반도의 비핵화, 핵확산 방지, 동북아 평화와 안정 유지, 셋째, 각 당사국들의 냉정 유지 및 6자 회담의 중요성을 강조했다. 이는 북한이 말한 비핵화와 6자회담의 사망선고와 명확히 반대되는 입장과 정책방향을 제시한 것이다.[12] 또한 북한에 강력한 경고를 보냄과 동시에 국제사회의 리더로서 중국의 위상을 강조하며 국제사회의 비난과 압박, 제재 등이 중국에 영향을 없게 만들고 큰 틀에서 미중, 한중 간의 전략적 협력의 공간과 범위를 재설정하려고 노력하였다. 북한이 핵실험을 중국에 통보했을 때 이 사실을 한국에 바로 알려주었던 중국의 태도 변화 역시 이러한 맥락에서 이해될 수 있다.[13]

중국은 그들 스스로 걷고 있는 군사굴기를 바탕으로 한 패권주의적 행보와 무역문제 등으로 인해 미국의 대중 견제가 본격화되

12) 이기현, "북한의 제3차 핵실험과 중국의 대북정책 변화 가능성", Online Series CO 13-06(통일연구원, 2012), p. 2.
13) 이기현, 위의 글, p 2.

고 일본과의 영토 및 민족 감정 등 갈등이 지속되는 상황 속에서 한국마저 중국을 본격적으로 견제하려 든다면 북한이 주변국들에게 포위되어 위협받는 상황을 이해하게 될 수 있다. 북한 문제로 인해 한중 관계의 악화를 경험했던 중국이 한국과의 관계 개선을 통해 대북정책 실행 과정에서 한국의 입장을 고려한 행보가 필요하다고 생각했을 것이다. 또한 과거에 볼 수 없었던 북핵 반대 시위가 발생한 것은 중국 내 여론의 변화를 무시할 수 없게 만들었다. 자국 국민들이 대북정책의 수정과 변화를 요구한다는 사실을 중국 정부가 모를 리 없다.

결론적으로 우리는 이를 통해 대북영향력을 확대하고 북한 내 변화를 유도할 수 있는 즉, 실질적으로 북한을 움직일 수 있는 국가인 중국이 아니라 북한이 모든 주변국들과 대화를 거부할 때 최종적으로 그들과 대화는 가능한 거의 유일한 카드가 중국이라는 것을 알게 된다. 조심스럽게 말해 중국의 대북한 영향력은 우리의 기대만큼 크지 않다.

하지만 2019년 현재 진행 중인 북미간의 비핵화 대화가 실패했을 때 중국이 한미가 주도할 제재에 적극적으로 참여하거나 더 나아가 일본처럼 북한에 대한 독자적 제재를 선택하지는 않을 것이다. 중국은 북한에 대한 압박카드를 쓰면 쓸수록 북한에 독자적 행보에 정당성을 실어주고 반발이 거세져서 영향력이 떨어진다는 것에 대한 학습 경험이 여러 번 있다. 또한 미국 주도의 제재에 동참한다는 것은 중국 자체의 독자적 제재를 실시하는 또 다른 시도일 수 있으며, 대체적으로 중국의 협력을 요구하는 대북제재의 종류는 북한체제의 안정을 심각하게 위협할 수 있는 것들이 많기 때문이다. 중국은 자기들까지 대북제재에 적극적으로 동참하면 북한의 체제 불안정이 가속화 될 것이며, 결국 추가 군사도발이 반복되어 중국의 이익에 도움이 되지 않는다는 사실을 학습을 통해 명확히 배워오고 있다.

중국에게 북한은 여전히 전략적 완충지대로서 가치가 충분하다. 북한의 지정학적 위치로 인해 중국이 생존하고 있다는 일부 연구자들의 논리도 설득력이 있다. 이 때문에 북한도 중국이 절대 자기들을 포기하지 않을 것이라는 강한 믿음으로 불안정한 도박에 나섰던 것이고, 김정은은 북미대화 전후로 방중하여 그들과 의견을 교환하고 있는 것이다.[14] 여기서 우리는 북한체제의 생존이 중국의 대 한반도 정책에서 가장 우선순위에 있으며 한반도에서 중국의 이익을 가장 극대화 시키는 것이라는 것을 아는 것이 중요하다. 한반도에서의 중국의 최대이익은 북한의 안정적인 체제유지라는 것에는 대부분 동의할 것이다.

장팅엔 초대 주한중국대사는 중국의 대한반도 정책 우선순위는 1위가 한반도 안정, 2위가 중국과 북한의 우의, 3위가 한반도 비핵화 실현이라고 언급하였다. 중국의 한반도 정책의 핵심은 북한체제에 심각하게 위협이 될 수 있는 행동들을 하지 않는다는 것과 같으며 북한의 생존이 정책 판단의 기준이 되는 것을 의미한다.[15] 하지만 반대로 긍정적으로 생각하면 일부 제재에 동참한다

14) 김정은은 2018년 6월 북미정상회담 전인 2018년 3월과 6월 방중했고, 정상회담 직후인 6월 19-20일에도 방중하였다. 그리고 2019년 1월에도 제2차 북미정상회담을 앞두고 방중하였다.

15) 홍우택, "중국에 거는 기대와 한계", Online Series CO 13-07(통일연구원, 2013), p. 2.

는 것은 북한 체제 안정화를 인정하는 것을 전제로 북한이 그것을 견뎌 낼만한 체제 내구력을 가지고 있는 것을 판단한다고 볼 수 있다. 왜냐하면 제재를 했을 경우 생존이 불가능하다고 했을 때 제재에 동참하지는 않을 것이기 때문이다.

중국의 내부, 동아시아 및 한반도 정책에서 가장 중요한 것은 북한의 핵무장을 중국이 생각하는 한반도의 안정을 깨트리는 것으로 보느냐의 여부다. 우리는 북한의 핵무장을 분명 한반도뿐만 아니라 세계 평화와 안정을 깨트리는 위협 요소로 인식하고 있지만 중국은 미국이 일부 동맹국가들, 예를 들어 인도와 파키스탄, 이스라엘에 대해서 세력균형과 지역 안정을 위해 암묵적으로 동의했던 것처럼 북한의 핵을 세력균형의 요소로 봤다면 문제는 확연히 달라졌을 것이다. 이는 다시 말해 남북 및 북미관계에서 북한이 심각한 체제 위기 상황에 몰리게 된다면 핵 또한 중국에게는 용인 가능한 카드였을 수 있다는 의미로 해석되기에 충분하다. 결론적으로 제재가 장기간 이어져 북한 붕괴로 번질 가능성이 있는 심각한 수준의 제재에는 중국은 동참하지 않을 것이라는 것이다.

김정일 정권의 북한은 제2차 북핵 위기 이후 자신에게 비교적 우호적이었던 중국과 러시아와의 관계개선에 힘을 쏟았다. 김정일은 국내·외적 위기에 처할 때마다 중국과의 정상회담을 통해 위기를 돌파하였으며, 중국 또한 6자회담의 어느 국가보다 북한에 우호적인 입장을 드러냈다.[16] 그리고 러시아에서 푸틴의 재등

16) 홍성후, “김정일과 김정은의 통치 스타일 비교”, 『한국동북아논총』, 제67권(2013), p. 181.

〈2019년 6월 러시아 우수리스크에 건설되고 있는 빌딩. 이곳에 많은 북한 노동자들이 일하고 있다. / 사진=데일리NK〉

장 이후 북한은 러시아와 정상회담을 통해 새로운 우호 협력 조약을 체결하고 경제협력을 확대하는 등 관계 개선에 힘을 쏟았다. 즉, 북한은 중국과 러시아와의 관계 강화를 통해 미국의 압력을 견제하고자 하였던 것이다.[17] 김정은도 김정일 체제와 다름없는 대러시아 기조를 이어가고 있는 것으로 보인다.

북한이 러시아로부터 얻고자 하는 이익은 다음과 같다.

첫째, 러시아와의 공조를 강화하면서 북핵문제에 대한 국제제재의 균열을 노리고 있다. 러시아는 기본적으로 한국 및 북한과

17) 박정민, "김정은 시대의 대러시아 정책 : 지속과 변화", 『현대북한연구』, 제16권 3호(2013), pp. 277-278.

의 상호 협력을 강화하고 남북 간 대화와 경제협력을 지지하며 유엔 안보리와 6자회담을 통해 북한의 비핵화를 추진한다는 대한반도 기조[18]를 갖고 있다. 물론 러시아는 북핵문제를 포함한 한반도 안보현안에 대해 북한에 그다지 우호적이지 않은 행보를 보여 왔던 것이 사실이다. 예를 들어, 러시아는 연평도 포격사건에 대해 정부차원의 성명을 통해 북한을 비난하고 핵실험 직후엔 이를 비판하면서 북한의 유엔 안보리 결의 준수 및 NPT, IAEA 체제로의 복귀를 촉구하기도 했다.[19]

하지만 러시아는 북한에 대해 UN 차원의 제재에만 찬성할 뿐 역내 국가들의 추가제재에 대해서는 반대하는 입장을 견지하였다. 실제로 푸틴 대통령은 북한체제의 영속성을 흔드는 어떠한 태도도 용납할 수 없으며 북한 지도부와의 선린관계를 이어갈 것임을 밝힌 바 있다.[20] 러시아는 향후에도 북한정권의 생존을 위협하는 국제사회의 어떤 조치도 반대할 것으로 판단된다.[21] 이 같은 러시아정부의 대북한 정책은 북핵문제 등 북한의 군사적 도발에 대해 독자적 제재도 아울러서 실시하고 있는 한·미·일과는 차별되는 행보이다. 북한은 이 같은 틈새를 파고들어 러시아

18) 조정원, “푸틴3기 정부 1년의 동아시아 외교정책과 한반도”, 『아태연구』, 제20권 2호(2013), p. 94.

19) 배정호 외, 『아베정권의 대외전략노선과 대북전략』(서울 : 통일연구원, 2007), p. 140.

20) 제성훈, “3기 푸틴 정부의 동아시아 정책”, 『내일을 여는 역사』, 제49호(2012), p. 122.

21) 배정호 외 (2007), p. 143; 메드베데프 전 대통령은 김정일 사망 시 김정은의 명의로 조전을 보내 간접적으로 김정은의 후계체제를 인정하기도 했다. 제성훈 (2012), p. 123.

가 자국에게 유리한 외교정책을 펴주길 기대하고 있다.

둘째, 한반도를 둘러싼 동아시아에서 막대한 영향력을 행사하고 있는 미국과 중국에 대한 견제차원에서 러시아와의 외교관계 강화를 노리고 있다. 냉전 시기, 구소련과 미국이 서로의 영향력을 양분하던 곳이었던 동아시아는 탈냉전 이후 중국과 미국이 세력을 양분하고 있다.[22] 미국과의 관계는 6.25전쟁 이후 대립적 관계가 유지되고 있으며 이는 북한의 입장에서는 직접적 군사위협이 되고 있다.

미국은 역내에서 한국, 일본과의 동맹을 통해 북한을 군사적으로 압박하는 한편, 독자적 및 UN을 통한 경제제재로 북한체제를 억누르고 있다. 이에 대해 북한은 냉전 시절 군사적 동맹이었던 중국과 러시아와의 관계 강화를 통해 미국을 견제하려고 하고 있는 것이다. 또한 군사·경제적으로 중국에 일방적으로 의존하는 것에 대한 경계심을 갖고 있는 북한은 대중견제 차원에서도 러시아와의 관계강화가 필요하다.

셋째, 러시아와의 경제협력을 통해 경제적 이득을 얻고자 한다. 북한은 러시아가 에너지 개발사업, TSR-TKR 철도연결사업 등의 사업을 추진하고 있기 때문에 이에 협조하면서 경제적 이익을 얻으려고 한다. 북러 경제협력은 북한의 입장에서는 중국에 대한

22) 로스(Robert S. Ross)는 중국이 탈냉전 이후, 동아시아에서 미국과 경쟁관계에 있던 소련의 공백을 차지하여 미국과 양극체제를 형성하였다고 주장한다. Robert Ross, "Bipolarity and Balancing in East Asia", in T.V. Paul, James J. Wirtz, and Michel Fortmann, eds., *Balance of Power : Theory and Practice in the 21st Century* (Stanford : Stanford University Press, 2004), pp. 268-269.

일방적 경제적 의존도를 줄이는 데 효과적일 뿐만 아니라 필요한 외화 및 에너지를 얻을 수 있는 중요한 수단이다.[23)]

2022년 2월 러시아가 우크라이나를 전면 침공하자 미국과 유럽연합 등 서방이 참전과 같은 군사개입 대신 일제히 강력한 경제 금융 제재로 맞대응하고 있다.

북한도 중국에만 의지해서는 자신들의 이익을 극대화하는 데 한계가 있으므로 러시아와의 관계 개선을 위해 이전보다 많은 노력을 기울이고 있다.

한편 중국과 러시아 사이에서 전략적인 시계추 외교를 해오던 북한이 우크라이나 전쟁을 계기로 러시아와 군사 협력에 적극 나서고 있다. 즉, 북한의 무기 지원과 러시아의 반대급부 제공 등으로 양국의 군사 협력이 확대되고 있으며, 소위 말해 러시아의 입장에서 북한이 갖는 전략적 가치가 높기 때문에 강력한 협력의 대상이 되고 있는 것이다.

이러한 가운데 2024년 6월 김정은 북한 국무위원장과 블라디미르 푸틴 러시아 대통령 간의 평양 정상회담에서 유사시 상호 방위지원 조항을 핵심으로 하는 '포괄적 전략동반자 협정'을 체결했다. 이 협정은 실질적으로 과거 북·소의 군사 동맹조약을 복원한 준 군사동맹 수준이며, 김정은이 '북러 관계 동맹 복원'을 선언하게 한 것이다. 이로써 북러 관계는 단순한 선린 우호 관계에서 군사 경제 우주 등 전반에 걸친 협력 관계로 확대 강화되었으며, 한반도 유사시 러시아의 군사적 개입 길이 사실상 열렸다는 점에서 우리나라 안보에 직접적인 위협이 증폭되고 있다. 여기에 러

23) 박정민(2013), pp. 280-281.

시아가 군사적으로 한반도에 대한 영향력을 더 확대할 것으로 보인다.

그리고 북한 정권의 발목을 잡아 왔던 '모래주머니' 같은 유엔 안보리 대북 제재도 중국과 러시아에 의해 서서히 풀리고 있으며, 이는 한·미·일 안보협력에 맞서는 북·중·러 공조 체제가 강화되고 있다는 것이다. 특히 북·러 간 밀착과 더욱 강력해진 군사 협력 확대가 한반도를 넘어 아시아·태평양 지역(아태 지역) 전반의 안보에 새로운 위협 요소가 될 수 있다는 점에 주목할 필요가 있다.[24)]

여기에 더해 2024년 10월 북한이 러시아와 함께 우크라이나 전쟁에서 싸울 북한군 일만 명 이상을 파병하면서 이 전쟁의 성격이 국제전으로 바뀌는 변곡점이 될 수 있다. 주요 7개국(G7)과 나토(NATO) 32개국이 북한군의 우크라이나 전쟁 참전에 대해 강력히 규탄했다. 이에 대해 푸틴 러시아 대통령은 2024년 6월 북·러간 체결한 조약을 언급하며 조약에는 상대방이 침략받으면 상호 지원한다는 북·러 조약을 강조했다. 이는 향후 북·러 간의 군사 훈련을 통해 무기체계 상호 운용성을 높이고 연합 대비태세를 강화해 한미 군사 동맹에 준하는 수준으로 밀착할 수 있다는 것이다.

현재 미·중 갈등 속에 한·미 동맹과 미·일 동맹 그리고 북·러 관계 강화가 동시에 일어나고 있다. 하지만 혈맹이라던 북·중 관계는 소원해졌다는 분석이 잇따르고 있다. 중국에 대한 대외 경제 의존도가 절대적인 북한과 안보 전략적으로 북한이 절대 필요한 중국이 2024년 현재 수교 75주년을 맞았음에도 다른 때와

24) 전지명, 『역대 정부의 안보 정책』(서울 : 삼영사, 2024), p. 193.

달리 큰 움직임이 없다는 것이다. 최근 가속화한 북·러 간의 군사적 밀착이 반영되었다는 것이다. 그래도 예전부터 북·중 관계를 순망치한 즉, 입술과 혀의 관계라 하였다. 시진핑의 중국은 뼛속까지 친북이므로 북·중 관계는 떨어질 수 없는 형제국이나 다름없다. 설령 두 나라가 소원해지더라도 상황에 따라 언제든지 복원될 수 있다는 것이다. 따라서 한·미·일 군사 안보협력에 맞선 북·중·러 동맹 강화로 과거의 남방 삼각 체제와 북방 삼각 체제로의 회귀 현상이 나타나고 있다.

제3절 대서방, 대남관계

1 북미, 북일 관계

북미 간 2·29 합의가 채택된 이후인 2012년 3월 16일 북한은 조선우주공간기술위원회 대변인 명의의 담화를 발표해, 4월 12-16일 사이에 '지구관측 위성 광명성 3호'를 발사하겠다고 발표했다. 당시 북한이 광명성 3호를 발사하는 이유는 김일성 탄생 100주년을 맞아 북한체제 결속의 차원으로 해석되었다. 북한은 이미 2011년 12월 인공위성 발사를 미국에 통고했던 사안이라고 밝히며, 국제규범에 맞게 평화적으로 발사하겠다고 발표하였다.

그러나 미국은 북한의 광명성 3호 발사가 유엔 결의 위반이라고 주장하며 북한이 광명성 3호를 발사할 경우, "탄도미사일 기술을 이용한 모든 발사를 금지한 안보리 결의 제1874호를 명백히 위반하는 것"이라는 입장을 토대로 유엔결의안을 추진할 움직임을 보였다. 게다가 중국도 북한의 이러한 움직임에 반대하여 수시로 고위층인사의 방북을 통해 북한을 압박했으나 북한은 2012년 4월 13일 7시 38분, 광명성 3호를 발사하였다.

북한은 4월 17일 외무성 대변인 성명에서도 "미국은 행동으로 우리의 '자주권을 존중하며 적대의사가 없다'는 확약을 뒤집어엎음으로써 2·29 조미 합의를 완전히 깨버리었다"며 사실상 2·29 합의 파기를 선언했다. 이로써 김정은 최초의 대미정책은 대결구도로 시작하게 되었다. 이후 7월 30일에는 싱가포르에서 북미 비공개회동이 있었으나 선결과제로 미국이 선 대북적대시정책 종식을 주장하면서 그 이후에나 비핵화를 고려해보겠다는 입장을 밝혔다. 또한, 정전협정의 평화협정 대체, 한미동맹 해체, 주한미군 철수 등 기존의 입장을 확인하는 수준에 머물렀다.

2012년 여름 한미 양국의 합동군사훈련이 늘고 있는 것과 관련하여 김정은은 8월 25일, "나는 이미 서남전선의 최전방부대들에 나가 적들의 무분별한 추태를 고도의 격동상태에서 예리하게 살피며 만약 적들이 신성한 우리의 영토와 영해에 단 한 점의 불꽃이라도 튕긴다면 즉시 섬멸적 반 타격을 안기고 전군이 산악같이 일떠서 조국통일대업을 성취하기 위한 전면적 반공격전에로 이행할 데 대한 명령을 전군에 하달하였으며 이를 위한 작전계획을 검토하고 최종수표하였다"[25]고 밝히면서 미국과의 관계개선보다

25) 『로동신문』, 2012년 8월 26일.

는 대결을 통한 체제단합에 주력하였다. 당시 북한과 주변국간의 관계를 보면 결국 한·미·일과는 군사적 대립을 통한 체제결속을 노리고 중국과 러시아와는 경제협력을 강화하는 방향으로 가닥을 잡았던 것으로 보인다.

오바마 제1기 행정부의 대북정책이 전략적 인내에 기반한 강경노선이었다면 2기 행정부는 북한의 호전적 외교전략에 대응해 대화와 압박을 병행하되 대화 쪽에 더욱 무게를 두면서 실용적이고 유연하게 북한을 다룰 것으로 예상되었다.[26)]

북미관계를 볼 때는 단순히 북한과 미국뿐만 아니라 미국의 자국 내 정치 상황, 대동아시아정책, 한반도 정책, 미중관계 등을 동시에 복합적으로 고려할 필요가 있다. 특히 미국의 경우 4년 대통령 중임제라는 체제 특성으로 인하여 재선 후 정책은 눈에 띄게 유연하고 온건한 정책이 주를 이루고 있다는 사실을 알 수 있다. 먼저 미국 정치에서 선거에서 승리한 후 두 번째 출범하는 행정부는 이후 선거에 대한 압박이 없기 때문에 '무리한 성과'와 의회와 여론 같은 외부환경에 대한 영향을 받지 않고 소신 있고 온건한 정책을 펼치는 경우가 많았다.[27)]

예를 들어 북한은 미국의 제2기 부시 행정부가 출범한 다음 달인 2005년 2월 외무성 성명을 통해 "우리는 이미 자위를 위해 핵무기를 만들었다"며 핵무기 보유를 선언하였다. 이후 북한은 연이은 장거리 로켓 발사와 핵실험을 연달아 강행하며 국제사회를

26) 김동수·김장호, "오바마 2기 행정부의 대북한 정책 전망", Online Series CO 12-41(통일연구원, 2012), p. 1.
27) 김동수·김장호, 위의 글, p. 2.

위협했다. 또한 부시 1기 행정부의 정책을 봤을 때 미국의 북한에 대한 선제공격은 가능할 것으로 국내외 전문가들은 예상했었다. 하지만 예상과는 달리 부시는 대화와 협력을 통해 북한과의 핵합의를 살리려는 시도의 일환으로 북한에 대해 과거의 모든 핵 관련 활동을 요구했던 것을 축소하며 우라늄 계획에 대해 해명할 수 있는 시기를 주었다. 또한 우라늄 계획에 대해서 완전히 공개하지 않더라고 IAEA 사찰 요원들이 북한의 모든 핵 시설에 접근해 핵 계획을 중단했는지 확인할 수 있는 노력을 이어갔다.

탈냉전 후 미중 관계는 자국에 이익을 심각하게 침해되는 사안, 예를 들어 티벳 및 신장 위구르 자치구들의 독립 움직임, 최근에 크게 부각되고 있는 무역 문제, 동중국해 문제 등을 제외하면 9.11 테러 이후 경제 및 군사·안보 면에서 경쟁과 협력이 공존하는 형태를 보이고 있으며, 오바마 제2기 행정부에서도 이러한 골격을 기본적으로 유지할 것으로 예상되었다. 따라서 오바마 2기 행정부는 대북강경책으로 인한 중국 새 지도부와 경쟁 및 갈등 구조보다는 북한과의 대화를 통해 관계 개선하는 과정에서 궁극적으로 미중간의 협력관계를 추구할 것으로 예상되었다. 하지만 오바마 2기 행정부는 북한의 3차 핵실험 이후 북한이 핵문제 해결에 대해 책임 있는 자세를 취하지 않으면 대화하지 않겠다는 '전략적 무시(strategic negligence)'정책을 펼쳤다.

당시 미국은 이란 핵문제 등을 비롯한 중동문제와 러시아의 우크라이나 침공 문제 등 북한 문제보다 우선순위에 두어야 할 문제들이 산적해 있었다. 현실적으로 북한문제는 북한이나 한국에만 최우선 순위에 있을 뿐이다. 전 세계 문제에 개입해야 하는 미국의 입장에서는 상대적으로 중동이나 유럽보다 얻을 것이 적은 북한 문제가 최우선 해결과제가 되기는 어려웠던 것이다.

그런데 트럼프 행정부는 북핵문제 해결에 적극 나서고 있다. 먼저, 북한의 미사일이 미 본토에 닿을 수 있을 정도로 발전했고 전략적 인내를 펼치는 동안 핵무기 생산량이 증가하였다. 이에 미 본토가 공격받을 수도 있게 된 것이다. 거기에 러시아의 대선 개입 스캔들과 국경 장벽 문제, 미군의 시리아 철수문제 등과 기존 정치인들과는 차별되는 정치스타일로 인해 미국 국내에서 많은 비난에 직면해 있다. 그리고 그 영향으로 2019년 1월의 지지율(37%)로는 재선을 장담할 수 없게 되었으므로, 수십년 동안 해결 기미가 보이지 않아 왔던 북핵 문제를 통해 이에 대한 돌파구를 마련하려는 의도 때문으로 보인다.

김정은도 2019년 신년사에서 "나는 미국과의 관계에서도 …… 쌍방의 노력에 의하여 앞으로 좋은 결과가 꼭 만들어질 것이라고 믿고 싶습니다. …… 나는 앞으로도 언제든 또다시 미국대통령과 마주앉을 준비가 되어 있으며 반드시 국제사회가 환영하는 결과를 만들기 위해 노력할 것입니다."라고 말하며 트럼프와의 대화에 적극적인 자세를 보이고 있다. 그리고 실제로 2019년 2월 말 제2차 북미정상회담이 베트남 하노이에서 개최되었다. 즉, 2019년 현재 기준으로 북한은 전쟁직전까지 긴장감을 끌어올렸던 미국과의 적대관계를 청산하여 국가의 상태를 정상화시키기 위해 노력하고 있고 이러한 노력은 비핵화 대화가 완전히 실패하기 전까지는 계속될 것이다.[28)]

2021년 1월 출범한 미국의 조 바이든 행정부는 북한을 상대로 전략적 인내 정책을 내세워 임기 내내 비타협적인 대북 압박 정책을 고수하였다. 이러한 대북 스탠스는 전략적 인내가 아니라 전략적 방치였다고 한다.

반면에 2024년 11월 미국 대통령으로 귀환한 도날드 트럼프 새 대통령은 북한과의 대화 재개를 통해 북핵 문제를 포함한 북·미 관계의 새로운 질서를 추구할 것으로 보인다.

북·일 관계를 살펴보면, 2010년 12월 북한의 김계관 외무성 제1부상은 방북한 미국의 빌 리처드슨 뉴멕시코 주지사에게 "그간 우리 외교는 너무 미국에 경도돼 있었다. 앞으로는 김일성 주석 생존 당시의 외교로 돌아간다. 미국만이 아니라 한국과 일본과의 관계 개선도 중시할 것이다. 앞으로는 '포괄적 세계전략(comprehensive global strategy)'을 추진할 것이다"라고 밝힌 바 있다.[29)]

북한은 탈냉전 이후 대남, 대미, 대일 관계 개선을 동시에 추진했으나 1차 핵 위기를 계기로 대미 관계는 개선하고 대남, 대일관계는 후행시키는 통미봉남 전략을 추진해 왔다. 북한은 핵문제를 야기한 장본인이 미국이라는 인식을 갖고 있고, 핵 위기 발발로 1990년 9월의 북일 간 3당 공동선언과 1991년 12월의 남북기본합의서가 실천되지 못했다고 보기 때문에 대미관계의 진전 없이 대남·대일관계 개선은 불가능하다고 판단했던 것이다. 이 같은 관

28) 2019년 2월 27-28일, 베트남 하노이에서 개최된 제2차 북미정상회담은 분명 실패한 회담이다. 그러나 미국과 북한 모두 다음 대화의 가능성을 열어놓고 있으며 상대방에 대한 비방을 하지 않고 있는 상황으로 보아 비핵화의 실패는 아니며 단지 북한 비핵화를 향한 길이 멀고 험난하다는 것이 다시 한번 확인된 것에 불과하다.

29) 『중앙일보』, 2011년 1월 13일.

점에서 1차 핵위기를 분기점으로 김일성식 남방외교에서 김정일식 남방외교로의 전략적 조정이 일어났다고 할 수 있다.[30)]

이 같은 점을 고려해봤을 때 김정은식 남방외교는 김정일식이 아닌 김일성식 외교가 될 가능성이 크다고 볼 수 있다. 실제로 북한은 지난 2014년 5월, 일본과의 교섭을 진행했으며 북한의 납치자 문제 재조사, 일본의 대북 독자제재 해제를 골자로 하는 합의를 이루어냈었다. 합의 내용은 지난 2009년의 북일 합의보다 진전된 내용을 포함하고 있는데, 이를 살펴보면 다음과 같다.

먼저 북한은 일본인 납북자에 대한 포괄적 조사를 위해 특별조사위원회를 설립하고, 조사를 개시하는 시점에서 일본은 인적 왕래의 규제조치, 송금보고 및 휴대수출신고의 금액에 관해 북한에 대해 실시하고 있는 특별한 규제조치 및 인도목적의 북한국적 선박의 일본에의 입항금지조치를 해제하기로 했다. 이후에 북한은 지난 7월 4일, 자국 내에 납북일본인에 대한 포괄적 조사기관인 특별조사위원회를 설치, 조사에 착수했고 같은 날 일본은 독자적인 대북제재 중 일부를 해제하였다.[31)]

일본이 그 동안 북한에 대해 압박외교를 펼쳐왔던 이유는 북한

30) 임수호, "김정은체제 분석과 전망", 『코리아연구원 특별기획』, 제40호(새로운 코리아구상을 위한 연구원, 2012), p. 13.

31) 그동안 일본은 북한의 핵실험과 미사일 발사에 따른 대북제재에 적극 동참할 뿐 아니라 독자적 제재도 시행하였었다. 구체적으로 2013년 4월 만료되는 북한 선박의 입항금지 및 대북 수출입 금지를 골자로 하는 대북경제제재를 2년 연장하였고 일본 금융기관과 일본소재 금융기관에게 북한의 무역결제은행인 조선무역은행과의 거래를 금지시켜 왔었다. 이기완, "민족주의적 국가전략을 통해 본 아베 내각의 대외정책과 동향", 『국제정치연구』, 제16집 1호(2013), pp. 138-140; 진창수, "북일 합의는 어디까지 진전될 것인가", 『정세와 정책』 10월호(세종연구소, 2014), pp. 16-17.

의 위협을 강조하면서 미국과의 동맹을 강화하고 평화헌법 9조를 개정, 자위대의 국방군으로의 승격을 통한 군사력 강화의 빌미로 사용하려 했기 때문이다. 이를 통해 일본은 역내에서 떠오르는 중국을 견제하면서도 정치·외교적 부담을 피하기 위해 북한을 이용하여 왔었다.[32)]

이 같은 입장을 보여 왔던 일본이 북한과의 관계개선을 시도했던 데에는 다음과 같은 목적이 있었던 것으로 판단된다. 먼저 일본인 납북자 문제에 대해서 아베 총리가 매우 관심을 가져 왔었다는 사실을 주목해 봐야 한다. 아베는 실제로 납치 문제에 대해서 강경한 입장을 표방함으로써 국민적인 인기와 주목을 받았고 결국 총리까지 올라온 인물이다. 따라서 북한과의 합의를 통해 북한이 납치문제의 재조사를 인정했다는 점은 아베의 정치적 승리로 포장될 수 있다. 또한 일본 경기의 부진과 아베노믹스에 대한 실망 등을 납치문제 해결로 만회하면서 장기집권의 발판을 마련하기 위한 것으로 판단된다.[33)]

또한 북일 교섭의 진전은 일본의 동북아에서의 역할 확대와도 관련이 있었다. 납치문제는 일본의 국내문제인 동시에 일본이 북한문제에 본격적으로 개입할 근거가 될 수 있다. 따라서 납치문제 해결을 빌미로 북한과의 관계개선을 시도하면서 한반도, 나아가서 동북아에서 일본의 외교적 역할을 확대하고자 하는 의도가 있는 것으로 판단된다. 이에 더해 한국 정부와도 껄끄러운 관계에 놓여

32) 홍성후, “일본 아베 정부의 보수 우경화 원인 분석”, 『한국동북아논총』, 제70호 (2014), pp. 59-60.
33) 진창수, 위의 글, p. 17.

있는 일본이 한반도에 대해 '두 개의 한국' 정책을 실시하면서 한국을 견제하고자 하는 측면도 존재하는 것으로 보인다.[34)]

반면 김정은 정권으로서는 풀리지 않고 있는 남북관계 상황에서 한국정부에 대한 견제차원에서 대일관계를 개선하고자 하는 전략이 있었던 것으로 보인다. 당시 박근혜 정부가 5.24조치 해제와 남북대화 등에 대한 실질적 진전방안을 논의했었으나, 남북관계는 이명박 정부 때와 비교하여 큰 성과가 없는 상황이었다. 북한으로서는 남한과의 관계개선을 통해 경제적 이익을 얻고자 하는 측면이 큰데 이것이 여의치 않자 일본과의 관계개선을 시도한 것으로 볼 수 있다. 또한 북한의 대외무역에서 중국이 차지하는 비중은 90%를 훨씬 상회[35)]하고 있는 현실에서 북한으로서는 중국에 대한 견제 차원에서 일본과의 관계개선을 추진했다고 볼 수 있다. 무엇보다도 일본과의 관계개선을 통해 국제사회의 제재를 무력화하고자 하는 목적이 있는 것으로 보여진다.

물론 향후 북일 관계가 보다 진전될 지에 대해선 장담할 수 없는 형편이다. 우선 북한이 현재는 미국과의 대화에 집중하고 있어 일본과 대화할 수 있는 여력이 부족해 보인다. 솔직히 미국과의 대화가 잘 풀리기만 하면 일본과의 대화는 자연스럽게 진행될 수 있으므로 북한이 일찍부터 일본과의 대화를 나설 필요는 없다. 더군다나 일본과는 과거사 문제가 있다. 이 문제는 경제개발을 위한

34) 진창수, 위의 글, p. 17.
35) 북한과 일본의 대화가 활발했던 2013년에는 89% 수준이었다. 2017년 기준, 북한의 대외무역에서 중국이 차지하는 비중은 94.75%를 차지했다. KOTRA, 『2017 북한의 대외무역동향』(KOTRA, 2017), p. 14.

현금 확보 문제와도 직결되는데, 이는 대북제재 문제와도 연결되므로 일본도 미국보다 먼저 대화의 속도를 낼 수는 없다.

한편 감정적인 문제이지만 아베 정권은 북한의 핵과 미사일 문제를 자신들의 평화헌법 개정과 연결하여 북한을 완전한 악당으로 만들어 버렸다. 물론 북한이 좋은 국가는 아니지만 그래도 자신들을 악당으로 취급하는 국가와의 대화를 서두를 필요는 없을 것이다. 오히려 시간을 끌며 미국과의 대화에서 좋은 성과를 거둔 후 과거사 문제, 납북자 문제를 잘 활용하여 일본과의 대화에 나선다면 경제개발을 할 수 있는 현금을 다량으로 확보할 기회가 생기는 것이다. 즉, 북한은 일본과의 대화에 본격적으로 나설 여력도 필요도 없는 것이다. 그러므로 북한과 일본의 관계 개선은 북미 관계 개선 이후에나 가능할 것이다.

그럼에도 2024년 9월 일본 내각을 이끌게 된 이시바 정권이 향후 전향적인 대북 접근을 시도할 가능성이 있다는 점이 주목된다. 더하여 북송 오사카 재일 교포 출신(고용희)을 생모로 둔 김정은이 일본에 대해 친근감을 보이고 있다는 대목이다. 김정은의 이러한 인식과 이시바 총리의 전향적인 입장이 북일 관계 개선에 긍정적 영향을 줄 수 있다는 것이다.

2 대남관계

북한은 전통적으로 군대를 중시하고 군대를 앞세우는 정책을 추진함으로써 정권의 위협이 될 수도 있는 군대를 안정적으로 관리하면서도 대외적인 체제위협 요소를 제거하기 위한 물리적인 수단으로써도 군대를 활용해오고 있다. 북한은 한결같이 경제적 자립과 정치적 독립을 군사적으로 보장하는 것이 국가안보를 위한 주체사상의 실천이라고 주장하고 있다. 이러한 군 우선의 정책을 바탕으로 대남관계에서는 군사력에서 남한보다 월등히 우위를 점하고 이를 포기하지 않는 전략으로 나아왔다. 그리고 이를 위해 북한은 핵과 미사일, 특수전, 전자·사이버전 등 비대칭전력에 상당한 투자를 했고 현재도 하고 있다. 북한은 기존의 재래식 대칭전력을 통한 정규 전력만으로는 대남우위의 군사력을 갖추기는 매우 어렵게 되었다. 이를 만회하기 위해서는 비대칭 전력으로의 특화가 필요하고, 이것의 확보와 이에 대한 우위를 포기하지는 않을 것이다.

북한은 대남 적화통일의 목표를 달성하는데 가장 큰 걸림돌로 미국의 대한반도 군사개입을 들고 있다. 재래식 전력이 한참 떨어지는 북한군이 미군의 상륙을 차단하기 위해서는 핵과 미사일 전력을 확보하는 것이 필수적이다. 또한 북한 입장에서는 핵과 미사일의 보유는 미국이 북한을 선제 타격할 수 있는 여지를 차단할 수 있는 효과적인 수단이 된다. 더불어 내부적으로도 제국주의 미국과 군국주의 일본으로부터의 위협을 과장하고 이에 대한 군사력 강화에 대한 필요성을 인민대중들에게 끊임없이 세뇌시킴으로서 핵과 미사일의 보유 정당성을 확보하였다.

이러한 분위기 속에서 북한이 미국 등 주변국과의 협상에서 그들의 군사적 역량을 약화 또는 축소를 전제로 하는 대화에 임할 가능성은 지극히 낮다. 특히 핵 협상을 예로 들더라도 북한은 자신들의 완전한 핵 폐기를 전제로 하는 것이 아니라, 이미 개발한 핵무기에 대해서는 보유를 인정하고 그 위에서 감축협상을 추진하려고 시도할 가능성이 충분하다.

한편 북한은 대남 혁명전략 전술의 일환으로 선대 김정일 정권 때처럼 '우리민족끼리', '민족대단결', '민족공조론', '자주'에 바탕을 둔 선전으로 남한 내 '반미주의' 확산을 심화시킬 것이며, 주한미군 철수에 대한 선동에도 박차를 가할 것이다. 민족을 강조하여 기존의 주적이던 북한에 대한 적개심을 누그러뜨리고 평화와 교류협력의 대상으로 인식을 전환하도록 유도할 것이며, 주한미군에게는 적개심을 조장하고 궁극적으로 한미동맹의 분열을 노릴 것이다. 또한 남한 내 친미 보수주의 정당의 집권을 막는데도 상당한 노력을 할 것이다.

남한사회 내에 남북한 화해협력의 분위기가 확대되면 될수록 북한의 혁명역량은 그 결과와는 상관없이 강화될 것이다. 더불어 그런 분위기를 몰아서 남한과의 경제교류를 통해서 경제적 이득을 취하려 할 것이다. 다른 한편으로 한반도 내의 군사적 위기상황이 벌어지면 항상 미국의 대북 강경정책 때문이라고 비난하고 그 책임을 전가하는 방식으로 갈 것이다.

북한의 남북실무회담 제의 수용과 회담 진행은 분명히 김정은 정권이 안정적이라는 우리 정부의 판단에 근거하고 있다. 남한의 대북정책은 단순히 북한만을 상대로 설정하는 차원을 넘어서 한반도의 평화와 안정을 목표로 주변국들과 신뢰를 바탕으로 한 정책협의를 의미한다. 한·미·중 모두 김정은 체제는 순항하고 있는 것으로 보고 있으며 중국이 유엔안보리 결의에 동의한 것 또한 북한 체제의 맷집을 어느 정도 평가하는지 보여준다.

2018년과 2019년에 걸친 남북 간의 관계는 분명히 이전과는 다른 차원으로 발전되고 있다. 일단 남과 북의 지도자들이 강력한 의지를 가지고 있고 한반도 상황에 결정적인 영향력을 끼치고 있는 미국도 대통령이 김정은과 직접 대화하고 있다. 거기에 중국도 한반도 문제에서 제외되지 않으려고 적극적으로 나서고 있다. 이는 한반도 비핵화와 평화를 위한 현재의 대화 분위기가 쉽게 변하지 않을 가능성이 높다는 것을 의미한다.

과거 여러 차례 합의됐다가 틀어진 북핵 관련 협상들에는 관련국들의 정상들이 직접만나 회담하고 서명한 적이 없다. 그런데 지금은 관련 정상들이 직접 만나 이야기하고 서명하고 있다. 김정은도 이러한 상황을 충분히 인지하고 있으며, 그래서 지금이 자신들이 생존할 수 있는 마지막 기회임을 알고 있을 것이다.

그러므로 김정은은 현재의 상황을 과거로 되돌리기는 쉽지 않을 것이다. 만약 그렇게 된다면 북한은 전 세계를 대상으로 사기를 친 것이 되며, 그렇게 되면 중국도 한국의 진보정부도 북한을 도와 줄 수 없다. 그렇기에 김정은은 대남관계에 더욱 신경 쓸 것이다. 2018년 5월 북미 정상회담 개최가 무산될 위기에 처했을 때 한국의 중재역할이 얼마나 중요한지 그는 절실히 느꼈을 것이기 때문이다.[36]

물론 앞서 언급한 대남혁명정책들을 북한은 현재의 상황과는 관계없이 계속 펼칠 것이다. 그것이 아직은 그들의 이익에 부합

36) 이는 미국도 절실히 느끼고 있다. 제2차 북미정상회담이 결렬된 후 트럼프 대통령은 문재인 대통령과의 전화통화에서 김정은과 대화하여 결과를 알려달라며 중재역할을 부탁하였다. 『조선일보』, 2019년 2월 28일.

된다고 판단하고 있기 때문이다. 이러한 기류는 북한의 언론 매체들을 보면 알 수 있다. '우리민족끼리', '민족대단결', '민족공조', '자주' 등의 단어를 내세우며 남측의 보수 세력을 공격하는 보도는 전혀 줄지 않고 있다.

하지만 이제 대한민국 국민들은 그러한 단어와 활동들에 국론이 분열되고 부화내동할 수준이 아니다. 물론 김정은을 위인으로 칭하는 일부 몰상식한 단체나 청년들이 등장하기는 했으나 그들은 극히 일부분이고 대부분의 한국 국민들은 그들의 언행에 혀를 차고 있다. 이는 그만큼 우리 사회가 북한에 대해서도 성숙되어 있음을 보여준다.

그러나 북한은 체제 생존에 대한 두려움에 매몰되어 변화를 거부했었다. 북한에게 변화는 국가의 붕괴로 여겨졌기 때문일 것이다. 결국 북한은 한국 국민들의 의식 수준 발전 속도를 따라잡지 못하고 있다. 그렇기에 북한의 대남활동들은 우리들이 보기에 상당히 촌스러우며 기존의 틀에서는 크게 벗어나지 못한 것이다. 그래서 남북대화가 진전되고 그에 따라 교류가 활발해지더라도 당분간은 그 형태와 의도에 변화 없이 지속될 것으로 예측된다.

제4절 북한 핵의 위험성과 우리의 대응[37)]

2019년 1월 1일 공개된 김정은의 신년사와 2019년 2월 27-28일 베트남에서 개최된 제2차 북미정상회담은 다른 어느 때보다 많은 관심을 모았다. 비핵화에 관한 진전된 입장 표명과 2018년 6월 제1차 정상회담보다 구체화되고 발전된 비핵화 합의가 기대되었기 때문이다. 그러나 그 둘 모두 우리의 기대를 실망으로 바꾸었다.

우선 김정은은 신년사에서 비핵화를 북미관계의 일부로 언급했을 뿐만 아니라 그 내용도 "6.12조미공동성명에서 천명한 대로 새 세기의 요구에 맞는 두 나라 사이의 새로운 관계를 수립하고 조선반도에 항구적이며 공고한 평화체제를 구축하고 완전한 비핵화에로 나가려는 것은 우리 당과 공화국정부의 불변한 립장이며 나의 확고한 의지입니다."라는 정도에 그쳤다. '조선반도 비핵화'를 한미동맹의 철폐와 연계한 기존의 입장에서 한발도 나가지 못한 내용인 것이다.

오히려 이번 신년사에서 미국에 대한 위협도 들어가 있다. "미국이 세계 앞에서 한 자기의 약속을 지키지 않고 우리 인민의 인내심을 오판하면서 일방적으로 그 모습을 강요하려 들고 의연히 공화국에 대한 제재와 압박으로 나간다면 우리로서도 어쩔 수 없이 부득불 나라의 자주권과 국가의 최고 이익을 수호하고 조선반

37) 이 절은 《열린 토론, 미래 : 대안찾기》 제18차 토론회(2019년 1월 15일)에서 발표된 박휘락, "북한의 비핵화 전망과 대책"을 토대로 최신 현안을 반영하여 작성한 것임.

도의 평화와 안정을 이룩하기 위한 새로운 길을 모색하지 않을 수 없게 될 수도 있습니다."라고 말하고 있다. 거기에 김정은은 "호상 인정하고 존중하는 원칙에서 공정한 제안을 내놓고 옳바른 협상자세와 문제해결의지를 가지고 림한다면 반드시 서로에게 유익한 종착점에 가닿게 될것입니다. 나는 미국과의 관계에서도 올해 북남관계가 대전환을 맞은것처럼 쌍방의 노력에 의하여 앞으로 좋은 결과가 꼭 만들어질 것이라고 믿고싶습니다."라고도 하였다.

여기에서 "서로에게 유익한 종착점"이 무엇을 의미할까? 그것은 바로 미국은 북한으로부터 핵공격 위협에서 해방되고 북한은 한반도의 적화통일을 이루는 것이다. 따라서 2019년 신년사의 주요내용은 한미동맹 와해와 북한의 대미 핵공격능력 제거를 맞교환하자는 내용으로도 해석될 수 있다.

하지만 한국정부는 북한의 위와 같은 의도에 대해 대비책 없이 환영만 하였다. 물론 현재 남과 북의 국력과 국제관계 등을 고려하면 북한의 적화통일이라는 목표는 망상이다. 거기에 적화통일의 가장 큰 장애물인 주한미군이 사라질 가능성은 거의 없다.

문재인 대통령이 주한미군 문제는 국가 주권의 문제로 이는 한국과 미국의 문제라는 점을 분명히 했고 트럼프 대통령도 북한과의 대화 중에 주한미군 철수 논의는 없다고 말하였다.[38] 또한 북한 통일전선부장 김영철이 2019년 1월 트럼프 대통령과의 면담에서 미국과의 평화체제 구축 후에도 주한미군 철수를 요구하지 않

38) 『연합뉴스』, 2019년 2월 4일.

겠다는 의사를 전달하기도 하였다.[39] 즉, 주한미군은 북한이 요구한다고 사라질 성질의 것이 아니며 그것을 북한도 잘 알고 있는 것이다.

한편 제2차 북미정상회담에서의 합의 실패는 우리를 더욱 큰 근심에 빠지게 하고 있다. 이것은 북한 비핵화의 길이 우리의 희망보다 훨씬 더 험난하고 긴 길임을 보여준 사례이다. 더구나 미국이 2차 정상회담을 통해 새롭게 제기한 강선지역에 위치할 것으로 추정되는 대규모 핵시설[40] 문제는 북한의 비핵화 의지에 대한 의심을 더욱 크게 할 수밖에 없다. 만약 북한이 영변 외의 시설도 공개하며 협상 테이블에 올렸다면 일부의 비핵화에 대한 의구심을 상당히 잠재울 수 있었을 것이다. 그러나 북한은 누구나 알고 있는 영변만 강조하였다. 북한의 비핵화에 대한 의구심이 들 수밖에 없는 상황인 것이다.

한편 아래의 〈그림 Ⅲ-1〉을 보면 양측이 회담 후 각자의 기자회견을 통해 드러낸 결렬 원인이 '제재해제'와 '영변 핵시설 폐기 + α'를 둘러싼 입장차에 있다는 것을 알 수 있다. 그러나 구체적으로 따져보면 같은 사안을 두고 이를 해석하는데 미묘한 차이가 느껴진다.

우선 '제재해제'의 범위에서 차이가 나타난다. 미국은 북한이 전면적 제재해제를 원했다고 보고 있으나 북한은 전면해제가 아닌 유엔 제재 결의 11건 가운데 민수경제와 인민생활에 지장을 주는 항목들만 먼저 해제해 줄 것을 요구하였다고 주장하고 있다.

39) 『뉴시스』, 2019년 2월 7일.
40) 『연합뉴스 TV』, 2019년 3월 1일.

미국 입장		북한 입장
• 북한은 영변 핵시설 폐기 대가로 전면적인 제재 해제 요구	제재 해제	• 전면 제재 해제가 아니라 2016~2017년 채택 5건 중 민수경제·인민생활 지장주는 항목을 먼저 해제하라는것 • 미국이 아직 군사 분야 조치를 취하는 것이 부담스러울 것이라 생각해 부분적 제재 해제를 상응 조치로 제안한 것
• 영변 핵시설 폐기 외 '+α' 비핵화 조치 필요 • 대륙간탄도미사일(ICBM)과 핵탄두 무기체계 등도 포함해야 • 영변 외에도 규모가 큰 핵시설 있다	비핵화 조치	• 영변의 모든 핵물질 생산시설을 영구적으로 완전히 폐기할 것 • 핵실험과 장거리로켓 시험 발사를 영구적으로 중지한다는 확약도 문서 형태로 줄 용의 있음 • 완전한 비핵화에는 반드시 이러한 첫 단계 공정이 불가피함
• 빨리 열릴 수도 있고, 오랫동안 안 열릴수도 있다	3차 회담	• 다음번 회담이 정해진 것은 없다. 회담 있더라도 우리 방안에는 변함 없다

※ 출처 : 『연합뉴스』 2019년 3월 1일

〈그림 Ⅲ-1〉 제2차 북미정상회담 간 의견 차이

하지만 일부 전문가들은 양측이 어디에 중점을 두느냐에 따라 표현만 다를 뿐 사실상 같은 말을 하고 있다고 분석하고 있다.[41] 북한이 민간 분야만 해제를 요구했다지만 제재의 상당 부분을 차지하는 유류와 외화 차단은 민간분야 외의 다른 부분에도 포함되므로 미국 입장에서는 북한의 요구가 사실상 '전면적 제재해제'로 받아들여졌을 것이다.

또한 북한이 제안한 영변 핵시설의 폐기 범위도 분명치 않다. 북한의 리용호 외무상은 2019년 3월 1일 새벽에 갑자기 개최한 기자회견에서 폐기 대상을 '영변의 플루토늄과 우라늄을 포함한 모든 핵물질 생산시설'로 한정했다. 그러나 같이 참여한 최선희 부상은 회견 뒤 "우리는 영변 핵단지 전체, 그 안에 들어있는 모든 플루토늄 시설, 모든 우라늄 시설을 포함한 모든 핵시설을 통째로 … 영구적으로 폐기하겠다는 것"이라고 설명했다. 최선희는 영변 전체가 대상이라고 밝힌 것이다.

북한이 폐기하겠다는 범위가 영변의 일부인지 전체인지 미국의 입장에서는 불분명했을 수도 있다. 이는 폼페이오 장관이 이날 '북한이 영변 핵시설과 관련해 무엇을 내놓을 준비가 됐는지 분명하지 않았다'고 말한 것에서 알 수 있다. 즉, 미국과 북한은 이러한 해석의 차이부터 줄여야 다음으로 나갈 수 있을 것이다.

이유야 어쨌든 제2차 북미정상회담은 분명한 실패이다. 그러나 다음 회담을 위한 추동력이 완전히 상실된 것은 아니다. 우선 미

41) 이에 대한 내용은 "북미 협상결렬 배경 놓고 다른 주장, 2라운드 기싸움 돌입" 『연합뉴스』 3월 1일과 "북미 대화지속 의지 밝혔지만 입장차 커 교착 장기화 가능성도" 『연합뉴스』 3월 1일 등을 참조하여 작성.

국이 북한이 가장 민감하게 반응하고 있는 한미 연합훈련 재개나 추가 제재에 대한 의사가 없고 회담이 결렬되었는데도 양측은 상대에 대한 예의를 철저히 지키며 비난하지 않고 대화재개에 대한 희망을 계속해서 표명하고 있다.

하지만 북한의 비핵화를 위한 행보에 제동이 걸린 것은 분명하다. 그리고 북한의 드러내지 않고 있는 핵시설 등의 문제가 새롭게 제기되었다. 거기에 그들의 적화통일이라는 목표도 변한 것은 아니고 재래식 군사력도 줄지 않고 있다. 이러한 점들을 고려하여 정부는 대화를 통한 문제해결 노력에 더해 만일의 경우에도 대비해야 할 것이다.

1 북한의 핵능력

북한 정권 이해의 핵심어는 '북핵'과 '최고지도자'라는 두 단어에 집약된다. 이같이 두 단어의 축 위에 있는 북한을 제대로 이해하기 위해서는 신격화된 수령체제의 최고지도자가 왜 핵 개발을 추진하였으며 그 능력이 어디까지 와 있는지를 알 필요가 있다. 1950년대 한국에는 이미 주한 미군이 들여오던 전술핵이 있었다고 한다. 이에 6 · 25 남침 전쟁에서 실패한 김일성은 재래식 무기로는 전쟁에서 이길 수 없다는 전략적 고려에서 핵 개발이 시작되었다. 그러다가 북한의 우방국들이었던 동구 사회주의권의 몰락에 충격을 받았고, 이어서 노태우 정부의 활발한 북방정책에 의한 한소 및 한중 수교에 따른 위기감으로 본격적인 핵무장을 추진하였다. 물론 북한 입장에서 핵 보유는 비대칭 전력으로써 체제 안전을 위한 가장 확실한 수단이며, 또 자신들의 체제 생존을 위한 최후의 보루로 판단하기 때문이다.[42)]

북한은 2013년 2월 12일 제3차 핵실험을 통해 핵무기 개발에 성공하였고, 제4, 5차 핵실험을 통해 핵무기를 다종화, 표준화한 후 2017년 9월 9일 제6차 핵실험을 실시하여 수소폭탄 개발에 성공하였다고 주장하고 있으며 수소폭탄의 위력은 108-250kt 정도로 평가되고 있다.[43)] 그리고 북한이 보유하고 있는 핵무기의 숫자를 '38North'는 2017년 9월 현재 20-25개, 소련의 전문가는 2018년 6월경 30-35개,[44)] 조명균 통일부 장관은 2018년 10월 1일 북한이 20-60개 보유하고 있다고 국회에 보고하였다.[45)]

또한 2018년 11월 현재 미국과학자협회(FAS)에서는 보수적으로 10-20개로 평가하고 있지만[46)] 북한의 막대한 천연 우라늄 매장량을 고려하여 최대치로 추정할 경우 2020년경에는 원자탄 88개, 수소탄 46개까지 만들 수 있다는 학자도 있다.[47)] 즉, 전문가들은 편차가 심하기는 하지만 대체로 북한이 20개 이상의 핵무기를 보유하고 있는 것으로 평가하고 있으며, 시간이 지나면서 그 숫자는 계속 증가될 것이라는데 대부분 동의하고 있다.

더욱 중요한 사항은 이러한 핵무기를 탑재할 수 있는 탄도미사일 능력이다. 북한은 2016년과 2017년에 장거리 미사일 '화성-12

42) 전지명, 같은 책, p. 192.
43) 『연합뉴스』, 2017년 9월 13일.
44) 『연합뉴스』, 2018년 6월 11일.
45) 『연합뉴스』, 2018년 10월 1일.
46) 『이데일리』, 2018년 5월 30일.
47) 정성윤, 『김정은 정권의 핵전략과 대외 · 대남 전략』(서울 : 통일연구원, 2017), pp. 57-58.

형', '화성-14형'을 집중적으로 시험 발사하였다. 2017년 11월 29일에는 ICBM급 미사일 '화성-15형'을 발사하였는데, 최대고각 발사방식으로 발사되어 고도 4,475km, 비행거리 950km를 기록하여 정상 각도로 발사될 경우 1만 3000km에 이르는 사거리를 보일 것으로 추정되어 미 전역을 타격할 수 있는 것으로 평가되었다.

실거리 사격이 아니라서 대기권 재돌입 능력은 증명되지 못했지만 미국은 "수개월 후 핵 장착 탄도미사일로 미국을 타격할 수 있는 능력 구비가 가능"할 것이라고 평가하였다.[48] 그리고 북한은 핵 운반 수단 중 은밀성이 가장 보장된 수단인 탄도미사일을 운반 가능한 잠수함과 그 잠수함에서 발사할 수 있는 탄도미사일(SLBM)의 개발에도 노력을 기울이고 있다.

결과적으로 북한은 현재의 능력만으로도 한국과 일본은 언제 어디서든 핵무기로 공격 가능하고 빠른 시간 안에 비핵화가 성공하지 못하면 미국의 경우 괌, 알래스카는 물론이고 하와이도 공격 가능할 수 있으며 머지않아 본토까지도 핵공격이 가능한 능력을 구비하게 될 것이다.

이러한 능력을 보유한 북한은 2012년 4월 헌법 개정을 통해 스스로를 핵보유국으로 칭하고, 2013년 3월 31일에는 '경제건설과 핵무력건설병진로선'을 제시하며 핵무력을 계속 증강시킬 것이라고 천명하였다.[49] 그리고 바로 다음 날에는 '자위적 핵보유국의 지위를 더욱 공고히 할 데 대하여'라는 법률을 제정하여 핵을 관

48) Department of Defense, *Nuclear Posture Review*(Washington D.C. : DOD, February, 2018), p. 11.
49) 『조선중앙통신』, 2013년 3월 31일.

리하기 위한 체계를 수립하였다. 그리고 김정은은 2016년 3월 8일경에 핵무기 병기화 사업을 지도하며 "핵선제타격권은 결코 미국의 독점물이 아니며 미제가 우리의 자주권과 생존권을 핵으로 덮치려 들 때에는 주저 없이 핵으로 먼저 냅다 칠 것이라고 선언"[50)]하여 핵선제 공격도 불사할 것임을 천명하였다.

북한은 핵 무력 완성을 2017년 11월 29일 화성-15형 발사 후 선언하였으나 그 수준이 기존 핵보유국들에 비하면 핵무력완성을 선언할 정도인지 의구심이 드는 것은 사실이다. 그러나 그들의 핵능력이 점차 발전하고 있는 것은 부인할 수 없으며, 그에 따른 자신감을 바탕으로 미국에 대한 선제공격도 천명하고 있는 것이다. 즉, 그들은 점차 향상되는 핵능력을 바탕으로 공세적인 핵전략을 마련하고 있으며, 이를 활용하여 대남, 대미 전략을 수립하고 생존을 위한 투쟁에 나서고 있는 것이라고 볼 수 있다.

하지만 북한의 핵능력이 과연 그들의 주장만큼 위협적인지에 대해서는 더욱 면밀한 분석이 필요하다. 북한의 ICBM급 미사일들은 사거리 이외에 증명된 것이 아무것도 없다. 탄두의 재진입 기술, 미사일 자체의 신뢰성, 미사일에 대한 통제능력, 무기의 정확성 등 ICBM급이 아닌 ICBM으로 불리기 위해선 확인되어야 할 사항들이 너무도 많이 남아 있다.

핵탄두 운반수단이 제한되는 것도 북한 핵능력의 한계이다. 핵능력이 효과적으로 발휘되기 위해선 전략폭격기와 전략핵추진 잠수함(SSBN)도 동시에 가동되어야 한다. 그런데 현재 북한의 기술

50) 『로동신문』, 2016년 3월 9일

적 · 경제적 · 정치 · 외교 능력으로는 이들을 개발할 수도 사올 수도 없다. 그래서 북한의 핵전력은 고정된 기지나 이동식 발사대에서만 운용이 가능한데 이는 사전의 정찰활동으로 충분히 파악이 가능하므로 그리 두려운 대상은 아니다.

한편 북한 미사일들이 미국 MD 체계를 돌파할 수 있는가하는 문제도 제기된다. 미국 MD 체계를 돌파할 수 있는 수단은 러시아의 최신 ICBM인 토플-M과 SLBM인 블라바 정도로 평가되고 있다. 북한이 미국의 정찰을 회피하여 얼마 되지도 않는 ICBM급 미사일 중 1-2발 정도를 발사할 수도 있겠으나, 다층으로 구성된 미국의 MD 체계를 돌파하는 것은 불가능하며, 미국이 선제공격할 것을 결정한다면 북한의 핵무기들은 창고에서 바로 파괴될 것이다.

물론 북한의 핵무기들은 한국을 대상으로 할 경우 절대적인 위력을 발휘할 수도 있을 것이다. 그러나 한국은 미국과 같은 방어수단이 없으며, 미국과 추진 중인 킬체인, KAMD, KMPR은 2020년대 중반에야 완성될 수 있고, 우리가 이러한 방어 수단을 강화시키는 동안 북한도 공격수단을 발전시킬 것이기 때문이다.

현재 한미의 연합방위태세는 2020년대 중반까지 발생할 수밖에 없는 빈 공간을 훌륭히 메우고 있으며, 북한의 발전 속도보다는 한국의 발전 속도가 훨씬 빠른 것이 사실이다. 그리고 북한의 핵능력은 분명히 위협적인 것이지만 미완성 상태이므로, 이것으로 마치 남북 간의 군사력 균형이 붕괴되어 당장 내일이라도 전쟁이 일어날 것 같이 호들갑을 떨 필요는 없다. 한국의 국력과 그에 따르는 군사력은 한미연합방위태세와 합쳐질 경우 생각하고 있는 것 이상으로 강력하다.

하지만 북한은 정권 수립 이후 오늘까지 국제사회의 대북 제재에도 국력을 온통 핵무장에 쏟아부었다. 이에 따라 여섯 차례의 핵실험을 통해 핵전력을 고도화한 북한은 전 세계에서 아홉 번째 핵보유국이 사실상 되어 있다. 2024년 5월 서울에서 열린 한·중·일 3국 정상회의에서 북한을 의식한 중국의 반대로 한반도 비핵화 원칙을 공동선언에 명시하지 못했다. 이는 30년 전만 해도 '한반도 비핵화가 중국의 기본 입장'이라던 것과 사뭇 달라진 것이다. 특히 태생적으로 '북핵이란 금수저'를 물고 태어난 김정은은 2022년 9월 '핵 무력 정책'을 법제화하고 핵보유국을 기정사실화하면서 북한의 핵무장이 사실상 '상수'가 되었다.[51]

2 핵무기를 포함한 남북한 군사력 균형

핵무기는 그 절대성으로 인해 대부분의 군사력 평가나 비교에는 포함되지 않았고 포함 필요성에 대한 논의도 활발하지 않았다. 거기에 소수의 국가만이 핵무기를 보유하고 있는 탓도 있고 사용 가능한 무기로 인식되지 않고 있기 때문일 것이다. 사실 미국, 러시아, 중국과 같은 강대국의 경우 재래식 전력만으로도 다른 국가들을 압도하므로 굳이 핵전력까지 비교 대상에 포함시킬 필요가 없었다. 그러나 핵무기도 사용하기 위해 만들어진 것인 만큼 사용될 가능성을 배제할 수 없으며[52] 북한이나 이란의 경우

51) 전지명, 같은 책, p. 193.
52) 현재까지 개발된 핵무기들 중 그 위력이 제한된 전술핵무기들도 그 위력이 히

처럼 확산 가능성이 점증하고 있는 상황이라 군사력 비교대상으로 포함되어야 할 필요성이 점차 증대되고 있다.

중진국이나 약소국이 핵무기를 보유할 경우에 재래식 전력만 보유하는 경우에 비해 군사적 영향력이 이전과 비교할 수 없을 정도로 증대되는 것은 분명하다. 그래서 세부적인 반영방법은 밝히지 않으면서도 '세계화력지수(GFP : Globel Firepower)'의 경우 "인정받았거나 의심되는 핵보유국에 대해서는 보너스를 부여"하는 것으로 설명하고 있다. 그 결과 유럽에서 비슷한 경제규모를 가진 프랑스, 영국, 이탈리아, 독일의 세계화력지수를 보면 핵보유국인 프랑스와 영국은 세계에서 각각 5, 6위의 군사력 규모로 평가되는 반면에 독일은 10위, 이탈리아는 11위로 격차가 벌어져 있다. 그리고 사실상 핵보유국으로 인정되고 있는 인도, 이스라엘, 파키스탄도 4, 16, 17위로 경제규모에 비해 높게 평가되었다.

핵무기가 사용된 유일한 사례인 태평양 전쟁의 경험을 통해서 핵무기의 막강한 군사적 효과를 확인할 수 있다. 1941년 12월 진주만 공습을 당한 이후 미국은 4년 가까운 기간 동안 대량의 재래식 전력을 투입하여 일본과 전쟁을 수행하였지만 승리하지 못하였다. 그러다가 1945년 8월 6일과 9일 2발의 핵무기를 일본의

로시마와 나가사키에 사용된 핵무기들의 위력을 넘어서고 있다. 만들기는 만들었으나 사용할 수 없는 무기를 만든 것이다. 하지만 현재 미국은 기존 전술 핵무기의 위력을 더욱 제한하고 정확도를 대표적인 정밀 유도무기인 JDAM이나 SDB 수준으로 향상시키고 있으며 벙커버스터로도 제작하고 있다. 이렇게 위력이 제한되고 정확도가 향상된 핵무기가 지하 시설과 같은 제한된 표적들을 대상으로만 사용될 경우 그 피해는 해당 시설에만 한정될 것이며 이는 핵무기 사용으로 야기될 수 있는 정치적 문제를 회피할 수 있게 해줄 것이다. 이제는 핵무기가 사용가능한 무기가 된 것이다.

도시에 투하하자 1주일 후 일본은 무조건 항복하였다. 지나치게 단순하지만 그 2발의 핵무기는 미국이 4년 동안 투입한 재래식 전력의 위력을 능가한 성과를 거두었다.

현대의 증대된 핵무기 위력과 규모를 고려할 때 군사력에서 차지하는 비중은 더욱 커질 가능성이 높다. 당연히 논란의 소지가 많지만 남북한의 군사력을 북한이 핵무기를 포함하여 비교한 하나의 사례를 제시하면 〈표 Ⅲ-23〉과 같다.

〈표 Ⅲ-23〉 남북한 군사력 비교(핵무기 포함)

국가명	투1.국방비(억$)		산1.현역군인(천명)		산2.예비역(만명)		산3.전차(대)	
	금액	상대치	인원	상대치	인원	상대치	숫자	상대치
남한 북한	325 102	700 217	625 1,280	100 205	310 762	100 246	2,514 3,500	100 139
구분	산4. 대포(문)		산5. 전투함(척)		산6. 잠수함(척)		산7. 전투기(대)	
	수량	상대치	수량	상대치	수량	상대치	수량	상대치
남한 북한	11,067 21,100	100 190	35 40	100 114	24 35	100 140	541 545	100 101
총계	총계1 단순지수		총계 지수/2		총계3 지수×핵무기 승수효과			
남한 북한	1,400 1,352		700 676		840(700×1.2) 946.4(676×1.4)			

〈표 Ⅲ-23〉의 경우 핵무기는 자체 전투력을 발휘하는 것이 아니라 기존 재래식 전투력에 승수효과를 반영한 것이다. 어느 정도의 승수효과를 고려할 것이냐는 것은 논의가 필요한 사항이지만 하나의 시도로서 남한의 경우 미국의 '확장억제'가 작용하고

있다고 판단하여 20%의 승수효과를 부여하였고, 북한의 경우 자신의 핵무기일 뿐만 아니라 그 역량이 '신뢰적 최소억제' 수준은 된다고 평가하여 40%의 승수효과를 부여하였다. 그 결과 핵무기를 포함한 남한의 군사력 지수는 840이고 북한은 945.4이다. 이것은 백분율로 표시하면 남북한이 700 : 946.4(백분율 100 : 113)로써 핵무기를 포함할 경우 북한의 군사력이 강하기는 하지만 미국의 핵우산이 상쇄하여 압도적인 격차가 발생하는 것은 아니다. 다만 미국의 확장억제가 제공되지 않는다고 할 경우 남북한의 군사력 균형은 100 : 135.2가 되어 북한이 35% 이상 우세한 결과가 도출된다.

군사력의 산출분야만 중요해지는 단기속결전의 경우 이 격차는 더욱 커져서 남북한의 700 : 1,135에 각각 20%, 40%를 추가하면 840 : 1,589로써 1 : 1.9의 격차로 벌어진다. 따라서 한국에게는 북한이 핵무기 사용으로 위협하면서 단기속결전을 전개하는 것을 가장 경계할 필요가 있다.

이러한 결과를 해석해보면 재래식 전력만을 고려할 경우 남한의 국방비가 워낙 커서 북한의 수적 우세에도 불구하고 남한의 군사력이 다소 우세한 상황을 보였지만 핵무기 개발로 북한이 다소 우세한 상황으로 역전되었다고 할 수 있다. 특히 북한의 단기속결전 가능성만 제외한다면 북한이 핵무기를 개발하였다고 하여 남북한의 군사력 균형이 북한에게 결정적으로 우세해진 상황은 아니라는 사실이다. 미국이 제공하는 확장억제가 북한의 핵무기 위력을 상쇄해주기 때문이다. 다시 말하면, 한미동맹이 견고할 경우 북한의 핵보유가 전략적 균형을 결정적으로 변화시키지 못한다는 것이다.

군사력 평가에 핵무기를 산정한 결과를 통하여 분명하게 드러난 사실은 미국의 확장억제와 핵우산이 갖는 중요성이다. 이것이 없다면 북한의 핵보유를 고려한 남북한의 군사력 균형은 100 : 135.2로 북한이 상당히 우세해지는 상황이 되기 때문이다. 미국의 핵우산이 없다면 북한은 더욱 노골적으로 핵무기로 위협할 것이고 핵무기의 경우에도 승수효과가 아니라 독자적인 전투력으로서 산정해야 할 수도 있으며 그렇게 되면 남북한의 군사력 균형 자체가 유지되지 못한다.

지금까지 미국은 다양한 기회를 통해 핵우산을 포함한 그들의 확장억제가 반드시 제공될 것이라고 확약하고 있지만 실제상황에서 그대로 적용될 지에 대해서는 불확실성이 존재하고 있다는 점에서 한국은 한미동맹을 더욱 강화하여 핵우산이 분명하게 제공될 것임을 과시할 수 있어야 한다.

북한이 그들의 대남전략 목표 달성을 위하여 핵무기를 적극적으로 사용한다고 가정할 경우 이러한 군사력 비교는 의미가 줄어들 수 있다. 아무리 적은 위력과 규모의 핵무기라고 하더라도 재래식 전력으로는 대응할 수 없는 대량살상 효과를 갖기 때문이다. 그래서 저명한 국제정치학자인 모겐소(Hans J. Morgenthau)는 비핵국가가 핵보유국에 의하여 공격을 받을 경우 저항하여 초토화되거나 무조건 항복할 수밖에 없다고 주장하였던 것이다.

더욱 위험한 것은 북한이 핵위협 하에 단기 속결전을 감행하는 경우이다. 단기 속결전에서는 국방비와 같은 투입요소가 작용하는 소지가 줄어들기 때문에 산출 위주의 북한 군사력 격차, 즉 남한에 비해 재래식 전력만으로 보면 1.6배, 핵전력을 포함하면 1.9배의 군사력 격차가 적용될 것이기 때문이다. 특히 북한이 기습공격으로 수도 서울과 같은 제한된 목표를 점령한 후 우리가 반격할 경우 핵무기를 사용하겠다고 위협한다면 한국과 미국으로서는 마땅한 대응책이 없는 상태가 될 수도 있다. 따라서 한국은 북한의 기습공격을 통한 단기속결전의 방어태세에 더욱 만전을 기하고, 북한에게 그러한 것이 불가능하다는 점을 인식시켜야 할 것이다. 특히 2018년 9.19 군사합의는 북한이 한국의 감시 · 정찰 능력을 오판하게 할 수 있어 북한의 단기속결전이 불가능하다는 것을 알게 하는 것은 매우 중요한 것이 되었다.[53)]

하지만 9 · 19 남북 군사합의는 2023년 11월 북한의 전면 폐기 선언과 2024년 6월 윤석열 정부의 효력 정지 발표로 군사합의가 완전히 무력화되었다.

3 오판전쟁의 가능성

전쟁은 쉽게 일어나는 것은 아니지만 오판에 의한 전쟁 가능성

53) 2018년 서명된 9.19군사합의로 인해 일부에서는 한국의 감시 · 정찰 능력이 약화되었다고 우려하고 있다. 물론 감시 · 정찰할 수 있는 장소가 멀어지므로 불편하게 된 것은 사실이나 이미 북한과는 비교할 수 없는 탐지수단을 가지고 있는 한미연합군에 비해 인적 수단에 대한 의존도가 높은 북한 측의 손해가 더 크다고도 볼 수 있다. 그리고 이미 한국은 수년전부터 첩보위성, 무인정찰기, 신형전자전 체계, 한국형 J-STARS 도입 등의 감시 · 정찰 자산 확보 사업을 펼치고 있으며 2019년부터는 글로벌 호크 도입 등 그동안 추진하고 있던 사업들의 결과가 나타나고 있으므로 9.19 군사합의의 내용들은 우리의 감시 · 정찰 활동에 아무런 영향도 주지 못한다.

은 낮지 않다. 스토신저(John G. Stoessinger)라는 전쟁연구학자는 제1, 2차 세계대전, 한국전쟁, 베트남전쟁 등 주요 전쟁 발발원인을 분석한 후 공통요인으로 오인식(誤認識, misconception)을 제시하고 있다.[54)]

스타인(Arthur A. Stein)은 '상호주의 국가'(reciprocator)와 '기회주의 국가'(opportunist)를 구분한다. 전자는 상대방이 단호하게 나오면 단호하게, 협력적으로 나오면 협력적으로 대응하는 데 대부분의 평화애호국이 해당되고, 후자는 침략의 기회만을 엿보는 국가인데 전쟁은 기회주의 국가가 침략대상인 상호주의 국가가 협력적일 것이라고 오판할 때 발생한다고 주장하였다. 그에 의하면 제1차 세계대전도 기회주의 국가인 독일, 상호주의 국가인 영국이 적극적으로 대응하지 않은 것으로 잘못 인식하여 발발하였고, 1950년의 한국전쟁도 기회주의 국가인 북한이 상호주의 국가인 한국의 대응의지를 과소평가한 결과인 것이다.[55)]

북한의 전쟁개시 결심에는 미국의 개입 여부가 가장 중요한데 이제 북한은 핵미사일로 미국을 위협하여 개입 자체를 쉽게 결심하지 못하도록 만들 수 있고, 전쟁을 통해 적화 통일을 달성할 수 있다고 오판할 가능성이 있다. 한국전쟁도 주한미군이 철수하고 1950년 1월 12일 미국 애치슨 국무장관이 미국의 서태평양 방어선에서 한국을 제외한다고 담화를 발표한 것이 중요한 계기였다.

---

54) John G. Stoessinger, 『Why nations go to war』 11ed(Boston : Wadsworth, 2011), p. 402.

55) Arthur A. Stein, "When Misperception Matters" *World politics* Vol. 44, No. 4(1982), pp. 506–512.

또한 미국의 개입 여부만큼은 아니더라도 북한은 전쟁 개시 전에 한국의 저항정도도 면밀하게 살펴서 승리 여부를 판단할 것인데, 그들은 공격에 가장 유리한 시간과 장소를 선택할 수 있다는 공격자로서의 이점을 보유하고 있다. 최악의 상황에서는 핵사용을 위협하여 한미 양국군의 반격을 억제할 수 있다고 판단할 수 있다.

북한이 아무리 기회주의 국가라고 하더라도 합리적으로 판단한다면 전쟁을 결심하기는 쉽지 않다. 아직은 주한미군과 한미동맹이 견고하고 수십년 동안 노력해온 한국의 대비태세도 만만하지 않기 때문이다. 그러나 한국전쟁에서와 같이 북한이 오판할 개연성이 전혀 없는 것은 아니다.

서울 북방에서 인계철선 역할을 하던 주한미군 부대들이 평택으로 이동하였기에 북한은 서울에 대한 전격적이면서 기습적인 공격과 점령, 이후 정치 협상 전개가 가능하다고 판단할 수 있다. 또한 지상 작전에서 북한군의 수적 우세가 갖는 이점으로 서울과 같은 제한된 목표는 단기간에 전력을 집중하면 점령할 수 있다고 판단할 수 있다. 거기에 현 안보 상황에 대한 국민들의 안일한 인식은 북한이 남한 국민들의 방어 의지를 과소평가하게 할 수도 있을 것이다. 이런 가운데 2024년 1월 북한은 헌법 개정을 통해 남북 관계를 '교전 중인 두 개의 적대 국가'로 선포하여 핵 선제 공격을 법제화한 것이다. 북한이 대남 선제 핵 공격을 법제화하는 이런 현실에 대해 엄중히 인식해야 할 것이다. 이제 북한의 오판에 의한 전쟁 가능성을 낮게 보거나 묵과해서는 안 될 수준이 이르렀다고 보아야 할 것이다.

4 방안 1 : 미국 전술핵무기 재배치

북한이 핵을 폐기할 생각이 없다는 것이 확실하다면 한국으로서는 스스로 핵무기를 개발하여 핵 균형을 도모하든가, 아니면 미국의 전술핵무기를 한국에 전진 배치하도록 하여 핵우산의 신뢰성을 강화하면서 핵 균형을 도모하는 수밖에 없다. 핵무기대처는 핵무기가 가장 효과적이기 때문이다. 핵무기 개발은 고려해야 할 사항이 너무 많기 때문에 2017년 자유한국당은 전술핵무기 재배치를 당론으로 정했었다. 당시 당대표였던 홍준표 의원이 미국의 주요 인사들에게 전술핵무기 재배치를 요청한 적도 있다.

미국의 전술핵무기를 한국에 전진 배치할 경우 한국이 감당해야 할 위험도 적지 않다. 이 위험을 강조하는 사람들은 전술핵무기가 전진 배치되면 북한은 더욱 강력한 핵무기를 개발할 것이고 더욱 공세적인 핵전략을 채택할 것이며 선제공격의 유혹까지 느낄 수 있다고 주장한다. 그리고 북한의 핵보유를 정당화시켜 우리가 우위를 점하고 있는 한반도 비핵화에 대한 명분도 약화시킬 수 있다.

또한 한국 내의 전술핵무기 재배치는 중국과 러시아의 턱밑에 칼을 들이대는 것과 같아서 사드 배치와는 다른 차원의 반발을 불러일으킬 것이다. 그렇게 되면 한국은 대륙세력과 해양세력 간의 대결장으로 변모할 가능성이 높아진다. 미국 전술핵무기 전진 배치로 기대되는 억제의 효과는 잘 드러나지 않지만, 이와 같은 위험은 적극적으로 나타나는 현상이라서 지금까지는 반대 의견의 설득력이 더 높은 상황이다.

그러나 북한이 핵무기를 보유한 상태에서 자체 핵개발이 어렵다면 미국의 전술핵무기 재배치를 심각하게 고려해 볼 필요가 있다. 즉, 미국 전술핵무기가 한국에 배치될 경우 미 확장억제의 불안성은 보완될 것이다. 전략핵무기에 비해 전술핵무기는 그 위력이 제한되어 주변국에 피해를 확산시키지 않으면서 군사목표에만 사용할 수 있기 때문이다. 무엇보다 한국에 핵무기가 배치되어 있을 경우 북한이 미국의 확장억제 이행 가능성을 오판할 여지가 매우 줄어들 것이다.

또한 전술핵무기 재배치는 북한의 재래식 기습공격을 억제하고, 억제를 실패해도 효과적으로 대응하는 데에 유용하다. 한국의 경우 수도 서울이 휴전선에서 야포 사정거리 내에 위치할 정도로 가까워 북한의 기습공격에 매우 취약하다. 북한이 생화학공격을 통하여 전방지역을 무력화시키거나 한미연합군이 반격하면 핵무기 사용을 위협할 가능성도 높다. 그러나 전술핵무기가 배치되어 있다면 한미연합군은 공격해 들어오는 북한의 후속제대나 증원부대, 예비대를 한번에 격멸할 수 있어 돌파구의 확대를 방지할 수 있고 이는 북한도 알고 있을 것이기 때문에 서울에 대한 기습공격을 함부로 할 수 없게 된다.

미 전술핵무기 재배치는 남북 간 비핵화 협상을 가능하게 만들거나 실질적인 결론에 다다르게 만들 수도 있을 것이다. 북한이 핵무기를 포기하면 전술핵무기를 철수하겠다는 교환조건을 내걸 수 있기 때문이다. 미국 전술핵무기의 전진배치로 인해 북한 핵무기가 더 이상 위협 효과를 나타낼 수 없다면 북한이 이러한 제안에 응할 가능성은 현재보다 훨씬 커진다.

미국의 전술핵무기를 한국에 전진 배치하는 문제에 있어서 결정적인 요소는 미국의 동의 여부이다. 한국이 전술핵무기 재배치를 요구하는 이유가 미국의 확장억제를 보장하려는 것인데, 이는 미국에게 한국에 대한 연루의 가능성을 높여서 전략적 융통성을 줄이는 선택이기 때문이다. 그리고 중국, 러시아와의 갈등 가능성도 고려하지 않을 수 없다. 그래서 미국 정부는 현재의 확장억제도 충분하다면서 이에 관한 논의를 회피하고 있다.

다만 트럼프 행정부는 출범과 더불어 북핵 대응책의 하나로 이를 검토한 바가 있고 맥케인 당시 미 상원군사위원장도 "심각하게 고려해볼 필요가 있다."는 입장을 표명한 바 있다. 전임 국방장관 매티스도 전술핵무기의 한국 배치에 대한 질문에 "핵무기의 위치는 중요하지 않다"고 답변하면서 단호하게 부정하지는 않았다. 현재 시도 중인 대화를 통한 핵문제 해결 시도가 실패하여 문제가 더욱 악화될 경우 미국이 전술핵무기의 한반도 전진배치 문제를 북핵문제 해결을 위한 대안 속에 포함시킬 가능성은 충분히 존재한다.

전술핵무기 전진배치 결정에 있어서 미국의 결정 못지않게 중요한 문제는 일부 한국 국민들의 극렬한 반대 가능성이다. 여론조사에서는 전술핵무기 배치에 찬성하는 사람이 과반수이지만 반대하는 사람들은 상대적으로 소수이나 그들은 적극적인 행동파이고 따라서 영향력이 규모에 비해 크다. 사드 배치의 경우에도 찬성하는 국민들이 더 많았음에도 불구하고 일부 인사들의 격렬한 반대 활동으로 3년 동안 배치되지 못하였다. 반미운동가들이 결사적으로 반대할 경우 한미 양국 정부가 전술핵무기 재배치를 결정하고도 이를 실행에 옮기지 못하면 오히려 한미동맹간 불신만 초래하는 결과가 야기될 수 있다.

추가적으로 고려할 사항은 전술핵무기를 배치하기에는 한국 국토가 협소하다는 사실이다. 냉전시대에는 군산 정도에 배치해도 안전할 수 있었지만 지금은 북한도 핵무기를 가지고 있기 때문에 군산 정도에 배치된 전술핵무기를 핵으로 공격해 버릴 수 있다. 한국의 경우 북한과 거리가 짧아서 확실한 방어망을 구축하는 것은 쉽지 않다. 제주도 정도라면 다소 안심할 수 있지만 그렇게 하려면 공군기지를 신축하는 등 상당한 작업이 선행되어야 한다. 따라서 미국의 전술핵무기를 일본에 배치하고 한국과 일본이 함께 공유하는 방안도 고려해볼 필요가 있다.

미국의 전술핵을 재배치하는 것은 되기만 하면 현재 한국의 실정에서 북한 핵을 대비하는 가장 좋은 군사적 방법이라는 것에는 이견이 없을 것이다. 그렇지만 위에서 다루었듯 고려해야 할 사안들이 많다. 그런데 앞서 고려했던 사안들보다 더 중요한 고려사안은 과연 한반도에 재배치된 핵무기를 한국과 미국이 같이 통제할 수 있는가 하는 것이다.[56)]

미국은 냉전시절인 1966년 12월 나토의 회원국들과 함께 '핵계획그룹'을 창설해 그들과 핵 정책을 기획·논의·결정하는 체제를 갖추었고 지금도 운용하고 있다. 핵계획그룹은 미국과 유럽 동맹

56) 이를 '핵 공유'라고 하는데 이후의 이에 대한 구체적인 내용은 황일도, "미는 핵 통제권 나눈 적 없다 유일한 기회는 트럼프 당선?" 『신동아』 2016년 11월(서울 : 동아일보사, 2016), pp. 224-267; 박병수, "전술핵이 뭐길래 한국 재배치 논란 떠들썩하지?" 『한겨레』 2017년 9월 13일 등을 참조하여 작성.

국의 '핵 공유' 시스템도 감독한다. 핵 공유 체제는 미군이 워싱턴에서 미국의 전술핵무기를 보관·운반할 수 있는 유럽국가의 공군기지들로 전송되는 긴급행동메시지(EAM) 발사 코드를 미국의 전술핵무기인(B-61)에 입력하면 나토의 공군기가 이를 운반하여 적군을 공격하는 방식으로 운용된다. 이러한 '나토식 핵 공유 시스템'은 한국과 미국이 전술핵을 다시 배치할 때 참고할 수 있는 중요한 사례이다.

그런데 현실에선 핵 공유라는 명칭이 무색할 정도로 핵 사용 결정권을 미국이 독점하고 있다. 유럽 내 전술핵 배치 장소, 수량, 목표물 타격 요건, 사용결정 등 모두 미국이 결정하고 핵계획그룹은 이를 추인하는 구실에 머물러 있다. 결국 핵 공유는 나토의 유럽 회원국들이 핵무기 사용을 희망해도 미국이 동의하지 않으면 사용이 불가능하고, 반대로 유럽 회원국들이 사용을 반대하는데 미국이 희망하면 사용이 가능한 구조이다. 이는 공유되고 있는 핵무기가 기본적으로 미국의 것이기 때문이다. 즉, 나토의 예를 따라 한국에 전술핵을 재배치하고 운영해도 진정한 의미의 공유가 가능할 것인가에 대한 의문이 남는다.

또한 전술핵무기에 대한 효용성도 고려해야 한다. 앞서 언급했지만 현대전은 전후방의 의미가 없다. 특히나 전투종심이 짧은 한반도에서 전술핵무기를 아무리 후방에 배치한다고 해도 선제공격에 당할 위험성은 상존한다. 이러한 문제점은 미국의 다양한 전략자산으로 간단히 해소할 수 있는 문제이다. 결국 일부러 공격당할 위험을 감수하면서 한반도 내에 우리의 의지대로 통제할 수 없는 핵무기를 가지고 있을 필요는 없는 것이다.

핵확산금지조약(NPT) 문제도 있다. 조약 1조는 회원국이 핵무기를 다른 나라에 이양하지 못하도록 하고 있다. 미국은 유럽에 배치된 전술핵무기가 여전히 자국 소유이며 직접 통제하기 때문에 조약 위반이 아니라고 설명하고 있다. 그러나 핵사용 권한을 다른 나라와 공유하게 되면 논리상 조약 위반 혐의에서 온전히 벗어나기 어렵게 된다.

결국 "진정한 핵 공유를 할 수 있는가?"라는 문제와 "국제규범을 어떻게 준수할 수 있는냐?" 하는 문제를 반드시 해결해야 전술핵 재배치가 유럽과 같은 속빈 강정이 되지 않을 것이고, 그래야 이것의 본격적인 추진이 가능할 것이다.

5 방안 2. 한일관계 복원과 한·미·일 협력 강화

한국과 일본은 1965년 국교를 정상화한 이래 미국과 함께 구소련과 중국, 북한의 공산 진영에 대항해 왔다. 당시 양국은 '반공'이라는 자유 진영의 가치를 중심으로 모든 측면에서 적극적으로 협력하였고, 과거사나 독도 문제는 가급적 이슈화하지 않고자 노력했다. "한반도의 안전과 번영이 일본의 그것에 중대한 영향을 지니고 있다"는 소위 '한국조항'이 한일관계의 기본 인식으로 자리 잡게 되었다.

그런데 2005년 8월 26일 노무현 정부가 들어서면서 한일관계에서 과거사가 강조되기 시작하였다. 노무현 정부는 박정희 정부의 한일 국교정상화 교섭관련 외교문서를 전면적으로 공개하는 등 국익이나 과거사 문제 등에서 일본과의 충돌을 피하지 않았다. 2006년과 2009년 북한의 핵실험 후 북핵 대응 차원에서 한일 양국의 협력체제가 강화되기도 했으나 2012년 8월 10일 이명박 대통령이 공군헬기를 이용하여 독도를 방문함으로써 한일관계는 또 다시 얼어붙게 된다.

박근혜 정부는 초기의 강경자세에서 벗어나 2015년 12월 28일 일본군 위안부 문제에 관한 합의를 도출하고, 2016년 11월 '군사정보 보호협정'을 체결하는 등 안보협력을 중심으로 한일관계 진전을 위해 노력했으나 실제적인 진전은 높지 않았다.

그리고 2017년 문재인 정부는 2015년의 위안부 합의의 중대한 흠결을 밝혀내고 시민들이 '소녀상' 건립을 지속적으로 추진했으며 대법원은 일본 전범기업들에게 징용피해자들에 대한 배상을 판결하였다. 이에 일본 정부는 아베총리가 선두에 서서 과거사를 부정하고 타국의 사법부 결정을 불법이라고 함부로 재단하면서 또다시 한일관계는 대립으로 비화하는 양상마저 보였다.

거기에 일본 해상자위대의 초계기가 우방국 함정에 대한 국제적 관례를 무시하고 한국 군함에 접근하여 위협비행을 하고 명확한 증거는 내놓지 못하면서 한국 함정이 사격통제레이더를 초계기에 조사했다고 주장하며 이를 아베정권의 정치적 입지를 강화하는데 활용하기만 하고 문제해결을 위한 대화에는 나서지 않으면서 한일관계는 문재인 정부 내내 최악의 상황을 보여왔다.[57)]

57) 일본의 초계기 위협과 한국 함정의 레이더 조사 문제에 대해 해군 관계자들은 양측이 실무자선에서 만나 진상을 파악하고 서로 양해를 구하는 정도로 간단히 해결될 수 있는 문제라는 의견을 보이고 있다. 그리고 이는 일반적인 상식을 가진 해군이라면 일본 해상자위대원들도 동의할 것이라고 이야기하고 있다. 그럼에도 이 문제가 확대되는 것은 아베 정권이 정치적 목적을 달성하기 위해 이

이에 반해 윤석열 정부 들어서면서 한일 관계는 개선의 조짐을 보이고 있다. 한일 정상 간 셔틀 외교를 재개하고 고위급 교류를 복원하는 등 한일관계 정상화에 힘을 싣고 있고, 이를 바탕으로 한·미·일 협력 체계를 급속히 확대 강화하고 있다. 하지만 한일 관계에 있어서 미래를 구실로 과거사 문제 등 역사를 포기한 대일 굴종 외교가 아니냐는 비판도 받고 있다.

그러나 현재는 북한의 핵무기라는 심각한 공통위협이 존재하기 때문에 한일 간 안보협력이 매우 중요한 상황이다. 북한의 핵과 미사일은 한국은 물론이고 일본도 공격할 수 있고 북한은 한국과 일본에 적대적 의도를 숨기지 않고 있다. 최근 양무진 교수는 "북한이 남한을 적대국으로 규정하고 위협을 고조시키는 궁극적인 목적은 미국을 겨냥하기 위한 것"이라면서 남북관계를 북미 관계의 하위 구조로 치부해 남한을 볼모로 미국의 대북 적대시 정책 철회를 압박하는 것이라고 말했다.58)

한일 양국이 긴밀한 안보협력을 추진할 경우 북핵 위협과 관련하여 상호 강점을 가지고 있는 분야의 정보를 교환하고, 이를 토대로 더욱 면밀한 대응이 가능하고 한반도 유사시 일본을 중요한 병참기지로 활용하여 한미연합군의 전쟁지속능력을 크게 향상시킬 수 있다고 한다. 이처럼 한일 동맹 강화와 한·미·일 협력 체계 강화를 통해 북한의 핵위협에 대한 대응 능력을 확대할 수 있을 것이다.

문제는 국민여론이다. 한일 양국의 안보협력은 물론이고 쌍방

사건을 일부러 확대시키고 있기 때문이다.

58) 『뉴스 1』, 2024년 5월 21일.

의 전반적인 국민여론 또한 우호적이지 않다. 과거사 문제의 해결점은 일본의 인식부재로 인해 해결될 기미가 보이지 않고 독도 문제도 일본의 줄지 않는 영토 욕심으로 인해 언제든지 그 갈등이 폭발할 준비가 되어있으며 일제시대부터 누적되어 온 상호불신 또한 상당하다. 일부 지도자들이 노력하여 봉합하더라도 다른 정치인들이 금방 허물어버릴 수 있다.

거기에 자신들의 정치적 목적 달성에 반한 감정을 이용하려고 하는 일본의 행태에 대해 한국인들의 감정이 악화되면서 한국에 대한 일본인들의 인식도 부정적이 되고 서로가 부정적인 측면을 자극하는 악순환이 계속되고 있는 것이다. 따라서 엄청난 정치적 리더십을 보유한 지도자가 출현하지 않을 경우 한일 양국의 안보협력 추진은 거의 불가능할 수도 있다.

하지만 이제 우리 국민들은 각자에게 다음과 같은 질문을 제기할 필요가 있다. "북한의 핵위협이 국가의 존망을 위협할 정도가 되더라도 일본과는 절대 협력하지 않을 것인가?" 국제정치는 국익에 따라 협력과 적대를 결정하는 것이다. 이러한 측면에서 생각했을 때 일본이 아무리 과거사나 독도문제를 두고 우리의 가슴을 아프게 하더라도 그들과의 협력은 국익의 측면에서 차가운 머리로 접근할 필요가 있다.

2018년 12월 미국의 트럼프 대통령은 참모들 대부분의 반대에도 시리아에 주둔하고 있던 2,000명 정도 되는 미군 전체의 철수를 지시했다. 이 결정에 반대하며 매티스 국방장관이 사퇴하였다. 마찬가지로 북한의 핵 위협이 더욱 심각해졌을 경우 2024년 11월 미국 대통령으로 다시금 돌아온 트럼프 새 대통령이 이와 유사한 결정을 내리지 않을 것으로 누구도 확신할 수 없다. 이러한 경우를 대비해 우리 편을 하나라도 더 만들어 놓을 필요가 있다.

일부 국민들은 한국이 일본과 안보협력을 추진할 경우 일제 강점기의 역사가 반복될 수 있다고 우려한다. 그러나 현재 우리나라는 115년 전 한일합방 당시와 비교가 되지 않는다. 일본이 말도 안 되는 우기기를 계속하는 것은 세계 곳곳에서 그들과 당당히 경쟁하여 승리하고 있는 우리에 대한 견제라고 볼 수도 있다. 그러므로 이제는 자신감을 가질 필요가 있다. 현실적으로 일본과 대립하는 것보다 우호 관계를 맺고, 국익을 도모하는 것이 오히려 불행한 역사의 반복을 막는데 유리할 수 있다.

현재 러시아가 우크라이나를 무력 불법 침공하여도 국제 평화기구인 유엔 안보리는 아무런 역할도 하지 못하고 있다. 이에 더해 고도화된 북한의 대량 살상 무기는 한반도는 물론 미국의 본토까지 위협할 지경이 되었다. 북의 이러한 위험에 대응해 국제사회와의 안보협력을 더욱 강화해 나가야 한다.

4부

북한체제의 지속성과 변화

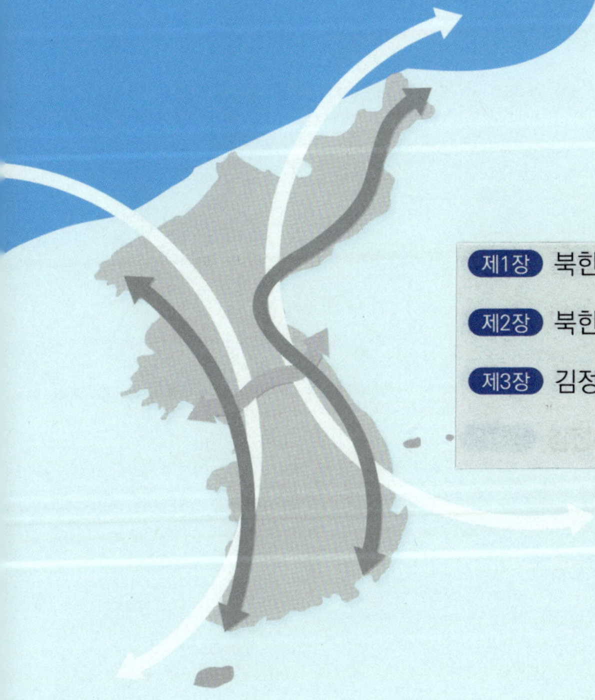

1 북한체제의 지속성

제1절 체제특성으로서의 유일지배체제와 통치이데올로기

북한통치 시스템을 설명하는 하나의 키워드는 유일지배체제이다. 북한은 김일성으로부터 김정일, 김정은에 이르기까지 절대 권력자인 수령이 지배하는 체제를 구축해 놓고 있다. 수령을 정점으로 하는 유일지배체제의 특징은 다음과 같다.[1)]

첫째, 유일지배체제는 다른 어떤 체제보다 권력의 1인 집중 현상이 높다. 유일지배체제는 "수령의 사상을 지도적 지침으로 하여 혁명과 건설을 수행하며 수령의 사상과 명령, 지시에 따라 전당, 전국, 전민이 하나와 같이 움직이는 체계"[2)]로서 체제의 정점은 수령이다. 따라서 유일지배체제에서 수령은 누구도 도전할 수 없는 절대 권력을 소유하게 된다.

둘째, 유일지배체제는 동원화·군사화 된 사회 전체를 자신의 강력한 재생산 기반으로 삼고 있다. 여기서 동원화·군사화가 내재하고 있는 힘의 관성은 구심력이라고 할 수 있다. 다시 말해서 동원화는 전체 사회에 최고지도자를 향한 동심원적이며 수직적인

1) 이종석(2000), pp. 210-212.
2) 사회과학출판사, 『철학사전』(평양 : 사회과학출판사, 1985), p. 388.

구심력이 작용하게끔 한다. 동원화·군사화를 가능케 하는 중요한 요소는 이른바 '양군대전(兩軍對戰)'적 도식이다. 이는 모든 문제를 이분법적으로 보는 관점을 의미한다. 예를 들어, 사회주의와 자본주의, 현실주의와 반현실주의, 집단과 개인과 같은 상반되는 개념을 통해 전 사회를 군사화 함으로써 사회의 일상적 동원화·군사화를 추진한다.

셋째, 유일지배체제는 자신의 통치를 합리화할 이론과 사회 시스템을 보유한다. 북한은 유일사상체계로 유지되는 사회라고 할 수 있는데, 즉 유일지배체제는 유일사상체계라는 사상적 체계에 기반을 둔 것이다. 유일사상체계는 김일성의 혁명사상을 당과 전 체사회의 유일사상으로 확립한 체계를 말하는 것으로써 이 사상체계는 김일성과 그의 사상에 대한 절대적 충실성을 규정하고 있는 10대원칙에 잘 나타나 있다.[3)]

넷째, 유일지배체제는 광범한 개인숭배사상을 동반한다. 그 동안 북한에서 개인숭배는 최고지도자의 천재성과 업적에 대한 극단적인 찬양과 가계의 혁명화를 매개로 재생산되어 왔다. 그 결과 김일성과 김정일이 활동했던 장소나 지역을 국가의 최고 사적지로 보존, 선전하였으며 이들의 생일을 국가최고의 명절로 기념하고 있다. 또한 구호나무를 조작해서 김정일에 대한 예언적 담화를 유포시키고 교육기관에서는 김일성, 김정일의 혁명역사를 정규과목으로 채택하는 등 다양한 형태의 개인숭배 현상이 이루

3) '당의 유일사상체계 확립의 10대원칙'의 전문은 김정일, "전당과 온 사회에 유일사상체계를 더욱 튼튼히 세우자", 『김정일 주체혁명 위업의 완성을 위하여 3』(평양 : 조선로동당출판사, 1987), pp. 101-118 참조.

어져 왔다.

그렇다면 주체사상과 유일지배체제의 관계는 어떻게 구성되는가? 김일성·김정일 정권은 물론 김정은 정권에 이르기까지 주체사상은 북한주민들 삶에 막대한 영향력을 끼치고 있다. 북한의 모든 기구 활동 역시 주체사상에 기초해 전개되고 있다. 이렇듯 주체사상은 북한체제의 지도사상으로서 사회의 실천적 운영원리로 기능하고 있다. 이렇게 봤을 때 주체사상이 북한의 유일지배체제를 규정한다고 볼 수 있다. 하지만 통치이데올로기로서 주체사상은 유일지배체제를 합리화하기 위해 변모해왔다고 볼 수 있다. 다시 말해 "주체사상의 담론으로서의 유일체제"가 아니라 "유일체제의 담론으로서 주체사상"이 선행된 것이다.[4]

이 같은 점을 염두해 둔다면 김일성 정권부터 이어지고 있는 주체사상과 김정일 정권부터 강조되고 있는 선군사상 등 북한의 통치이데올로기는 유일지배체제를 지탱하기 위한 도구로서 기능하고 있음을 알 수 있다. 김정은 정권에 강조하고 있는 "김일성-김정일주의" 역시 마찬가지이다. 그럼에도 불구하고 이 같은 통치이데올로기들이 단지 유일지배체제를 위해 봉사하는 도구적 역할만 하는 것은 아니다. 이들 사상은 북한주민 및 사회가 지향해야 할 가치, 사상 등으로 다시 활용되면서 북한체제의 존재목적이 되고 있는 것이다.[5]

예를 들어, 선군사상의 경우 1990년대 대내외 위기 속에서 유일지배체제를 지키기 위한 담론으로 등장한 성격이 짙으나 이후

4) 이종석(2000), p. 221.
5) 이종석, 위의 책, p. 221.

〈북중 국경 지역 철조망 인근에 노동당을 선전하는 구조물이 설치돼 있다. / 제공=데일리NK〉

북한사회를 지탱·발전시킨 사상으로 평가되고 있다. 북한은 선군사상을 통해 나라의 무장력이 현대화되고 국방공업이 발전했을 뿐 아니라 핵 억제력을 얻을 수 있었으며 이를 통해 군건해진 국방력을 바탕으로 경제 강국으로 나갈 수 있게 되었다고 주장하고 있다.[6)]

나아가서 선군사상은 민족의 자주권 수호, 한반도에서 핵전쟁 예방 그리고 동북아시아와 세계 평화 및 안전보장과 같은 성과를 낸 것으로 선전되고 있다.[7)] 결국 북한은 유일지배체제를 계속 유지하면서 이를 정당화하기 위한 이데올로기를 끊임없이 재생산해

6) 『조선중앙통신』, 2012년 1월 3일.
7) 『조선중앙통신』, 2012년 2월 16일.

〈신의주시 본부 유치원. 입구에 김정은에게 감사를 표하는 문구의 선전판이 걸려있다. / 제공=데일리NK〉

내고 이 같은 이데올로기는 다시 북한사회를 지탱하는 수단이 되고 있다.[8)]

김정은 정권에도 유일지배체제를 강화하면서 이를 뒷받침하기 위한 지배이데올로기 개발이 계속 진행되고 있다. 작게는 집권초기 '김정일 애국주의'라는 구호를 내세워 김정일을 계승하고 있음을 보여주며 정권의 연착륙을 도모하였다. 그리고 김정은은 2012년 개정 당규약 개정에서부터 노동당의 최종목적을 기존 "온 사회를 주체사상화하여 인민대중의 자주성을 완전히 실현"[9)]에서

8) 이종석(2000), p. 221.

9) 『조선로동당 규약』 서문, 2010년 9월 개정.

"온 사회를 김일성-김정일주의화 하여 인민대중의 자주성 완전 실현"[10]으로 변경하며 김일성-김정일주의라는 새로운 용어를 등장시켰다. 또한 당의 성격을 김일성의 당 → 김일성과 김정일의 당 → 김일성-김정일주의 당으로 변화시켰다.

사실, 이러한 변화는 말만 바뀌었을 뿐이지 근본적인 변화라고 볼 수 없다. 비록 후대로 수령은 바뀌었지만 여전히 수령이 북한 체제의 정점에 있고 수령의 사상이 북한 사상의 중심임을 다시 한번 강조한 것이다. 수령이 대를 이었으니 국민들도 대를 이어 바뀐 수령에게 충성을 다하라는 의미이다. 앞에서 지배이데올로기 개발이라는 표현을 했지만 그것보다는 기존의 지배이데올로기에 포장만 새로 한 것으로 볼 수 있다.

제2절 중앙통제경제체제

북한은 사회주의 체제를 건설하면서 모든 생산수단을 국·공유화하고, 중앙기관이 생산에서 분배, 임금에서 물가에 이르기까지 경제사회 전반을 조정하였다. 시장은 존재하지만 국가통제의 보조적 수단으로 이용되었고, 그 역시 국가의 관리 하에 존재하였다. 또한 어느 사회주의 체제에서도 보기 드문 강력한 배급제를 실시하여 모든 경제사회 주체를 강력한 국가의 지도·통제 아래

10) 『조선로동당 규약』 서문, 2012년 4월; 2016년 5월 개정.

두었다.[11)]

사회주의 체제에서의 정치적 지배관계를 유지시킬 수 있었던 특징을 보면, 무엇보다도 당 조직과 중앙계획경제이다. 다시 말해 사회주의 체제에서의 정치권력은 독특한 레닌주의적 당 조직과 소비에트 스타일의 중앙계획경제에 기초해 왔다.

당조직은 첫째, 당 조직 자체의 지위와 명령의 위계구조, 둘째, 대안적인 정치행위에 대한 억압 및 당원들의 충성심과 규율 등을 통해 체제유지에 기여해 왔다. 동시에 중앙계획경제는 당지배의 가장 효율적인 메커니즘이 되어 왔는데, 당 조직이 자원들의 사용이나 수입 분배 문제 등에 대한 결정권을 독점적으로 행사하여 국민들이 당의 지휘에 복종하게 하였다.

지배정당은 정치적 충성심에 의한 경력 보상과 정치적 위계구조에 따라 물질적 특권을 부여하는 체제를 형성시키면서 그들의 독점적인 자원소유권을 정치적 목적에 종속시켜 왔다. 이같이 지배정당은 당 조직 내부에서 자원들을 제공함으로써, 정치적 규율과 충성심을 강화할 수 있었으므로 계획경제는 당지배의 경제적 토대가 되었던 것이다.[12)] 그래서 북한 경제관리체계는 본질상 국가소유와 단일정당의 통치시스템이라는 사실을 먼저 이해해야 하며, 이 두 가지가 융합했을 때 중앙집권적 계획경제가 가능해진다. 이 같은 제도는 소련의 스탈린 통치하에서 사회·경제적 발

11) 권태상, “북한경제사연구 : 1970년대 대외개방 정책을 중심으로”, 『글로벌정치연구』 제5권 제1호(2011), pp. 96-97.

12) 정세진, “전환기 북한의 「계획경제」 침식에 따른 사회주의적 지배구조 약화”, 『한국정치학회보』 제34집 2호(2000), p. 214.

전의 결과로 탄생했으며, 북한에서도 1950년대를 거쳐 재생되었다. 이러한 체계는 야심적인 경제발전과 구조변화를 일으키는 도구로서 기능해야 했는데, 이것이 가능했던 것은 일원적 소유체계와 정치 및 경제 권력의 고도집중 때문이었다.[13)]

북한의 경제계획 작성은 기본적으로 상부의 생산목표를 하부단위의 생산목표로 구체화 해가는 하향식 작업이다. 북한의 인민경제계획은 당해 연도에 각 기업소에서 올라온 정보와 당의 정책목표를 참조하여 작성되며, 기업소는 매년 초 생산목표 및 기준체계인 기업소 계획을 상부로부터 받는다.[14)] 이때 국가는 기업소에 최대 생산능력보다 더 높은 계획을 하달하여 기업소가 생산을 증대시키기 위해 절약하고 예비를 찾아 나서게 하는, 즉 증산압력을 가한다. 이에 비해 기업소는 가능한 한 많은 예산과 자원을 확보하여 만일의 상황에 대비하고, 생산기능 능력을 최소화시켜 증산압력을 줄이기 위해 노력한다. 이렇게 계획은 계획수립 단계에서부터 경제 주체 간 갈등이 발생되고 끊임없이 변경된다.[15)]

하지만 북한의 공식문헌들은 위와 같은 갈등을 부정하며 다음과 같이 기술하고 있다. '생산수단에 대한 사회주의적 소유에 기초한 사회주의 사회'에서의 경제적 이해관계는 유기체적 통일을 이루며, 이익갈등은 없다고 주장한다. 이를 구체적으로 살펴보면

13) 박형중, 『북한의 경제관리체계 : 기구와 운영 · 개혁과 변화』(서울 : 해남, 2002), p. 51.

14) 박경석 외 공저, 『북한 사회주의 체제의 중앙 · 지방 산림조직 특성 및 운용체계 분석』(서울 : 국립산림과학원, 2008), pp. 61-65.

15) 박소영 · 박경석, "북한계획경제체제 하에서의 산림정책 운용 연구", 『산림경제연구』 제20권 제1호(2013), pp. 3-4.

다음과 같다.

첫째, 사회주의 사회에서 서로 다른 경제적 이해관계들이 통일되어 하나의 전일적 체계를 형성한다. 둘째, 집단주의적 원칙에 기초한 동지적 협조관계가 사회주의 사회의 경제적 이해관계들의 유기적인 통일을 규제한다. 셋째, 전사회적 · 전인민적 · 경제적 이해관계는 물론이고, 특수한 집단적 · 개인적 이해관계도 사회공동의 이익과 직결돼 있다. 넷째, 사회공동의 경제적 이해관계를 우위에 놓고 집단의 이익과 개인의 이익이 일치하며 집단의 이익 속에서 개인의 이익이 실현된다. 다섯째, 서로 다른 경제적 이해관계들의 차이를 인정하지만 기본적으로 경제적 이해관계가 통일돼 있는 것으로 본다.[16)]

이처럼 개별이익을 억누르고 중앙통제 경제체제를 유지하는 이유는 이익표출이 통제를 벗어나면 정책결정과정에서 정치적 요소들이 개입할 수 있기 때문이다. 이는 중앙의 통제능력을 위험에 빠뜨리므로 체제 내의 지배적 위치를 위협한다는 것이다. 이와 반대로 중앙은 현재와 미래에 대하여 완벽한 결정을 내릴 수 있으며, 거대조직의 하부단위별 자율성 범위와 실제기능을 효율적으로 통제할 수 있다는 발상에 입각한다.[17)]

1990년대 이후 북한에서는 시장화의 속도를 기존 제도를 통한 억제와 간헐적으로 최소부문만 허용하는 방식으로 제어해 왔다. 시장화의 제도적 진전도 느리지만 그만큼 비공식영역 –제도로

---

16) 리기성, 『주체의 사회주의 정치경제학의 법칙과 범주 1』(평양 : 사회과학출판사, 1992), pp. 36-50.

17) 리기성(1992), p. 323.

〈북한 함경북도 나선시 시장에서 주민들이 장사활동을 하고 있다. / 제공=데일리NK〉

수용되지 못한 영역- 이 많고 경제활동에서 불확실성 또한 크다는 점이다. 시장화가 아직 제도의 창출이나 정비의 차원이 아니라 최소 공간 내에서의 기능적으로 시장을 국가가 활용하는 차원에 가깝다고 볼 수 있다.[18]

실제로 북한에서 시장 또는 자본가는 언제든지 중앙당, 지방당, 국가안전보위성, 인민보성부 등의 이름으로 행해지는 이른바 '비사회주의검열그루빠' 검열을 통해 정치적 부담이 될 여지가 있을 경우 언제든지 정리될 수 있다. 북한이 수시로 시장에 대한 검열을 통해 본보기 처단을 행하거나 각 단위의 무역회사들에 대한

18) 홍민, "북한경제 연구의 지형과 새로운 모색", 『북한연구학회 동계학술발표논문집』(2013), p. 210.

구조조정과 통폐합을 단행하는 것은 시장에 대한 권력의 통제력을 보여주는 부분이다.[19] 결국 북한은 경제난의 타개와 주민들의 생계문제를 해결하기 위하여 시장을 활용하고 있지만 그것은 국가통제 계획경제의 기반 위에서 부분적 · 제한적으로 활용하려고 하고 있는 것이다.[20]

고난의 행군 이후 정상적으로 가동되지 못하고 있고 계획경제체제와 그에 따른 배급제의 붕괴는 북한 주민들을 자본주의적인 방법을 통한 생계유지를 강요하고 있다. 현재 북한 주민들은 국가에 의존하지 않고 시장에 나가 물건을 사고팔며 생계문제를 해결하고 있다. 국가에서 수령하는 월급이나 배급은 단 며칠을 버티기도 힘든 양의 식량을 구매할 수 있을 뿐이며 화폐도 북한의 것이 아닌 달러나 중국의 위안화가 선호되고 있다. 기본적으로 사회주의 국가에서 국민들의 생계는 국가가 책임을 져야 하나 지금은 시장경제체제에서처럼 국민들 스스로 생계를 책임지고 있는 것이다.

물론 대부분의 시장을 앞서 이야기했듯 국가가 통제하고 있다. 현재 400여개가 넘는 시장이 국가의 공인 아래 운용되고 있는데, 이곳에서 일하는 대부분의 상인들은 당국에 자릿세 등을 바치고 장사를 하고 있다. 그리고 당국은 이곳의 질서를 유지하고 있다. 이는 분명 국민들과 국가의 Win-Win 전략이다.

19) 오경섭, 『북한 시장의 형성과 발전 : 시장화 특성과 정치적 결과를 중심으로』(성남 : 세종연구소, 2013), p. 45.
20) 조용주, "현시기 경제사업에 대한 지도와 관리를 개선하는데서 나서는 중요한 문제", 『경제연구』, 제1권(2014), p. 4.

상인들은 안정적으로 생업에 매진할 수 있고 국가는 현금을 확보할 수 있다. 그리고 일반 주민들은 국가의 배급제가 붕괴되어 있는 실정에서 필요한 물품들을 안정적으로 구매할 수 있다. 국민들의 생계를 책임질 수 없게 된 당국이 차선책으로 시장을 허가해 주고 이를 자신들의 통제 아래 두어 관리·활용하고 있는 것이다. 즉, 김정은 정권의 북한 경제는 중앙에서 통제하는 체계인 것은 분명하나, 국가의 부족한 능력으로 자본주의적 요소가 결합되어 작동되고 있는 것이다.

제3절 끊임없는 숙청의 드라마

북한 현대정치사는 1948년 공산주의이 정권이 수립된 이후부터 권력투쟁의 역사를 밟아 왔으며 숙청의 역사라고 해도 무방할 정도였다. 북한에서 숙청은 정치적 생명을 끊어내는 정치적 처벌을 의미한다. 크게는 공개처형, 혁명화 교육, 학습, 직무 배제 등 4가지로 분류할 수 있다. 북한의 지도자들인 김일성, 김정일, 김정은은 자신을 중심으로 한 유일 지배체제를 공고히 하기 위해 정적들을 무자비하게 숙청해 왔다. 대표적인 예가 1956년의 8월 종파사건이다. 8월 종파사건은 먼저 전후 복구건설 노선과 사회주의적 개조 문제를 둘러싼 논쟁이 전개되면서 나타나기 시작했다. 김일성을 중심으로 한 핵심지도부의 '중공업 우선의 경공업, 농업의 동시발전'을 최창익, 박창옥 등 소위 연안파, 소련파 등이 반대하면서 시작된 지도부 간 갈등은 김일성 중심의 권력독점, 개인숭배 등에 대한 반대운동으로 이어졌다.[21)]

반대파의 움직임은 김일성이 1956년 6월 1일부터 7월 19일 사이 동구 사회주의 국가들을 방문하던 시기에 본격화되었다. 김일성을 합법적인 방법으로 당위원장에서 해임시키는 것이 목적이었던 최창익, 서휘, 윤공흠 등 반대파들은 1956년 8월에 열린 당중앙위원회 전원회의에서 김일성 지도부를 공격하였다. 하지만 사실상 김일성 중심의 지도체제가 대세를 장악했던 당시 분위기에서 이들의 도전은 수포로 돌아가게 되었고 윤공흠과 서휘, 이필규는 출당조치되었고 최창익과 박창옥은 당직을 박탈당했다. 후에 소련과 중국의 개입으로 이들의 지위가 복권되기도 하였으나 결국 대다수의 반대파들은 권력의 핵심에서 축출되었다.[22)]

8월 종파사건을 계기로 북한 지도부는 반대세력을 거의 완전하게 소멸시킴으로써 김일성 중심의 단일지도체계를 확립할 수 있었다. 하지만 이 같은 반대세력의 축출은 북한정치과정에서 당내 활력이 될 수 있는 다원적 요소의 제거라는 측면에서 당내 정치과정의 역동성을 해치고 경직화를 불러온 계기로 작용하게 되었다.[23)]

한편 1960년대 후반에 들어서도 또 한 차례의 정치적 격동이 일어나게 된다. 1960년대 초중반 국제공산진영 내에서는 "누가 더 정통 맑스·레닌주의자인가?"라는 선명성 경쟁이 제기되었다.

---

21) 이종석(2000), p. 79.
22) 이종석, 위의 책, p. 79.
23) 이종석, 위의 책, p. 79.

이 같은 분위기에서 당시 사상문화 분야를 담당하고 있었던 김도만, 고혁, 허석선 등은 혁명전통의 수정 및 모택동 개인숭배에 대항한 정통맑스주의적 자세를 견지했고 이는 자연스럽게 김일성을 중심으로 하는 유일항일혁명전통을 부정하는 움직임을 보였다. 북한 지도부는 이를 문제 삼아 이들에 대한 숙청을 단행하게 되었는데, 숙청된 대부분의 인물들이 이른바 갑산파 출신들이었다. 갑산파의 숙청으로 1967년 5월부터는 북한사회에서 김일성 개인숭배의 물결이 거세게 일어났으며 김일성 가계에 대한 우상화 작업도 본격화된다.[24)]

이 같은 숙청을 통한 권력기반 확고화는 김정일 정권에도 나타났다. 대표적인 예가 1997년 벌어졌던 '심화조 사건'이다. 당시 채문덕 사회안전부 정치국장을 내세워 대형 간첩단 사건을 조작했다. 식량 부족으로 수많은 아사자를 낳았던 이른바 '고난의 행군'으로 민심이 흔들리자 이를 수습하기 위한 숙청 작업이었다. 김일성 정권의 인물들에게 무더기로 간첩 누명을 씌웠고, 당간부와 가족 등 2만 5천여 명이 제거된 것으로 알려졌다. 김정일은 심화조 사건을 전면 재검토한 후 채문덕을 간첩으로 몰아 처형하고 심화조 사건 피해자들을 복권시켰다.

또 한 예는 2003년에 발생한 장성택 당 중앙위원회 조직지도부 제1부부장의 실각이다. 김정일의 매제이기도 한 장성택은 당시 중앙당 조직지도부의 다른 제1부부장들과 함께 김정일 다음으로 영향력 있는 직책에 있었고, 공안 · 사법 · 검찰기관에 대한 당생

24) 이종석, 위의 책, pp. 431-432.

활 및 정책적 지도를 담당해왔다.[25)]

또한 장성택의 큰 형 장성우는 평양 방어를 책임진 차수계급의 3군단장이었고, 둘째 형 장성길도 인민군 중장으로 군단 정치위원이었기 때문에 장성택은 김정일의 갑작스런 유고시 정권을 장악하기에 가장 유리한 위치에 놓여 있었던 것이 사실이다. 이런 장성택은 2003년 7월 초 김정일의 자강도 강계시내 산업시설 및 교육기관 시찰 수행 이후로 공식석상에서 자취를 감추게 되었다.[26)]

장성택은 공식석상에서 사라진 후 '종파행위'와 '권력남용' 등으로 당의 집중 검열을 받았다. 또한 장성택의 직무정지로 그의 측근들 역시 해임 또는 좌천되었다. 그의 측근 중 최춘황 당 선전선동부 제1부부장, 리광근 무역상, 박명철 체육지도위원장 등은 해임되었으며 최룡수 인민보안상도 해임되었다. 지재룡 당시 중앙당 국제부 부부장도 지방의 한 노동자로 좌천되었다. 또한 장성택의 파벌이었던 군 장성급 7-8명도 지휘관 등의 자리에서 물러나야만 했다.[27)] 또한 장성택의 형 장성우는 평양 방어를 담당하던 3군단장직에서 물러나 당 중앙위원회 민방위부장으로 좌천되었다.[28)]

김정은 정권에 들어와서도 초기에는 이 같은 숙청작업은 지속되었었다. 먼저 눈에 띄는 것은 군 내부의 잦은 인사 교체이다.

25) 현성일, "북한노동당의 조직구조와 사회통제체계에 관한 연구 : '당의 유일사상체계확립의 10대 원칙'을 중심으로", 한국외국어대학교 정책과학대학원 석사학위논문(1999), p. 43.
26) 정성장, 『현대 북한의 정치 : 역사 · 이념 · 권력체계』(파주 : 한울아카데미, 2011), p. 138.
27) 『연합뉴스』, 2004년 11월 26일.
28) 정성장, 위의 책, pp. 139-140.

2014년까지 인민무력부장은 '김영춘 → 김정각 → 김격식 → 장정남 → 현영철'로 4회, 총참모장은 '리영호 → 현영철 → 김격식 → 리영길'로 3회 교체됐다.[29] 이후에는 최룡해 당 부위원장, 김영철 통일전선부장 등과 백두혈통인 김여정 당 부부장 등이 최근에 급격히 부상하고 있음은 이미 앞에서 살펴보았다.

엘리트 숙청의 정점은 고모부인 장성택의 숙청이다. 장성택은 김정은이 수령의 자리에 오른 2012년에 김정은의 공개활동에 90회 수행하는 등 북한 파워엘리트 중 막강한 위세를 과시했으나 2013년 12월 8일 개최된 당 중앙위원회 정치국 확대회의에서 '반당 · 반혁명적 종파행위'를 했다는 이유로 모든 직책에서 해임되고 출당 · 제명되었다.[30] 그리고 4일 뒤인 12일에 국가안전보위부 특별군사재판소에서 '국가전복음모행위' 혐의로 사형판결을 받고 처형되었다.[31] 또한 장성택이 처형되기에 앞서 그의 측근들인 리용하 당 중앙위원회 행정부 제1부부장, 장수길 부부장이 '월권'과 '분파행위', '당의 유일적 영도체계 거부' 등으로 처형되었다.[32] 장성택의 처형은 북한 엘리트들에게 불안감을 주어 그들 사이에 김정은에 대한 충성경쟁을 유발하고, 이로 인해 김정은의 권력이 더욱 공고화되는데 중요한 역할을 한 것으로 추정된다.[33] 또한 북한 내 대표적인 미국통으로 알려진 리용호 전 북한 외무상이 2022년 중에 4~5명의 다른 외무성 관계자들과 함께 처형된 것으

29) 『경향신문』, 2014년 12월 14일.
30) 『로동신문』, 2013년 12월 9일.
31) 『로동신문』, 2013년 12월 13일.
32) 정성장(2011), pp. 13-14.
33) 정성장, 위의 책, p. 15.

로 보인다는 언론 보도가 나왔다.[34] 이에 한국 국정원은 2023년 1월 5일 리용호가 숙청된 것이 맞다고 발표했으며 처형 여부는 아직 확인되지 않는다고 밝혔다. 리용호 후임 외무상으로는 외교 업무 경험이 전무한 군부 강경파 출신인 리선권 전 조평통 위원장이 임명되었으며, 2024년 현재는 미국통으로 분류되는 최선희 외무상이 맡고 있다.

이 같은 숙청의 반복은 북한의 백두혈통으로 분류되는 김씨 일가 중심의 유일지배체제를 유지하기 위한 가장 강력한 수단이라고 할 수 있다. 북한은 이 같은 숙청을 통해 유일지배체제에 도전하는 세력을 제거하거나, 충성경쟁을 유도하는 방법으로 현 체제를 유지해왔다. 이 같은 정치공학은 정성택의 처형을 기점으로 최근에는 그 규모가 축소되고 있으나 김정은은 언제든지 자신의 정치적 필요에 의해 이를 다시 시작할 수 있는 권력을 가지고 있다.

34) 『한겨레』, 2023년 1월 4일.

2 북한체제의 변화

제1절 통치이데올로기의 계승 및 변화

2011년 12월 김정일의 사망으로 공식출범한 김정은 체제는 김정일 체제와 유사하면서도 다른 차이점을 보이고 있다. 먼저 이데올로기 면을 보면 북한은 김정일 사후 '김일성-김정일주의'를 공식적인 지배이데올로기로 삼고 있다. 이처럼 김정은 정권에 선대 수령들의 혁명사상을 이어나가고 있는 이유는, 북한에서 후계자는 "수령이 창시한 혁명사상을 전면적으로 계승·발전"[1]시켜야 하는 의무가 있기 때문이다. 김정은은 김정일이 전임 수령인 김일성의 혁명사상을 체계화한 것처럼 자신의 전임 수령인 김정일의 혁명사상에 대한 체계화에 힘을 쏟으면서 2012년에 '김일성-김정일주의'를 공식 제창하고, '김정일주의'의 정식화·체계화를 선언했다.[2]

김정은은 김정일의 혁명사상을 '김정일애국주의'와 '자기 땅에 발을 붙일 데 대한 사상'으로 집대성하였다. 김정일애국주의는 수

1) 함치영, 『계속혁명에 관한 주체적리해』(평양 : 사회과학출판사, 1992), p. 105.
2) 김진환, "김정은 시대 지배이데올로기의 특징과 전망", 서보혁·김일한·이지순 엮음, 『김정은에게 북한의 미래를 묻다』(서울 : 선인, 2014), p. 53.

령에 대한 사랑과 충성이 곧 애국심의 발현이자 최고의 애국이라는 점을 강조하고 있고, '자기 땅에 발을 붙일 데 대한 사상'은 사회주의 건설 과정에서 지켜야 할 주체성과 민족성에 대해 강조하고 있다.[3] 이처럼 김정은은 김정일의 혁명사상을 집대성함으로써 전임수령의 혁명사상의 이론을 심화시켜야 하는 후계자의 역할을 감당하는 한편 이를 주민들이 김정은 체제에 충성을 바치게끔 만드는 논리로 활용하고 있다.[4]

김정은 정권 초기 김정일 '따라배우기'는 변화보다는 김정일의 통치방식을 당분간 유지해 나가겠다는 김정은 정권의 의도를 보여주었던 것이라 할 수 있다. 만일 북한이 정권 초기부터 개혁·개방과 같은 변화를 원했다면 이를 뒷받침할 수 있는 이데올로기의 제시나 법률 개편 등을 적어도 2012년 4월 제4차 당 대표자회에서는 발표했어야 했다.[5]

그러나 그러한 움직임은 김정은 정권이 안정된 후인 2018년 4월 당 중앙위원회 제7기 제3차 회의를 통해 경제건설을 우선으로 하는 새로운 당의 전략 노선을 제시하면서 본격화 되었다고 볼 수 있다. 따라서 향후 김정은 정권은 기존의 핵개발을 통한 국가발전 전략에서 탈피해 경제를 최우선 순위에 두는 정책을 펼칠 것으로 예상된다. 이는 미국의 제1기 트럼프 행정부 때 진행한 북미 대화에서 북한이 대북제재 해제에 중점을 두고 있었던 것에서

3) 김진환, 위의 글, pp. 57-61.
4) 이에 대해선 다음을 참고. 한승호 · 이수원, "김정은 시대의 새로운 구호 '김정일애국주의' 의미와 정치적 의도", 『국방정책연구』, 제29권 2호(2013).
5) 한승호 · 이수원, 위의 글, pp. 133-134.

알 수 있다.

하지만 김정은 정권이 ‘김일성-김정일주의’라는 새로운 지도사상을 제시한 것은 김일성의 주체사상과 김정일의 선군사상을 순수이데올로기 반열에 공동으로 위치시키면서 김정은 정권이 현실정에 맞는 독자적인 실천이데올로기를 제정할 가능성이 높다는 사실을 증명하는 것일 수도 있다.[6)]

이는 김정일이 사회주의 체제 위기 상황에서 주체사상을 순수이데올로기 반열에 올리고 선군사상이라는 실천이데올로기의 제정을 통해 체제가 당면한 문제들을 풀어나갔던 것과 같이 김정은 정권도 선군사상을 순수이데올로기 반열에 올리고 현 체제가 겪고 있는 경제위기를 뚫고 나갈 경제중심의 실천이데올로기를 제정할 가능성이 높기 때문이다.[7)]

2024년 초 북한은 애국가에서 한반도를 뜻하는 ‘삼천리’를 삭제한 후, 10월에는 북한 헌법 내 애국가의 명칭을 버리고 조선민주주의 인민공화국 국가(國歌)법으로 새로 제정했다. 이는 ‘적대적 두 국가’로 규정한 헌법개정에 이은 조치로 풀이되며 한국과 동일한 애국가라는 명칭을 버리고, 김정은의 통치 이념인 ‘우리국가제일주의’에 맞춰 인민들의 애국심 고취를 위한 조치로 보인다.

김정은은 1980년대 후반부터 쓰였던 ‘우리민족제일주의’를 대체한 ‘우리국가제일주의’와 친 인민을 내세운 ‘인민대중제일주의’를 지배이념으로 삼고 있다. 이러한 통치이데올로기로 자신의 유일

6) 김근식, “김정은 시대의 김일성-김정일주의 : 주체사상과 선군사상의 추상화”, 『한국과 국제정치』, 제30권 1호(2014), pp. 65-92.

7) 김근식, 위의 글, pp. 85-87.

지배체계 구축과 권력의 안정화를 꾀하고 있다. 하지만 김정은의 북한에서는 핵전력 고도화 등으로 국방력 강화는 실현이 되었을지 모르나 경제성장의 정체로 인민 생활의 향상은 아직 이루어지지 않고 있다.

제2절 경제개혁조치의 시도

경제면에서 봤을 때 김정은 정권 초기의 경제정책은 경제·핵무력 병진노선(이하 병진노선)으로 수렴될 수 있다. 북한은 2013년 3월의 당 중앙위 전원회의에서 "조성된 정세와 우리 혁명발전의 합법칙적요구에 맞게 경제건설과 핵무력건설을 병진시킬데 대한 새로운 전략적로선을 제시"8)했다. 병진노선은 한마디로 핵개발을 지속적으로 전개하는 가운데 경제건설 역시 같이 추진하겠다는 전략이다. 하지만 실질적으로는 핵개발에 우선순위를 둔 노선이었다. 이는 김정은이 병진노선의 승리를 선언하고 핵개발에 대해서 완료를 선언하면서 경제에 중점을 둔 새로운 국가전략노선을 제시한데서 알 수 있다. 핵개발에 우선순위를 두었기에 이를 빠르게 북한의 기준에 맞추어 완료할 수 있었고 경제개발은 후 순위였기에 그를 위한 새로운 노선을 이제야 제시한 것이다.

한편, 김정은의 병진노선은 김일성 정권의 '경제·국방병진노

8) 『조선중앙통신』, 2013년 3월 31일.

선', 김정일 정권의 '선군경제건설노선'과 맥락면에서 유사한 특징을 보이는데, 북한도 자신들의 병진노선이 김일성과 김정일의 노선을 계승하고 있다는 점을 밝히고 있다.

하지만 김정은 정권의 병진노선은 전임수령들의 노선과는 표면적으로는 다른 특징을 보였었다. 김일성의 경우 경제와 군사건설이라는 병행적 전략을 제시하면서도 군사력 강화와 밀접한 관련이 있는 중공업우선 발전전략에 가용자원을 우선적으로 투입하였고, 김정일은 국방공업 우선발전이 전반적인 공업발전을 이끌고 수요를 창출한다고 하면서 역시 가용자원을 국방공업에 최우선적으로 투입하였다.[9] 그러나 김정은의 병진노선은 전임 지도자들보다 경제발전에 대한 의지가 보다 큰 것으로 보이는데 이는 김정은 정권의 북한이 주민들의 경제생활개선에 대해 부쩍 강조한 것에서 알 수 있다.

김정은은 2012년 4월, 김일성탄생 100주년 기념 열병식에서 "우리 인민이 다시는 허리띠를 조이지 않게 하며 사회주의부귀영화를 마음껏 누리게 하자는 것이 우리 당의 확고한 결심입니다"[10]라고 언급한 바 있으며 2013년 신년사설에서도 경제강국건설에 대해 강조했다. 무엇보다도 "새로운 병진노선은 국방비를 늘리지 않고도 적은 비용으로 나라의 방위력을 더욱 강화하면서 경제건설과 인민생활향상에 큰 힘을 돌릴 수 있게 합니다"[11]라고

9) 권영경, "김정은 시대 북한 경제정책의 변화와 전망", 서보혁 · 김일한 · 이지순 엮음, 『김정은에게 북한의 미래를 묻다』(서울 : 선인, 2014), p. 98.
10) 『조선중앙통신』, 2012년 4월 15일.
11) 『조선중앙통신』, 2013년 4월 2일.

언급했는데, 이는 이미 핵보유를 통해 충분한 방위력을 확보하였기 때문에 향후 활용 가능한 자원은 경제발전에 중점적으로 투입하겠다는 점을 밝힌 것으로도 해석될 수 있다.

그러나 김정은 정권의 병진노선이 이전의 김일성, 김정일 정권과 같이 경제보다는 핵 무력 건설에 방점을 찍었던 것으로 보인다. 하지만 계획경제부문이 파탄에 빠지는 등 경제위기에 처해 있는 북한의 상황을 고려하여 김정은이 경제개선에 이전 수령들보다는 많은 신경을 썼던 것으로 분석된다.[12)]

실제로 김정은의 공개 활동을 살펴보면 2012년 군 분야가 34.4%로 전체 부문 중 1위를 차지했으나 2013년에는 경제 분야가 31.2%로 군 분야의 29.9%를 압도했다. 병진노선이 채택·시달된 2013년 5월을 기준으로 봤을 때, 1-4월의 군사부문 방문은 44.2%이었으나 5-9월에는 22.5%로 감소한 반면, 경제부문은 같은 기간 9.6%에서 42.2%로 크게 증가하였다.[13)]

아울러 김정은 정권은 2012년 6월 28일, 6.28방침이라고도 불리는 '우리식 경제관리방법'을 채택했다. 우리식 경제관리방법은 김정일 정권의 7.1조치보다 진보된 경제개혁 조치들이 포함되었다. 우리식 경제관리방법의 주요 내용은[14)] 먼저 계획측면에서 내각이 경제정책을 주도하고, 기업관리면에서 기업소의 경영활동 보장, 독립채산제기업의 확대, 국가와 기업소 수익의 7 : 3제 분

12) 북한은 핵 무력이 완성되었다고 주장하고 있으나 일반적인 기준으로 북한의 핵은 결코 완성된 것이 아니다. 핵이라는 자체가 가지는 무게감으로 상당한 공포를 불러오고는 있으나, 기존 핵보유국들의 기준에 한참 못 미치는 수준이다.

13) 조동호, 위의 글, p. 45.

14) 권영경, 위의 글, pp. 103-104.

배, 인력관리의 자율화 및 임금의 현실화 그리고 지방공장에 한해 개인투자가 허용되었다. 재정·금융 부문에서는 협동화폐제 실시 및 평양위주로 전자결제시스템이 도입되었으며 농업측면에서 분조단위를 3-5명으로 축소하고 국가와 분조 간 생산분배를 7 : 3으로 지정하였다. 유통부문에서는 개인투자의 부분적 합법화 및 상업·유통기관들의 경영활동 확대 그리고 이윤의 10-20% 국가납부 등을 명시하였으며, 가격부문에서 국가배급제가 사실상 폐지됐다.

김정일 정권의 7.1조치와 비교해 봤을 때 우리식 경제관리방법은 다음과 같은 차별성을 보인다.[15] 첫째, 공장 및 기업소 현장에 보다 많은 경영권한을 부여했다. 둘째, 생산성 향상을 위해 노동성과에 따른 차등적 임금제를 사실상 허용했다. 셋째, 포전담당책임제를 3-5명의 작업분조로 축소하여 대부분의 협동농장에 적용하기 위해 시범운영하고 있으며 대폭 확대된 경영 자율권을 부여하였다. 넷째, 상업·유통기관과 공장가동이 중단된 지방공장들에 한해 개인 투자 및 개인 노동력 고용을 허용하여 투자를 유도했다. 다섯째, 시장활동에 의해 자연스럽게 형성된 시장가격에 따라 경제단위의 자율권을 허용하였다.

이 같은 면을 봤을 때 새로운 경제관리방법은 김정일 정권이 7.1조치를 통해 그랬듯이 시장의 불법적·반(半) 합법적 활동을 인정하면서 이를 긍정적으로 활용하기 위한 사후적 조치였다고 할 수 있다.[16] 현재 새로운 경제관리방법이 2012년 6월에 제정된 이

15) 권영경, 위의 글, pp. 105-107.

16) 양문수, "김정은 시대 경제정책의 변화 가능성 : 새로운 '경제관리방법'을 중심

후로 완전히 정착되었는지 확인하기 위해선 더욱 면밀한 분석이 필요하다. 이는 새로운 경제관리방법을 본격적으로 북한사회에 실행하기에는 현실적 장벽이 만만치 않음을 보여준다고 할 수 있지만 다른 한편으로는 장기간 동안 포기하지 않고 있다는 것은 이의 실행에 많은 기대를 걸고 있다는 북한의 의지가 반영된 것으로 보인다.[17)]

한편 북한은 2013년 11월 21일 조선민주주의인민공화국 최고인민회의 상임위원회 정령을 통해 압록강경제개발구, 신평관광개발구, 만포경제개발구, 위원공업개발구 등 13개를 경제개발구로 정했으며, 2014년 7월에 다시 평양시, 황해남도, 남포시, 평안남도, 평안북도 일부 지역 등 6개 지역을 추가 경제개발구로 지정했다.[18)] 2013년 5월 29일 최고인민회의 상임위원회 정령으로 채택된 《조선민주주의인민공화국 경제개발구법》의 주요 내용을 살펴보면, 경제개발구는 "국가가 특별히 정한 법규에 따라 경제활동에 특혜가 보장되는 특수경제지대(제2조)"로 명명되었고, "국가는 경제개발구를 관리소속에 따라 지방급경제개발구와 중앙급경제개발구로 구분하여 관리(제3조)"하도록 했으며 "다른 나라의 법인, 개인과 경제조직, 해외동포는 경제개발구에 투자할 수 있으며 기업, 지사, 사무소 같은 것을 설립하고 경제활동을 자유롭게 할 수 있다(제5조)"고 명기하였다. 또한 "경제개발구에서는 외화를 자유롭게 반출입할 수 있으며 합법적인 리윤과 기타 소득을 제한 없

으로", 『한국과 국제정치』, 제30권 1호(2014), p. 118.

17) 양문수, 위의 글, p. 121.

18) 『연합뉴스』, 2014년 7월 23일.

이 경제개발구 밖으로 송금할 수 있다(제47조)"고 명기함으로써 재산권을 보장하고 있다.

이처럼 북한이 새로운 경제관리방법을 내세우고 경제개발구를 지정한 것은 김정은 정권이 경제개선에 큰 관심을 갖고 있음을 더욱 확실히 보여주고 있는 것이다. 실제로 북한은 경제부문에 싱크탱크를 만들고 새롭게 진입한 파워엘리트들이 이곳에서 경제개혁의 성과를 내기 위해 노력하고 있는 것으로 전해진다.[19]

하지만 이러한 정책들이 성공적으로 진행되기 위해선 대북 제재 해제가 전제조건이며, 그 후에도 중단 없는 추진이 필요한데 이 같은 노력이 북한에 어떠한 변화를 이끌어낼 수 있을지 확인하려면 아직 많은 시간이 필요해 보인다.[20]

김정은 정권은 2016년 5월 노동당 7차 대회에서 '국가경제발전 5개년전략'을 발표했고, 2017년 신년사에서도 경제 부문을 가장 먼저 강조할 정도로 경제 회생이 절실했다. 이에 따라 집권 초부터 인민 경제발전과 인민 생활 향상을 위한 여러 차례의 경제개혁조치를 시도해왔다. 이러한 조치 대부분이 사회주의 경제 근간을 유지하는 범위 내에서 이미 진행되고 있는 시장화를 촉진하고 제도화하는 것이었다. 그러나 그 결과는 기대에 미치지 못하면서 2021년 1월 노동당 8차 대회와 2024년 1월 정치국 확대 회의에서 국가경제발전 전략의 실패를 자인했다. 이는 그동안 강조해왔던

19) 양문수(2014), pp. 119-120.
20) 박형중은 북한의 개혁정책 중 핵심이라고 할 수 있는 새로운 경제관리방법이 이미 파산과정을 밟고 있다고 주장한다. 박형중, "북한의 '새로운 경제관리체계(6 · 28조치)'의 내용과 실행 실태" 『KDI 북한경제리뷰』, 10월호(2013), pp. 14-19.

자력갱생 전략의 한계와 비효율적 경제정책의 실패를 받아들이고 이를 통해 개선하고자 하는 의지를 시사한 것으로 보인다. 현재 북한경제는 북핵 개발이 자초한 국제사회의 제재를 받는 가운데 자생적인 시장화 진전에 따른 소득 분화로 빈부의 격차가 심화되고 있으며, 근본적 변화의 기로에 서 있다.

제3절 권력구조의 변화

다음으로 살펴볼 것은 권력구조의 변화이다. 사회주의 국가는 당이 국가 전반을 영도하는 당-국가체제이다. 북한도 김일성 정권에는 당이 전사회적 지배력을 유지했으나 김정일 정권에 당의 기능 및 위상이 하락하였다. 이는 1990년대 이래 사회주의 체제의 몰락을 지켜본 김정일 정권이 군을 앞세운 선군정치를 내세우면서 국방위원회와 군의 위상과 역할이 당에 비해 상대적으로 증대되었기 때문이다.

김정일은 체제위기 가운데 군의 영도적 역할을 강조하면서 당과 사회전체가 군대의 당 사업방식을 배워야 한다고 강조했다.[21) 이를 위해 김정일은 1998년 헌법에서 국방위원회를 "국가기관의 최고 군사지도기관이며 전반적 국방관리기관(제2절 제100조)", 2010년 헌법에서 "국가주권의 최고국방지도기관(제3절 106조)"으로

21) 김근식, "김정은시대 북한의 정치", 『평화학연구』, 제14권 3호(2013), p. 108.

위치를 상승시켰다.

김정일 정권의 군은 국방력을 담당할 뿐 아니라 수령의 정치적 보위역할 및 경제건설자로서의 역할도 아울러 수행하였다. 이 같은 군 역할의 확대는 필연적으로 당의 지위와 역할을 상대적으로 축소시키는 결과를 낳게 되었다.[22] 국방위원회의 위상변화는 국방위원의 증가에서도 발견된다. 국방위원은 앞의 〈표 Ⅲ-3〉에서 확인할 수 있듯이 점차 확대되었음을 알 수 있다. 군을 활용한 김정일 정권의 선군정치는 위기관리 극복을 위한 단기적 처방으로는 효율적이었으나 군부의 개입으로 인한 정권의 정책 자율성 약화, 군에 의한 주민들의 억압에 따른 불만 증대 등, 군부의 지나친 과대성장에 의한 부작용을 초래했다.[23]

국방위원회 중심의 국정운영은 김정은 정권에 들어와서 당의 권능이 회복되면서 변화를 맞게 된다. 2010년과 2011년 신년공동사설은 군과 선군정치의 언급을 줄이고 당의 영도적 역할을 강조[24]하였으며, 김정은 정권에 들어와서는 군부엘리트들이 퇴진하고 당과 공안계통 엘리트집단이 부상하였다.[25] 또한 2010년 9월, 제3차 당대표자회의가 개최되었는데 이는 1966년 제2차 당대표자회 이후 무려 44년 만에 처음으로 개최된 것으로서 이후 2012년 4월에는 제4차 당대표자회가 개최되었다.

한편 북한은 제3차 당대표자회의에서 정치국 상무위원 5명, 정

22) 김근식(2013), p. 108.
23) 고유환, "김정은 후계구축과 북한 리더십 변화 : 군에서 당으로 권력이동", 『한국정치학회보』, 제45집 5호(2011), p. 185.
24) 고유환, 위의 글, p. 187.
25) 김근식, 위의 글, p. 116.

치국 위원 14명, 정치국 후보위원 15명, 비서 10명을 각각 선출하였으며, 제4차 당대표자회에서는 김정은을 조선노동당 제1비서, 정치국 상무위원, 정치국 위원, 중앙군사위원장으로 추대하였고 정치국 상무위원 1명, 정치국 위원 6명, 후보위원 5명, 비서 2명을 각각 선출하는 등 정치국과 비서국을 중심으로 하는 당의 최고지도기관들을 정상화시켰다.[26)]

2010년 제3차 당대표자회에서 개정된 당 규약에는 "조선노동당은 근로인민대중의 모든 정치조직들 가운데서 가장 높은 형태의 정치조직이며 정치, 군사경제, 문화를 비롯한 모든 분야를 통일적으로 이끌어나가는 사회의 령도적 정치조직이며 혁명의 참모부"라고 기술함으로써 당의 북한 사회에 대한 영도적 역할을 강조하였다.

또한 개정 당 규약은 "조선인민군은 모든 정치활동을 당의 령도밑에 진행한다(제7장 46조)"고 명기함으로써 당에 의한 군의 통치를 명확히 했다. 당의 상대적 위상강화 및 군의 위상약화는 다음을 통해서도 확인할 수 있다. 먼저 군대 내 명령체계가 당중앙군사위원회 → 총정치국, 최고사령관 → 총참모장 → 각 군사령부, 국방위원회(2016.06 이후 국무위원회) → 인민무력성으로 정해짐으로써 군대 내 모든 사업에 대한 당의 영도와 통제가 더욱 강화되었다.[27)]

그리고 군부에 집중됐던 외화벌이 사업이 당과 내각으로 상당

26) 김일기, 위의 글, p. 97.
27) 정창현, "김정은 시대 북한의 권력구조와 정책 전망", 『EAI Issue Briefing』, No. MASI 2012-03(동아시아연구원), p. 2.

부분 이전되었고, 당의 지도를 직접적으로 받는 총정치국의 군대 내 당 사업에 대한 지도도 더욱 강화되었다.[28] 북한이 이처럼 당에 의한 군의 통치를 강화한 데에는 김정일 정권에 군부에 집중되었던 권한을 당으로 이동시키면서 김정은 정권에는 당-국가체제에 맞는 당 중심의 국정운영을 한층 강화하겠다는 의도를 보여준 것이다.[29]

당 중심 국정운영 강화의 핵심기구로 부상한 곳은 바로 당 정치국이다. 당 정치국은 국무위원장(2016년 이전 국방위원회 제1위원장), 최고인민회의 상임위원장, 내각 총리 등 국가기구의 수장들로 구성되어 있으며 당 중앙군사위원, 국무위원(2016년 이전 국방위원) 그리고 당 비서국을 대체한 정무국 부위원장들이 정치국의 보직을 겸직하고 있다.[30] 또한 이전과 달리 김정은 정권에 들어와서 정치국 회의와 관련된 공시내용이 당의 주요 행사, 주요 인사의 보직과 같은 핵심적 내용을 담고 있다.[31]

결론적으로 김정은 정권에 들어와서 당의 역할을 강화한 것은 북한을 당-국가 중심체제로 전환한 것이며 김정일 정권의 비상시 국정운영을 정상적으로 되돌렸다는 것을 의미한다. 북한에서 국가 전반의 체제가 작동하는 가장 기본적인 원칙이 '국가는 당이 영도하고 당은 수령이 영도한다'는 것이다. 당-국가체제가 기본인 북한에서 국가의 군사 기구가 전면에 나서고 군이 조직 운영

28) 김갑식(2014), pp. 56-57.
29) 김일기(2012), p. 100.
30) 정성임(2012), p. 50.
31) 김갑식, 위의 글, p. 54.

의 롤 모델이 되며 당의 협의체가 정상적으로 기능하지 못한 것은 상식을 벗어난 운용이다.

이것은 고난의 행군이라는 국가 존폐의 기로에서 살아남기 위해 김정일이 국가 시스템을 비상시국에 맞게 변형한 것이다. 그리고 이렇게 변형된 체계가 모든 시스템을 무시하며 독단적인 결정을 선호하는 김정일 특유의 통치 스타일과 만나 기존의 당-국가체계와는 완전히 상이하게 운영된 것이다. 이러한 비정상적인 통치시스템을 김정은이 정상적으로 되돌린 것이다.

물론 이를 김정은이 바로 되돌리진 않았다. 김정은이 김정일이 만들어 놓은 것들을 무시하고 단번에 뒤엎으려고 했다면 오히려 그의 정권 안정에 방해가 되었을 수도 있다. 그러나 김정은은 앞서 설명했듯 군부의 힘을 빼고 2016년 1월 국방위원회를 국무위원회로 대체하였으며, 2021년 1월, 당규약을 변경해 기존의 당위원장 체제를 비서 체제로 5년 만에 환원하면서 조선노동당 총비서로 추대되었다. 2023년 9월 기준으로 북한 조선로동당총비서 기구 명단은 아래와 같다.

조선노동당 총비서: 김정은
중앙위원회
(1) 정 치 국
상무위원: 김정은 김덕훈 조용원 최룡해 리병철
위원: 리일환 리영길 오수용 김재룡 박태성 정경택 박정근 강순남
후보위원: 최선희 김상건 김형식 조춘룡 한광상 리철만 김성남 김영철 리히용 양승호 주철규 리창대 리태섭 우상철 김수길 주창일
(2) 비 서 국
총비서: 김정은

제1비서: (공석)
비서: 조용원 리병철 리일환 오수용 김재룡 박태성
(3) 중앙위원회 위원
위원: 김정은 최룡해 리병철 김덕훈 김재룡 리일환 최 휘 박태덕 김영철 허철만 김형식 박명순 최상건 오일정 김용수 신룡만 전현철 조용원 리히용 박태성 김여정 리영식 김성남 홍승무 장광명 최동명 정상학 박성철 리경철 안금철 현송월 김병호 장룡식 김조국 박광식 김성기 박광웅 김정식 조영철 김세복 박정남 김성철 등 182명으로 추정(2023.6.19. 기준)[32]

제4절 김정은의 권력 기구

통일부는 17일 '2022 북한 권력기구도'를 발간, 배포했다. 통일부는 "8차 당대회 이후, 당·정·군 조직은 큰 변화 없이 유지되고 있다"고 진단했다. 지난해 1월 5~12일 개최된 조선로동당 제8차 대회는 김정은 총비서를 추대하고 주요 당간부들을 인선했다. [자료사진 - 통일뉴스]

북한은 2021년 1월 조선로동당 8차 당 대회에서 김정은 총비서

32) 통일부 정세분석국 정치군사분석과 편. 북한 권력기구도 (2023. 2.)

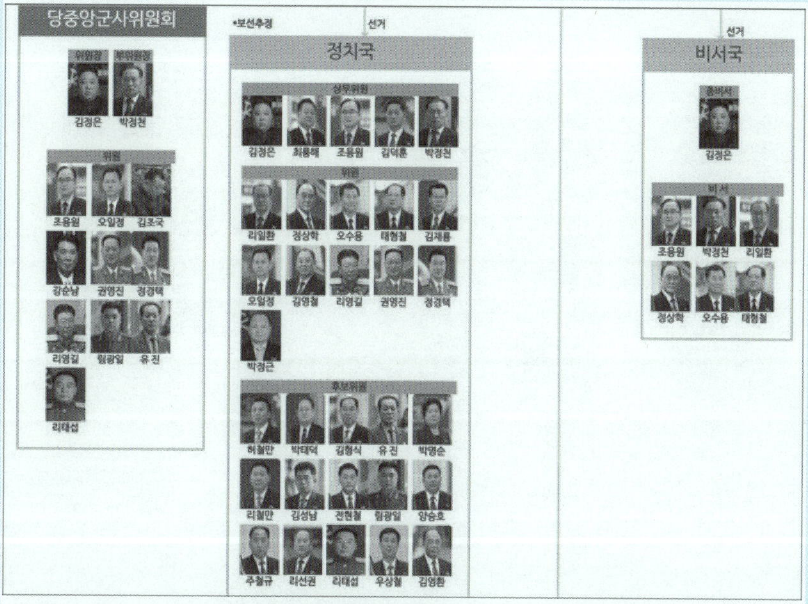

북한은 당 우위 국가로 당 정치국이 핵심 권력기관이다. 통일부는 정치국에 군 관련 인물이 줄고 경제 담당 인물이 늘어난 점을 특징으로 꼽았다. [사진 - 북한정보포털 갈무리]

를 추대했고, 실세들로 재편된 당 정치국과 국무위원회 등의 주요 당 간부들을 인선했다.

이번 인사에서 정치국 내에 군 관련 인사의 비중이 감소하고 경제 부문 인사 비중이 증가했고, 산업 증산·민생 개선을 중심으로 한 '5개년 계획 수행' 강조 상황이 반영된 것으로 추정된다.

정치국 위원을 맡았던 인민군 총참모장(림광일)과 사회안전상(리태섭)이 후보위원에 머물렀고, 정치국 후보위원이던 국가계획위원장(박정근)이 위원으로 격상된 것이 대표적이다. 내각 부총리도 기존 2명에서 3명이 정치국 후보위원에 이름을 올린 것도 이같은 흐름을 반영한 것이라는 분석이다.

실제 구체적 업무를 맡고 있는 조선로동당 전문부서와 도(직할시.특별시)당위원회 조직표. 도(직할시.특별시) 당위원회 책임비서들 중 비중있는 인물들도 많다. [사진 - 북한정보포털 갈무리]

먹는 문제 해결과 농촌건설에 주력하고 있는 상황에서 내각 농업성이 농업위원회로 격상됨에 따라 통일부는 주철규 농업위원장이 정치국 후보위원에 진입했을 것으로 추정했다. 이에 반해 대외관계가 거의 전무한 상황을 반영한 듯 리선권 외무상은 정치국 위원에서 후보위원으로 강등됐다.

북한 조선로동당 관련 기구도에서 가장 두드러진 변화는 군사분야 최고책임자였던 리병철의 자리를 박정천이 이어받아 당 정치국 상무위원과 당중앙군사위원회 부위원장, 당 비서를 맡은 점이다.

당 전문부서는 문화예술부가 신설됐고 신소실이 통폐합된 것으로 추정되며, 조직지도부 김재룡, 선전선동부장 주창일 등 19개 부장의 명단을 밝혔다. 북한은 전통적으로 당 조직지도부와 선전

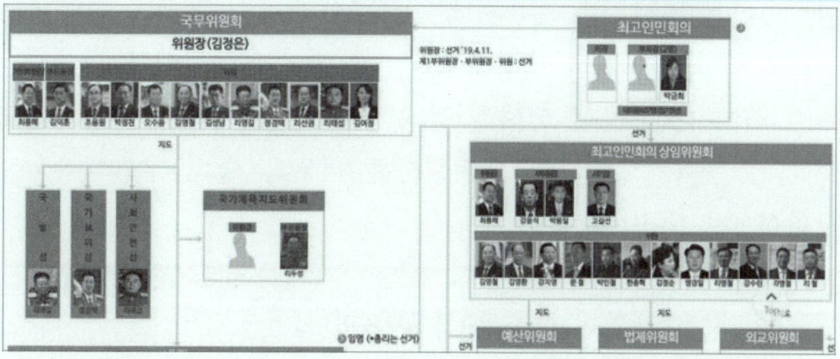

국무위원회가 재편, 강화돼 향후 역할이 주목된다. 최고인민회의 상임위원회도 당연직 위원들이 일부 교체됐다. [사진 - 북한정보포털 갈무리]

선동부가 핵심부서로 평가된다.

북한이 도·시·군의 역할을 강조하고 있는 가운데 도당위원회 책임 비서들도 주목된다. 김영환 평양시당 책임 비서는 정치국 후보위원이며, 평양시당 책임 비서를 역임한 문경덕 평안북도당 책임 비서, 군 총정치국장과 평양시당 위원장을 역임한 김수길 강원도당 책임 비서 등 비중 있는 인물들이 포진돼 있다.

정(政)의 핵심 조직이랄 수 있는 국무위원회는 김정은 국무위원장, 최룡해 제1부위원장, 김덕훈 부위원장 체제 아래 실세 위원들로 재편돼 눈길을 끌었다. 당 정치국 못지않은 역할을 예측할 수 있는 대목이다.

김정은 국무위원장의 여동생 김여정과 정치국 상무위원 조용원을 비롯해 군 책임자 박정천, 오수용(당 비서), 김성남(당 국제부장), 리영길(국방상), 리태섭(사회안전상)이 새로 등장했고, 기존 대남·외교라인에서 김영철(당 통전부장), 리선권(외무상)은 국무위원직을 유지했으며, 최선희(외무성 부상) 대신 김성남이 추가되었지만 그 이후 최선희는 외무상에 임명되었다.

대외·대남정책을 총괄하고 있는 것으로 알려진 김여정은 국무위원 외에 다른 공식 직책은 맡고 있지 않은 것으로 확인되었으며, 국가체육지도위원회 부위원장은 리두성 당 근로단체부장이 당연직으로 맡고 있다.

내각 상(장관)은 고등교육상 김승찬, 국토환경보호상 김성준, 정보산업상 주용일이 새로 이름을 올렸다.

이 외에도 최고인민회의 외교위원회에 리선권, 최선희만 유임되고 김성룡, 김호철, 서호원, 김성호 등 새로운 인물들로 채워졌다.

북한 사회에서 '당의 인전대'로서 중요한 역할을 맡고 있는 근로 단체는 최근 명칭을 바꾼 '사회주의애국청년동맹' 위원장에 문철, 조선사회주의여성동맹 위원장에 김정순이 이름을 올렸다. 문철과 김정순 위원장은 기존 조선직업총동맹 위원장 박인철, 조선농업근로자동맹 위원장 한종혁과 나란히 당연직 최고인민회의 상임위원회 위원도 겸하게 됐다.

남북관계 일선에서 활약해온 맹경일 통전부 부부장이 최고인민회의 상임위원회 위원에 이름을 올린 점도 눈에 띈다.

남측의 교류 파트너인 6·15 공동선언실천 북측위원회 위원장은 박명철, 민족화해협의회 회장은 박용일, 조국통일범민족연합 북측본부 의장은 최진수, 조선아시아·태평양평화위원회 위원장은 김영철, 조선적십자회 위원장 겸 조선종교인협의회 회장은 강지영 등이 확인됐다.[33]

33) 『통일뉴스』, 2022년 3월 17일.

위와 같이 북한 권력 구도에서 주목할 점은 조선로동당 총비서 밑에 제1비서직을 신설하였다는 것이다. 총비서 밑에 7명의 비서를 두고 있는데 현재 공석인 제1비서는 총비서 유고 시 그 역할을 대행하게 되어 있는 것으로 알려져 있다. 이는 건강 이상설이 끊임없이 제기되고 있는 김정은 유고 시를 대비하여 후계자 지정을 위해 만든 것일 수도 있다. 특히 북한이 후계자나 수령에게만 쓰는 '향도'라는 표현을 김정은의 딸 김주애에게 쓰는 것으로 보아 그가 북한 4대 세습의 유력한 후계자로 보이며, 김정은 권력의 후계 구도가 이미 상당한 수준으로 굳혀져 가고 있음을 알 수 있다.

현재 김정은 체제는 안착되어 구조적으로 반란이 생길 수 없는 사회이다. 김정은은 십수 년에 걸쳐 자신이 원하는 시스템을 구축했고 자신이 원하는 사람들로 주변을 채웠다. 그리고 자신의 통치에 큰 위협이 되거나 걸림돌이 될 수 있는 장성택이나 김정남을 제거하였으며 정치엘리트들도 이미 숙청되었거나 순응 세력이 되었다. 더하여 자신이 완성한 핵 무력에서 나오는 자신감으로 선대 정권의 권력 핵심 구조를 바꿔 놓았으며 애민 행보를 이어왔다. 하지만 김정은식 경제개혁 조치 실패에 따른 극심한 경제난으로 민심 이반이 거세지고 있다는 것이다. 더구나 최근 러시아-우크라이나 전쟁에 북한군 파병 및 전사자 증가와 관련한 북한 내부의 민심이 크게 동요하고 있다고 한다. 그런데도 북한 정권의 권력 특성상 견고한 현 체제는 당분간 유지해 나갈 것으로 보이나 장기적 전망은 여전히 불확실성이 많다.

3 김정은 체제의 향방

제3장은 현시점이 아닌 2019년도 기준으로 전망해 본 내용이다.

김정은의 새로운 도전은 과연 성공할까? 여기에는 성공요인과 도전요인이 뒤섞여 있고, 도전요인을 극복하고 성공요인을 적절히 활용한다면 김정은의 도전은 성공하게 될 것이다. 이러한 성공요인과 도전요인은 현재 세습의 안착과 이에 따른 정권의 안정화를 바탕으로 진행되고 있는 비핵화를 중심으로 한 북미대화와 남북대화의 성공 그리고 그 이후에 필연적으로 따라올 개혁 · 개방 시도와 그에 따른 영향, 이에 대한 북한주민들의 이해와 지지가 깊은 관련을 맺고 있다.

혁명적 변환기를 거치고 구세대의 카리스마적 지도자들이 퇴장한 후, 보다 안정된 일상적인 통치구조로 체제를 정착시키는 것은 매우 어려운 과제이다. 특히 차세대 지도자를 어떻게 선택하고 그가 또 어떻게 통치하는가의 문제는 체제 안정성과 직결된다. 과거 김일성이라는 유일 독재자가 총체적인 권력을 행사하는 수령체제 하에서 최고 지도자를 교체하기 위한 북한 나름의 해답은 '카리스마의 혈연적 계승'에 정당성을 둔 부자세습이라는 방식이었다. 이는 당-국가체제의 복원을 통한 후계자 선출의 제도화라는 다른 사회주의국가들의 근대적인 방식을 배제한 매우 수구적인 선택이었다. 또한 이들은 김일성-김정일 공동정권을 탄생시켜 부자세습의 안정화에도 만전을 기하였다.

근 20여 년간 김정일의 안정적인 후계집권을 측면 지원한 김일성은 그들의 부자간 공동정권을 만들면서 북한만이 가진 매우 독특한 부자세습 독제체제를 형성하였다. 공동정권의 주도 하에, 정당성 토대 면에서는 혁명과업의 완수를 신성한 사명으로 여기는 유사 종교적 신념에 기초한 카리스마-이념적 동원구조를, 그리고 물적 토대 면에서는 권력세습에 대변되는 전통적인 가산제적-인적 지배형태를 결합한 이중적인 혼합통치의 구조가 뿌리내렸다. 1990년대 소련과 동구 사회주의권 국가들이 무너지고 더불어 북한경제가 매우 심각하게 위축되면서 이는 곧 체제붕괴의 위기로 몰고 갔지만 김정일은 김일성으로부터 계승된 카리스마적 권위를 바탕으로 전체 인민들에게 희생을 강요하면서 충성도 높은 가산제적 권력집단들을 보호하기 위해서 노력하였다.

북한당국은 김정일의 사망과 동시에 곧바로 김정은의 영도체제를 공식 선언했다. 2011년 12월 17일로 김정일의 정권이 막을 내리고 아직 능력이 검증되지 않은 김정은의 정권이 온 것이다. 김정일은 수령 독재체제에 의존해서 비효율적 경제시스템을 고수하면서 실패한 경제정책을 고집함으로써 북한체제와 인민들에게 대재앙을 가져다 주었다. 김일성 사후의 1995년부터 1998년까지 있었던 대기근과 만성적인 식량난이 그것이다.

2000년대 넘어와서 남한의 대북경제지원을 통해서 겨우 회생하였지만 아직도 어려움을 겪고 있는 것이 현실이고 지난 김일성, 김정일의 일당독재의 결과로 국내외적으로 파산의 위기에 처한 국가를 다시 김정은에게 넘겨주었다. 현 지배엘리트들 간의 균열을 최소화하고, 김씨 부자와 그들을 둘러싼 권력엘리트 모두의 특권을 지속적으로 고수하며, 권력이양으로 발생할 수 있는 모든 정치 사회적 충격과 불안정성을 그나마 최소화 할 수 있는 가장 현실적인 대안은 결국 세습에 의한 일당독재체제 유지라고 그들은 선택한 것이다.

이런 김정은 체제는 김정일의 급사라는 예상치 못한 변수에서 출발한다. 이것은 김정은이 충분히 정치지도자 과정을 잘 거치지 않은 상태에서 출발하는 매우 불안한 상황을 맞이하고 있음을 의미했다. 이러한 불안정성은 일부 전문가들에 의해 정권의 붕괴까지 예측되기도 하였다. 하지만 김정은은 보란 듯이 자신의 정권을 안정적으로 이끌고 있다.

초기 김정은 정권 성패 향방은 성공적인 세습에 있었다. 하지만 지금은 인민생활 향상에 그 방점이 찍혀 있다. 만약 김정은이 대화에 나온 2018년 이전처럼 핵을 끌어안고 자신의 정권 보존에만 집중한다면 그가 입에 달고 사는 인민생활 향상이나 김정일 정권의 목표였던 강성대국건설은 구호로만 그쳤을 것이고, 침몰하는 북한이라는 배의 선장으로서 운명을 받아들일 수밖에 없었을 것이다.

하지만 김정은도 이를 분명히 알고 있었다. 이는 마치 정권 생존의 모든 것처럼 여겼던 핵을 매개로 한국, 미국과 대화에 나서고 있는 것이 그 증거이다. 즉, 이제 김정은 정권의 성패는 성공적으로 이루어진 세습이 아니라 북미대화, 남북대화의 성공과 그것으로 인해 본격화 할 수 있는 개혁·개방에 달려있는 것이다.

제1절 성공요인

현재 김정은 정권의 긍정적인 요소는 우선, 세습이 성공적으로 이루어져 정권의 안정을 이루었다는 것이다. 정권 초기에는 김정은의 짧은 후계수업기간과 어린 나이, 그리고 어쩔 수 없는 경험 부족 등으로 그 성공가능성에 의문부호가 많이 붙었던 것이 사실이다.

그러나 김정은은 이제 북한 정권에서 김정일의 물은 빼고 자신의 색으로 정권을 물들였다. 앞에서도 여러 차례 언급했지만 리영호, 장성택, 김정남과 같은 국정을 운영하는데 강력한 영향력을 끼칠 수 있는 인물들이나 자신의 권력세습을 위협할 수 있는 인물들을 제거했다. 그리고 수시로 엘리트들을 교체하여 김정일 정권 때 주름잡았던 구세대들을 모두 물러나게 한 후 그 자리에는 모두 자신의 정책을 충심으로 받들 수 있는 인사들로 채웠다. 이의 대표적인 인물들은 최룡해, 김영철, 박봉주, 김수길, 김여정 같은 이들이다.

그런데 이러한 김정은의 인사 조치들은 김정일과는 다른 과정을 통해 이루어지고 있다. 김정일의 인사 조치나 각종 정책들은 정식 절차를 거치지 않고, 자신의 판단을 독단적으로 밀어붙이거나 해당분야 당 비서와만 논의를 거친 후 실시되었다. 그러나 김정은은 당 대표자회나 당 대회 또는 당 중앙위원회 전원회의, 당 중앙군사위원회 전원회의 등을 개최하여 정식 절차를 거친 후 인사를 교체하거나 정책노선을 발표하고 있다. 심지어는 리영호와 장성택을 숙청할 때조차도 당 중앙위원회 정치국 회의와 정치국 확대회의를 개최하였다. 즉, 김정일 정권에는 생략되었던 절차의 정당성이 철저히 지켜지고 있는 것이다.1)

이렇게 지난 시절보다 인정받고 있고 정당한 절차를 거쳐 등용된 인물들은 당연히 자신이 몸담고 있는 정권의 성공을 위해 최선을 다하고 자신을 믿고 끌어주고 있는 지도자를 충심으로 보좌할 것이다. 이는 곧 정권의 안정과 직결되고 김정은은 처음부터 자신의 생각을 가장 잘 이행할 수 있는 인물들을 등용했을 것이므로 성공적인 정책이행에도 도움이 될 것이다.

또 다른 김정은 정권의 긍정적인 요소는 김정은 자신이다. 김정은은 직접 밖으로 나오고 있다. 김정일은 미국과의 대화는 열망했으면서도 직접 밖으로 나오는 것은 꺼려했다. 물론 중국과 러시아 그리고 한국의 정상 등과는 대화를 나누었지만 보통국가의 기준으로는 한참 모자란 수준이었다. 자신들이 직면한 먹고사는 문제를 해결하기 위해선 그 무엇보다도 미국과의 대화가 필수적이었으나 적극적으로 나섰다고 보기는 어렵다.

하지만 김정은은 북미정상회담이 열리는 싱가포르로 가기 위해 중국 정상의 전용기까지 빌렸다.2) 어떻게 보면 한 나라의 정상으로서 자존심을 내려놓으면서까지 미국과의 대화에 적극 임하고

1) 이와 관련된 내용은 이수원(2017), pp. 61-73 등을 참조.

2) 2차 북미정상회담을 위해 기차를 이용한 것에 대해 여러 가지 정치적 의미를 부여하고 있으나, 그것을 제외하면 김정은의 전용기가 베트남까지도 비행할 수 없을 정도로 상태가 좋지 못하다는 것을 증명하는 것이다. 한 나라의 정상이 자국의 전용기를 믿지 못한다는 것을 인정한 것이다. 이 또한 매우 자존심이 상하는 것이지만 그럼에도 김정은은 북미대화에 직접 나서고 있는 것이다.

있는 것이다. 물론 일부에서 제기되는 북한의 비핵화에 대한 진정성 관련 의심들은 충분히 일리가 있는 것이다. 지난 기간 북한이 핵과 관련하여 보인 행보들은 그 근거로써 충분하다.

북한은 한반도 비핵화 공동선언과 북미 제네바합의 그리고 6자 회담을 통해 합의했던 9.19성명, 2.13합의, 10.3합의와 북미 2.29 합의까지 국제사회와 핵과 관련하여 약속했던 모든 합의들을 무시하고 지금의 핵능력을 갖추게 되었다. 분명 이러한 전례는 분명 북한이 신뢰를 확보하는데 발목을 잡고 있다.

그러나 김정은 자신이 남의 나라의 전용기까지 빌려 타면서까지 보이고 있는 의지를 변함없이 정직하게 보인다면, 이는 분명 북한이 국제사회의 일원으로 성공적으로 합류하는데 긍정적으로 작용할 것이다. 북한과 같이 모든 권력이 한곳으로 집중되는 독재체제는 국가의 시스템상 지도자의 결정이 다른 어떠한 요소로 뒤집어지는 것은 불가능에 가깝다.

거기에 그의 정책을 반대할 수 있는 사람들은 이미 제거되거나 뒤로 권력의 중심에서 멀어져있고 그 자리에는 김정은의 예스맨들로 채워져 있다. 내부적으로는 김정은을 방해할 요소가 없다는 것이다. 결국 김정은을 방해할 요소는 외부에서 찾을 수밖에 없는데 이는 김정은의 비핵화와 개혁·개방에 대한 의지가 현재 표면상으로 보여지고 있는 그대로라면 분명 극복 가능한 문제들일 것이다.

제2절 도전요인

김정은 정권이 앞으로 도전받게 되고 해결해 나가야 할 문제점도 여럿 있다. 먼저 김정은의 정책에 대한 기득권층의 반발을 생각해 볼 수 있다. 북한 체제 특성상 최고지도자에 대한 저항은 상상도 할 수 없지만 이미 북한도 쿠데타의 위험을 경험한 적이 있다. 1993년 소련 프룬제 군사 아카데미아 유학생 출신 군 간부들이 김정일로의 권력세습에 대한 반대와 주체사상으로 왜곡된 사회주의 정통사상의 복원을 목표로 쿠데타를 시도했다가 실패했으며, 1995년에는 함경북도 청진에 주둔하고 있던 6군단에서 군사정변을 준비하고 있다가 발각된 사건도 있었다. 이 사건들은 철옹성을 자랑하는 북한체제에서도 겉으로 드러나진 않았지만 최고지도자에 대한 불만을 가진 세력이 존재할 가능성이 충분하며 이들이 어떠한 행동을 보일지 알 수 없다는 것을 보여준다.

1991년 8월 소련에서도 멈출 수 없는 흐름이었던 개혁·개방에 반대하여 보수파 군부가 쿠데타를 일으킨 적이 있었다. 현재 김정은의 행보는 북한 주민들의 입장에서는 반드시 필요한 발걸음이고 개혁·개방은 북한 생존을 위해 꼭 필요한 것이다. 그러나 지난 세월 폐쇄적인 체제를 벗어날 수 없는 1991년의 소련 보수파 군부와 같은 인사들이 존재한다면 이들은 분명 현재 김정은 정권의 행보에 커다란 장애물이 될 수도 있을 것이다.

다음으로 들 수 있는 김정은 정권의 도전 요소는 현재 진행 중인 북미대화가 실패했을 때 발생할 수 있다. 현재 북미관계는 지난 시절과는 다른 차원으로 나아가고 있다. 그러나 양측이 진행 중인 비핵화 협상이 틀어지기라도 하면 김정은 정권은 존립자체를 걱정해야 할 것이다.

스티브 비건 미국 국무부 대북정책 특별대표는 스탠포드대에서 한 강연을 통해 미국은 북한과의 외교적 노력이 실패했을 경우를 대비한 계획을 가지고 있다고 밝혔다. 여기서 언급된 비상계획에 대해 전문가들은 우선 지금보다 더욱 강화된 제재를 하고 그것이 통하지 않을 땐 '코피 터트리기 작전'이나 '지도부 제거' 시도와 같은 군사작전을 펼칠 가능성이 높으며, 미국은 이미 이에 대비한 훈련들을 진행하고 있다고 밝혔다.[3)]

이미 수 십년 동안 경제 봉쇄상황에 있는 북한에게 추가적인 제재는 분명 고통스러운 것이지만 견디지 못할 것도 아니며 중국이 어떻게든 붕괴는 막아줄 수 있을 것이다. 그러나 미국이 군사행동에 나선다면 이는 다른 차원의 문제가 된다.

이미 국제사회의 의견을 무시하고 핵과 미사일을 개발하여 국제적으로 악당국가가 되어 있는 북한이 진행 중인 비핵화 과정에서 떠난다는 것은 전 세계를 대상으로 사기극까지 벌인 격이 될 수 있다. 거기에 미국에는 북한 공격에 대한 정당성 및 명분마저 충분히 가져다주는 것이 된다.

미국이 제한된 공격을 하든 전면적으로 공격을 하든 북한에는 버티기 힘든 수준의 타격이 주어질 것이며 공격을 받은 김정은 정권은 전쟁을 할 것인지 항복을 할 것인지 양자택일을 할 수밖

3) 『연합뉴스』, 2019년 2월 1일.

에 없을 것이다. 그리고 북한이 어떤 선택을 하든 김정은 정권의 붕괴로 이어질 가능성은 상당히 높다. 전면전은 당연히 북한의 붕괴로 이어질 것이고 항복은 정권유지가 당장은 가능할지 모르나, 지난 기간 미국에 자존심 하나로 맞서온 국민들이 김정은 정권을 어떻게 평가하고 대할지 알 수 없게 된다. 정권자체에 불확실성이 증가하게 되는 것이다.

이는 김정은도 분명히 이해하고 있는 것으로 보인다. 제2차 북미정상회담이 실패하고 나서 북한이 보인 모습은 상당히 절제되어 있다고 볼 수 있다. 본격적으로 대화에 나서기 전 북한의 모습을 되돌려 보면, 현재의 미국에 대한 아무런 비방이나 위협 없이 자신들의 입장을 명확히 밝히고 회담이 실패했음에도 다음 대화를 희망하는 모습은[4] 이전과는 분명 차이나는 태도임을 알 수 있다. 즉, 북한도 현재의 비핵화 판이 깨진다면 다른 차원의 위기가 올 것임을 분명히 알고 있는 것이다.

한편, 북미 대화와 연계하여 이의 성패에서 가장 중요한 변수는 이행과 검증문제가 될 것이다. 사실 대화를 통해 협정문을 만들고 이에 서명한 후 이행을 다짐하는 것까지는 쉬운 과정이다. 앞서도 이야기 했었지만 이미 북한과 국제사회는 비핵화에 관련된 합의문에 여러 차례 서명했었다. 하지만 이 모든 합의들은 이행과 검증과정에서 모두 실패로 돌아갔다. 이로 인해 북한과 미

4) 『로동신문』 2019년 3월 1일자 기사에는 회담 결렬에 비방 대신 "경애하는 최고령도자동지께서는 트럼프대통령이 먼길을 오고가며 이번 상봉과 회담의 성과를 위하여 적극적인 노력을 기울인데 대하여 사의를 표하시고 새로운 상봉을 약속하시며 작별인사를 나누시였다."는 다음 만남에 대한 기대를 표현하는 내용을 보도하였다.

국은 서로에 대한 신뢰가 최악인 상태라고 볼 수 있다. 물론 그럼에도 대화를 꾸준히 이어가고 있는 것은 다행이지만 과거 경험으로 형성된 상호 불신은 이행과 검증 과정을 어렵게 할 것이다.

분명 미국은 북한의 핵과 미사일 관련 사항들을 현미경으로 들여다보며 하나도 놓치지 않고 싶어 할 것이다. 거기에는 현재는 핵 시설이나 무기폐기에 초점이 맞추어져 있지만 마지막에는 관련 기술자들과 자료들까지 포함시킬 것이다. 핵탄두나 미사일은 폐기되었다가도 사람과 자료만 있으면 언제든 다시 만들 수 있기 때문이다. 어쨌든 이에 맞서 북한은 어떻게든 하나라도 더 얻으려고 할 것이다. 소위 살라미 전술을 펼치며 미국이 요구하는 사안 대 사안으로 맞서며 이익을 극대화시키고 싶어 할 것이다.

그런데 가장 큰 문제는 북한이 미국의 요구를 받고 제시하는 것들이 진실된 것인가? 하는 것이다. 가령 미국이 핵탄두 개수를 밝힐 것을 요구하면 북한이 이를 정확히 보여주어야 되는데 과연 그럴 것인지? 그리고 정확히 밝혔다고 해도 이것이 맞는 것인지, 아닌지? 어떻게 증명하고 검증할 것인가? 하는 것이 비핵화의 핵심이 될 것이다.

사실 미국뿐만이 아니라 전 세계 어디도 북한이 어떠한 수준의 핵탄두를 몇 개 가지고 있는지? 어디에 보관하고 있는지? 아무것도 정확히 알고 있지 못하다. 지금 공개적으로 이야기되고 있는 것들은 추정치에 불과하다. 오로지 북한만 정확한 내용을 알고 있고, 이는 마음만 있다면 은폐가 가능하다는 의미이다. 상황이 이러면 상호 간의 단단한 신뢰감을 바탕으로 상대방이 내놓은 정보와 내용물을 믿을 수 있어야 하는데 현재 북미 간에 형성되

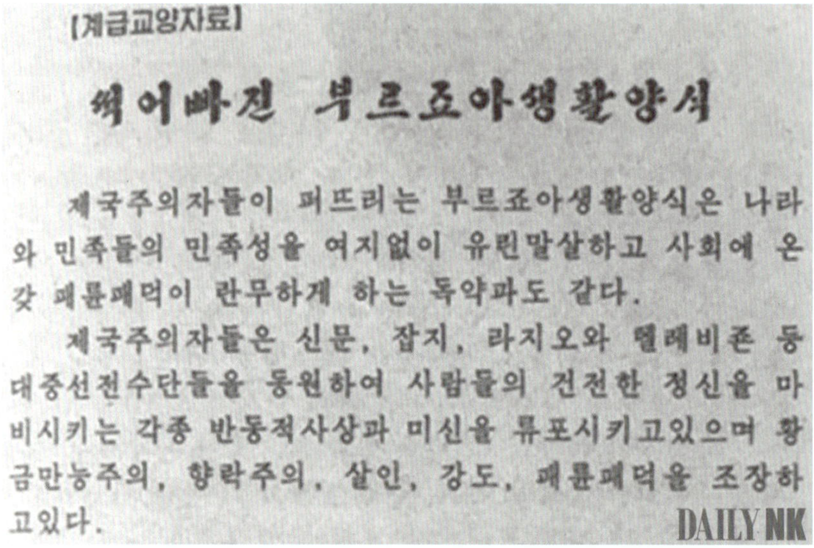

[계급교양자료]

썩어빠진 부르죠아생활양식

제국주의자들이 퍼뜨리는 부르죠아생활양식은 나라와 민족들의 민족성을 여지없이 유린말살하고 사회에 온갖 패륜패덕이 란무하게 하는 독약과도 같다.

제국주의자들은 신문, 잡지, 라지오와 텔레비죤 등 대중선전수단들을 동원하여 사람들의 건전한 정신을 마비시키는 각종 반동적사상과 미신을 류포시키고있으며 황금만능주의, 향락주의, 살인, 강도, 패륜패덕을 조장하고있다.

〈지난해 12월 세포위원장에게 배포된 강연자료. 주민들의 외부 정보 접근을 경계하고 있다. / 제공=데일리NK〉

어 있는 신뢰성으로는 어림도 없는 이야기이다.

미국은 자신들의 추정치와 차이가 크면 진실이 아니라며 강도 높게 북한을 압박할 것이고 북한은 이에 맞서 진실이라고 주장할 것이다. 서로 믿지 못하고 자신들만의 주장만 반복될 경우 어느 한쪽이 완전히 항복하지 않는 한 결과는 나오지 않고 싸움만 길어질 것이다. 그렇게 되면 비핵화 대화는 실패할 수밖에 없다. 그렇게 되면 앞서 이야기 했던 예측이 현실화 될 수도 있을 것이다.

그런데 성공적인 비핵화 이후 필연적으로 도래하게 될 개혁·개방 시대의 시장의 확대와 정보의 유입에 따른 주민들과 정권의 가치관의 충돌 또한 김정은 정권 성패를 가늠할 요소가 될 것이다. 1990년대 이후, 북한사회는 시장의 확대 및 그에 대한 정부의 통제가 반복되는 모습을 보였다. 그럼에도 불구하고 시장은 점차 북한사회에서 하나의 '제도'로서 자리 잡았고, 이에 따라 시장에서의 비공식적 네트워크와 정보의 공유 및 확산 그리고 중국 등지를 통한 외부정보가 교환, 확산되는 모습을 보이고 있다. 이는 분명 북한 주민들의 가치관을 변화시킬 수 있는 요인이지만 현재까지 북한정권은 이를 잘 관리하고 있다.

하지만 개혁·개방이 본격화 될 경우 지금까지 접했던 것들과는 다른 수준의 정보와 문화, 경쟁을 북한 주민들은 접할 수밖에 없을 것이다. 고난의 행군시기 탈북했던 이들 중 상당수는 체제에 대한 불만보단 생존이 목적이었다. 어떤 이는 탈북하기 전날 김일성 동상에 헌화하며 죄책감에 괴로워했다는 사람들도 있었다. 그런 그들이 탈북 후 중국에서 첫날 느낀 것은 별천지라는 것이었고, 다음 날에는 북한 당국에 속아 살아왔다는 것을 알게 되었고, 셋째 날부터는 자신을 속인 김일성, 김정일에 대한 분노가 치밀어 올랐다는 것이다.

물론 당시 북한주민들의 상황과 마음만 먹으면 언제든 한국 드라마와 영화, 문화를 즐길 수 있는 현재 주민들의 상황은 다르다. 그렇더라도 개혁·개방으로 북한에 정보유입이 본격화 되어 몰래 숨어서 제한적으로 듣고 보던 것들을 직접 눈앞에서 보고 접하게 된다면, 그리고 아직도 휴대전화 통화가 어렵다는 시골에도 평양 등의 대도시와 같은 수준의 정보가 전달된다면 과거 고난의 행군시기 탈북했던 사람들이 얼마 지나지 않아 느꼈던 체제에 대한 배신감을 지금의 주민들이라고 느끼지 말란 법이 없다. 국민들이

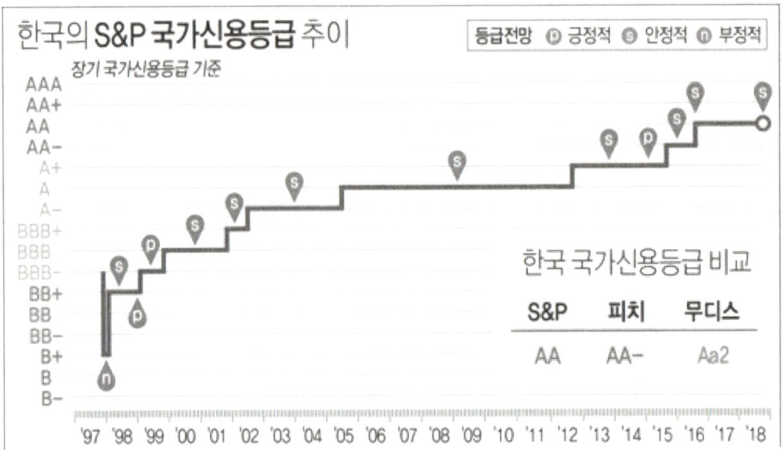

* 출처 : 『연합뉴스』 2018년 10월 30일

〈그림 Ⅳ-1〉 한국의 국가 신용등급 변화 추이

화나면 정권이 어떻게 되는지 우리의 지난 민주화 역사는 분명히 말해주고 있다.

북한 정권도 이를 분명히 알고 있다. 그렇기에 김정일은 개혁 · 개방이 아닌 선군정치를 택했고, 김정은은 2017년까지 대화보다는 핵과 미사일 개발에 매진했던 것이다.[5)] 즉, 김정은은 정권의 생존을 위해서는 개혁 · 개방이 반드시 성공해야 하고, 그에 따라 주민들에게 가해질 충격도 달래야 하는 과제가 주어졌다고 할 수 있다.

5) 김정은의 핵과 미사일 개발 노력은 결과론적인 이야기이지만 유리한 조건에서 개혁 · 개방을 추진하고 이의 본격화시 주민들에게 핵 강국이라는 자존감을 심어주며 이전까지 취했던 고립정책의 당위성을 설명하여 가해질 충격과 배신감을 감소시켜 주민들을 달래기 위한 것으로 보인다.

1 김정은 체제의 존속 가능성(존속, 변화, 붕괴?)

〈그림 Ⅳ-1〉은 국제 신용평가사 스탠더드앤드푸어스(S&P)가 평가한 한국의 국가신용등급의 변화 추이를 보여주고 있다. 이러한 평가결과는 여러 요인들을 종합적으로 검토해야겠지만 우리나라의 신용등급을 평가할 때는 북한의 상황이 중요한 검토사항으로 포함되어 있다.

그런데 김정은 정권에 들어서 신용등급의 상승 간격이 김정일 정권보다 줄어들었음을 알 수 있다. 심지어 전쟁 가능성이 심각하게 대두되었던 2017년조차도 안정적인 모습을 보이고 있다. 이것은 곧 현재 한반도의 전쟁가능성은 일부에서의 염려보다는 상당히 낮으며 김정은 체제가 탄탄하다는 것을 증명하는 것이다. 김정은 정권 초기에 제기되었던 우려와는 다르게 생존에 성공한 것이다.

물론 김정은 정권의 생존성공은 지금에야 말할 수 있는 결과론적인 이야기이지만 김정은 정권은 처음부터 실패할 확률이 매우 적었던 것이다. 김정일에서 김정은으로 세습할 수 있는 사상적 명분은 이미 김일성에서 김정일로 세습하며 만들어 놓았던 후계자론을 통해 만들어져 있었다. 그리고 김정일이 물려받을 때에 비하면 상당한 속성이긴 하지만 이미 북한은 세습을 해본 경험을 가지고 있었다.

김정일은 자신이 권력을 이양받으면서 무엇이 필요하고 불필요한지 너무 잘 알고 있었다. 김정일은 김정은에게 필요한 엘리트들을 사전에 붙여주었고 44년 만에 당대표자회를 개최하여 정식 절차를 통해 김정은을 등장시켰다. 그리고 공식적으로 등장시키기 전부터 당 간부들을 중심으로 김정은의 위대성 교육을 실시하였으며 자신의 현지지도 길에 동행시키며 후계수업을 직접 시키기도 하였고, 국가안전보위부장에 임명하여 실무경력을 쌓으며 고위층들을 통제할 수 있게 해주었다.

분명 김정일에 비해 후계수업 기간이 짧았던 것이 사실이지만 이미 후계를 위한 기본체계는 사전에 갖추어져 있었다. 그리고 지도자의 의지에 따라 일사분란하게 움직이는 체제의 특성상 아무런 저항 없이 국민들은 김정일이 선택한 김정은을 받아들일 수밖에 없었을 것이다. 우리는 몰랐지만 김정은 정권 생존 성공은 처음부터 정해져 있었던 것일 수도 있다.

하지만 앞으로도 그렇게 된다는 보장은 어디에도 없다. 북한은 언제든지 핵실험, 로켓발사 등 돌출행동을 할 수 있는 가능성을 가지고 있는 국가이다. 그리고 아무리 대외상황이 어려워도, 국민들 생활이 궁핍해도 국민들을 사상적으로, 시스템적으로 통제하여 다른 여론이 생성되는 것을 막고 김정은을 중심으로 단결시키는 것이 가능한 국가이다. 이것은 곧 김정은이 현재 추진 중인 비핵화를 접고 180도 다른 방향으로 국정을 운영하는 것이 언제든 가능함을 의미한다. 그러나 이러한 원위치 하기는 스스로 붕괴의 길로 걸어 들어가는 선택일 수 있다.

현재 북한은 변화를 모색하려고 한다. 2018년 이후의 행보는 분명 '우리식 사회주의'나 '자력갱생'을 강조하고 핵과 미사일을 매개로 국제사회와 대결만을 벌이던 모습에서 탈피하고 있는 것으로 보인다. 김정은은 자신의 자리를 보존하면서 북한 주민들의 먹고사는 문제를 해결하여 김정일의 목표였던 강성대국을 건설하고 싶어 하는 것이다. 이를 위해 김정은은 경제부분에 대한 변화를 시도하고 있는데 체제와 경제의 양립 성공이 불가능한 것은 아니다. 중국과 베트남이라는 성공적인 전례도 있다.

그러나 이러한 변화가 실패했을 경우에는 어떻게 될 것인가? 북한은 다시 고난의 행군시기로 돌아가야 할 것이다. 이 경우 김정은 정권 존립의 관건은 주민들이 다시 옛날로 돌아가는 것을 어떻게 받아들이느냐이다.

1990년대 고난의 행군을 극복한 주민들은 외부 정보에 어두웠었다. 당시 김정일이 현재의 어려움은 미국의 대북한 적대시 정책으로 인한 것이라고 거짓 선전선동을 해도 그대로 받아들일 정도였다. 하지만 지금 북한 주민들은 외부의 정보를 상당부분 획득하고 있고, 곳곳에 퍼져있는 시장을 통해 자본주의의 달콤함도 맛보고 있다. 어떻게 보면 김정은의 지금 모습은 지난 수령들의 정책과는 다른 방향성을 띄고 있는데도 불구하고 북한 주민들의 불만이 없는 것은 불만을 내비칠 수 없는 체제의 특성도 있겠지만 현재 김정은의 정책 방향성에 커다란 기대감을 가지고 있기 때문이다. 즉, 현재의 북한 주민들은 1990년대의 주민들과는 다른 인식을 가지고 있을 가능성이 크다. 그러므로 2019년 시도 중인 비핵화의 실패와 그에 따른 변화의 실패는 김정은 정권의 존립과도 밀접한 연관을 가질 수밖에 없다.

한편 생산적인 남북관계 형성·발전을 위해 꼭 짚고 넘어가야 할 문제가 있다. 우리가 정상적인 남북관계 변화를 위해 자체적으로 어떤 노력을 해야 하는가를 기존의 대북정책과 남북관계를 반면교사로 되짚어 보는 것은 남북관계 발전에서 시행착오를 줄이고 정책의 형성과 추진에 있어서 국민적 합의기반을 마련한다는 점에서 아주 중요하다.

한 진영이 일방적으로 주도하는 남북관계는 지속성을 유지할 수 없다는 문제점으로 인해 정상적인 남북관계의 형성을 위해서는 반드시 제고되어야 한다. 우리가 지난 이명박, 박근혜 정부로부터 얻을 수 있는 교훈은 김대중·노무현 정부의 대북정책 및 문제점들에 대한 심각한 고민 없이 정권의 성격에 따라 급격한 정책의 변화를 시도했다는 것이다.

이전 정부의 대북정책에 대한 전반적 검토 및 성찰 없이 급격한 정책 전환과 이전 정책들을 일방적으로 거부하는 것은 옳지 못하다. 이러한 일방적인 과거와의 단절은 상대와의 불신을 깊어지게 하고 다시 시작해야 할 때 그 노력을 몇 배나 늘게 할 뿐이다. 더욱이 통일 및 북한 문제에 대한 지나친 정치성 부여는 이것들에 대한 언급자체를 터부시하게 만들었고, 이는 대북정책과 통일에 무관심을 넘어 부정적인 인식을 심어주게 되었다.

남북관계 관련 정책의 수립과 추진에는 다른 분야와 마찬가지로 각 정권 특유의 성격이 반영된 어느 정도의 자율성이 보장되어야 하지만 정권이 바뀌어도 변하지 않는 지속성 또한 가져야 할 것이다. 이것은 양측의 관계·신뢰성 유지와 회복에 매우 중요한 것이다.

정책의 지속성 유지는 독일 통일의 예에서 충분히 배울 수 있다. 독일은 빌리 브란트의 동방정책을 보수정권이든 진보정권이든 정권의 교체와 상관없이 21년 넘게 유지했고 이는 통일의 원동력이었다.

그러므로 이제는 정권이 바뀔 때마다 변하는 정책대신 정부기관과 국민의 대표기관인 국회, 시민단체, 학계와 함께 방향성을 조율하여 통일과 대북정책에 대한 지속성을 유지할 수 있는 기본틀을 만들어야 할 것이다. 이는 통일 및 대북정책의 국민적 합의기반 형성에 중요한 역할을 할 것이고 정권교체로 발생하는 급격한 정책전환으로 인한 혼란과 단절도 예방할 수 있을 것이다.

또한 주변국들을 통일의 찬성자들로 만들어야 한다. 한반도를 둘러싼 미국, 일본, 중국, 러시아의 한반도 통일에 대한 생각은 각자의 국익에 따라 다를 것이다. 이는 독일 통일 당시에도 마찬가지였다. 그러나 독일은 미국, 소련, 영국, 프랑스 즉 통일의 열쇠를 쥐고 있던 국가들의 설득에 성공하여 통일을 이룰 수 있었다. 그러므로 우리도 미국, 일본, 중국, 러시아 등에게 한반도 통일이 그들 모두에게 왜 이익인지 설명할 준비를 철저히 해야 할 것이다.

지금까지 우리를 포함한 주변국들이 통일은 너무 위험하다는 인식을 가져왔던 것이 사실이다. 하지만 최근 들어 통일이 한반도 안정을 위한 유일한 장기적 해결책이라는 인식이 확산되고 있으며, 현재의 소모적인 대결 정책이 저비용 고효율의 방식이라는 것을 깨닫기 시작했다. 이는 또 다른 통일을 위한 국내외 정책을 새롭게 시작하는 데 아주 중요한 토대라는 것을 부정하기는 힘들다.

제3절 소결론

2019년 2월 27일. 미북간 하노이 회담 결렬은 많은 것을 생각하게 만든 사건이었다. 회담 성공에 대해서는 낙관적인 분위기가 지배적이었지만 양자 간에는 일절의 합의문도 없이 회담이 결렬됐다.

'북핵 폐기'는 그렇게 다시 원점으로 돌아왔다. 한반도 정세는 2018년을 기점으로 변화된 모습을 보이고 있던 것은 분명하다. 남북회담과 미북회담이 연이어 개최되었고, 북한의 핵 폐기에 따른 평화공존의 시대가 열리는 듯한 착시현상이 한반도를 휩쓸었다. 2019년 2월 하노이 회담 결렬과 2019년 7월 남북미 판문점 회동까지 진행되는 과정을 검토해 보면 북한이 핵 폐기라는 본질적 문제에서 점점 멀어지고 있다는 느낌을 지울 수 없다.

김정은이 2019년 정책 방향을 대내외적으로 선포하는 신년사를 보면 대내적으로는 사회주의 자력갱생 경제정책을, 대외적으로는 남북관계와 미북 관계개선에 대한 언급이 가장 많다. 그리고 김일성·김정일이라는 단어가 거의 등장하지 않았다. 이것은 '국가핵무력완성' 이후 북한이 김정은 체제가 독립적으로 일어섰다는 점을 의미한다. 또한 2019년 신년사에서 '사회주의'를 유독 강조하고 있는 부문도 눈여겨 볼 대목이다. '사회주의'를 강조했다는 점은 통제력을 강화하겠다는 의미이기 때문이다. 즉, 내부적으로 체제통제를 강화하면서 대미, 대남 정책을 펴나가겠다는 다소 '보수'적 정책 방향을 잡은 것으로 해석된다.

그리고 2019년을 미북 하노이 정상회담으로 시작했다. 2019년 2월 27일 18시 29분경 미북 정상은 하노이 소피텔 레전드 메트로폴 호텔로 전 세계의 시선을 모았다. 자세한 회담내용이 공개되지 않은 채 일방적인 결렬소식이 외신을 통해 세계로 전파됐다. 그리고 회담의 내용은 회담 이후 진행된 기자회견을 통해 전모가 드러났다.

트럼프 대통령은 미북간 비핵화에 대한 정확한 의미가 1년 전보다는 많이 가까워졌다고 언급했다. 특히, "우리는 북한을 속속들이 알고 있다."면서 북한의 기만전술에 속지 않는다는 사실을 간접적으로 내비쳤다. 반면, 북한 외무성 부상 최선희는 일종의 반론 기자회견에서 영변 핵시설 폐기를 중요한 카드로 들고 나왔음을 언급했다. 하지만 트럼프 대통령의 기자회견에서 이미 미국은 영변 이외의 지역에 대한 정보도 갖고 있고, 그 나머지 부분에 대한 폐기가 포함되어야 한다는 뉘앙스의 발언을 했다. 결국 북한 핵 폐기의 범위에서 미북간 이견이 좁혀지지 않은 것이 합의 결렬의 직접적인 원인이었던 것이다.

또한, 미북은 대북 제재 해제의 범위에서도 이견을 보인 것으로 나타났다. 트럼프 대통령은 북한이 모든 제재의 해제를 요구했다고 말했으나 최선희는 민생부분의 해제만 요구했다고 말했다. 일견 두 사람의 발언이 다른 것 같지만 최선희가 말했던 민생부분이라는 것도 경계가 모호하기 때문에 보는 시각에 따라서 전체 해제로 이해될 수 있는 부분이었다. 반면 북한의 핵 폐기 프로세스로 북한이 제시한 영변기설 폐기는 미국이 원하는 수준에 한참 못 미친 것이었다.

다만, 기자회견 말미에 트럼프 대통령은 북한이 '경제강국'이 되길 바란다거나 북한의 좋은 개발지역을 추천했다는 언급을 통해 미북 대화는 꾸준히 진행하겠다는 의사를 밝혔다. 그렇게 미북 하노이 회담이 결렬되고 5개월만인 7월 판문점에서 남북미 회동을 통해 다시 미북 회담이 진행됐지만 서로 기존의 입장을 확인하는 자리에 불과했다.

실질적인 조치에 대한 합의는 나오지 않았다. 그 자리에서 나온 실무회담을 이어간다는 합의에 따라 2019년 10월 5일 웃으며 시작한 미북 비핵화 실무협상이 결국 '비난전'으로 막을 내렸다. 미국측이 이날 싱가포르 1차 미북 정상회담에서 합의한 완전한 비핵화를 위한 로드맵 제시 요구 등 기존 입장을 고수하자 북측이 실무협상 결렬을 선언했다. 북한 김정은은 실무회담보다 2020년 대선 재선 도전에 마음 급한 트럼프 미국 대통령을 상대로한 담판을 통해 원하는걸 얻어내려는 벼랑끝 외교 전술을 구사하고 있다는 것이다.

우려스러운 점은 군사적 긴장을 완화하자며 '9.19 군사합의' 체결에도 불구하고 북한의 잇따른 미사일 발사 무력 도발 감행이다. 북한은 최근 잠수함 발사 탄도 미사일, SLBM 시험 발사를 포함 2019년에 11여차례나 탄도 미사일과 초대형 방사포를 시험하면서 한미정부를 압박했다.

북한은 미사일 발사의 명분으로 한미연합훈련 때문이라고 거론했지만 이미 기존 정상회담에서 통상적인 한미연합훈련에 대한 것은 양해하는 것으로 양측간에 합의가 이루어졌기 때문에 한미연합훈련을 핑계로 미사일 시험을 진행한 것은 결국 핵 무력 고도화를 위한 작업을 계속하겠다는 것에 다름 아니다. 특히 한미연합훈련 종료 이후에도 또다시 미사일을 발사했다는 점에서 북한의 의도는 미사일 기술의 고도화에 있다는 점이 분명하다.

우리가 여기서 명확히 짚어봐야 하는 것은 김정은 체제의 성격에 관한 것이다. 김정일의 사망으로 집권한 김정은 체제는 초기에 김정일 정권과 유사하면서도 차별화되는 점을 보였었다. 먼저 김정은 정권은 세습체제로서 김정일의 통치노선이었던 선군정치를 중심으로 대내외 정책을 펼쳐 나갔었다. 그리고 김정일의 선군사상을 강조하면서 이를 김일성의 주체사상과 같은 순수이데올로기 반열에 올려놓았다.[6] 이 같은 조치는 김정은 정권이 향후 김정일 정권과는 차별화되는 정책을 내세울 가능성을 높게 점치게 하였다.

실제로 김정은의 현지 지도는 초기에 군 관련 지도에 집중되었으나 시간이 지날수록 경제관련 시찰의 비율이 높아졌고 군 관련 시찰도 경제와 관련된 경우가 점차 늘어났으며 현재 김정은의 현지지도 장소와 양상은 김정일의 그것과 완전히 반대되는 모습을 보이고 있는 것이다. 국정운영의 중점을 경제로 서서히 변화시킨 것이다. 그리고 결국에는 2018년 4월 국가전략노선을 경제중심으로 변경하였다.

김정은이 이렇게 경제를 우선하는 국가전략노선을 선택한 것은 대내외 환경이 문을 닫아걸고 외부와 대결해서는 살아날 수 없을 정도로 급변하고 있기 때문이다.

6) 김근식(2014), pp. 69-71.

첫째, 대내적으로 북한에서 시장화의 비가역성이 점차 증대되고 있다. 김정일 정권에는 시장을 허용하면서도 국가가 이를 통제하는 전략을 사용했지만,[7] 김정은 정권에는 국가가 더 이상 시장을 통제할 수 없을 정도로 시장화가 급격히 진행되고 있다. 실제로 주민들은 시장에서 생활에 필요한 모든 물자들을 조달하면서 생계도 해결하고 있고 북한의 관료들도 시장의 돈주를 비롯한 세력들과 결탁하여 경제적 이익을 얻고 있다. 이미 경제운영체제로서 시장이 계획부문을 대체했다는 관측도 나오고 있다.

둘째, 외부로부터의 정보유입이 확대되고 있다. 북한 주민들은 인터넷은 사용할 수 없지만 시장에서 불법으로 유통되는 DVD나 USB를 통해 남한의 드라마·영화, 노래들을 접하고 있다. 황해남북도, 강원도 및 평양과 같이 남한과 가까운 지역에선 안테나만 조정해도 남한 TV 시청 및 라디오 청취가 가능한 것으로 알려졌다.[8] 정보유입에 따라 북한 주민들의 의식에도 변화가 발생하고 있으며, 북한 주민의 40%를 차지하는 젊은 층을 중심으로 사상보다는 물질을 중요시하는 풍조가 널리 퍼져 있는 것으로 전해진다.[9] 이 같은 시장화와 정보화에 따른 북한 주민들의 의식 변화는 김정은 정권이 경제발전에 보다 신경을 써야만 하게 만드는 대내적 요인으로 작용하고 있다.

셋째, 북한의 대외환경이 북한의 핵 보유에 대해 관용적이지

7) 2009년 실시했던 화폐개혁에 대해 주민들이 반발하자 김영일 내각총리가 사과했다는 점은 이미 시장화가 되돌릴 수 없을 정도로 진행되었음을 보여준다.
8) 『데일리NK』, 2014년 5월 30일.
9) 조동호(2013), p. 44.

않다. 먼저 미북관계를 살펴보면 미국은 북한과의 비핵화 대화가 실패할 경우 앞서 설명했듯 군사적 방법을 포함한 기존 제재와는 다른 차원의 대북제재방안을 마련하고 있다.

더구나 전 세계를 대상으로 비핵화를 하겠다고 선언했는데 다시 옛날로 돌아간다고 하면 중국마저도 북한을 두둔하는데 엄청난 부담을 가질 수밖에 없다. 그리고 현재 남북대화에 적극적으로 나서며 미북간의 중재자 역할도 수행하고 있는 한국정부도 더 이상은 북한과의 대화 및 교류에 나설 수 없게 될 것이다.

상황이 이렇게 되면 북한이 교류할 수 있는 국가는 일본과 러시아 정도다. 하지만 일본은 미국의 심기를 건드릴 수 있는 나라가 아니며 국제사회에서 미국과 항시 대립하고 있는 러시아조차도 국제사회의 비핵화에 대한 엄격한 기준을 무시하고 미국과의 관계를 악화시키면서까지 북한과의 관계개선에 나설 수는 없을 것이다.

미국은 미북 대화에서 누군가가 영향력을 행사하려는 것을 매우 싫어하며 그런 나라에 대한 압력행사도 불사하고 있다. 2018년 미북 대화가 교착에 빠질 때마다 중국 배후설을 내세우며 다른 국가의 개입에 매우 민감한 반응을 보인 것에서 이는 쉽게 알 수 있다.[10)]

이 같은 대내외적 환경은 김정은 정권이 다시 핵 개발을 시도할지 액면 그대로 경제개발에 초점을 맞출지 정확한 판단이 요구되는 시점이다. 분명한 것은 북한과 미국 모두 대화를 원하고 있

10) 『연합뉴스』 2018년 5월 23일; 『중앙일보』 2018년 7월 10일; 『헤럴드경제』 2018년 8월 17일.

지만 목표 지향점이 다르다는 점이다. 그 와중에 우려되는 것은 미북 양자가 북한의 핵 폐기를 어느 정도 동결하는 수준에서 경제제재의 일정부분을 해제하는 경우다. 이러한 상황이 오면 북한은 비공식적으로 핵보유국의 지위를 얻게 되기 때문에 남북관계에서 우리에게 '갑질'할 가능성이 더욱 높아진다.

이와 관련 태영호 전 영국 공사는 북한의 핵 폐기는 사실상 불가능할 것으로 전망했다. 태영호 공사는 최근 일본 마이니치신문과의 인터뷰에서 북한 비핵화 문제를 다루는 미북 간 협상에 대해 '핵 보유국끼리의 핵 군축 협상'이라고 정의했다. 그리고 우려되는 부분이 미북간 핵 협상이 핵 보유국끼리의 핵 군축 협상으로 방향 전환하는 것이라고 지적했다. 실제로 그러한 상황이 오면 우리가 실질적으로 개입하거나 참가할 명분이 사라진다.

실제로 요즘 한반도 정세를 보면 미국과 북한밖에 보이지 않는다. 단적인 사례가 2019년 6월 30일 미 트럼프와 북한 김정은의 판문점 회동이다. 판문점 회동에서 미북간 단독회담이 53분간 진행됐으나 문재인 대통령은 그 자리에 없었다. 김정은이 우리측 지역으로 넘어올 때 환영을, 다시 북측 지역으로 넘어갈 때 환송해 준 게 전부다. 이것이 중재자의 역할인가? 그리고 북한은 대놓고 문재인 대통령을 비롯한 고위급 인사들에 대한 막말을 쏟아냈다. 이른바 '통미봉남'이 재현되고 있다. 코리아 패싱현상이 남북관계에서도 나타나게 된 것이다.

현재 북한의 완전한 비핵화와 관련한 미북합의와 남북합의도 거의 지켜지지 않았다. 국가 전략 노선을 경제 중심으로 변경한 김정은은 미북협상 결과가 북한 경제 발전에서 획기적인 전환점이 될 수 있기 때문에 극도의 긴장감을 갖고 대응하고 있다.

최근 김정은은 백두산 백마 등정에 이어 삼지연군 건설장을 답사하고 금강산 관광지구를 찾았다. 여기서 김정은은 금강산 관광지구 사업을 전면적으로 개편할 것을 선포했다. 특히 "선임자들의 잘못된 정책으로 10여 년간 방치되어 흠이 남았다고 국력이 여릴적에 남에게 의존하려 했던 선임자들의 의존정책이 매우 잘못되었다"고 예전에 금강산 관광사업 관계자들을 전반적으로 비판했다. 향후 김정은의 대남정책 방향을 엿볼 수 있게 하는 대목이다. 김정은은 금강산 내 남측 시설 철거와 전면적인 금강산 관광지구 재편 작업을 지시했다. 김정은의 이 같은 지시는 남북 평양공동선언 합의에 정면으로 어긋나는 것이며, 남측 현대 아산과의 계약위반이다.

현대아산은 2002년 북한 조선아태평화위원회와 금강산 관광지구 50년간 독점 개발 계약을 체결했으며 사업권 비용도 4억8,000만 달러(약5,300억원)가 투입 됐다. 이 번 김정은의 금강산지구 현지 지도는 김정은식 대남정책과 대미 정책을 반영한 것으로 보였다. 미국 트럼프 대통령은 지난 싱가포르 회담에서 북한에게 더 밝은 미래를 보장해 줄 경제적 보상 차원에 대해 언급했었다. 그런 의미에서 향후 미북 협상에서 트럼프의 충고를 어느 정도 수용했다는 명분을 갖게된 측면이 있다. 반면 힘의 대결에서 '핵보유국'의 자신감을 바탕으로 남한과의 관계에서 자신들의 주도권을 확실히 선포한 측면이 있다. 북한은 핵을 포기하지 않을 것이며 핵을 통해 대남 관계에서의 우월적 지위를 점차 현실화 할 가능성이 높다. 그런 측면에서 향후 한반도 정세가 그리 밝지 못하다.

참고문헌

1. 국내문헌

고유환. "중소 분쟁과 북한의 유일사상체계 형성." 『북한연구』 제6권 3호. 대륙연구소, 1995년 가을호.

______. "북한 사회주의체제의 구조적 위기와 김정일정권의 진로." 『한국정치학회보』 제30권 2호 (1996).

______. "김정은 후계구축과 북한 리더십 변화 : 군에서 당으로 권력이동." 『한국정치학회보』 제45집 5호 (2011).

고유환 엮음. 『로동신문을 통해 본 북한 변화』. 서울 : 선인, 2006.

곽인수. "조선노동당의 당적 지도에 관한 연구." 경남대학교 북한대학원 석사학위논문 (2003.

구본학. "북한의 3차 핵실험과 우리의 대책." 『안보현안분석』 Vol. 80. 국방대학교 국가안전보장문제 연구소, 2013.

국토통일원 엮음. 『북한 최고인민회의 자료집 22』. 국토통일원, 1988.

권만학. "탈 국가 사회주의의 여러 길과 북한 : 붕괴와 개혁." 『북한정치학회보』 제35권 4호 (2001).

권영경. "김정은 시대 북한 경제정책의 변화와 전망." 서보혁 · 김일한 · 이지순 엮음. 『김정은에게 북한의 미래를 묻다』. 서울 : 선인, 2014.

길영환 지음 · 이원웅 옮김. 『남북한 비교정치론』. 서울 : 문맥사, 1988.

김갑식. "탈냉전기 동북아 질서와 북한의 남북관계에 대한 인식." 『한국정치연구』 제19집 3호 (2010).

______. "권력구조와 엘리트." 장달중편. 『현대 북한학 강의』. 서울 : 사회평론, 2013.

______. "김정은 정권의 수령제와 당 · 정 · 군 관계." 『한국과 국제정치』 제30권 1호 (2014).

김경민. “김정일 최측근의 2세들로 세습귀족 오극렬의 아들 오세현 등 2개라인.” 『주간조선』. 2012년 7월 2일.

김경수. “김정일시대 이후 북한의 대외정책 : 중국 · 러시아와의 관계를 중심으로.” 『한국정치외교사논총』. 제25집 2호 (2004).

김계동. 『북한의 외교정책 : 벼랑에 선 줄타기외교의 선택』. 서울 : 백산서당, 2002.

______. 『북한의 외교정책과 대외관계 : 협상과 도전의 전략적 선택』. 서울 : 명인문화사, 2012.

김광용. “북한 ‘수령제’정치체제의 구조와 형성에 관한 연구.” 한양대 정치외교학과 박사학위논문 (1995).

김근식. “북한 발전전략의 형성과 변화에 관한 연구 : 1950년대와 1990년대를 중심으로.” 서울대학교 정치학과 박사학위 논문 (1999).

______. “김정은시대 북한의 정치.” 『평화학연구』 제14권 3호 (2013).

______. “김정은 시대의 김일성-김정일주의 : 주체사상과 선군사상의 추상화.” 『한국과 국제정치』 제30권 1호 (2014).

김근식 · 이무철. “북한의 선군 정치와 강성대국론 : 자료 해제와 연구 동향.” 『통일문제연구』 제19권 2호 (2007년).

김구섭 · 고성윤 · 서주석. 『북한 군부의 위상과 대내외 정책 전망』. 서울 : 국방연구원, 1997.

김동수 · 김장호. “오바마 2기 행정부의 대북한 정책 전망.” Online Series CO 12-41. 통일연구원, 2012.

김승만. “최고인민회의 대의원 선거의 분석과 전망.” 『북한』 제321호. (1998년. 9월호).

김수민. “북한의 권력구조 변화와 정치적 함의 : 헌법개정의 변화를 중심으로.” 『통일전략』 제4권 1호 (2004).

김연철. 『북한의 산업화와 경제정책』. 서울 : 역사비평사, 2001.

김영재. “국가성격 변화와 대외관계 : 탈냉전기 북한 대외정책의 변화.” 최완규 엮음. 『북한의 국가성격 변용에 관한 연구 : ‘예외국가’의 공고화』. 서울 : 한울아카데미, 2001.

김용현. "북한의 군사국가화에 관한 연구." 동국대학교 대학원 정치학과 박사학위논문 (2001).

김일기. "김정은 시대 북한의 권력이동 : 당 중앙군사위원회와 국방위원회를 중심으로."『한국동북아논총』 제65호 (2012).

김정용. "탈냉전시기의 북한의 대 서유럽접근 : 국내외적 환경 및 의도."『한국정치외교사논총』 제26집 2호 (2005).

김주환. "해방 후 북한의 인민민주주의혁명과 사회주의 혁명." 김남식 외.『해방전후사의 인식 5』. 서울 : 한길사, 1989.

김진환. "김정은 시대 지배이데올로기의 특징과 전망." 서보혁 · 김일한 · 이지순 엮음.『김정은에게 북한의 미래를 묻다』. 서울 : 선인, 2014.

김창근. "북한의 위기와 김정일정권의 변화수용 방식 연구."『통일정책연구』 제8권 1호 (1999).

김창희. "북한의 체제유지정책과 강성대국론."『한국정치외교사논총』 제21집 2호 (2000).

남진수. "북핵실험을 바라보는 러시아의 시각."『국정브리핑』. 국정홍보처, 2006년 10월 29일.

니키타 세르게예비치 흐루시초프 지음 · 박상철 옮김.『개인숭배와 그 결과들에 대하여 : 소련 사회주의 체제 최초의 균열, 흐루시초프의 비밀 연설』. 서울 : 책세상, 2006.

박길용 · 김국후.『김일성 외교비사』. 서울 : 중앙일보사, 1994.

박명규 외.『북한 김정은 후계체제 : 구축과정, 엘리트, 정책, 안정성』. 서울 : 서울대학교 통일평화연구원, 2011.

박영규.『김정일 정권의 외교전략』. 서울 : 통일연구원, 2002.

박영자. "북한의 중앙국가기관 : 체계와 운영." 세종연구소 북한연구센터 엮음.『북한 당 · 국가기구 · 군대』. 파주 : 한울아카데미, 2007.

박완신.『신북한행정론』. 서울 : 지구문화사, 2002.

박정민. "푸틴 이후 러시아의 대외정책과 대북정책."『북한연구학회보』 제14권 1호 (2010).

______. “김정은 시대의 대러시아 정책 : 지속과 변화.” 『현대북한연구』 제16권 3호 (2013).

박형중. 『북한의 경제관리체계 : 기구와 운영 · 개혁과 변화』. 서울 : 해남, 2002.

______. “북한의 ‘6.28 방침’은 새로운 개혁개방의 서막인가?” Online Series CO 12-31. 통일연구원, 2012.

______. “김정은 통치연합의 출범과 특징.” Online Series CO 12-18. 통일연구원, 2012.

______. “북한의 ‘새로운 경제관리체계(6 · 28조치)’의 내용과 실행 실태.” 『KDI 북한경제리뷰』. 10월호 (2013).

박형중 외. 『김정일 시대의 북한의 정치체제』. 통일연구원, 2004.

박홍서. “탈냉전기 중미간 ‘협조체제’의 출현? : 9.19 공동성명 후 북핵문제에 대한 중미간 협력.” 『국제정치논총』 제47집 3호 (2007).

방정배. “북한 선군정치하의 당 · 군관계.” 영남대학교 대학원 정치외교학과 박사학위논문 (2004).

백남운 저 · 방기중 해제. 『쏘련인상』. 서울 : 선인, 2005.

배정호 외. 『아베정권의 대외전략노선과 대북전략』. 통일연구원, 2007.

백성호. “국가수립기 북한 외교의 특징 연구 : ‘후견-피후견 국가관계’의 시각을 중심으로.” 『북한연구학회보』 제9권 2호 (2005).

______. “김정일시대 북한의 대유럽외교정책 연구 : 대내 · 외 환경요인(1998-2002) 분석을 중심으로.” 『유럽연구』 제25권 1호 (2007년 봄).

백학순. “대남전략과 대외전략.” 정성장 · 백학순 공저. 『김정일 정권의 생존전략』. 성남 : 세종연구소, 2003.

______. “북 · 미 관계.” 세종연구소 북한연구센터 엮음. 『북한의 대외관계』. 파주 : 한울, 2007.

______. 『북한 권력의 역사 : 사상 · 정체성 · 구조』. 서울 : 한울 아카데미, 2010.

북한 사회과학원 철학연구소 지음. 『북한 주체철학 철학사전』. 서울 :

도서출판 힘, 1988.

빅터 차 · 데이비드 강 지음, 김일영 옮김. 『북핵퍼즐』. 서울 : 따뜻한 손, 2007.

서대숙. 『현대 북한의 지도자 : 김일성과 김정일』. 서울 : 을유문화사, 2000.

서대숙 저 · 서주석 역. 『북한의 지도자 김일성』. 서울 : 청계연구소, 1990.

서동만. 『북조선 사회주의체제 성립사 : 1945-1961』. 서울 : 선인, 2005.

서보혁. "윌츠의 제3이미지와 북한의 대미정책." 『북한연구학회보』 제15권 2호 (2011).

______. "김정은 정권의 대외정책 : 갈등과 협력의 조화 혹은 엇박자." 『김정은에게 북한의 미래를 묻다』. 서울 : 선인, 2014.

성병욱. "북한 외교정책의 변화 추이 : 국제정세의 변화를 중심으로." 『국제정치연구』 제12집 1호 (2009).

신광민. "북한 정치사회화 과정에서의 군의 역할." 동국대학교 대학원 북한학과 박사학위논문 (2003).

신석호. "사회주의 국가의 경제위기와 대응의 정치학 : 1990년대 북한과 쿠바 사례 비교." 『현대북한연구』 제11권 1호 (2008).

스즈키 마사유키 지음 · 유영구 옮김. 『김일성과 수령제 사회주의』. 서울 : 중앙일보사, 1994.

양무진. "주체사상과 선군사상 : 지배이데올로기의 변화 가능성." 『한국과 국제정치』 제24권 3호 (2008).

양문수. "북한경제 침체 매카니즘의 형성 : 1971-1986." 제4회 고려대학교 북한학연구소 정기세미나 발표문 (2002년 11월 18일).

______. "김정은 시대 경제정책의 변화 가능성 : 새로운 '경제관리방법'을 중심으로." 『한국과 국제정치』 제30권 1호 (2014).

______. "소유제 변화 없는 시장화 정책." 윤대규 엮음. 『북한 체제전환의 전개과정과 발전조건』. 파주 : 한울아카데미, 2008.

연현식. "러시아의 대북정책 변화와 전망." 『통일연구』 제13권 1호 (2009).

와다 하루끼 지음, 서동만 · 남기정 옮김. 『북조선-유격대국가에서 정규군 국가로』. 서울 : 돌베개, 2002.

오경섭. "김정은 정권의 핵심집단(essentials) 분석 : 특성과 응집력을 중심으로." 통일 · 외교 정책연구과제 (2012년 4월).

______. "김정은 정권의 핵심집단(essentials) 분석 : 특징과 응집력을 중심으로." 『신진연구논문집』. 통일부, 2012.

______. 『정치엘레트 응집력과 김정은 정권 안정성』. 성남 : 세종연구소, 2013.

윤진형. "김정은 시대 당 중앙군사위원회와 국방위원회의 비교연구 : 위상 · 권한 · 엘리트 변화를 중심으로." 『국제정치논총』 제53집 2호 (2013).

이교덕. 『김정일 현지지도의 특성』. 서울 : 통일연구원, 2002.

______. 『북한의 후계자론』. 서울 : 통일연구원, 2003.

이교덕 외. 『북한체제의 분야별 실태평가와 변화전망 : 중국의 초기 개혁개방과정과의 비교분석』. 통일연구원, 2005.

이규창. "김정일 사망 전후의 북한 법제정비 의미와 특징." Online Series CO 12-09. 통일연구원, 2012.

이기동. "김정은의 권력승계 과정과 권력구조." 『북한연구학회보』 제16권 2호 (2012년 겨울).

이기완. "민족주의적 국가전략을 통해 본 아베 내각의 대외정책과 동향." 『국제정치연구』 제16집 1호 (2013).

이기현. "북한의 제3차 핵실험과 중국의 대북정책 변화 가능성." Online Series CO 13-06. 통일연구원, 2012.

이무철. "북한의 국가경제기관." 세종연구소 북한연구센터 엮음. 『북한의 당 · 국가기구 · 군대』. 파주 : 한울아카데미, 2007.

이상근. "북한체제의 지속과 변화 : 김정일시대 '조정체제'형성에 관한 연구." 연세대학교 대학원 정치학과 박사학위 논문 (2010).

이상숙. "북한 김정은 체제의 구축과 당 · 군 관계 변화." 『2012년 정책연구과제 1』. 국립외교원 외교안보연구소, 2013년 2월.

이수형. “한 · 미 연합방위체제의 구조조정방안 모색” 『국제정치논총』 제40집 3호 (2000).

이영권. “김정은 체제 조선노동당 정책의 평가와 전망.” 『북한학연구』 제9권 1호 (2013년 8월).

이영권 인용글, p.128 (“김흥광 NK지식인연대 대표 기고 : 탈북자 재입북 회견 ‘숨겨진 사실들’」,” 『세계일보』, 2013년 1월 29일).

이영종. “김정일 공포정치 … 총탄 99발로 류경 처형.” 『중앙일보』. 2011년 6월 17일.

이정철. “북한 GNI에 대한 한국은행 통계의 의문점과 북한경제 성장률 재론.” 『현안진단』 207호. 서울 : 새로운 코리아구상을 위한 연구원, 2012년 2월 14일.

이종석. 『조선노동당연구』. 서울 : 역사비평사, 1995.

______. 『북한–중국관계 1945–2000』. 서울 : 중심, 2000.

______. 『새로 쓴 현대북한의 이해』. 서울 : 역사비평사, 2000.

______. “북한외교의 변화와 남북한관계.” 『외교』 제54호 (2000).

이찬행. 『김정일』. 서울 : 백산서당, 2001.

이창헌. “김정일시대 북한의 공세적 대남전략 : 한미동맹관계에 대한 대응을 중심으로.” 『정치 · 정보연구』 제14권 2호 (2011).

임강택 통일연구원 선임연구위원.“열린세상–장거리 로켓 발사, 김정은 체제1년의 결산.” 『서울신문 인터넷판』. 2012년 12월 14일.

임수호. “김정은체제 분석과 전망.” 『코리아연구원 특별기획』 제40호. 서울 : 새로운 코리아구상을 위한 연구원, 2012.

임영태 지음 · 고유환 감수. 『북한 50년사 1부』. 서울 : 들녘, 1999.

임재형. “탈냉전기 북한외교정책의 변화요인과 대응전략 : 김정일시대를 중심으로.” 『국제정치논총』 제41집 4호 (2001).

장달중. “중앙시평 : 남방정책 대 북방정책.” 『중앙일보』. 2011년 1월 13일.

장용훈. “위폐에서 마약까지 ... 북한 고위층 2세모임 ‘봉화조’.” 『연합뉴스』. 2011년 4월 17일.

장학봉 외. 『북조선을 만든 고려인 이야기』. 서울 : 경인문화사, 2006.

전성훈. “한반도의 핵문제와 군비통제 : 한반도 군비통제의 여건변화를 중심으로.” 『탈냉전기 한반도의 전쟁과 평화문제』. 제20회 국내학술대회 발표논문집. 민족통일연구원, 1996.

______. “3차 핵실험 이후 북한의 핵정책 : 분석과 전망.” Online Service CO 13-05. 통일연구원, 2013.

전지명. 『역대정부의 안보정책』. 서울 : 삼영사, 2024.

정규섭. “외교와 생존전략.” 『김정일과 북한의 정치 : 어제 오늘 그리고 내일』. 서울 : 선인, 2010.

정성임. “북러관계.” 세종연구소 북한연구센터 엮음. 『북한의 대외관계』. 파주 : 한울아카데미, 2007.

______. “김정은 정권의 제도적 기반 : 당과 국가기구를 중심으로.” 『통일정책연구』 제21권 2호 (통일연구원, 2012).

정성장. “김정일의 선군정치 : 논리와 정책적 함의.” 『현대북한연구』 제4권 2호 (2001).

______. “김정일 시대 북한의 ‘선군정치’와 당 · 군 관계.” 『국가전략』 제7권 3호 (2001).

______. “조선노동당의 위상과 역할.” 세종연구소 북한연구센터 엮음. 『북한의 당 · 국가기구 · 군대』. 파주 : 한울아카데미, 2007..

______. “김정은 후계체제의 공식화와 북한 권력체계 변화.” 『북한연구학회보』. 제14권 2호 (2010년 겨울).

______. 『현대 북한의 정치 : 역사 · 이념 · 권력체계』. 서울 : 한울, 2011.

______. 『김정은 시대 북한 최고인민회의 상임위원회의 위상과 역할』. 성남 : 세종연구소, 2014.

______. “[‘김정은 체제’ 3년] 구세대 권력 실세 숙청 ‘공포정치’로 빠르게 내부 장악.” 『경향신문』. 2014년 12월 14일.

정성철. “관심전환 전쟁이론 : 논리와 증거.” 『한국정치학회보』 제47집 4호 (2013).

정영철. “김정은 체제의 출범과 과제 : 인격적 리더십의 구축과 인민생활 향상." 『북한연구학회보』 제16권 1호 (2012년 여름).
정영태. 『김정일 체제하의 군부역할 : 지속과 변화』. 서울 : 민족통일연구원, 1995.
______. "김정은 체제의 대남정책과 남북관계 전망." 『김정은 체제 출범 이후 북한의 미래 전망』. 국가안보전략 연구소 학술회의 발표문 (2012년 4월 23일).
정은숙. "북한의 핵실험에 대한 러시아의 입장." 『정세와 정책』 7월호 (2009).
정욱식. 『오마바의 미국과 한반도』. 서울 : 리디앙미디어, 2009.
정창현. 『인물로 본 북한현대사』. 서울 : 민연, 2002.
______. 『곁에서 본 김정일』. 서울 : 토지, 1999.
______. "김정은 시대 북한의 권력구조와 정책 전망." 『EAI Issue Briefing』 No. MASI 2012-03. 서울 : 동아시아연구원, 2012.
정한구. "북한 핵무기와 러시아." 『세종논평』 No. 68. 성남 : 세종연구소, 2006년 12월 15일.
제성훈. "3기 푸틴 정부의 동아시아 정책." 『내일을 여는 역사』 제49호 (2012).
조동호. "경제 · 핵 병진노선의 의미와 김정은 시대의 경제정책 전망." 『국가전략』 제19권 4호 (2013).
조정원. "푸틴3기 정부 1년의 동아시아 외교정책과 한반도." 『아태연구』 제20권 2호 (2013).
조한범. "김정은정권 권력재편과 위기요인 진단." Online Series CO 12-23. 통일연구원, 2012.
중앙일보 특별취재반. 『비록 조선민주주의 인민공화국 상』. 서울 : 중앙일보사, 1993.
________________. 『한반도 절반의 상속인』. 서울 : 중앙일보사, 1994.
즈비그뉴 브레진스키 · 김명섭 역. 『거대한 체스판』. 서울 : 삼인, 2000.
진창수. "북일 합의는 어디까지 진전될 것인가." 『정세와 정책』 10월호. 성남 : 세종연구소, 2014.

진희관. "북한에서 '선군'의 등장과 선군사상이 갖는 함의에 관한 연구." 『국제정치논총』 제48집 1호 (2008).

진희관 · 신지호. "북한의 경제관리 방식과 김정일체제의 경제정책 변화." 고유환 엮음. 『로동신문을 통해 본 북한 변화』. 서울 : 선인, 2006.

차두현. "북한 당 · 군 관계의 변화과정 : 변화의 동인과 그 의미." 연세대학교 대학원 정치학과 박사학위 논문 (2006).

최명해. 『중국 · 북한 동맹관계 : 불편한 동거의 역사』. 서울 : 오름, 2009.

최원기 · 정창현. 『남북정상회담 600일』. 서울 : 김영사, 2000.

최정우. "북한의 탄도미사일 개발에 관한 연구." 동국대학교 일반대학원 북한학과 석사학위 논문 (2013).

통일부. 통일통계-남북교역 참조. http://www.unikorea.go.kr/index.jsp.

통일부 정세분석국. 『2013 북한 주요인사 인물정보』. 통일부, 2013.

통일부 정세분석국 정치군사분석과. 『김정은 3대 세습 과정에서의 노동당 역할 평가와 전망』. 통일부, 2011.

통일부 통일교육원. 『북한 이해 2011』. 통일부, 2011.

통일연구원. 『김정일 정권 10년 : 변화와 전망』. 통일연구원, 2004.

한승호 · 이수원. "김정은 시대의 새로운 구호 '김정일애국주의' 의미와 정치적 의도." 『국방정책연구』 제29권 2호 (2013년 여름).

허정호. 『위대한 수령 김일성동지께서 령도하신 조선인민의 정의의 조국해방전쟁사 1』. 평양 : 과학백과사전종합출판사, 1993.

현성일. "북한노동당의 조직구조와 사회통제체계에 관한 연구 : '당의 유일사상체계확립의 10대 원칙;을 중심으로." 한국외대 석사학위 논문 (1999).

______. 『북한의 국가전략과 파워엘리트』. 서울 : 선인, 2007.

형혁규 · 김갑식. "북한의 은하3호 발사의 배경과 전망." 『이슈와 논점』 제581호. 국회입법조사처, 2012년 12월 18일.

황지환. "제2차 북한 핵위기의 세가지 이야기." 『통일과 평화』 창간호. 서울 : 서울대 통일평화연구소, 2009.

______. “김정은 시대 북한의 대외전략 : 지속과 변화의 ‘병진노선’.” 『한국과 국제정치』 제30권 1호 (2014).

홍성후. “김정일과 김정은의 통치 스타일 비교.”『한국동북아논총』 제67권 (2013).

______. “일본 아베 정부의 보수 우경화 원인 분석.” 『한국동북아논총』 제70호 (2014).

홍우택. “중국에 거는 기대와 한계.” Online Series CO 13-07. 통일연구원, 2013.

후지모토 겐지 저 · 신현호 역. 『김정일의 요리사』. 서울 : 월간조선사, 2003.

KOTRA. 『2010 북한의 대외무역 동향』. KOTRA, 2011.

______. 『2013 북한의 대외무역동향』. KOTRA, 2014.

『경향신문』.

『광주매일신문』.

『뉴시스』.

『데일리NK』.

『동아일보』.

『마이니치』.

『서울신문』.

『신동아』.

『연합뉴스』.

『열린북한통신』.

『조선일보』.

『조선중앙TV』.

『중앙 SUNDAY FOCUS』.

『한국일보』.

『NK Chosun』.

『북녘마을』.

2. 북한문헌

김덕현. "인민군대는 조국과 인민의 보위자이며 사회주의 건설의 적극적인 참가자이다." 『근로자』 11월호 (1986).

김봉호. 『위대한 선군시대』. 평양 : 평양출판사, 2004.

김유민. 『후계자론』. 출판지 불명 : 신문화사, 1984.

김일성. "국가활동의 모든 분야에서 자주, 자립, 자위의 혁명정신을 더욱 철저히 구현하자." 조선노동당중앙위원회 직속 당력사연구소. 『김일성 저작선집 4(1964.1-1967.12)』. 평양 : 인민출판사, 1971.

_____. "현정세와 우리당의 과업 (1966.10)."조선노동당중앙위원회 직속 당력사연구소. 『김일성 저작선집 4(1964.1-1967.12)』. 평양 : 인민출판사, 1971.

_____. "인민군대내에 조선노동당 단체를 조직할데 대하여-조선노동당 중앙위원회 정치위원회에서 한 결론(1950년 10월 21일)." 『김일성 저작집 6』. 평양 : 조선노동당출판사, 1980.

_____. "현정세와 우리당의 과업." 『김일성저작집 20』. 평양 : 조선노동당출판사, 1982.

_____. "간부들속에서 당의 유일사상체계를 세우며 혁명화하기 위한 사업을 강화할데 대하여." 『김일성저작집 21』. 평양 : 조선노동당출판사, 1983.

_____. "당사업을 개선하며 당 대표자회 결정을 관철할 데 대하여 (1976. 03)." 『김일성 저작집 21』. 평양 : 조선노동당출판사, 1983.

_____. "조선노동당 창건 30돐에 즈음하여." 『김일성저작집 30』. 평양 : 조선노동당출판사, 1985.

_____. "조선노동당 제6차대회에서 한 중앙위원회 사업총화보고." 『김일성저작집 35』. 평양 : 조선노동당출판사, 1987.

_____. "주체사상의 기치를 높이 들고 사회주의건설을 더욱 다그치자." 『김일성저작집 33』. 평양 : 조선노동당출판사, 1987.

______. "조선노동당 건설의 력사적 경험 (김일성고급당학교 창립 40돐에 즈음하여 집필한 강의록 1986년 5월 31일)." 『김일성저작집 40』. 평양 : 조선노동당출판사, 1994.

김일성. "정전협정 체결과 관련하여 전후 인민경제 복구발전을 위한 투쟁과 당의 금후 업무—1953년 8월 5일 조선노동당 중앙위원회 제6차 전원회의에서 진술한 보고." 『전후 인민경제복구 발전을 위해』, p. 5. 『김일성저작집』, 제42권 (평양 : 조선노동당출판사, 1995), pp. 277-278

김정은. "신년사." 『로동신문』. 2014년 1월 1일. 김정은 "위대한 김정일 동지를 우리 당의 영원한 총비서로 높이 모시고 주체혁명위업을 빛나게"

김정일. "주체사상교양에서 제기되는 몇가지 문제에 대하여 (당중앙위원회 책임일꾼들과 한 담화, 1986년 7월 15일)." 『김정일선집 8』. 평양 : 조선노동당출판사, 1996.

______. "인민군대를 강화하며 군사를 중시하는 사회적 기풍을 세울데 대하여(조선노동당 중앙위원회 책임일꾼들과 한 담화 1992년 2월 4일)." 『김정일 선집 13』. 평양 : 조선노동당출판사, 1998.

김재천. 『후계자문제의 이론과 실천』. 출판지, 출판사 불명, 1989.

김인옥. 『김정일장군 선군정치리론』. 평양 : 평양출판사, 2003.

김철우. 『김정일 장군의 선군정치』. 평양 : 평양출판사, 2000.

리기성. 『주체의 사회주의 정치경제학의 법칙과 범주』 제1권. 평양 : 사회과학출판사, 1992.

리준오. "우리나라 인민경제계획화의 발전." 『우리나라 인민경제발전』. 평양 : 국립출판사, 1958.

박태호. 『조선민주주의인민공화국 대외관계사 2』. 평양 : 사회과학출판사, 1987.

사회과학원 · 김일성종합대학 편. 『주체혁명위 위업의 위대한 령도자 김정일동지, 제1권 위대한 사상리론가』, 『주체혁명위업의 위대한 령도자 김정일동지, 제2권 위대한 정치가』. 평양 : 조선노동당출판사, 2001. 박태상. “북한문학상의 김정일 묘사특징 연구.” 『북한연구학회보』 제6권 2호 (2002)에서 재인용.

사회과학원 역사연구소. 『조선전사 31』. 평양 : 과학백과사전출판사, 1982.

사회과학출판사. 『경제사전 2』. 평양 : 사회과학출판사, 1985.

______. 『정치사전』. 평양 : 사회과학출판사, 1973.

______. 『정치학 사전』. 평양 : 사회과학출판사, 1973.

______. 『철학사전』. 평양 : 사회과학출판사, 1985.

서재영 외. 『우리 당의 선군시대 경제사상 해설』. 평양 : 조선노동당출판사, 2005.

“선군의 기치를 높이 들고 주체의 사회주의위업을 힘 있게 다그치자.” 『로동신문』, 『근로자』 공동론설. 2001년 12월 21일.

“우리 당의 선군정치는 필승불패이다.” 『로동신문』, 『근로자』 공동론설. 1999년 6월 16일.

“위대한 령장을 모시어 우리 혁명은 필승불패이다.” 『로동신문』, 『근로자』 공동논설. 2002년 4월 22일.

조선노동당 중앙위원회 당력사연구소 편. 『조선노동당략사』. 평양 : 조선노동당출판사, 1991.

조선노동당출판사. 『조선노동당 력사교재』. 평양 : 조선노동당출판사, 1964.

______. 『위대한 수령 김일성동지의 불멸의 혁명업적 4 - 조국해방전쟁의 위대한 승리』. 평양 : 조선노동당출판사, 1998.

조선중앙년감 편집위원회. 『조선중앙년감 1951-1952년 판』. 평양 : 조선중앙년감 편집위원회, 1952.

조성박. 『세계를 매혹시키는 김정일 정치』. 평양 : 평양출판사, 1999.

조용주. “현시기 경제사업에 대한 지도와 관리를 개선하는데서 나서는 중요한 문제,” 『경제연구』 제1권 (2014).

최성욱. 『우리 당의 주체사상과 사회주의적 애국주의』. 평양 : 조선노동당출판사, 1966. 김근식. “북한 발전전략의 형성과 변화에 관한

연구 : 1950년대와 1990년대를 중심으로."서울대학교 정치학과 박사학위 논문 (1999)에서 재인용.

한천일. "당중앙위원회 4월 전원회의 문헌을 더욱 깊이 연구하자." 『근로자』 5월호 (1955).

함치영. 『계속혁명에 관한 주체적리해』. 평양 : 사회과학출판사, 1992.

허종호. 『주체사상에 기초한 남조선혁명과 조국통일 리론』. 평양 : 사회과학출판사, 1975.

홍극표 · 박원필. 『사회주의국가기구에 관한 위대한 수령 김일성동지의 리론』. 평양 : 사회과학출판사, 1976.

『로동신문』.

『조선중앙통신』.

『2012년 조선노동당 규약』.

3. 외국문헌

International Crisis Group, "Shades of Red : China's Debate over North Korea," *Crisis Group Asia Report*, No.179,2 (November, 2009).

Kapstein, Ethan B. and Mastanduno, Michael. eds. *Unipolar Politics : Realism and State Strategies after the Cold War*. New York, NY : Columbia University Press, 1999.

Kim, Samuel S. and Lee, Tai Hwan. "Chinese-North Korean Relations," in Samuel S. Kim and Tai Hwan Lee, eds. *North Korea and Northeast Asia*. Lanham, MD : Rowman & Littlefield Publishers, Inc., 2002.

Lankov, Andrei. "Russia and North Korea : 'Socialist Solidarity' to Quasi-alliance." 일본방위성 산하 방위연구소 심포지움 보고서. December, 2007.

Oswald, Rachel. "North Korean Nuclear Test More than Twice as Powerful as Last Blast."*Global Security Newswire* (February 19, 2013).

Ross, Robert. "Bipolarity and Balancing in East Asia." in T.V. Paul, James J. Wirtz, and Michel Fortmann, eds. *Balance of Power : Theory and Practice in the 21st Century*. Stanford : Stanford University Press, 2004.

Seth, Michael J. *A Concise History of Modern Korea : From the Late Nineteenth Century to the Present*. Maryland : Rowman and Littlefield Publishers, Inc., 2010.

Wit, Joel S. Poneman, Daniel B. and Balluucci, Robert L. *Going Critical : The First North Korean Nuclear Crisis*. Washington D.C. : Brookings Institution Press, 2004.

전지명(全芝命)

[주요 약력]

- 백야김좌진장군기념사업회 이사장
- 칼빈대학교 부총장, 석좌교수
- 동국대학교 사회과학대학 북한학 겸임교수
- 시민일보 대표, 논설위원
- 한국문인협회 대변인, 자문위원
- 한국문학예술가협회 회장
- 대한민국 경영인 신지식인

- 칼빈대학교 명예철학박사
- 동국대학교 정치학박사
- 연세대학교 국제경영학 석사
- 성균관대학교 경제학 학사

[주요 저서]

- 역대 정부의 안보 정책, 삼영사
- 김정은 시대 북한의 미래, 삼영사
- 북한의 외국인 투자제도, 삼영사
- 전지명의 시사진단, 삼영사
- 전지명의 세상보기, 삼지원
- 몽골의 외국인 투자제도, 삼영사
- 찻잔 너머의 세상, 대영미디어
- 이것이 몽골이다, 집문당
- 여의도의 봄은 아직 멀고, 이지출판 외

저자와의
협의하에
인지생략

북한 세습정권의 이해

2025년 4월 28일 1판 1쇄 인쇄
2025년 5월 9일 1판 1쇄 발행

저 자 전 지 명
발행인 고 성 익

05027
발행처 서울특별시 광진구 아차산로 335 삼영빌딩
도서출판 三 英 社
등 록 1972년 4월 27일 제2013-21호
전 화 737-1052 · 734-8979 FAX 739-2386

정가 35,000원

ISBN 978-89-445-0599-7-03340